教育部 财政部职业院校教师素质提高计划职教师资培养资源开发项目
"会计学"专业职教师资培养资源开发（VTNE073）
21世纪全国高等院校财经管理系列实用规划教材

会计专业教学法

总主编　潘林芝

主　编　张　晖

内 容 简 介

本书将理论与实务相结合,分两部分阐述。第一部分介绍情境教学法、案例教学法、角色扮演法、项目教学法、任务驱动教学法等会计专业教学常用教学方法;第二部分介绍会计专业的教学理论、会计专业行业发展与能力需求分析、中职会计专业课程体系及专业教材分析、中职会计专业学生特点、会计专业教学设计等。教材围绕中等职业学校会计专业教师的职业能力要求,以中职学生认知特点为基础,结合会计专业的职业性和实践性要求,既有适合中职会计专业学生的教学方法介绍,又有教学理论的指导,达到中等职业学校会计专业教师教学能力训练的目标。

本书既可作为高等院校职教师资本科会计专业的教材或教学参考书,也可作为中等职业学校会计专业教师上岗层级的培训指导用书或参考读物。

图书在版编目(CIP)数据

会计专业教学法/张晖主编. —北京:北京大学出版社,2017.10
(21世纪全国高等院校财经管理系列实用规划教材)
ISBN 978-7-301-28840-5

Ⅰ. ①会… Ⅱ. ①张… Ⅲ. ①会计学—教学法—高等学校 Ⅳ. ①F230

中国版本图书馆 CIP 数据核字(2017)第 246605 号

书 名	会计专业教学法
	KUAIJI ZHUANYE JIAOXUEFA
著作责任者	张 晖 主编
策划编辑	王显超
责任编辑	罗丽丽 刘 丽
标准书号	ISBN 978-7-301-28840-5
出版发行	北京大学出版社
地 址	北京市海淀区成府路 205 号 100871
网 址	http://www.pup.cn 新浪微博:@北京大学出版社
电子信箱	pup_6@163.com
电 话	邮购部 62752015 发行部 62750672 编辑部 62750667
印 刷 者	三河市北燕印装有限公司
经 销 者	新华书店
	787 毫米×1092 毫米 16 开本 17.25 印张 399 千字
	2017 年 10 月第 1 版 2017 年 10 月第 1 次印刷
定 价	39.00 元

未经许可,不得以任何方式复制或抄袭本书之部分或全部内容。
版权所有,侵权必究
举报电话:010-62752024 电子信箱:fd@pup.pku.edu.cn
图书如有印装质量问题,请与出版部联系,电话:010-62756370

教育部 财政部
职业院校教师素质提高计划成果系列丛书

项目牵头单位：浙江师范大学
项目负责人：潘林芝

项目专家指导委员会

主　任：刘来泉
副主任：王宪成　郭春鸣
成　员：(按姓氏笔画排列)

刁哲军	王乐夫	王继平
邓泽民	石伟平	卢双盈
汤生玲	米　靖	刘正安
刘君义	沈　希	孟庆国
李仲阳	李栋学	李梦卿
吴全全	张元利	张建荣
周泽扬	姜大源	郭杰忠
夏金星	徐　流	徐　朔
曹　晔	崔世钢	韩亚兰

前　言

根据《教育部 财政部关于实施职业院校教师素质提高计划的意见》(教职成〔2011〕14号)，"十二五"期间，中央财政安排专项资金，组织具备条件的全国重点建设职教师资培养培训基地，开发职教师资本科专业的培养标准、培养方案、核心课程和特色教材(以下简称"本科专业职教师资培养资源开发项目")，具体包括88个专业项目和12个公共项目。通过开发，在大量实证调研基础上形成系列成果，这对职教师资培养工作的科学化、规范化、特色化，完善职教师资培养体系具有重要意义。

按照项目实施办法，专业项目要取得四部分成果：一是该专业的教师标准；二是该专业的培养标准；三是该专业的人才培养质量评价方案；四是至少五本该专业师资培养的核心课程教材及数字化资源。

《会计专业教学法》课程资源建设是本项目的核心成果之一。教材开发以职业院校会计专业教师的职业能力标准为依据，以理论讲授和实践教学并重的培养方式，培养教师树立先进的职业教育理念，学会先进的教学方法，掌握现代教育技术，形成开展职业教育科学研究的能力。为此，我们结合我国会计师资教学能力现状和教学能力要求，在充分调研并分析结果的基础上，编写本书。

根据以上编写思路，本书分为两篇，其中第一篇有六章，主要介绍会计专业教学的常用方法，具体章节包括：行动导向型教学法概述、情境教学法、案例教学法、角色扮演法、项目教学法、任务驱动教学法；第二篇有六章，主要介绍会计专业的教学理论、会计行业发展与会计专业能力需求分析、中职会计专业课程体系及专业教材分析、中职会计专业学生特点、会计专业教学设计，具体章节包括：会计专业教学理论概述、会计行业发展与会计专业能力需求分析、中职会计专业课程体系、中职会计专业教材分析、中职会计专业学生的特点分析、会计专业教学设计。

本书具有以下特点：

第一，注意职业教育理论、方法与会计专业特点的结合。将职业教育理论、方法有机结合，而不是生硬地融入会计专业教育中。

第二，根据专业项目和公共项目的分工，本教材在涉及职业教育理论和方法时，一般只涉及它们在会计专业中的应用方法。

第三，注意会计理论与会计的技术、方法和程序相结合，在适当地考虑会计理论的广度和深度时，着重考虑了会计技术、方法和程序教学法的应用指导。

第四，本书在厘定内容时，充分考虑职教师资本科层次毕业生合格教师要求，着重考虑会计专业常用基本教学方法。

本书以中职学生认知特点、心理特点为基础，结合会计专业职业性要求、实践性要求，归纳总结出适合中职会计专业学生的教学方法。本书可用于职教师资本科专业学生、中等职业学校会计专业教师上岗层级的培训指导用书，也可作为各级会计专业教师培训的指导与参考用书。

会计专业教学法

　　本书在写作过程中得到了财经商贸类专家指导小组郭杰忠教授、王继平教授、石伟平教授、夏金星教授、刘君义教授、师慧丽讲师的悉心指导和热忱帮助。三年多来，专家们渊博的职业知识、循循善诱的职业素养、诲人不倦的职业精神，指导和激励我们完成项目的每一项工作。可以说，项目的每一项进展，都凝聚着专家们的心血，在此向你们致以诚挚的感谢！

　　本书由项目负责人潘林芝老师总体设计，张晖主编。其中，潘林芝直接参与第7、8和11章的部分编写，提供素材的还有参加本校国培和省培的各中职学校的老师们。

　　本项目涉及职业教育学、会计学和教育技术方法等多门知识，加之我们学识有限，财力不逮，难免疏漏，恳请大家指正，我们将在以后修订时加以改进。

《会计专业教学法》编写组
2016年6月

出版说明

《国家中长期教育改革和发展规划纲要(2010—2020年)》颁布实施以来，我国职业教育进入到加快构建现代职业教育体系、全面提高技能型人才培养质量的新阶段。加快发展现代职业教育，实现职业教育改革发展新跨越，对职业学校"双师型"教师队伍建设提出了更高的要求。为此，教育部明确提出，要以推动教师专业化为引领，以加强"双师型"教师队伍建设为重点，以创新制度和机制为动力，以完善培养培训体系为保障，以实施素质提高计划为抓手，统筹规划，突出重点，改革创新，狠抓落实，切实提升职业院校教师队伍整体素质和建设水平，加快建成一支师德高尚、素质优良、技艺精湛、结构合理、专兼结合的高素质专业化的"双师型"教师队伍，为建设具有中国特色、世界水平的现代职业教育体系提供强有力的师资保障。

目前，我国共有60余所高校正在开展职教师资培养，但由于教师培养标准的缺失和培养课程资源的匮乏，制约了"双师型"教师培养质量的提高。为完善教师培养标准和课程体系，教育部、财政部在"职业院校教师素质提高计划"框架内专门设置了职教师资培养资源开发项目，中央财政划拨1.5亿元，系统开发用于本科专业职教师资培养标准、培养方案、核心课程和特色教材等系列资源。其中，包括88个专业项目，12个资格考试制度开发等公共项目。该项目由42家开设职业技术师范专业的高等学校牵头，组织近千家科研院所、职业学校、行业企业共同研发，一大批专家学者、优秀校长、一线教师、企业工程技术人员参与其中。

经过三年的努力，培养资源开发项目取得了丰硕成果。一是开发了中等职业学校88个专业(类)职教师资本科培养资源项目，内容包括专业教师标准、专业教师培养标准、评价方案，以及一系列专业课程大纲、主干课程教材及数字化资源；二是取得了6项公共基础研究成果，内容包括职教师资培养模式、国际职教师资培养、教育理论课程、质量保障体系、教学资源中心建设和学习平台开发等；三是完成了18个专业大类职教师资资格标准及认证考试标准开发。上述成果，共计800多本正式出版物。总体来说，培养资源开发项目实现了高效益：形成了一大批资源，填补了相关标准和资源的空白；凝聚了一支研发队伍，强化了教师培养的"校—企—校"协同；引领了一批高校的教学改革，带动了"双师型"教师的专业化培养。职教师资培养资源开发项目是支撑专业化培养的一项系统化、基础性工程，是加强职教教师培养培训一体化建设的关键环节，也是对职教师资培养培训基地教师专业化培养实践、教师教育研究能力的系统检阅。

自2013年项目立项开题以来，各项目承担单位、项目负责人及全体开发人员做了大量深入细致的工作，结合职教教师培养实践，研发出很多填补空白、体现科学性和前瞻性的成果，有力推进了"双师型"教师专门化培养向更深层次发展。同时，专家指导委员会的各位专家以及项目管理办公室的各位同志，克服了许多困难，按照两部对项目开发工作的总体要求，为实施项目管理、研发、检查等投入了大量时间和心血，也为各个项目提供了专业的咨询和指导，有力地保障了项目实施和成果质量。在此，我们一并表示衷心的感谢!

编写委员会

2016年3月

目 录

第一篇　会计专业教学的常用方法

第1章　行动导向型教学法概述 …………3
1.1　行动导向型教学法的理论基础 ………4
　　1.1.1　活动教学理论 ………………4
　　1.1.2　个体—环境互动的优化教学理论 …………………5
1.2　行动导向型教学法的含义 …………5
　　1.2.1　行动导向型教学法的概念 ……5
　　1.2.2　行动导向型教学法的特点 ……5
　　1.2.3　实施行动导向型教学法的意义 …7
　　1.2.4　行动导向型教学法具体内容 …8
1.3　行动导向型教学法的基本教学原则 …10
　　1.3.1　能力本位原则 ………………10
　　1.3.2　自主活动原则 ………………11
　　1.3.3　领域学习原则 ………………12

第2章　情境教学法 ……………………16
2.1　情境教学法概述 ………………17
2.2　情境教学法应用示例 ………………21
2.3　情境教学法在会计教学中应用的注意事项 ……………………26

第3章　案例教学法 ……………………33
3.1　案例教学法概述 ………………34
3.2　案例教学法应用示例 ………………35
3.3　案例教学法在会计教学中应用的注意事项 ……………………39

第4章　角色扮演法 ……………………48
4.1　角色扮演法概述 ………………49
　　4.1.1　在会计课程中开展角色扮演法的必要性 ………49
　　4.1.2　实施角色扮演法进行教学应做好的几个环节 ……49
4.2　角色扮演法应用示例 ………………50
4.3　角色扮演法在会计教学中应用的注意事项 ……………………54

第5章　项目教学法 ……………………57
5.1　项目教学法概述 ………………58
5.2　项目教学法应用示例 ………………60
5.3　项目教学法在会计教学中应用的注意事项 ……………………69
　　5.3.1　要处理好学生与教师的关系 …69
　　5.3.2　确定的项目要恰当、实用 ……69
　　5.3.3　项目的实施过程要完整有序 …69
　　5.3.4　教师的指导要恰到好处 ……69
　　5.3.5　注意学生的两极分化 ………69

第6章　任务驱动教学法 ……………………72
6.1　任务驱动教学法概述 ………………73
6.2　任务驱动教学法应用示例 ………………76
6.3　任务驱动教学法在会计教学中应用的注意事项 ……………………85

第二篇　会计专业教学概论

第7章　会计专业教学理论概述 ……………………93
7.1　会计专业教学的基本含义 ………………94
7.2　会计专业教学的研究对象与内容体系 ……………………97
　　7.2.1　会计专业教学的研究对象 ……97
　　7.2.2　会计专业教学的内容体系 ……98
7.3　会计专业教学的基本目标 ………………99
　　7.3.1　目标的含义 ………………99

7.3.2 会计教学目标确定的依据……99
7.3.3 会计教学目标的内部结构……100
7.4 会计专业教学的基本原则……………102
7.4.1 会计教学原则的内涵……………102
7.4.2 会计教学原则的本质……………102
7.4.3 会计教学原则的构成……………103

第8章 会计行业发展与会计专业能力需求分析……………121

8.1 会计行业的发展………………………122
8.2 会计专业能力要求及岗位工作要求……123
8.3 会计专业中等职业人才的典型职业能力分析……………127

第9章 中职会计专业课程体系……………144

9.1 中职会计专业课程体系设置原则……145
  9.1.1 中职会计课程体系含义……145
  9.1.2 研究中职会计课程体系的意义……145
  9.1.3 设置中职会计课程体系的原则……146
9.2 中职会计专业课程体系的层次结构……147
9.3 中职会计专业核心课程的内容……148

第10章 中职会计专业教材分析……………156

10.1 中职会计专业教材分析依据……157
  10.1.1 中职会计专业教材分析的基本理念……157
  10.1.2 中职会计专业教材分析的基本原则……158
  10.1.3 中职会计专业教材分析的程序……158
  10.1.4 中职会计专业教材分析的方法……159
10.2 中职会计专业《基础会计》教材分析文本体例……161
  10.2.1 课程性质……161
  10.2.2 教学设计思路……161
  10.2.3 课程教学目标……161
  10.2.4 课程内容和要求……162
  10.2.5 教学建议……164
  10.2.6 教学评价建议……164
  10.2.7 课程资源的开发与利用……164
10.3 中职会计专业《出纳实务》教材分析文本体例……164
  10.3.1 课程性质……164
  10.3.2 教学设计思路……164
  10.3.3 课程教学目标……165
  10.3.4 课程内容和要求……165
  10.3.5 教学建议……167
  10.3.6 教学评价建议……168
  10.3.7 课程资源的开发与利用……168
10.4 中职会计专业《初级会计实务》教材分析文本体例……168
  10.4.1 课程性质……168
  10.4.2 教学设计思路……168
  10.4.3 课程教学目标……169
  10.4.4 课程内容和要求……169
  10.4.5 教学建议……173
  10.4.6 教学评价建议……174
  10.4.7 课程资源的开发和利用……174

第11章 中职会计专业学生的特点分析……………177

11.1 中职会计专业学生智力因素特点分析……178
11.2 中职会计专业学生非智力因素特点分析……179
  11.2.1 非智力因素及其对智力因素的作用……179
  11.2.2 中职会计专业学生非智力因素的现状……180
  11.2.3 中职会计专业学生的非智力因素培养……180

第12章 会计专业教学设计……………192

12.1 会计专业教学设计概述……193
  12.1.1 教学设计的内涵……193

12.1.2　教学设计的特点 …………… 194
  12.1.3　教学设计的功能 …………… 194
12.2　教学目标设计 ……………………… 195
  12.2.1　教学目标的含义 …………… 195
  12.2.2　教学目标体系 ……………… 196
  12.2.3　教学目标的编写 …………… 197
12.3　教学策略设计 ……………………… 202
  12.3.1　教学策略的含义 …………… 202
  12.3.2　教学策略的特点 …………… 203
  12.3.3　教学策略的功能与制定
     教学策略的依据 …………… 204
  12.3.4　教学活动的安排 …………… 205
  12.3.5　教学方法的选择 …………… 208
  12.3.6　教学组织形式的选用 ……… 217
12.4　教学媒体设计 ……………………… 222
  12.4.1　教学媒体的概念与意义 …… 222
  12.4.2　教学媒体的选择 …………… 225
  12.4.3　教学媒体的应用 …………… 229
12.5　教学过程设计 ……………………… 232
  12.5.1　教学过程的要素 …………… 232
  12.5.2　教学过程的层次结构 ……… 232
  12.5.3　教学过程的特点与功能 …… 233
  12.5.4　教学过程的优化 …………… 235
  12.5.5　教学过程设计的方法 ……… 238
  12.5.6　教学设计实施方案的编制 … 239
12.6　教学设计评价 ……………………… 240
  12.6.1　教学评价的概念与功能 …… 240
  12.6.2　教学评价的原则与类型 …… 242
  12.6.3　教学设计评价的过程与
     技术 ………………………… 246

参考文献 ………………………………………… 265

第一篇

会计专业教学的常用方法

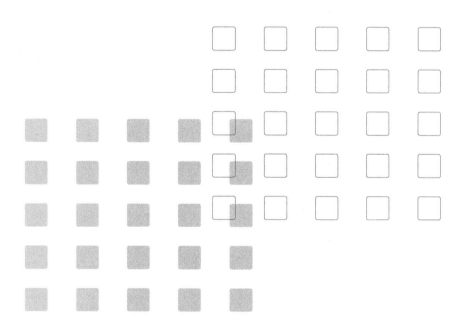

第1章 行动导向型教学法概述

学习任务

1. 掌握活动教学理论与个体—环境互动的优化教学理论相关含义；
2. 了解上述理论与行动导向型教学法的关系；
3. 掌握行动导向型教学法的概念、特点；
4. 了解实施行动导向型教学法的意义；
5. 明确行动导向型教学法具体内容；
6. 了解行动导向型教学法的基本教学原则；
7. 能恰当运用行动导向型各教学方法。

会计专业教学法

1.1 行动导向型教学法的理论基础

近年来，随着经济的发展，市场结构、劳动组织方式以及对人才的要求都发生了巨大的变革，现代职业劳动出现了三大跨越，这种变化要求劳动者掌握从传统意义上来看属于不同岗位、甚至多种职业的技能和知识的能力要求有了明显的提高。但在人才培养的现实方面，传统的教学方法已明显不能满足现代职业能力培养的要求。因此，近20年来，许多国家根据社会发展的形势，创造开发了一些适应社会、技术和生产发展要求的新的职业教学方法和教学模式，其中以培养关键能力为核心的"行动导向型"教学模式最被广泛推广，它使职业教育进入一种新的概念与模式下运作，对世界职业教育与培训事业的发展产生了极为深刻而广泛的影响。

行动导向型教学法是建立在活动教学理论和个体—环境互动理论的基础之上的。

1.1.1 活动教学理论

美国著名的教育家杜威认为学校把儿童当成知识的接收器，儿童必须老老实实地坐在教室里固定的位置上听课，记住老师要求的东西，教学则像漏斗向容器里倒水一样，将知识注入儿童的头脑中，而且所教的知识与儿童生活经验没有关系。针对这一现象他提出了"教育即生活"和"教育即社会"这两句口号，强调了"教育不是未来生活的预备，而是现实生活的过程"。教育应该不断地发展儿童的个人能力，熏染他们的意识，形成他们的习惯，锻炼他们的思想并激发他们的情感。因此，杜威提出了在做中学的教学方法。杜威认为一个人最好从"做"中学习，不管是学习走路、谈话、游泳、跨栏、画图还是解决问题、形成概念，都是如此。学习不仅应该包括使用书本，还应该包括使用工具和使用与学习有关的材料；学习不仅应该在学校内，还应该包括在一个社会之中，使学习尽可能多地与劳动和社会相互作用。杜威倡导"通过多种活动让学生在做实际的事情中而不是由读死书或死读书中获得各种知识和经验并提高能力技能"。这样可以培养和发展学生的观察力、想象力、创造力、解决问题的能力以及实际动手操作的能力，甚至可以培养学生的道德观念。

我国的教育圣贤也对教学提出过许多的见解，孔子说"学而时习之，不亦说乎"，这里的重点是"学"和"习"。古时候的"习"字是个会意字，上面是一个羽毛的羽字，下面是一个白字，加起来是白色的羽毛，意指刚出生的小鸟在学习飞翔的时候扑棱棱地用毛茸茸的翅膀扇起小风，即小鸟在练习飞翔之意。把"学"和"习"加在一起即为学习。就小鸟练习飞翔来说，其本意是个体基于生命的本能所展示的成长探索的过程。而人类的学习不仅仅是一个单纯的个体成长的行为，更是演变成整个社会发展的一部分。

传统教学把学习变成以看书为主，以认知为主，以获得间接经验为主，这种学习已经背离了"学习"的本意，虽然它可以保证人类文明高效率的继承和发展，然而这种工业化的、抽象的学习却是以牺牲个体的直接成长体验为代价的，因此这种学习被异化为一种单纯的读书识字活动，这里的学习则又变成了单纯的"学"，而"习"的因素却不见了。在历史进入到信息化时代的当今，行动导向型教学法为复归学习的本性而生。

1.1.2 个体—环境互动的优化教学理论

美国教育家兰祖利1986年提出了优化教学理论,兰祖利认为"学生个体的内部环境和学习的外部环境必须形成良性互动,以达到优化教学的目的。"兰祖利的优化教学理论包括了学生个体和教学环境(教材内容和教学方法)两大方面。他认为:"只有学生的兴趣被充分调动时,学习才会主动、生动、有效。"

按照兰祖利的观点,教学实践大体可分为两种模式,分别代表两种相对的倾向。一种是教授——接受式的,另一种是建构——探究式的,前者将现成的知识体系作为权威体系按部就班加以传授,教师成为权威的阐释者,而学生则基本处于被动接受的地位;后者强调在具体实践场所(如实验室,实习工厂等)中摸索和掌握知识技能,学习者更主动地介入学习过程,根据兴趣需要选择学习材料,教师则起指导作用。

行动导向型教学法是依据后一种模式创建的,这种教学法重视学生学习的主体性、主动性和创造性,同时注重学习过程中的互动性。环境提供机会,学生个体利用这些机会展示自己的潜力,也注重教学过程中的师生的双向作用,强调师生互动,教师是主持人,学生也是小老师,在这样的教学情景中培养学生的自信心、自尊心,使学生的个性得到塑造。

1.2 行动导向型教学法的含义

1.2.1 行动导向型教学法的概念

行动导向型教学法是德国文教部长联席会议在1999年制定《框架教学计划》所决定的一种新型的职业培训教学课程体系和先进的职业技术培训教学法。

行动导向型教学法,又为实践导向、行动引导、活动导向、行为引导型等说法,代表了当今世界上的一种先进的职业教学理念,是世界职业教育教学论中出现的一种新的思潮。由于这种教学法对于培养人的全面素质和综合能力方面起着十分重要和有效的作用,所以日益被世界各国职业教育界与劳动界的专家所推崇。这种教学方法是对传统的教育理念的根本变革,其目标是培养学生的关键能力,让学生在活动中培养兴趣,积极主动地学习,让学生学会学习。因而行动导向型教学法是要求学生在学习中不只用脑,而且是脑、心、手共同参与学习,提高学生的行为能力的一种教学法。

行动导向型教学法的整个教学过程可分为收集信息阶段、独立制定工作计划阶段、决定阶段、实施阶段、检查阶段和评估阶段。在整个教学过程中学生始终占据主体地位,教学质量的高低最终通过学生的综合素质得到反映和体现。采用行动导向式教学法进行教学,学生在获取真知的过程中,必然会引起素质的变化。这个素质指的是学生的思维和行为方法、动手能力和技能、习惯和行动标准及直觉经历、需求调节、团队合作等方面的综合。

1.2.2 行动导向型教学法的特点

1. 基本特点

1) 在学习内容上

以行为活动为依据,横向综合各有关学科的知识点和技能,根据教学目标分类要求,形成以培养职业能力(专业能力、方法能力、社会能力)为目标的新课程结构——学习领域。

2) 在教与学的过程中

——学生互相合作解决实际问题

所有需要学生解决的问题，在教师引导下由学生共同参与，共同讨论，共同承担不同的角色，在互相使用的过程中问题最终获得解决。解决问题的过程，即是学生们学会学习的过程，也是学生们获得经验的过程。

——学生参加全部教学过程

从信息的收集、计划的制定、方案的选择、目标的实施、信息的反馈到成果的评价，学生参与问题解决的整个过程。这样学生既了解总体，又清楚了每一环节的具体细节。

——学生表现出强烈的学习愿望

这种强烈的学习愿望，表现在积极地参与。一方面是内在的好奇、求知欲、兴趣的提高；另一方面是外在的，教师的鼓励，学生的配合，取得成果之后的喜悦等。

——教师的作用发生了变化

教师从知识的传授者成为一个咨询者，指导者和主持人，从教学过程的主要讲授者淡出，但这并不影响教师作用的发挥，相反对教师的要求则是提高了，教师只控制过程，不控制内容，只控制主题，不控制答案。

3) 在教学方法上

行动导向型教学使用了一整套可以单项使用，也可以综合运用的教学方法。如：大脑风暴法、卡片展示法、畅想落实法、角色扮演法、案例分析法、项目教学法、引导课文法、项目与迁移教学法、模拟教学法等。

2. 内涵

1) 从教学过程看

在精心设计下，由教师发挥主导作用，营造新颖的学习环境和气氛，提供课题与相关的信息资料或学习材料，引导组织学生心手脑并用，教学做结合，身体力行获取知识与技能，自行完成学习任务，并自行反馈和评价，激发学生强烈的学习兴趣，培育学生主动积极，负责与创造性的学习行为，实现学习效果与发现问题、解决问题等综合学习能力同步提高的双重能力。

行动导向型教学其实不是一个简单的教学方法，其实质是教学与学双向改革而形成的一种新型教学过程。

2) 从教学本质看

职业教育教与学的过程与普通教育相比，所学的内容并不是一种连续而平铺直叙的信息流，而是以职业活动为导向的，它是以下四个方面模式的组合：功能模式(表示事物功能关系)、空间模式(表示事物空间关系)、时间模式(表示事物步骤与流程)、逻辑模式(表示事物逻辑关系)。四种模式不同程度上的组合——智能型知识，在教学过程中保证学生一旦得到传授信息时就能直接与已有的信息相互作用，产生共鸣。学生是通过自身的体验和应用学习新概念、原理知识、技能的。因而没有学生参与活动的，没有教与学相互作用的教学方法是一种失败的、低效率的教学法。行动导向型教学抓住了职业教育的本质特性所以有着无限的生命力。

3) 从教学效果看

行动导向型教学主要不是传递有待于储存下来的信息，它主要是激发利用学习者已有的能力，并确保学习者具备有利于完成目前学习任务以及今后更多的学习任务所需要的能力，以适用劳动力市场的变化。

行为引导教学法能从以下方面提高学生学习行为能力：(1)组织学生活动的能力；(2)阅读能力；(3)听讲能力；(4)信息能力；(5)心智能力。

综上所述，行动导向型教学的主要教学目标是培养学生的综合职业能力(专业能力、方法能力、社会能力)，由于使用的学习材料来源于行业、企业具体的职业活动之中，材料本身就蕴含着展开职业活动的职业行为，完成这一职业活动的学习，就要完成这些行为活动过程，就必须凸显相应的职业能力，因此教学效果是不言而喻了。

1.2.3 实施行动导向型教学法的意义

(1) 传统的教学计划包括教学方面的纲领性规定，已经脱离了社会经济发展的实际，显然相当陈旧。许多学科的教学内容已经很不适用，需要抛弃，因此必须加以革新。

(2) 按旧教学计划进行教学导致许多教学内容的重复学习，浪费了许多宝贵教学时间。传统的教学，只给学生灌注各种现成的知识，但这些早已老化的知识会随时间推移而作废，因长期不用而过时。随着信息时代的到来，面对信息爆炸的现代社会，传统教学无法适应。职业学校传授的知识比科学领域的发展要迟20年，有明显的滞后性。

(3) "教师讲，学生听"的教学形式还包括了老师定教学进度和教学内容，学生被动地适应教师，被动地适应教师背后指挥教师的教育制度和教育管理者。

(4) 传统教育的弊端，从社会的角度来看，是通过修剪学生的个性而培养同一模式的人，因此培养的学生难以满足社会对其成员各种类型的需要。从个体的角度来看，统一化的学校教育通过压抑个性而扼杀了学生潜在的创造力，迫切需要根据个体心理发展的自然规律来改革教学内容以及教学管理制度。传统的职业教育，无法实现因材施教，因材施教是激发学生拥有学习兴趣的关键。

(5) 应试教育是一种缺陷教育，使青少年的生活除了学习以外就没有别的内容，因而无法经历完善的社会化，造成学生缺乏社会交往和人际交往的能力。

(6) 传统教育使用了统一化的尺度去考核学生，因而使学生失去了合理的有效发挥个人潜能的机会，同时也失去了对学习的好奇心、新奇感和自发学习的动力。这种不符合学生全面发展的教育，不能使每个学生都成为有别于他人的独特个体。

(7) 由于经济变革，全球化和国际化趋势的要求，教育要适应发展的要求，学生更多地学习社会所需要的知识，提高能力变得极为重要。

(8) 劳动力市场对劳动者的素质也提出了一些新的要求，学校教育要不断地根据需要来调整内容，学生要根据需要自己来决定自己应学习一些什么和要做什么，而不是由别人来决定做什么。

(9) 在商业领域中，随着技术的发展，一些简单的工作和熟练的工作减少了，取而代之的是一些商业活动。在一些企业的管理中，不是由领导下命令去做什么，而是以小组为形式来进行工作。学校教育要培养学生这些方面的能力。

(10) 传统教育中的科学的、系统的学科体系具有极大的概括性,所以往往会使教师忽视了经验性的具体细节方面,而去片面地重视理论性的、抽象的概念和推理。对原有教学计划的批判会导致教学创新,学习领域的提出和行为引导型学习领域教学计划的实施把职业教育改革提升到了一个新的高度,使职业教育改革迈上一条光明的大道。这条无穷深远的大道不是畅通无阻的,需要我们在不断地探索中前进。

综上所述传统教育存在的六个历史局限性。

① 重知识轻方法——注重知识传授和灌输,不重视获得知识的方法。

② 重知识轻素能——即素质和能力,尤其是培养创新能力注重不够。

③ 重应试轻应用——当今学生读书多是为了应付升学考试,但对学生所学的知识的实际运用注重得远远不够。

④ 重占有轻创新——学生学习时只注意听老师的讲解和含义并尽可能地记录下来应付考试,并没有把所学的知识变成自己的思想,没有把知识储存在记忆里变成知识面的占有者,而对知识只是重复、机械地记忆而不是理解,不注重培养学生的创新能力。

⑤ 重确定轻反思——传统教育往往注重使学生接受前人传递下来的确定的知识,而不大注意培养学生对这些知识的怀疑、反思、批判能力以及独立思考的能力。

⑥ 重名轻实——传统教育往往注重书本知识而轻实践知识、重形式轻效果、重分数轻素质、重文凭轻实效、重教科书中条条框框轻社会需要。

1.2.4 行动导向型教学法具体内容

1. 大脑风暴教学法

"大脑风暴"教学法是教师引导学生就某一课题自由发表意见,并对其意见的正确性或准确性不进行任何评价的方法。它是一种能在最短的时间里,获得最多的思想和观点的工作方法,被广泛应用于教学、企业管理和科研工作中。

在职业教学中,教师和学生可通过大脑风暴法,讨论和收集解决实际问题的建议(也称为建议集合)。通过集体讨论,集思广益,促使学生对某一教学课题产生自己的意见,通过同学之间的相互激励引起连锁反应,从而获得大量的信息,经过组合和改进,达到创造性地解决问题的目的。

采用大脑风暴教学法时,要求所有学生都积极参加到创造性思维的过程中。学生不需要为自己的观点陈述原因,其他学生也没有必要立刻对某个学生的观点加以评价、进行讨论或提出批评。一般情况下,应该鼓励同学提出一些乍一看似乎很唐突的想法,因为这极有可能引发出智慧的火花。所有意见均放在最后统一进行整理和评判。

2. 张贴板教学法

张贴板教学法是在张贴版面上别上由学生或老师填写的有关讨论或教学内容的卡通纸片,通过添加、移动、拿掉或更换卡通纸片进行讨论、得出结论的研讨教学法。

这种教学方法运用于以学生为中心的教学方式中,主要用于以下几个方面。

(1) 制订工作计划。

(2) 收集解决问题的建议。

(3) 讨论和做出决定。

(4) 收集和界定问题。

(5) 征求意见。

3. 案例教学法

通过一个具体教育情境的描述，引导学生对这些特殊情境进行讨论的一种教学方法。

案例教学的宗旨不是传授最终真理，而是通过一个个具体案例的讨论和思考，去诱发学生的创造潜能。教师不在乎能不能得出正确答案，他真正重视的，是得出答案的思考过程。在课堂上，每个人都需要贡献自己的智慧，没有旁观者，只有参与者。学生一方面从教师的引导中增进对一些问题的认识并提高解决问题的能力，另一方面也通过同学之间的交流、讨论提高自己对问题的洞察力。

4. 角色扮演教学法

角色扮演作为一种教学模式扎根于个人和社会两个方面，力图帮助个人了解他所处的社会环境与社会群体，致力于分析社会情境，分析人际关系，并形成处理这些情况的恰当而民主的方法。角色扮演的过程给人的行为提供了生动的实例，学生通过实例为媒质：一是探索他们的感情；二是洞察他们的态度价值和感知；三是培养他们解决问题的技能和态度；四是用各种方法探讨对教材的理解。

5. 项目教学法

项目教学法是师生通过共同实施一个完整的项目工作而进行的教学活动。在职业教育中，项目是指以生产一件具体的、具有实际应用价值的产品为目的的任务。

随着现代科学技术及生产组织形式对职业教育要求的提高，人们越来越多地采用小组工作的方式，即共同制定计划、共同或分工完成整个项目。在许多情况下，参加项目教学工作小组的学生来自不同的专业和工种，甚至不同的职业专业领域，目的是训练他们今后在实际工作中与不同的专业、不同的部门的同事合作的能力。

6. 任务驱动教学法

所谓"任务驱动"就是在学习信息技术的过程中，学生在教师的帮助下，紧紧围绕一个共同的任务活动中心，在强烈的问题动机的驱动下，通过对学习资源的积极主动应用，进行自主探索和互动协作的学习，并在完成既定任务的同时，引导学生进行学习实践活动。"任务驱动"是一种建立在建构主义教学理论基础上的教学法，它要求"任务"的目标性和教学情境的创建，使学生带着真实的任务在探索中学习。在这个过程中，学生还会不断地获得成就感，可以更大地激发他们的求知欲望，逐步形成一个感知心智活动的良性循环，从而培养出独立探索、勇于开拓进取的自学能力。

任务驱动教学法将以往以传授知识为主的传统教学理念，转变为以解决问题、完成任务为主的多维互动式的教学理念，将再现式教学转变为探究式学习，使学生处于积极的学习状态，每一位学生都能根据自己对当前问题的理解，运用共有的知识和自己特有的经验提出方案、解决问题。

7. 引导课文教学法

引导课文教学法是借助一种专门的教学文件即引导课文，通过工作计划和自行控制工作过程等手段，引导学生独立学习和工作的教学方法。

它是项目教学法的完善和发展。在引导课文教学法中，学生主要通过自学的方式，学习新的知识、技能和行为方式，学生需要按照给定的引导问题，学习掌握解决实际问题所需要的理论知识，从书本抽象的描述中刻画出具体的学习内容，并由此建立其具体的理论与实践的对应关系，在更高的程度上实现了理论与实践的统一。

在教学中，学生从大量技术材料如专业手册、设备的操作使用维修说明中独立获取所需要的专业信息，独立制定完成工作任务的计划，从而获得解决新的、未知问题的能力，并系统地培养学生的"完整行为模式"。

8. 模拟教学法

模拟教学法是一种以教学手段和教学环境为目标导向的行动导向型教学模式。模拟教学分为模拟设备教学与模拟情境教学两大类。

(1) 模拟设备教学主要是靠模拟设备作为教学的支撑，其特点是不怕学生因操作失误而产生不良的后果，不但失误可重新来，而且还可以进行单项技能训练，学生在模拟训练中能通过自身反馈感悟正确的要领并及时改正。

(2) 模拟情境教学主要是根据专业学习要求，模拟一个社会场景，在这些场景中具有与实际相同的功能及工作过程，只是活动是模拟的。通过这种教学让学生在一个现实的社会环境氛围中对自己未来的职业岗位有一个比较具体的、综合性的全面理解，特别是一些属于行业特有的规范，可以得到深化和强化，有利于学生职业素质的全面提高。

因中职会计专业教学的特殊性，本教材将在后续章节重点讲解模拟情境教学法、案例教学法、角色扮演法、项目教学法、任务驱动法的具体运用。

1.3 行动导向型教学法的基本教学原则

1.3.1 能力本位原则

什么是能力？它是人的综合素质在现实行动中表现出来的、正确驾驭某种活动的实际本领、能量和熟练水平，是实现人的价值的一种有效方式，也是左右社会发展和人类命运的一种积极力量。能力包括体力、智力、道德力、审美能力、实践操作能力等一般能力，从事某种专业活动特殊专业才能和为社会而奉献的创造能力。

能力本位原则就是指在行动导向型教学中学生的一切学习活动都是以提高能力为目标。学生在学习活动中首先提高学习的能力，同时学生又要把所学的知识通过脑、心、手的联合作用在轻松愉快和潜移默化的过程中，不断地内化为能力，增长才干。

传统教育中，学生把学习的知识不断储存在大脑中，教育是以学生储存的知识多少为目标。由于这种知识是人类对历史经验的积累和总结，因而这种科学的、系统的学科体系具有极大的概括性，在教学中往往片面地重视现代化的、抽象的概念和推理，所以传统教育培养的是知识型人才。

能力本位要求充分正确地发挥人的能力，这里的"正确发挥"是指能力发挥的性质、方向、方式和目标。这自然要求以道德为前提，否则，能力越大越坏事。因此我们强调能力本位，也强调人的努力、道德品质和绩效。

行动导向型教学强调的是能力型人才的培养，为适应信息化时代和劳动力市场的需求，培养具有关键能力的人才。关键能力是指从事任何职业都需要的一种综合职业能力，它泛指专业能力以外的能力，或者说是超出某一具体职业技能和知识范畴的能力，它的特征是当职业发生变更或者当劳动组织发生变化时劳动者所具备的这种能力依然存在，使劳动者能够在变化的环境中很快地重新获得所需要的职业技能和知识。关键能力包括专业能力、社会能力、方法能力和个性能力。

(1) 专业能力，由专业关键能力和专业工作能力组成。专业关键能力是人们在全球化经济中必须具备的，有如：外语能力、计算机应用能力、信息处理能力以及不断学习新技术的能力。它是从事各专业工作都应具有的能力。专业工作能力则是适应某一行业相关工种业务和技术的能力，是学生通过学习领域的学习，在理论与实践相结合的过程中培养的能力。

(2) 社会能力，是个人所具备的情感、态度和社会交往、沟通、与人合作、乐于助人的能力以及职业道德、社会责任感、组织表达、勇于承担责任和社会参与的能力。行动导向型教学要求学生在团队活动及社会的交往中培养与人合作的能力，在教学过程中通过展示技术的训练培养表达能力，在综合性的实践活动中培养社会能力，使学生的综合素质得到全面培养。

(3) 方法能力，是指具备从事职业活动所需要的工作方法和学习方法，在行动导向型教学中，让学生自主地进行学习，针对某一教学内容让学生自己寻找资料、研究教材、提高学习的能力，掌握学会学习的方法。同时通过学生在自行制定工作计划、提出解决实际问题的思路和在评估工作结果等活动中形成工作方法和解决问题的方法的能力。

(4) 个性能力，在教学过程中注重学生个性特征的发展，让学生在研究性的学习中培养独立性，在教学活动中培养自信心、自尊心和对工作的责任心，在社会活动中使自身的各方面素质都得到全面提高。

1.3.2 自主活动原则

自主活动就是指学生作为学习的主体，在教学过程中自主地，主动地，积极地进行学习。同时在活动中学生的脑、身、手共同参与学习，以获得知识、提高能力、增长智慧。

在传统教学中，教师是教学的主导，老师决定了教学过程的计划、内容，同时控制了教学进度。学生则是围绕着教师，因而处于从属的地位。学生重复教师教学的内容，缺乏自主的活动，学生的学习主动性受到压制。整个教学是以"教师""书本""课堂"为中心，学生被禁锢在"高墙深院"中，与社会生活相脱离，与实践相脱离，学生的兴趣、爱好和特长得不到发展，从而使个性的发展受到障碍。

行动导向型教学则把学生从传统的课堂中解放出来，倡导"以人为本"的教学，坚持以学生为中心，把学生当作学习的主人，让学生自主地学习，在教学中老师则引导学生进行学习。因而自主活动具有以下的教学特点。

(1) 教学与活动结合起来，让学生在活动中自主学习，通过活动引导学生将书本知识与实践活动相结合，以加深对知识的理解和运用。

(2) 在老师创设的情景中进行学习，通过各种媒体的结合使用，用以激发学生对学习的好奇心，让学生提出问题或感到惊讶，为他们提供发挥其才能和智慧的机会和条件，充分挖掘其学习潜能，促进学生个性的充分发展。

(3) 教学是在充分信任和尊重学生的前提下进行，针对不同类型的学生要引导他们尊重自己，相信自己，树立学习的自信心，对学生每次取得的微小进步予以肯定和鼓励，使他们对成功充满信心。让学生在成功享受到学习的乐趣时，也建立起自尊，因为教育实践证明"自尊的重要性超出课程内容的重要性。"

1.3.3 领域学习原则

领域学习原则就是根据行为活动的要求，在教学中把与行为活动相关的知识都结合在一起作为一个学习领域进行教学的原则。即根据某一活动领域的要求，把各传统学科中的相关内容（专业基础，专业理论，专业课和实习课）都结合在一起组成一个个学习领域让学生进行整体学习，这样不但提高学习效率更重要的是让学生在教学中加速了知识内化为能力的过程。

传统教育根据知识的理论化、系统化的需要，让学生学习很多门相互独立的、各自自成体系的课程，学生死记硬背理论化的知识，学习负担重，且记忆的知识随时间的变化容易遗忘，学生的动手能力差，进入社会后适应能力更差，因此极不适应信息化社会发展的需求。

学习领域教学是在职业培训教学中彻底打破了学科型教学体系，将知识按活动领域的要求进行组合，制订出学习领域的教学计划，按学习领域的教学要求进行相应的学习。在应用学习领域组织教学时要注意以下几点。

(1) 学习领域是职业活动领域的教学准备，即是职业活动领域在经过教学化处理后转化得到。

(2) 学习领域的教学应当以活动为导向，并按照"学习单元"来具体设计学习内容。

(3) 学习单元是案例化的课程单元，它可以使理论知识与实际应用环境结合在一起，并将学习领域这一框架性的计划规定具体化。

(4) 学习领域中的目标描述规定了经过这一领域学习所期望获得的能力和素质的要求。

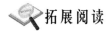
拓展阅读

拓展阅读一　行动导向教学法与传统教学法的区别

行动导向教学法与传统教学法的区别见表 1-1 所示。

表 1-1　行动导向教学法与传统教学法的区别

	行动导向教学法	传统教学法
教学形式	以学生活动为主，以学生为中心	以教师传授为主，以教师为中心
学习内容	以间接经验和直接经验并举，在验证间接经验的同时，某种程度上能更多地获得直接经验	以传授间接经验为主，学生也通过某类活动获取直接经验，但其目的是验证或加深对间接经验的理解
教学目标	兼顾认知目标、情感目标、行为目标的共同实现	注重认知目标的实现

第1章　行动导向型教学法概述

续表

	行动导向教学法	传统教学法
教师作用	教师不仅仅是知识的传授者，更是学生行为的指导者和咨询者	知识的传授者
传递方式	双向的，教师可直接根据学生活动的成功与否获悉其接受教师信息的多少和深浅，便于指导和交流	单向的，教师演示，学生模仿
参与程度	学生参与程度很强，其结果往往表现为学生要学	学生参与程度较弱，其结果往往表现为要学生学
激励手段	激励是内在的，是从不会到会，在完成一项任务后通过获得喜悦满意的心理感受来实现的	以分数为主要激励手段，是外在的激励
质量控制	质量控制是综合的	质量控制是单一的

拓展阅读二　行动导向型教学法产生的背景

现代教育观和人才观已经由重知识向重能力和重素质转移，形成把知识的提高和能力与素质的发展联系，把知识转化为能力和素质的"能力本位"教育观。

美国 20 世纪 80 年代实施教改，将教育从以传授知识为中心转到以能力培养为中心上来。他们强调的能力主要指实践能力、思考能力和观察能力。美国劳工部公布了对学生能力的五个方面的要求：有效地分配资源的能力、驾驭系统的能力、运用多种技术工作的能力、正确处理人际关系的能力和获取评价、处理、组织、交流信息的能力。

日本提出要发展在复杂的技术社会里承担领导重任所必需的想象力和批判思维能力。

德国提出要培养开拓进取和敢于冒险的能力，在职业教育中提出培养学生的关键能力。

结合世界各国的先进经验、中国实际情况和职业技能开发的需要，中国劳动和社会保障部职业技能鉴定中心(Occupational Skill Testing Authority，OSTA)在 1998 年立项、2000 年正式启动的《国家技能振兴战略》国家课题研究中，提出中国自己的核心技能标准体系，该体系参照英国标准分为八个技能模块：交流表达(即 ZHC)、数字运算、革新创新、自我提高、与人合作、解决问题、信息处理、外语应用。根据国情，我国"核心技能标准体系"比英国标准多了两项：革新创新能力和外语(主要是英语)应用能力。

拓展阅读三　行动导向教学有什么优点

(1) 有利于学生创造能力的形成。

行为导向教学的案例分析法大大地扩展了学生的眼界，原先的死记硬背不复存在，取而代之的是自由的讨论，这给学生潜能的发挥提供了广阔的空间。在讨论中，答案不再是唯一的，而是多样化的；答案不再是静态的，而是动态的；答案没有最好的，只有更好的。比如在讨论如何回避汇率风险问题，有的同学投资强势货币，有的同学钟情于长期储蓄，有的同学采用组合投资等，众说纷纭，精彩纷呈。

(2) 有利于学生独立工作能力的形成。

由于采用了行为导向教学的项目教学法，大大地提高了学生独立工作的能力，按照项目教学法的要求，所有六个环节都是由学生独立完成的。学生独立地获取信息，独立地制订方案，独立地作出决案，独立地实施方案，独立地反馈信息，独立地评价成果，通过这一而再，再而三的训练，每当碰到新的任务时，就不再会束手无策了。比如处理顾客的投诉，有的学生认真倾听顾客的建议，有的学生仔细地研究消费者权力保护，有的学生亲临现场，各自采取不同的方法，但最终殊途同归，较好地解决了问题。

(3) 有利于学生协调能力的形成。

由于采用了行为导向教学的模拟教学法，大大地提高了学生的协调能力。学生在模拟办公室中或者在模拟公司里工作，要在采购部门、销售部门、仓储部门、会计部门、管理部门之间轮岗，每一工作岗位都要和不同的对象进行合作，而且合作的方式不一样。比如，在采购部门，他会面对不同的供应商，需从中做出正确的选择；在管理部门，他会面对工作人员的不同方案，需从中做出正确的决策；在会计部门，他会面对延迟交款，拖欠交款等各种情况，需从中做出相应的对策。

(4) 有利于学生应变能力的形成。

由于采用了行为导向教学的角色扮演法，大大提高了学生的应变能力，学生承担不同的角色，面对不同的对象，必须在瞬间做出回答。不断地出现新的情景，不断地做出新的应答。比如接待顾客，有学生扮演营业员，有学生扮演顾客，扮演营业员的学生，要面对不同层次、不同类型、不同风格、不同爱好的顾客，就不能采取划一的应对方法。

(5) 有利于学生挫折承受能力的形成。

由于采用了行为导向教学的项目教学法，大大提高了学生们的挫折承受能力。比如要求每个同学在半天时间内推销十斤大白兔奶糖，有的学生很快就推销完毕，有的学生磨破嘴皮还是推销不出去，最后只好推销给自己的父母。推销过程中的甜、酸、苦、辣只有自己最有体会。但是一次的失败，不等于永远的失败，正是在这一次次的失败之中，学生们不仅学会了推销的基本技巧，而且提高了各自的挫折承受能力。

(6) 有利于学生综合职业能力的形成。

由于综合地应用以上多种方法，大大提高了学生的综合职业能力。行为导向教学注重学生自己独立地完成任务。通常一个任务总是综合的，总是要涉及多种多样的学科知识，比如学习营销技术，就要涉及营销学的知识、管理学的知识、法律学的知识、计算机科学的知识、心理科学的知识。通过一个一个工作任务的完成，学习不再是一门门单一学科知识的获取，而是综合知识的获得，是相对完整的一块综合的知识团。

行动导向型教学法与传统教学法的本质区别是这种教学不再是一种单纯的老师讲、学生听的教学模式，而是师生互动型的教学模式。在教学活动中教师的作用发生了根本的变化，即从传统的主角，教学的组织领导者变为活动的引导者、学习的辅导者和主持人。学生作为学习的主体充分发挥了学习的主动性和积极性，变"要我学"为"我要学"。

传统意义上的知识传授，老师将教学所要求的书本知识灌注给学生，把学生头脑当作是盛装知识的容器。行动导向型教学法是让学生的所有感觉器官都参与学习，因此，它不只用脑，而是用脑、心、手共同来参与学习，把学生的头脑当作一把需被点燃的火把，使之不断地迸发出思维的火花。

行动导向型教学法是指老师引导学生学习知识以及掌握这些知识的技能、技巧，又指学习这种知识得来的过程和方法。在学习中学会学习，形成会学的能力。根据国际21世纪教育委员会的报告：面对未来社会的发展，教育应围绕四种基本的学习加以安排，这四种学习是每一个人一生的知识支柱，因此今天的"学"应包括学会认知、学会做事、学会生活、学会生存四方面的内容。

行动导向型教学法采取以学生为中心的教学组织形式，教师根据学生的兴趣、爱好和特长进行启发式教学，在活动中引导学生的个性、才能得到充分的发展，鼓励他们创新，使他们的创新意识和创新能力得到充分的发挥和提高。

行动导向型教学法还指教师对不同类型的学生进行因材施教(即根据不同学生的自信心和自尊心)。在教学中不允许批评学生，要充分肯定学生的每一点成绩，鼓励学生在不断的练习中取得成功，促进健全人格的塑造和发展。

行动导向型教学法不再是传统意义上的封闭式的课程教学，它采用非学科式的、以能力为基础的职业活动模式。行动导向型教学法是按照职业活动的要求，以学习领域的形式把与活动所需要的相关知识结合在一起进行学习的开放型的教学。学生也不再是孤立地学习，他们以团队的形式进行研究性学习。学习中老师为学生创造良好的教学情景，让学生自己寻找资料，研究教学内容，并在团队活动中互相协作，共同完成学习任务。

行动导向型教学法注重对学生的方法能力和社会能力的培养。在学习中结合各种具体教学方法的使用，培养学生自主学习和学会学习的能力。在活动中培养学生的情感，培养学生的交往、沟通、协作和相互帮助的能力。同时要求在教学过程中，让学生按照展示技术的要求充分展示自己的学习成果，并对学生的展示技术和教学内容进行鼓励性评价，培养学生的自信心、自尊心和成就感，培养学生的语言表达力，全面提高学生的社会能力、个性能力和学生的综合素质。

行动导向型教学采用目标学习法，重视学习过程中的质量控制和评估。它的整个教学过程是一个包括获取信息、制订工作计划、做出决定、实施工作计划、控制质量、评定工作成绩等环节的完整的行为模式。

思考题：

1. 行动导向教学法与行为导向教学法有什么区别？
2. 如何运用行动导向教学法提高会计课堂教学的有效性？

第 2 章 情境教学法

学习任务

1. 了解情境教学法的含义；
2. 掌握实施情境教学法的步骤；
3. 能合理使用情境教学法进行课堂教学；
4. 能灵活运用情境教学法；
5. 能处理情境教学法实施过程中的各类问题。

第2章 情境教学法

2.1 情境教学法概述

情境教学法是指在教学过程中,教师有目的地引入或创设具有一定情绪色彩的、以形象为主体的生动具体的场景,以引起学生一定的态度体验,从而帮助学生理解教材,并使学生的心理机能得到发展的教学方法。情境教学法的核心在于激发学生的情感。

情境教学法的理论依据如下所述。

1. 情感和认知活动相互作用的原理

情绪心理学研究表明:个体的情感对认知活动至少有动力、强化、调节三方面的功能。动力功能是指情感对认知活动的增力或减力的效能,即健康的、积极的情感对认知活动起积极的发动和促进作用,消极的不健康的情绪对认知活动起阻碍和抑制作用。情境教学法就是要在教学过程中引起学生积极的、健康的情感体验,直接提高学生对学习的积极性,使学习活动成为学生主动进行的、快乐的事情。情感对认知活动的增力效能,给我们解决目前中职生中普遍存在的学习动力不足的问题以新的启示。情感的调节功能是指情感对认知活动的组织或瓦解作用,即中等强度的、愉快的情绪有利于智力操作的组织和进行,而情绪过强和过弱以及情绪不佳则可能导致思维的混乱和记忆的困难。情境教学法要求创设的情境就是要使学生感到轻松愉快、心平气和、耳目一新,促进学生心理活动的展开和深入进行。课堂教学的实践,也使人深深感到:欢快活泼的课堂气氛是取得优良教学效果的重要条件,学生情感高涨和欢欣鼓舞之时往往是知识内化和深化之时。

脑科学研究表明:人的大脑功能,左右两半球既有分工又有合作,大脑左半球是掌管逻辑、理性和分析的思维,包括言语的活动;大脑右半球负责直觉、创造力和想象力,包括情感的活动。传统教学中,无论是教师的分析讲解,还是学生的单项练习,以致机械的背诵,所调动的主要是逻辑的、无感情的大脑左半球的活动。而情境教学,往往是让学生先感受而后用语言表达,或边感受边促使内部语言的积极活动。感受时,掌管形象思维的大脑右半球兴奋;表达时,掌管抽象思维的大脑左半球兴奋。这样,大脑两半球交替兴奋、抑制或同时兴奋,协同工作,大大挖掘了大脑的潜在能量,学生可以在轻松愉快的气氛中学习。因此,情境教学可以获得比传统教学明显良好的教学效果。

2. 认识的直观原理

从方法论看,情境教学是利用反映论的原理,根据客观存在对儿童主观意识的作用进行的。而世界正是通过形象进入儿童的意识的,意识是客观存在的反映。情境教学所创设的情境,因其是人为有意识创设的、优化了的、有利于儿童发展的外界环境,这种经过优化的客观情境,在教师语言的支配下,使儿童置身于特定的情境中,不仅影响儿童的认知心理,而且促使儿童的情感活动参与学习,从而引起儿童本身的自我运动。

300多年前,捷克教育家夸美纽斯在《大教学论》中写道:"一切知识都是从感官开始的。"这种论述反映了教学过程中学生认识规律的一个重要方面:直观可以使抽象的知识具体化、形象化,有助于学生感性知识的形成。情境教学法使学生身临其境或如临其境,就是通过给学生展示鲜明具体的形象(包括直接和间接形象),一则使学生从形象的感知达到抽象的理性的顿悟,二则激发学生的学习情绪和学习兴趣,使学习活动成为学生主动的、自觉的活动。

应该指明的是,情境教学法的一个本质特征是激发学生的情感,以此推动学生认知活动的进行。而演示教学法则只限于把实物、教具呈示给学生,或者教师简单地做示范实验,虽然也有直观的作用,但仅有实物直观的效果,只能导致学生冷冰冰的智力操作,而不能引起学生的热情,不能发挥情感的作用。

3. 思维科学的相似原理

相似原理反映了事物之间的同一性,是普遍性原理,也是情境教学的理论基础。形象是情境的主体,情境教学中的模拟要以范文中的形象和教学需要的形象为对象,情境中的形象也应和学生的知识经验相一致。情境教学法要在教学过程中收入或创设许多生动的场景,也就是为学生提供了更多的感知对象,使学生大脑中的相似块(知识单元)增加,有助于学生灵感的产生,也培养了学生相似性思维的能力。

4. 人的认知是一个有意识心理活动与无意识心理活动相统一的过程

众所周知,意识心理活动是主体对客体所意识到的心理活动的总和,包括有意知觉、有意记忆、有意注意、有意再认、有意重现(回忆)、有意想象、有意表象(再造的和创造的)、逻辑和言语思维、有意体验等。但遗憾的是,包含如此丰富内容的意识心理活动仍然不能单独完成认识、适应和改造自然的任务。情境教学的最终目的也正在于诱发和利用无意识心理提供的认识潜能。

自弗洛伊德以来,无意识心理现象为越来越多的学者所重视。所谓无意识心理,就是人们所未意识到的心理活动的总和,是主体对客体的不自觉的认识与内部体验的统一,是人脑不可缺少的反映形式,它包括无意感知、无意识记、无意再认、无意表象、无意想象、非言语思维、无意注意、无意体验等。该定义强调无意识心理活动具有两个方面的功能。

(1) 对客体的一种不知不觉的认知作用。如我们在边走路边谈话时,对路边的景物以及路上的其他东西并未产生有意识的映象,但我们却不会被路上的一堆石头绊倒。原因就是"石头"事实上引起了我们的反应,并产生了"避让"这种不自觉的、未注意的、不由自主的和模糊不清的躯体反应。

(2) 对客体的一种不知不觉的内部体验作用。常言的"情绪传染"就是无意识心理这一功能的表现。例如我们会感到无缘无故的快活、不知不觉的忧郁,这往往是心境作用的结果。心境本身就是一种情绪状态,它能使人的其他一切体验和活动都染上较长时间的情绪色彩。

研究表明,无意识心理的上述两个功能直接作用于人的认知过程:首先它是人们认识客观现实的必要形式;其次它又是促使人们有效地进行学习或创造性工作的一种能力。可见,无意识心理活动的潜能是人的认知过程中不可缺少的能量源泉。情境教学的目的就在于尽可能地调用无意识的这些功能,也就是强调于不知不觉中获得智力因素与非智力因素的统一。

5. 人的认知过程是智力因素与非智力因素(或理智活动与情感活动)统一的过程

教学作为一种认知过程,智力因素与非智力因素统一在其中。否则,人们常言的"晓之以理，动之以情"就失去了理论依据。在教学这种特定情境中的人际交往，由教师与学生的双边活动构成，其中师生间存在两条交织在一起的信息交流回路：知识信息交流回路和情感信息交流回路。二者相互影响，彼此依存，从不同的侧面共同作用于教学过程。知识回路中的信息是教学内容，信息载体是教学形式；情感回路中的信息是师生情绪情感的变化，其载体是师生的表情(包括言语表情、面部表情、动作表情等)。无论哪一条回路发生故障，都必然影响到教学活动的质量，只有当两条回路都畅通无阻时，教学才能取得理想的效果。

运用情境教学首先需用"着眼发展"的观点，全面地提出教学任务，而后优选教学方案，根据教学任务、班级特点及教师本人素质，选择创设情境的途径。

创设情境的途径初步归纳为以下六种。

(1) 生活展现情境。即把学生带入社会，带入大自然，从生活中选取某一典型场景，作为学生观察的客体，并以教师语言的描绘，鲜明地展现在学生眼前。

(2) 实物演示情境。即以实物为中心，略设必要背景，构成一个整体，以演示某一特定情境。以实物演示情境时，应考虑到相应的背景，激起学生广远的联想。

(3) 图画再现情境。图画是展示形象的主要手段，用图画再现课文情境，实际上就是把课文内容形象化。课文插图、特意绘制的挂图、剪贴画、简笔画等都可以用来再现课文情境。

(4) 音乐渲染情境。音乐的语言是微妙的，也是强烈的，给人以丰富的美感，往往使人心驰神往。它以特有的旋律、节奏，塑造出音乐形象，把听者带到特有的意境中。用音乐渲染情境，并不局限于播放现成的乐曲、歌曲，教师自己的弹奏、轻唱以及学生表演唱、哼唱都是行之有效的办法。关键是选取的乐曲与教材的基调上、意境上以及情境的发展上要对应、协调。

(5) 表演体会情境。情境教学中的表演有两种，一是进入角色，二是扮演角色。"进入角色"即"假如我是××"；扮演角色，则是担当课文中的某一角色进行表演。由于学生自己进入、扮演角色，课文中的角色不再是在书本上，而就是自己或自己班集体中的同学，这样，学生对课文中的角色必然产生亲切感，很自然地加深了内心体验。

(6) 语言描述情境。以上所述创设情境的五种途径，都是运用了直观手段。情境教学十分讲究直观手段与语言描绘的结合。在情境出现时，教师伴以语言描绘，这对学生的认知活动起着一定的导向性作用。语言描绘提高了感知的效应，情境会更加鲜明，并且带着感情色彩作用于学生的感官。学生因感官的兴奋，主观感受得到强化，从而激起情感，促进自己进入特定的情境之中。

情境教学的功能主要表现在两个方面：陶冶功能和暗示(或启迪)功能。

(1) 情境教学能够陶冶人的情感，净化人的心灵。

在教育心理学上讲陶冶，意即给人的思想意识以有益或良好的影响。关于情境教学的陶冶功能，早在春秋时期的孔子就把它总结为"无言以教""里仁为美"；南朝学者颜之推进一步指明了它在培养、教育青少年方面的重要意义："人在少年，神情款定，所与未狎，熏渍陶染，言笑举动，无心于学，潜移暗化，自然似之。"即古人所说的"陶情冶性"。

情境教学的陶冶功能就像一个过滤器，使人的情感得到净化和升华。它剔除情感中的消极因素，保留积极成分。这种净化后的情感体验具有更有效的调节性、动力性、感染性、强化性、定向性、适应性、信号性等方面的辅助认知功能。

(2) 情境教学可以为学生提供良好的暗示或启迪，有利于锻炼学生的创造性思维，培养学生的适应能力。

众所周知，人的社会化过程即形成"一切社会关系的总和"。这一从自然人转化为社会人的过程，实际上完全是环境——社会、家庭、学校、种族、地理等因素共同作用的结果。这些影响作用有的被我们感知到，但更多的则是不知不觉地影响着我们。因此，保加利亚心理学家 G. 洛扎诺夫指出："我们是被我们生活的环境教学和教育的，也是为了它才受教学和教育的。"

人要受环境的教学和教育，原因就在于人有可暗示性。这是心理学和暗示学研究所共同证明了的。A. 比耐的实验证明在儿童身上天然存在接受暗示的能力，接受暗示是人的一种本能。因而在他的《可暗示性》一书中，"可暗示性"就成了"可教育性"的同义语。其实，这些结论在社会学的背景上也是成立的：既然"人是一切社会关系的总和"，因而必然要受到一切社会关系的影响，"人创造环境，同样环境也创造人。"

情境教学，是在对社会和生活进一步提炼和加工后才影响于学生的。诸如榜样作用、生动形象的语言描绘、课内游戏、角色扮演、诗歌朗诵、绘画、体操、音乐欣赏、旅游观光等等，都是寓教学内容于具体形象的情境之中，其中也就必然存在潜移默化的暗示作用。

换言之，情境教学中的特定情境，提供了调动人的原有认知结构的某些线索，经过思维的内部整合作用，人就会顿悟或产生新的认知结构。情境所提供的线索起到一种唤醒或启迪智慧的作用。比如正处于某种问题情境中的人，会因为某句提醒或碰到某些事物而受到启发，从而顺利地解决问题。

为了使情境教学更好地发挥上述两种功能，提出以下几个重要的使用原则。

(1) 意识与无意识统一原则和智力与非智力统一原则。

这是实现情境教学的两个基本条件。无意识调节和补充有意识，情感因素调节和补充理智因素。人的这种认知规律要求在教学中既要考虑如何使学生集中思维，培养其刻苦和钻研精神，又要考虑如何调动其情感、兴趣、愿望、动机、无意识潜能等对智力活动的促进作用。教师在鼓励学生要刻苦努力时，很可能已经无意识地暗示了学生：你能力不行，所以要努力。这样就无形中增加了他们的畏难情绪。如果我们能意识到这一点，就会把学生视作理智与情感同时活动的个体，就会想方设法地去调动学生身心各方面的潜能。无意识与意识统一，智力与非智力统一，其实就是一种精神的集中与轻松并存的状态。这时，人的联想在自由驰骋，情绪在随意起伏，感知在暗暗积聚，技能在与时俱增。这正是情境教学要追求的效果。

(2) 愉悦轻松体验性原则。

该原则根据认知活动带有体验性和人的行为效率与心理激奋水平有关而提出。该原则要求教师在轻松愉快的情境或气氛中引导学生产生各种问题意识，展开自己的思维和想象，寻求答案，分辨正误，这一原则指导下的教学，思维的"过程"同"结果"一样重要，目的在于使学生把思考和发现体验为一种快乐，而不是一种强迫或负担。

(3) 师生互信互重下的自主性原则。

该原则强调两个方面：一是良好的师生关系，二是学生在教育教学中的主体地位。良好的师生关系是情境教学的基本保证。教学本是一种特定情境中的人际交往，情境教学更强调这一点。只有师生间相互信任和相互尊重，教师对学生真正做到"晓之以理，动之以情"，前文所述的两条信息回路才有畅通的可能。这意味着教师必须充分了解学生，学生也必须充分了解教师，彼此形成一种默契。而学生在教学中的主体地位决定了自主性侧重于教师鼓励学生"独立思考"和"自我评价"，培养学生的主动精神和创新精神。这一原则要求教师在情境教学中要从学生的实际出发，使学生在完成学业的同时得到如何做人的体验。它意味着一切教学活动都必须建立在学生积极、主动和快乐的基础上。

实际上，上述几个原则是密不可分的，它们有机地统一在整个情境教学之中。

2.2 情境教学法应用示例

示例一：

我们以《企业财务会计》课程中银行承兑汇票结算为例，进行情境教学法的展示。

《银行承兑汇票结算》教学设计

场景一： 某公司财务部王经理、李会计和张出纳在办公室里讨论一笔销售货款的收款方式。

王：这笔款项数额较大，对方又是首次打交道，资信情况不清，你们看采取何种方式收款为好？

张：为了稳妥起见，我认为应当采用"银行汇票"或"银行本票"。

李：最好是采用"银行汇票"或"银行本票"，这个方案的可靠性是最高的，但是还要看对方的情况，如果他们现实付款确有困难也不要强求，应该从长远看，为建立一种长期合作关系，也可以考虑采用银行承兑汇票。

王：这个意见好，两个方案同时进行，就这么定了。

场景二： 某公司会议室，王经理与购货方陈采购员就付款方式进行谈判。

王：我们的意见是最好用"银行汇票"或"银行本票"。

陈：我们最近流动资金有些紧张，现实付款有困难，是否可以采用"商业汇票"？

王：可以理解，但我们也有难处，为了能长期合作，我们双方都作点让步吧，就采用"银行承兑汇票"如何？

陈：好的，一言为定。

场景三： 某银行营业部，购货方余出纳对营业员说：同志，我要办一份银行承兑汇票。

营业员：请看办理程序。(出示办理程序表)

实际操作：

1. 填申请表(出示样表，演示填表过程)；
2. 盖印鉴章(出示样印鉴，演示盖章过程)；
3. 办理汇票(出示样表，演示填表过程)；
4. 交票(演示交票过程)。办理完毕，余出纳告辞。

场景四：某公司货场，双方交易正在进行。陈采购员手持办妥的"银行承兑汇票"交与张出纳，张出纳出具"销货发票"交与陈采购员，陈到仓库提货。

场景五：一个月后，某公司财务部办公室，王经理和李会计、张出纳在讨论如何解决最近资金紧张的问题。

王：工行的一笔贷款快到期了，延期可能有困难，如何还款，大家出出主意。

李：可以出售一批股票还贷，以解燃眉之急。

张：可是最近的股市低迷，现在出售股票亏损太多，我认为可以将上个月收到的银行承兑汇票到银行申请贴现，我们只需负担一点贴现利息即可。

王：好的，就这样定了，尽快办吧。

场景六：某银行营业部，张出纳对营业员说：同志，我要办一份银行承兑汇票的贴现。

营业员：请看办理程序。(出示办理程序表)

实际操作：

1．填申请表(出示样表，演示填表过程)；

2．盖印鉴章(出示样印鉴，演示盖章过程)；

3．办理汇票贴现(出示样表，演示填表过程)；

4．交票(演示交票过程)。办理完毕，张出纳告辞。

这样的情境设置教学方法，很容易引起学生的兴趣，寓教于真实的情境中，在轻松的对话中就可以使学生了解银行承兑汇票的使用过程。

示例二：

我们以《基础会计》课程中银行存款的清查为例，进行情境教学法的展示。

《银行存款的清查》教学设计

一、教学背景

中职会计专业的教学目的就是面向市场，培养基础理论扎实、专业技能熟练、职业道德良好的初级会计人才。

在实际工作中，即使企业与银行记账不发生错误，也不可避免地会出现双方的余额不一致，那可能就是存在未达账项。如果出现了未达账项，应及时编制银行存款余额调节表，以正确地确定企业可以动用的银行存款的实有数额，减少企业因此而发生的损失。因此，作为财会专业的学生，必须掌握有关银行存款余额调节表的编制方法。同时，《会计制度》也规定：企业出纳人员应定期对银行存款进行清查。企业与银行对账业务是出纳人员必须掌握和熟练运用的一项基本技能。

二、学情分析

授课班级基本情况：14春会计4班，42名女生，1名男生，共43人，基本上都是女生，性格活泼，做事细心，动手实际操作能力强于理论理解能力。

1．知识能力

作为会计专业一年级的学生，经过了一个学期的学习，已初步学会银行存款收付业务的日常处理和财产清查的概念，为本次课奠定了一定的知识基础。

2. 情感能力

本班学生性格活泼,喜欢新鲜有趣的事物。若上课的内容过于沉闷死板,他们的注意力较难集中,上课意愿会降低。

3. 思维能力

部分学生的理解能力较弱,学习能力十分有限,同时,大部分同学的学习意志较薄弱,若稍遇困难就会退缩,缺乏信心。

三、教材分析

1. 地位作用

教材选用的是南开大学出版社出版的全国职业教育规划教材《基础会计》。该教材编排新颖,采用项目学习和项目教学的方法,深入浅出,着重培养学生的会计技能。《银行存款余额调节表的编制》是该书中项目四任务九中第二课时的内容,企业出纳人员应定期对银行存款进行清查。企业与银行对账业务是出纳人员必须掌握和熟练运用的一项基本技能。

2. 教学目标

(1) 知识目标:理解银行存款的清查方法,熟练掌握未达账项的识别与判断,并能基本掌握银行存款余额调节表的编制。

(2) 能力目标:培养学生对理论的分析理解和实际操作能力,同时培养学生分析、综合、归纳、演绎的逻辑思维能力。

(3) 情感目标:培养学生勤于思考、勇于探索、敢于创新的思想作风。培养学生对财务工作的热情,为以后从事经济工作奠定感情基础。

3. 本节内容的重点、难点、关键点

考虑到学生初学本课知识的实际和学生可能达到的目标,按照循序渐进的教学原则,进一步确定出本节课的重难点。

(1) 教学重点:学会银行存款余额调节表的编制方法。

(2) 教学难点:未达账项的识别和判断。

4. 课时要求:1课时,共40分钟。

四、教学方法

1. 教法

运用情境教学法、趣味性启发式教学法、任务驱动教学法等综合教学方法,结合运用现代多媒体教学手段,完成本节课的教学任务。

2. 学法

由于学生对银行存款的清查缺乏感性认识,本次课准备以情境贯穿教学全过程,创设教学情境,让学生以出纳的身份,感受实际工作岗位中银行存款清查业务的处理过程,充分调动学生看、听、说、写、思等各种潜在能力。通过课堂小结、讨论反馈等环节的强化练习,在学生了解掌握本课重点的基础上,学生分成小组,模拟出纳岗位,并让各组派代表将考题、答案展示出来,通过学生自评,互评,达到激趣励志、突破难点的目的。

五、教学准备

1. 教学环境准备

7~8人一组，全班学生分成6组。每小组设一名组长任会计主管。

2. 教学工具准备

练习答题纸、课件、实物投影仪、学生评价表、最佳出纳员奖状。

六、教学过程

(一) 前置任务

预习、搜集素材。为了便于学生能更好地掌握理论性较强的基础知识，让学生预习银行存款清查的概念和基本流程，以及未达账项的概念和四种类型。

(二) 课堂教学环节

1. 组织教学，创设情境(3分钟)

设置情景：由两名学生出演，分别扮演老板(曾友钱)和出纳员(郝粗心)。公司名称是友钱公司。

某天，老板曾友钱收到银行寄来的对账单，查看以后，顺便又翻了一下银行存款日记账，结果发现两边的余额不相同，马上找来出纳员进行质问。

曾友钱："郝粗心啊，你真是粗心啊！这账你是怎么记的，和银行对账单怎么有那么大的出入？还想不想干啦？"

郝粗心："老板，冤枉啊！每一笔银行存款的收付业务我都有按照规定登记的。"

曾友钱："那为什么银行存款日记账和银行对账单的金额不相同呢？"

教师在屏幕分别展示情景中的企业银行存款日记账和银行对账单，指出两者余额的不同。

接着教师提出疑问：

假设你是情景中的郝粗心，你会怎么跟老板解释呢？你知道银行存款日记账和银行对账单金额有出入的原因吗？

让学生以情景中出纳员郝粗心的身份，带着疑问学习接下来的新课。

设计理由：中职学生的定向能力与普中的学生相比差一些，她们的注意力状态仍然取决于教学的直观性和形象性，很容易被新异的活动刺激而兴奋起来。采用情景教学法，让学生以出纳员"郝粗心"的身份，解决实际问题，有利于激发学生浓厚的学习兴趣，增强学生的自信心，使课堂学习气氛更活跃，师生关系更融洽。此法贯穿于课堂教学的主要环节。

2. 逐步引导，学习新知(15分钟)

(1) 抓住契机，积极引导。(4分钟)

利用学生激发起的学习兴趣，要求学生根据课前预习的内容，回答银行存款的清查方法、未达账项的概念以及未达账项的四种表现形式。

银行存款清查的方法：与银行转来的对账单进行核对。

未达账项的概念：企业单位与银行之间，对同一项经济业务由于凭证传递上的时间差所形成的一方已登记入账，而另一方因未收到相关凭证，尚未登记入账的事项。

表现形式：企未收、企未付、银未收、银未付。

(2) 完成任务，自主学习。(10分钟)

为了让学生进一步理解未达账项，先让学生根据课本描述，尝试判断练习中的题目分别属于哪一类未达账项,以小组竞速的形式,展示答案。然后根据学生的做题情况,教师点评并补充解析未达账项的四种表现形式,加深学生的理解。

任务一:展示实例及练习,让学生判断哪些是未达账项,是什么类型的未达账项,使学生对未达账项有个初步感知,并以小组竞速的形式,展示答案,并为速度快且正确的小组加分。(5分钟)

任务二:在完成以上练习后,回到情景中的问题,让学生继续分小组讨论,将情景中银行存款日记账与对账单逐笔核对,并回答有关问题。(6分钟)

① 找出未达账项。

银行已经登记入账、而企业没有登记入账的金额是:

企业已经登记入账、而银行没有登记入账的金额是:

② 分类。

a. 企业已收,银行未收:

b. 企业已付,银行未付:

c. 银行已收,企业未收:

d. 银行已付,企业未付:

教师深化讲解:出现"企收银未收"和"银付企未付"时,会使企业银行存款账面余额大于银行对账单的存款余额;出现"企付银未付"和"银收企未收"时,会使企业银行存款账面余额小于银行对账单的存款余额。

无论出现哪种情况,都会使企业银行存款账面余额与银行对账单存款余额不一致,很容易开出空头支票,对此,必须编制"银行存款余额调节表"进行调节。借此带出接下来的教学内容。

设计理由:"授之以鱼,不如授之以渔",作为教授者,不仅要使学生掌握问题的答案,更要使学生学会找到答案的方法。在该环节使用任务驱动法,使学生在既定任务的驱动下,引导学生采用自主探究法,在完成既定任务的同时,引导学生学会自主解决问题,增强独立学习能力。

3.精讲多练、深化知识(7分钟)

按照由浅入深、由具体到抽象的原则,借助于多媒体课件,先给学生讲解银行存款余额调节表的格式。

任务三:将任务二找到的未达账项在表中对号入座,完成一张完整的银行存款余额调节表。再让学生根据公式,计算调解后银行存款余额,完成银行存款余额调节表。

企业银行存款日记账余额+"银行已收,企业未收"-"银行已付,企业未付"
=调解后银行存款余额

银行对账单余额+"企业已收,银行未收"-"企业已付,银行未付"
=调解后银行存款余额

4.巩固练习,反馈回授(10分钟)

让学生以小组为单位,讨论完成两道完整的实例。

任务四:编制银行存款余额调节表

(1) 友钱公司2016年4月30日,银行存款日记账余额为329 200元,银行对账单上的

会计专业教学法

余额为328 400元,经逐笔核对,查明有以下几笔未达账项:

① 公司于4月30日存入银行从其他单位收到的转账支票一张,计36 000元,银行尚未入账。

② 公司于4月30日开出的转账支票6 400元,持票人尚未到银行办理转账,银行尚未入账。

③ 公司委托银行代收外埠销货款31 200元,银行已收到入账,但公司尚未收到银行的收款通知,没有入账。

④ 银行代付的电话费4 000元,公司尚未收到银行的付款通知,没有入账。

⑤ 银行计算的存款利息1 600元,已记入公司存款户,但公司尚未入账。

要求:根据上述资料编制"银行存款余额调节表"。

(2) 友钱公司2016年度10月25-31日银行存款日记账和银行送来的对账单,编制银行存款余额调节表。

设计理由:引导学生采用合作学习法,通过分组、合作、交流来完成新知识的学习,通过互助性学习,起到共同进步的作用,增强班级学生的团队意识以及班级的凝聚力。同时,通过运用练习法,在课堂进行有针对性的练习,帮助学生进一步巩固新知识,培养学生运用知识解决问题的能力。

5.适时鼓励,升华感受(3分钟)

全班学生在以出纳员身份完成全部练习后,教师再次创设教学情境:"假若你是老板曾友钱,你最满意哪一小组的表现?"

同时,将学生答案拿到实物展台上展示,并作点评。

请学生互评、互比,鼓励学生的积极性和创造力,并为表现出色的学生颁发奖状。

6.知识梳理,归纳小结(2分钟)

银行存款清查的方法;

银行存款日记账与银行对账单余额不一致的原因;

未达账项的概念;

未达账项的类型;

银行存款余额调节表的编制。

7.布置作业,巩固学习(1分钟)

为了巩固本节课所学知识内容,要有针对性地、分层次地布置作业。教师要求全体学生必须完成习题集P69业务题1~3题,愿意拔高的学生可以自愿完成4~6题。

2.3 情境教学法在会计教学中应用的注意事项

以"行动导向"为教学理念的多元化情境教学方法的实践必然会对传统会计教育模式带来巨大冲击,这要求教师要不断研究和实践来支持教学法的改革,并及时总结教学经验。笔者在实践的过程中总结出以下注意事项。

1.处理好相关课程的衔接,结合实训基地运用综合情境教学

在会计相关课程的授课过程中,尽量避免内容的重复。例如在学习过财务会计的基

础上，对于银行会计、出纳会计、外贸会计等会计课程，其原理部分不必重复再讲，主要是结合这些企业的会计实务不同的部分，突出各有关行业的特点，更有助于学生进行比较思考。

在所有会计专业课程结束后，建议结合校内、外的实训基地，以真实的企业为蓝本设置综合情境，将财务会计、税务会计、财务管理、成本会计等专业知识予以综合，考核学生对各课程的掌握程度。教师应设置一个模拟公司的综合情境，开设市场开发部、销售部、采购部、财务部、厂部等部门，设置"总经理""部门经理""财务总监""会计""出纳"等角色让学生担任。教师引导学生开展企业的经济业务，进行开办企业、筹集资金、组织生产、成本核算、产品销售、利润分配和申报纳税等业务处理。学生在企业商务运作的环境下，按照实际公司的职能开展工作，将学到的职业工作岗位技能应用到公司的具体业务中，深入体会经济业务发生的各个环节及其详细情况，进行会计核算和管理。教师应注意在实训的一定阶段，要进行岗位轮换，让学生感受每个岗位的职场体验。

2. 重视培养学生的自主学习意识，充分调动学生潜在非智力因素

随着我国会计国际趋同步伐的加快，会计准则及税法也在不断调整。在教学过程中，教师应注意培养学生的自学能力，要求同学自己去挖掘理论和实务的新发展，对新会计准则及相关财经法规、税法的变更进行比较学习。

在情境教学实施过程中，教师可以对学生的分组讨论与角色扮演采用比分制，开展学生个人争优和小组比赛争胜的教学形式，营造比、学、赶、帮、超的学习氛围，增强其团队合作精神，使学生体验到竞争成功的喜悦。但同时，教师也应注意学生是否产生畏难、焦虑甚至抵触情绪，及时营造轻松、快乐的学习环境，培养学生的自信，以反向思维等新的思维方式来培养学生的创造能力和思维能力，进而达到寓教于乐的目的。

未来的竞争是人才的竞争，中职学校对中职学生的培养模式也随着市场的需求而不断改进。当前，我国经济体制改革实践为会计教育提供了许多生动活泼的典型案例。如与相关会计师事务所及企业合作，走出去和请进来的教育培训方式相结合，理论学习和实践锻炼的教育培训手段相结合，教育培训和个人发展相结合，设立教育培训基地等方式，促进会计专业学生不断更新知识、开阔视野、提升能力，为形成适应未来经济发展需要的后备人才队伍做好充足的准备。以"行动导向"情境教学法正是顺应了这样的需要。

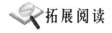 拓展阅读

拓展阅读一　情景与情境的区别与联系

情景与情境，人们常认为这两词同义，但实际上两者之间存在着很大区别。

从构词角度考虑，无论是情景还是情境，其构成都包含两个意义维度：一个是相同维度的"情"，一个则是不同维度的"景"或"境"。若对情景与情境这两个词中的第一维度，即相同维度——关于"情"的维度予以释解的话，它既有"感情""情趣""意志"(古今汉语字典)等主观指向，又有"情况、实情"(古今汉语字典)等客观指向。若对这两个词

中的第二个维度,即不同维度——关于"景"或"境"的维度予以诠释的话,则情景之"景",既有"时光""戏剧中的一幕"所蕴含的时间存在的意义,又有"景致、景色"和"布景"等所涵盖的空间存在的意义,且尤指"情形""情况"(古今汉语字典)等所表达的由主观对客观的观察之意;而情境之"境",则既有"疆界、边界"等物理意义的定义域,又有"地方、区域"等物理意义的时空域,且尤指"情况""境界"等表述的由客观至主观的认识之意(古今汉语字典)。

从教育角度思考,无论是情景还是情境,其涵义还包含两个时空维度,一个是客观与主观建构的时空,一个则是客体与主体参与的时空。就教学来说,"要进入知识的王国必须要有时空的'签证'",特别是"那些杂乱无章的感觉材料(sense data)、那个感性事物",只有经过"时空形式的整理",才能成为知识(叶秀山)。所以,如何借助情景或情境构成学习的时空,使学生能够在客观与客体的"景"或"境"中探求知识,并通过主观与主体的"情"的加工升华为能力,就成为教育永恒的课题。为此,只有清晰地把握基于情景的学习与基于情境的学习之内涵与区别,进而深刻地理解学习情景与学习情境、情景教学与情境教学的内涵与差异,才能在职业教育的课程开发和教学实施的过程中,更加自觉且更加自如地对情景与情境加以科学运用,提高职业教育的课程开发和教学实施的质量。

关于情景与情境:无我与有我

情景,通常是指"情形,景象"(古今汉语辞典),与英语 circumstance 对应;有人认为,此"景"与"情"紧密相关。"情景是以景为基础,又以景为媒介来激起情感或激发兴趣的"(张驰),故情景包含"感情与景色"之意,相应于英语的 feeling and scenery;而情境,一般是指"情况,境地"(古今汉语词典),与英语 situation 对应;也有人认为,此"境"与"情"紧密相关,情境是"一个人在进行某种行动时所处的特殊背景,包括机体本身和外界环境因素"(辞海),故情境也包含客观的"境"与主观的"情"以及由"情"萌生的主观的"境"之意,相应于英语的 feeling and context。由此可见,这两个词均涵盖物质世界与精神世界的内容。无疑,"景"与"境"的这些区别,也必然导致"情景"与"情境"的差异。

从形式上看,情景相对微观,情境相对宏观。情景信息量较小,往往是来自现实生活的一个实景片段、一个背景素材,是对某一场景、景物的描述,例如风景、布景、景色、景物等,是可以游离于主体而存在的。反之,情境则包容量较大。既可源于现实,也可源于建构。它是由客观存在的多种环境、景物,与主体面对这多种环境、景物所产生的不同情感,甚至其所隐含的氛围,例如热烈、孤寂、友好、无助、惊诧、困惑等(王较过,刘海涛,朱贺)相互融合而存在的。

从内涵来看,情景相对单一,情境相对复合。"'情景'的'景'是具体、直观和吸引人的"(黄翔、李开慧),即"某一特定的时间和特定空间中的具体情形"(李行键),常常指背景及其产生条件,具有相对稳定的静态性;"'情境'的'境'是指构成和蕴涵在情景中的那些相互交织的因素及其相互之间的关系"(北京师范大学基础教育课程中心),即"某一段时间和空间许多具体情形的概括"(李行键),往往既指背景及其产生条件,又指起因及其发展经过,且总是处于运动状态之中,具有明显的动态过程性(黄翔、李开慧),因而情境要比情景丰富、复杂得多。

综上所述,情景的"景",可以"无我而在",特指那些客观存在或依据客观而主观创设的"景",更多地强调视觉、艺术和心理的色彩与效果,突现显性的表征,具有"触景生情"的功能;而情境的"境",必须"有我而在",特指那些不仅指向更广泛、更多变的客观的环境与氛围,而且强调由此升华所形成的主观的认识与理解,突现显性与隐性两个方面,具有"身临其境"的特征。这意味着,只有"有我"的"景",才能成为"境";而只要是"无我"的"境",就会蜕变为"景"。或者说,情景,是一种客体对主体产生刺激的现象,借此以"引发感觉的兴奋"(吴明华);情境,是一种主体在客体中的活动状态,借此以"激发思维的活跃"(吴明华)。因此,"情景指某一特定时间和特定空间中的具体情形;情境指某一段时间和空间许多具体情形的概括"(李行健)。显然,"情境"一词所指的时空范围比"情景"要大,"情境"比"情景"包含着更多的情形(徐真)。换句话说,情景服务于情境,而情境依赖于情景(吴明华)。这意味着,情境包容情景,"境"中有"景"。

对情景与情境的内涵及其区别的反思,在对长期以来教育过度科学化、符号化的倾向反思的过程中也得到映射。人们正是从反思中逐渐认识到,"人类的知识和互动不能与这个世界分割开来。如果这样做,就是在研究离开躯壳的智力",最终会使研究演变为对"人类真实行为的人造的、不真实的和不典型的特点"的研究(诺曼)。因此,只有在教育过程中,纠正一味运用"认知的符号运算方法的失误,特别是完全依靠对于规则与资讯描述的认知"的弊病。纠正"仅仅关注有意识的推理和思考的认知,而忽视了文化和物理背景的认知"(Wilson / Myers)的现象,才能得到掌握知识的"时空的签证"。基于此,与凸显时空特征的"情景"或"情境"紧密相关的情境认知理论应运而生。在这一理论基础上发展起来的情景教学或情境教学,在教育领域里得到极为广泛的应用。而在这里,也正是由于情景与情境的区别,导致学习情景或学习情境,以及情景教学和情境教学,都存在着深刻的差异。

关于学习情景与学习情境:初动与主动

从形式上看,学习情景,是针对时间跨度相对较短、活动空间较小的教学活动,如某节课或某个具体问题进行的教学设计,是一种难度较低、涉及要素较少的教学活动场景(徐真);而学习情境,则是针对时间跨度相对较长、活动空间相对较大的教学活动,如单元教学设计或较大型的项目、案例等进行的教学设计,是一种难度较大、涉及要素较多的教学活动环境(徐真)。

从内涵来看,学习情景,是早于主体的我"先生"而存在的,具有"历时性"的特点,强调通过先于主体而生的外部构成的"景",即借助"外生"的"景"来激发学生的学习兴趣,使其产生有效的学习行为,显现一种被动的"他激"的过程;而学习情境,是与主体的我"共生"而存在的,具有"同时性"的特点,强调通过伴随主体而生的内部生成的"境",即借助"外生与内生"的"境"生成学生的学习动机,使其产生自主的学习行动,显现一种主动的"自激"的过程。

职业教育工学结合的课程，强调工作过程系统化的课程设计，它涉及同一范畴的多个学习情境的开发序列。这些学习情境之间，存在着平行、递进或包容的关系。难度平行(相同)的学习情境，一般都具有"情境"而非"情景"的特点；而对于难度递进或包容的学习情境，开始的学习情境要求"教师引进门"，显现"情景"的特点，而伴随着学习进程，"修行在个人"，学生自主能力的增强，使得后续的学习情境更突显"情境"的特征。

由此可见，学习情境之中包含着学习情景。"教师在设计学习情境时考虑的因素比设计学习情景时要更全面更周到"(徐真)。

关于情景教学或情境教学：行为与行动

从形式上看。情景教学是指在教学过程中引入或创设实在的情形，通过教师生动直观的教学活动，提高学生的学习积极性，促进学生学习、提高教学效果的教学方法，具有很强的"针对性、启发性、虚构性和趣味性"特点(李传奇)。在这里，教学活动更多地是在阶段性、模拟性、局部性的时空中进行的。而情境教学则是指在教学过程中按照实在或仿真的情形，通过学生亲自经历的学习实践，提高学生的学习自主性，促进学生学习、培养学生能力的教学方法，具有很强的"真实性、开放性、深刻性、持久性"的特点(李传奇)。在这里，教学活动更多地是在全程性、真实性、整体性的时空中进行的。

从内涵上看，情景教学适用于入门的、基础的学习，强调物化的或创设的"景"对学生的情感激励，通过物理场对心理场的刺激而引发冲动，形成积极学习的态势，是心理场对物理场的应对，更多地具有行为导向的特征。在多个情景叠加的教学活动中，学生获得的是平面的"点状"的经验。而情境教学则适用于渐进的、深入的学习，强调物化的或仿真的"境"对学生的动机激励，通过物理场与心理场的自激而产生谐振，形成自觉学习的态势，是心理场与物理场的融合，更多地具有行动导向的特征。在多个情境集成的教学活动中，学生获得的是立体的"网状"的策略。

职业教育工学结合的课程，关注工作过程系统化课程的开发，它涉及同一范畴的多个学习情境的教学实施。这些学习情境的教学过程，是在遵循"比较——鉴别——异同——范畴——迁移"的逻辑顺序下展开的，也就是说，学生从凸显实践的学习情境的载体学习中获得感悟，再经过同一范畴的学习情境的载体学习而辨明异同，形成非完全符号的"类"概念，进而有能力应对新的情境。这样，从开始的相对简单的情境教学——往往具有"手把手"的情景教学特点，逐渐进入后续的相对复杂的情境教学——往往凸显"放开手"的情境教学特征，从而完成从经验学习到策略学习的跃迁的全过程。伴随着教学进程的深入，学生的职业能力增强，有利于其在新情境中实现知识的迁移。

由此可见，情境教学之中蕴含着情景教学，情景教学是情境教学的初级阶段，而情境教学是情景教学的高级阶段。综上所述，蕴含于情景或情境之中的"这些实质的内容进入时空形式后，就形成知识、概念的内容。时空讲先后秩序，因果律就在这个时空的秩序上建立起来。有了时空的秩序，因果律就进一步往前推进。有直观、有内容的因果律出来了，知识就可以推论了。可以推论的知识，就是科学的知识。于是，科学的经验知识就有了知识论本身的根据,也就是理性的根据"。因此,教师要学会结构化、系统化的学习情景或学习情境的课程开发方法;而基于职业教育自身的特点;教师更要掌握范畴化、网络化的学习情境的课程设计逻辑——寻求职业教育课程内容选择与组织的秩序以及在此基础上的因果律,使情境教学做到"形真""情切""意远""理寓其中"(李吉林),这对工学结合的职业教育的人才培养,具有特别重要的意义。

拓展阅读二 情境教育与左右半脑的协同开发

情境教育以生活展现情境,以实物演示情境,以图画再现情境,以音乐渲染情境,以表演模仿情境,以语言描绘情境,以多媒体播放情境,以电子网络虚拟情境,以野外实践亲历情境等左右半脑协同开发的课堂教育模式取得了可喜的育人成就。如小学、中学乃至大学一以贯之是能出大师的。

爱因斯坦以相对论闻名世界。他发达的左脑中储存了逻辑性极强的系统化了的数字和公式,同时他还是一位小提琴爱好者,有空闲就在右脑的指挥下拉起了小提琴。善于让大脑两半球协同的爱因斯坦,用左脑于1905年创立了轰动世界并否定牛顿"绝对时空观"的狭义相对论。思不能止的长达十一年的具有迷恋性的思考,又使爱因斯坦在1916年的一天进行积极的休息时,从习惯于巧妙联想并富创造性想象的右脑迸发出了关于形成广义相对论的灵感。据爱因斯坦回忆灵感突现时的情境说,他在一个夏日,躺在山边正发白日梦(即胡思乱想——依据脑储存的知识信息与实践经验进行着尚未知晓的闪电般的尝试组合或前所未有的搭配),突然,想象自己在乘着一束阳光到宇宙深处旅行,并从宇宙的另一边返回太阳系。此时的他突然警醒到,要让这梦想成真,宇宙必须是弯曲的,空间、时间以及光线亦都应是弯曲的。于是他返回桌旁,在逻辑性极强的左半球大脑的指挥下,将右半球大脑赐予的灵感整理出来——这,就是实用价值更高、应用范围更广、逻辑性更强的广义相对论。相对论产生于大脑两半球的相互协同中,两半球都发育最终铸就了人类科学史上的辉煌。

与爱因斯坦相对应,对绘画非常投入的名扬世界的大画家毕加索,是一位使绘画数学化和几何化的艺术家。他不仅是用发达的右脑去装入绘画的艺术讯息,还常在构思绘画草稿时让左半球大脑帮忙——转录出数学化和几何化的讯息,供右半球大脑在构思和使思维具体化的创作中使用,以增添作品的立体感和规则化。

根据多元智力观点,语言智慧爱说话,空间智慧爱涂画,交往智慧爱助人,运动智慧爱打闹,数理智慧爱解题,音乐智慧爱唱歌,自省智慧爱沉思,观察智慧爱比较,哲学智慧爱思辨。作为不同个体的人,不管是教师还是学生,在心理、文化等方面都有着自身的个性优势,凡人和大师的区别就在于,后者突出优势的同时注意开发弱势半球大脑的潜能——让两个半球在处理事务时都发挥作用,而前者则大都仅利用优势半球大脑——弱势半球大脑在处理事务的过程中都闲着,2-1=1。左右大脑协同发展,按系统论的观点 1+1>2。

据一些心理学家的研究,"凡人"利用自己的大脑还不到百分之七。教育的目的最终是开发人的大脑潜力,能让更多的"凡人"变为"大师"。学校教育的主要形式是课堂教育。左右半脑的协同开发,课堂教育起着重要作用。目前的教育情况,重点在左脑开发,即人的理性认知，而对创造性具有重要意义的右脑功能的开发还不够重视。因而在课堂教育中注意开发右脑的功能，创设问题情境，发展学生的形象思维、发散思维，注意左脑和右脑的协同发展，将会对学生创造力的培养有直接的作用。情境教育课堂模式的重要意义也正在于此。

遗憾的是中考、高考为左脑设计了大量的试题，为右脑、为左右半脑协同功能设计的试题太少了。情境教育的课堂教育模式推广遭遇了极大的障碍，即使在情境教育的发源地，"大师"的培育模式被扼杀在考试的现实功能之中。

训练题：

1．任意选取中职核心课程教材中的相关内容，运用情景教学法设计一课时的教学设计。
2．在教学中反思情景教学法的应用效果。

第 3 章

案例教学法

学习任务

1. 了解案例教学法的含义;
2. 掌握实施案例教学法的步骤;
3. 能合理使用案例教学法进行课堂教学;
4. 能灵活运用案例教学法;
5. 能处理案例教学法实施过程中的各类问题。

会计专业教学法

3.1 案例教学法概述

在国外,案例教学法最早出现于古希腊、罗马时代,古希腊哲学家、教育家苏格拉底的问答式教学法被看作是案例教学法的萌芽。苏格拉底提出的"案例教学法"一词最初是指讨论问题的方式,通过向学生提问,揭示出学生回答问题中的矛盾,在矛盾中寻找新的观点,在分析总结的基础上,得出对客观真理的准确描述。苏格拉底的学生、古希腊伟大的哲学家柏拉图将这种一问一答式的对话内容编辑成书,用一个个生动形象却又不失说理性的故事向人们述说了一个个原本艰涩难懂的道理,开辟了国外案例教学的先河。

1870年,时任美国哈佛大学法学院院长的克里斯托弗·哥伦布·兰代尔率先将案例教学法应用于法学教学中,并大力倡导。由此,案例教学法在以后的时间里得以创建并发展,并且,在法学以外的其他教学领域得以推广和应用,哈佛大学作为重要"推手",功不可没。

案例教学法引入我国较晚,是在20世纪70年代末,由我国工商行政代表团访问美国后介绍到国内的。最初,案例教学法在我国主要用于部分实践性较强的学科,如市场营销、法学、临床医学等领域。教学应适应于社会并服务于社会,在社会经济的繁荣发展中,案例教学法也逐步显现出更大的发展空间,其优势也日益引起了社会各界的广泛重视。20世纪80年代,相关部门及有关专家积极研究并编著出版了专门介绍案例教学法的学术刊物《管理案例教学研究》。同时,在国家经济贸易委员会的组织管理下,首届案例教学培训班在中国工业科技管理大连培训中心成功举办。

所谓案例教学法,是一种理论联系实际,启发式的教学相长的教学过程。它是仿照法律工作中立案的办法,把教学内容编成案例的形式进行教学的方法。它要求根据教学大纲规定的教学目的,以案例为基本教材,在教师的指导下,运用多种形式启发学生独立思考,对案例所提供的材料和问题进行分析研究,提出见解,作出判断和决策,借以提高学生分析问题、解决问题能力的一种教学方法。

会计专业本身就具有很强的实用性,会计案例教学法使掌握理论知识与发展能力有机结合起来,把学生引入到社会实践中,使学生由被动接受知识变为主动探索知识,真正成为学习的主人。教学模式的改革就是要恢复学习的本来面目,把学习的乐趣还给学生,让他们爱学习、会学习、做学习的主人。正如古语所说"授人以鱼,不如授人以渔",不仅让学生"学会",更重要的是使学生"会学"。"准则"及相关"制度"等会随着经济环境的变化而做适时的变动,会计专业的学生只有"会学"了,才可能在知识、信息爆炸的今天成为知识的主动者。因此如何去唤醒学生潜在的主动性,让他们在课堂上重新焕发生命的活力,值得每个教师认真思考,任重而道远。高职会计专业强调的是学生会计实践能力的培养。因此,注意创造良好的学习气氛,调动学生学习的积极性是有其现实意义的,而案例教学法的借鉴为这一教学目标的达到提供了一种可能。

在会计专业教学中,实施案例教学法通常有以下几个步骤。

第一,展示案例,启发思考。教师把精选的案例以恰当的方式适时展示给学生,吸引学生的注意力，激发学生探究案例的热情，让学生带着案例问题(或情境)去探讨课本理论知识，为学生学习课本理论知识打开思路的大门。教师要做好展示案例前的准备工作，要吃透教材和案例，设计好案例的展示方式，确定案例的焦点或主题，以便上课时能详尽描述给学生。课前教师要根据案例和教材内容，设置能体现教学重、难点的问题，让学生带着案例问题去探索课本理论知识，尝试运用理论知识去解决案例问题；或让学生在生动形象的教学情境中，去感悟探究发现问题、提出问题，并寻找解决问题的方法。设置的问题要符合学生的认知水平和思维能力。设置问题由浅入深，由易到难，由课内到课外，由案例到教材内容，难度适中，有针对性，寓"理"于"问题"、寓"理"于"情境"之中。

第二，探究讨论案例，解决问题。组织学生对案例进行讨论是案例教学法的关键。这种方法就在新课前教师精选一个典型案例，然后根据教学目的，提出若干问题，激发学生的探究兴趣，让学生运用教材中刚学的或是以前学过的理论知识、概念或其他的课外知识对案例展开自主探究、分析、讨论。具体的操作方式可以灵活多样，如小组讨论、全班讨论等。然后学生或教师对案例讨论作总结，针对学生讨论中不能解决的问题在全班讨论或辩论，教师加以引导启发，使学生在自主探究与讨论中互相启迪，从中得到启发教育或产生新的知识，培养能力，达到以"例"明"理"，以"理"释"例"，以"例"明"德"，以"理"导"行"的目的，在实行智育的同时实施德育，既教书又育人。

第三，总结点评。教师总结点评是案例教学法的归宿。教师要及时总结评价学生讨论案例的优缺点，分析案例问题的疑难点，有针对性地对案例进行深入的分析。对学生讨论中暴露出的问题有针对性地点拨，教师要教会学生从不同角度、用不同方法来探究解决案例问题，和学生一起总结出解决问题的最佳方案，教会学生有效地运用所学的知识来解决案例或实际问题。教师在总结点评中要有目的地指导学生对理论知识的运用，让学生能够运用所学的知识解决社会热点、时政焦点及自身实际问题，把学到的理论知识延伸、应用，内化为自己的具体行动。

3.2 案例教学法应用示例

我们以《基础会计》教材中"会计要素的相互关系"为例，进行案例教学法的展示。

"基础会计——会计要素的相互关系"教学设计

授课班级		职高一年级	
授课类型	新授课	课时	一课时(45分钟)
一、教材版本			

张玉森，陈伟清. 中等职业教育国家规划教材——基础会计(第四版). 北京：高等教育出版社，2011.

张玉森. 中等职业教育国家规划教材配套教学用书——基础会计教学参考书(第四版). 北京：高等教育出版社，2011.

张玉森. 中等职业教育国家规划教材配套教学用书——基础会计习题集(第四版). 北京：高等教育出版社，2011.

张玉森. 中等职业教育国家规划教材配套多媒体课件——基础会计(第四版). 北京：高等教育出版社，2011.

续表

二、教学对象分析

1. 学情分析

① 学生对会计的含义已经有了初步的认识，已经初步掌握了资产、负债及所有者权益三大会计要素的构成内容；但对实际经济业务不熟悉，尚未形成会计专业的思维能力。

② 学生对学习会计有一定的热情，能在老师的引导下展开学习活动；但对学习缺乏主动性，在学习过程中对自己的学习进行调节、监控的能力较弱。

③ 学生"听"课的能力较差，抽象思维水平较低；但喜欢动手操作，更习惯于直观性较强的学习方式。

④ 学生已初步形成探究、合作的学习氛围，有利于教师在课堂上展开形式多样的教学活动。

2. 教学理念

本节课的设计尽量发挥学生的主体地位和教师的引导作用，在教学中学生的讨论和练习的时间占半节课以上，目的是充分挖掘学生的潜能，培养他们分析问题、解决问题的能力。

三、教学目标

1. 认知目标：① 了解资产与权益的关系。
   ② 理解资产、负债及所有者权益的平衡原理。
2. 能力目标：① 逐步建立资产、负债和所有者权益这一会计平衡等式的思维框架。
   ② 在学习中提高学生分析问题、解决问题的能力和语言表达能力。
   ③ 培养学生自学能力和创新能力，促进学生主体性发展。
3. 情感目标：① 让学生在玩中体验学习的乐趣，激发学习的兴趣。
   ② 让学生体验研究性学习的过程，感受成功的喜悦。
   ③ 让学生学会合作与沟通，培养学生团队协作精神。

四、教学重点与难点

1. 教学重点：资产总额与权益总额的平衡关系。
2. 教学难点：理解资产、负债及所有者权益的平衡关系原理。

五、教学方法及学习方法

1. 教学方法

以"案例"教学为主，采用将理论融入实际的方式讲授，达到培养学生求学兴趣、实践能力的目的；结合配套教学光盘的使用，使学生直观地掌握会计平衡公式。

通过案例，给学生提出不同的思考问题，将会计六要素有机地结合在一起，通过案例分析，得出六要素静态与动态的等式关系。在授课过程中，适当地穿插配套教学光盘的内容，运用学生讨论、演示等多种教学方法。

2. 学习方法：发现学习式、探究式。

六、教学用具

配套多媒体课件《基础会计》第二章第二节；黑板。

七、教学程序

(一) 导入(5 分钟)

会计要素是会计对象按其经济内容的基本分类，资产、负债和所有者权益三个要素反映了企业价值运动的相对静止状态，是构成资产负债表的要素；收入、费用和利润三个要素反映了企业价值运动的显著变动状态，是构成利润表的要素，六要素构成了会计报表的基本框架，在认识六要素的基础上，继续学习会计要素之间的关系，即会计要素间在总额上必然相等的一种关系式。

续表

(二) 新授课

1．案例分析(20 分钟)

李华与王明共同出资创办了 ABC 电脑公司。李华出资 6 万元，王明出资 4 万元，ABC 电脑公司开业大吉！

1) 教师提出问题，学生共同思考

(1) ABC 电脑公司现有资产总额是多少？——(10 万元)

(2) 这些资产怎么取得的？——(投资人投入的)

2) 教师分析讲解

假设 ABC 电脑公司准备无负债经营，因此，各会计要素之间的关系，ABC 电脑公司现有资产是 10 万元，这些资产来源于李华和王明的出资，资产=所有者权益。正式开业后，ABC 电脑公司瞅准市场行情，从东方厂购入计算机元件一批，价款 15 万元，因自有资金不足，欠购货款 5 万元，从而走上负债经营之路。

这笔经济业务发生后，各会计要素之间的关系是，现有资产 15 万元，分别为欠供货商东方厂货款 5 万元，称为负债，所有者权益 10 万元。因此，此时

$$资产=负债+所有者权益$$

ABC 电脑公司很快地将全部计算机元件按照 18 万元的售价出手，经营中发生各项费用支出 1 万元。教师提出问题，师生共同分析计算：

ABC 电脑公司赚了多少钱？

收入 18 万元-采购成本 15 万元-经营中的费用 1 万元=2 万元

即

$$收入-费用=利润$$

(1)ABC 电脑公司获利后，原来会计等式就转化为

$$资产=负债+所有者权益+(收入-费用)$$

或

$$资产=负债+所有者权益+利润$$

即

$$17 万元=5 万元+10 万元+2 万元$$

由此可知，利润的实现导致了资产的增加。

(2) 到了会计期末，利润应全部归入"所有者权益"，会计等式又恢复到基本等式形态："资产=负债+所有者权益"。

ABC 电脑公司归还了全部欠款，恢复到无负债经营状态。

ABC 电脑公司开业时投资人投入资本为 10 万元，经营一段时间后(在无负债经营的情况下)资产为 12 万元，增加了 2 万元，即公司的资产增加了 20%。经营效果不错。

2．案例总结归纳

教师根据案例总结、归纳，学生讨论(15 分钟)。

(1) ABC 电脑公司开业时有多少资产？其来源渠道？

ABC 电脑公司开业时有 10 万元的资产，是李华、王明投资人投入的，属于所有者的权益。

续表

(2) 后来 ABC 电脑公司的资产由 10 万元增加到 15 万元,其中增加的 5 万元的资产由谁提供呢?是债权人提供的,属于公司的负债。

教师结合案例,使用配套光盘——第二章第二节,学生看演示:

任何企业开展经营活动,必须拥有或控制一定数量的经济资源,它们一方面表现为特定的物质实体存在形式,如现金、银行存款、固定资产、库存商品等,另一方面表现为相应的要求权,即这些经济资源是如何取得的,归谁所有。

通过案例可知:

企业的资产是投资人(李华、王明)和债权人(东方厂)提供的,所以他们要对企业的资产享有一定的要求权利,人们把对企业资产的这种要求权利,称为"权益"。

资产与权益是同一资金的两个方面。资产说明经济资源的运用情况,权益说明经济资源的来源情况,他们在总额上必然是一种相等的关系,即"资产=权益"。

权益作为对资产的要求权,一部分是债权人权益,我们称为负债;另一部分是投资人权益,我们称为所有者权益,因此上述公式可以进一步表述为"资产=负债+所有者权益"。

我们通常把"资产=负债+所有者权益"称为会计第一等式,它直接反映出这三个要素之间的内在联系和企业在某一特定时点的财务状况,它反映了企业一定时日资产和权益的静态等式关系。

结论 1:资产与权益之间存在相互依存的关系。资产不能离开权益而存在,没有无资产的权益,也没有无权益的资产。

结论 2:从数量上看,有一定数额的资产,就必然有一定数额的权益;反之,有一定数额的权益,也必然有一定数额的资产,资产总额与权益总额存在必然相等的关系。

教师暂停课件演示,根据案例继续提问:

(3) ABC 电脑公司在经营过程中实现了多少利润?

ABC 电脑公司在经营过程中实现了 2 万元利润。

教师结合案例,使用配套光盘——第二章第二节,学生看演示:

"资产=负债+所有者权益"这一平衡公式反映了企业一定时日的资产和权益的静态等式关系。但企业在经营过程中要发生各种收入、费用,从而形成利润。利润本身就揭示了收入和费用客观存在的联系,我们通常把"收入-费用=利润"称为第二会计等式。

从企业产权关系上看,利润归属于资本所有者,若公司实现利润,将使所有者权益增加,相应的资产也会增加;若公司发生经营亏损,则使所有者权益减少,相应的资产也会减少。这样,会计等式就扩展为"资产=负债+所有者权益+(收入-费用)"或"资产=负债+所有者权益+利润"。

资产=负债+所有者权益+(收入-费用)

这一会计等式反映了企业经营成果对资产和所有者权益产生的影响,反映了在会计期间内尚未进行期末结算前的任一时刻的财务状况和经营情况。

资产=负债+所有者权益+利润

到了会计期末,企业将收入与费用相配比,计算出当期的利润或亏损,并按有关规定进行利润的分配,分配后留存企业的收益增加了企业的所有者权益。

资产=负债+所有者权益

到了会计期末,利润应全部归入"所有者权益",会计等式又恢复到会计期开始时的形式。

(三) 小结(5 分钟)

从上述分析可以看出,企业通过负债和所有者权益两个渠道取得资产。资产用于生产经营过程而逐渐转化为费用,收入扣减费用后即为利润。利润通过利润分配,一部分转化为所有者权益。资产、负债、所有者权益、收入、费用和利润六项要素,无论如何转化,最终要回到资产、负债与所有者权益之间的平衡关系上来。

续表

(四) 课后作业 　　(1) 配套教学课件——第二章第二节练习单项选择题、多项选择题和判断题。 　　(2) 配套教学用书《习题集》P13——习题一　练习资产、负债及所有者权益的分类。
八、板书设计
课题：资产、负债及所有者权益的平衡关系 　　　资产=权益 　　　收入−费用=利润 　　　资产=负债+所有者权益 　　　资产=负债+所有者权益+(收入−费用) 　　　资产=负债+所有者权益+利润 　　会计基本等式： <center>资产=负债+所有者权益</center>

注：本教学设计出自石家庄市职业财会学校龚丽军老师。

3.3　案例教学法在会计教学中应用的注意事项

教学实践证明，案例教学运用不仅提高了学生的学习效果，而且也更新了教师的知识结构，改进了教学方法，丰富了教学形式。但有时采用案例教学方法未必就可以收到明显的教学效果，这里还有一个案例教学组织是否得当的问题。因此，在会计案例教学中还应注意下面几个问题。

(1) 案例的来源与选择应具有典型性和相关性。现实生活中的案例题材来源广泛，可以是教材中现成的；可以是教师经过多年的教学实践积累的；还可以借鉴他人的。总之，教师对所讲的案例要精心编排，紧紧扣住教材中的知识点，不能随意主观臆造脱离实际的教学案例。针对实用性、相关性、典型性的原则进行加工整理。做好教学前的准备工作。

(2) 案例教学应注意理论与实践的结合。强化技能的训练固然重要，但不能轻视理论的学习。理论知识的学习是十分必要的。没有理论指导的实践是盲目的实践。

(3) 案例教学与其他教学方法应相辅相成。其他教学方法除传统的"传道、授业、解惑"的讲授方法外，还包括组织学生到企业进行实地调查、实习等方法，对待案例教学与其他教学方法的关系，应避免两种倾向，一是坚持死守传统教学方式，拒不采纳案例教学；二是认为案例教学是万能的，可替代其他教学方法，这两种倾向都有失偏颇。实际上，它们是相辅相成的，教师应针对不同的教学内容，不同的教学目的，选择不同方法。并不是会计专业中的每一知识点都可用案例教学法。

(4) 案例教学与其他教学手段应有机结合，相互补充。比如在案例教学中引入多媒体教学手段，将声音、动态图像与案例讨论充分结合起来，一方面加大信息输出量，另一方面充分带动学生的学习积极性，提高学习效率。

(5) 案例教学中应充分发挥学生的主体作用。案例教学法重在学生参与。在授课当中，让学生积极地参与进来，进行讨论。整个讨论的过程中，教师是引导者、催化者、倾听者，学生才是教学活动的主角。通过对案例的分析让学生掌握一定的实际操作技能,并给学生留有一定的思考余地。

总之,我们在实际教学中,要引导学生不断思索,充分调动学生学习的积极性与创造性,深入挖掘现实生活中生动具体的案例,引导学生通过自己的观察、思考、分析、选择、领悟去获取知识,并把所学的知识运用于实践。案例教学法要求老师不仅要有扎实的理论基础知识,而且还要有丰富的社会实践经验,必须了解和掌握国家的方针政策以及有关的法律法规条文、规章制度和各有关专业方面的实际资料。我们要通过自修、进修、培养等手段来提高自身的业务素质,通过不断地探索,总结经验,改进课堂教学的方法来提高教学质量,培养出适应现代社会发展需要的实用人才。

 拓展阅读

哈佛的案例教学法

HBS 的课程是以案例分析为主的,制作和设计这些经营案例的,既有哈佛大学的教授,也有该校的毕业生,还有其他有关的研究者。为了保证这些案例的多样性和全面性,所有案例在正式列入课程之前,都要经过反复认真的讨论。一个案例通常要讲两、三节课,每一节课 80 分钟。

每节课开始,任课教授首先指定一个学生起来说明案例,分析问题并提出解决问题的手段,或者指出实现公司目标的方法和途径。所给时间一般是 10~20 分钟。然后其他学生从自己的角度来分析同一个案例,阐述自己的看法、分析、措施,以及在哪些地方比第一个发言者更好。学生们为了能争得发言的机会,往往是你喊我叫,互不相让。教室里经常乱作一团,教授则努力控制局面,引导发言。但往往总有不少学生,不顾教授的提议,仍然在那里唇枪舌剑,有时教授不得不采取威吓学生的强硬手段,以便使讨论能够继续进行下去。

HBS 讲课所用的案例,与一般学院所用的案例有很大的不同。一般学院往往预先准备好了案例的分析结果,作为正确答案。但 HBS 认为,一个案例的正确答案,绝不是唯一的。案例分析的结果,往往是一个中间产物,最后总会留下很多悬而未决的问题。因此,有时甚至有意识地在案例制作时把一些重要的资料或数据漏掉。它重视如何适应形势和形势变化去确定更好的、更有效的管理手段,而不太重视经营问题的解决结果。HBS 的教学重视的是如何分析复杂的企业形势的"方法"。

因此可以说,HBS 的案例分析教法,不是去寻找正确答案的教学,实际上也不存在绝对的正确答案,存在的只是可能正确处理和解决问题的具体方法,而解决问题的方法是对还是错,只是个人对经营状况理解和判断的不同。从某种意义上说,在两个学年学完 800 多个案例,就好比用两年时间玩一个巨大无比的拼图游戏一样。尽管每一小块都有特定的位置,但您先拼哪一块,先从边上拼,还是从角上拼或是从中间拼,可以是千变万化的,全凭个人意愿。

HBS 的案例分析教学法,是力图把学生置于一个实际经营者的立场上,从实战的环境出发,来学习什么是经营和如何经营。发给学生的讲义和资料,靠死记硬背是绝对消化不了的,要想把课程内容真正学到手,就必须每天晚上读完 2~3 个案例,还要对它们进行详

细的分析，并做出笔记。要充分准备好一个案例，一般需要两个小时以上的时间，没有一目十行的阅读能力和超人的分析能力，是根本吃不消的。

一位 HBS 的毕业生来谈她第一次做案例报告时的经历：担任市场营销课的教授点名叫我谈谈布莱克·德克案例时，我顿时心怦怦跳起来。我打算向正在等我发言的全班同学公布我拟定的将 GE 公司电动工具部门合并到布莱克·德克公司的实施计划。我扫了一眼笔记，试图想回忆起昨晚已拟好的报告要点。但当我意识到没有算出实施我的计划所要达到的盈亏平衡点的销售量时，感到一阵紧张。我知道同学们肯定会发现这点遗漏，但我已没有时间了。我抬起头来，不看笔记了。教室安静极了，所有的眼睛都盯着我。"我制定了一个中长期实施计划，"我开始说道。在我发言时，教授将计划的目标和关键步骤一一列举在黑板上。我花了大约 10 分钟时间，讲了布莱克·德克公司应实施的生产和市场营销策略，讲了策略的投资预算和时间进度安排，以及对付各方面竞争对手的应变措施。当发言进入总结阶段时，我甚至有些得意扬扬。因为就在昨天晚上我们课外学习小组已经充分讨论过这个案例。我确信自己的报告是一流的！然而，我话音未落，80 多只手毫不客气地举起来，准备攻击我的计划。这就是我在哈佛商学院第一次做案例报告的经历。没有人能够在哈佛商学院"混"出个文凭来。在哈佛商学院经历过的一切，会像洗礼一样深深地影响着学生们的性格和将来的人生。HBS 的两年学校生活，会抓住和拥有你的整个身心，不断地向你的智力和忍受力的极限挑战，并帮助和促使你去延伸这些极限。

在 HBS 没有什么轻松容易的事。所有人都必须全力以赴。案例教学法强迫学生参与课堂讨论，要求学生从真正"老板"的角度考虑问题。学生们除主动地参与课堂教学外，还组成课外学习小组，来缓解巨大的学习压力。为了能考试及格并取得毕业证书，学生必须在自己的学习中发挥积极主动性。正是这种参与性的、苏格拉底式的方法，才使 HBS 在林立的商学院竞争中居于领先地位，才使它的学生成为高级管理人才和未来"老板"的好苗子。在哈佛商学院，你学到的不仅仅是管理知识，更重要的是它教你如何去思考问题。

案例教学不重视是否得出正确答案，重视的是得出结论的思考过程。这颇似电视台的大专辩论会，取胜的一方不是因为其观点如何正确，而是因为其辩论过程的精彩。每个案例涉及的问题都必须由同学们进行分析、解释和讨论。事实上，久经推敲的案例中，已经隐含了几种在真正的管理者看来是科学合理的行动过程，对学生起着提示和引导作用。学生们往往在课后很长一段时间还在讨论这个案例提出的问题。案例法的丰富内涵和需要教授与学生一起投入大量精力进行讨论的方式，使哈佛商学院的教学体制别具一格。

即使没有多大名气的教授，也都很有上课天赋，运用案例法激发学生，促使他们去思索，去探讨。当然，这种方法并非十全十美，甚至令人恼怒。但总的来说，它是一种特别的学习方法，这种方法之所以能够在 HBS 行得通，是因为在 HBS 教与学的都是一流的教授和学生。

下面是日本本田汽车公司的案例，也许能略见一斑地说明哈佛商学院的教学方式。

这里要讨论的是本田公司的发家史。本田汽车公司的创建人本田宗一郎是一个天才的发明家兼实业家。第二次世界大战后，日本急需交通运输工具。当时全日本有二百多家摩托车制造厂，但设备陈旧、技术落后、材料质劣。本田宗一郎崇尚技术，以为技术不仅可以振兴日本社会，并能创造一个更美好的新世界。1946 年他创办了本田技术研究所开始从事内燃机的研究。1947年他研制出了一种二冲程50CC的A型发动机。1948年他创办了本田汽车公司。

1949年本田又研制出一种二冲程50CC马力的D型摩托车。该车比别的厂家的产品优质耐用，受到市场的欢迎。本田雇用了70名工人，每月生产100辆。但是经销本田摩托的车行为了厚利，人为地将销售量限制在每月80辆，气得本田七窍生烟。

1951年，本田出人意料地实现了一项攻关性突破，研制出一种马力比别人大一倍的四冲程发动机。本田摩托车的需求量一下子起死回生。1952年，本田的投资人藤沢筹集到8.8万美元，决定把本田汽车公司建成一个能生产车链、链齿轮、车身和其他部件的全面规模的摩托车制造厂，以减少对零件供应商和车商的依赖。一年内雇用的工人增加了10倍。1951年只有150人，到1952年已有1 300人。本田摩托车的高效率发动机和优质车身赢得了越来越多的顾客。

藤沢始终鼓励本田对技术精益求精，保持领先。此时资金来源已不成问题。本田的生平愿望是在世界摩托车赛的"奥林匹克运动会"——英国人岛摩托车的比赛中夺冠。他殚精竭虑，终于制成一种重量轻一半，马力却增加一倍的发动机。先后于1959年和1961年荣获英国人岛摩托车赛制造者最高奖。

从一开始藤沢就敦促本田把赛车的创新成果应用到生产日用摩托车上。1958年本田精心设计的50CC轻型摩托车问世。其外观如自行车，配有自动离合器、三级变速器和自动启动器。50CC的发动机成本要比100CC的低一半，因此买得起的人很多。转眼之间，订货单源源而至。到1959年年底，本田已跃居日本摩托车制造业首位，占领了日本市场的80%，年销17万辆轻型摩托车，营业收入达5 500万美元，成为世界上最大的摩托车制造商。

本田决定建造一座日产量3万辆的自动化工厂。藤沢乘机整顿了本田的销售渠道。多年来，摩托车行业的惯例是制造商以寄售方式销售，只有车子出售后才能收款。更不幸的是，由于本田进入摩托车市场较晚，不少忠于老牌产品的车行只把本田牌作为二线商品推销。藤沢重新谈判了承销合同，规定经销本田轻型摩托车的全日本1.2万多家自行车商店必须货到交款，取消了寄售方式。本田公司把主动权夺到了自己手里。

国内的成功给了本田很大的信心，他决定寻求新市场。东南亚地区收入低，公路质量差，本田公司出口到该地区的摩托车1958年仅1 000辆，欧洲市场虽大，却为几大名牌厂家占据。于是富裕广阔的美国市场自然成了雄心勃勃的本田寻求的目标。

1958年，本田美国分公司总裁川岛纪八郎一行访问了旧金山、洛杉矶、达拉斯、纽约等地。他的第一个反应是日本居然和这样富有的大国交战实在愚蠢。他的第二个反应是感到不舒服。川岛访问的几个车商全是在业余经销摩托车。全美仅有3 000家摩托车行，其中每周营业5天的仅1 000家。摩托车以寄售方式承销，车行存货少，售后服务差。

美国人人都开汽车，摩托车能打开销路吗？但是川岛了解到美国登记注册的摩托车达40万辆，每年从欧洲进口6万辆。他回国后表示要以欧洲制造商为竞争对手，决心排除万难在美国进口的摩托车市场中夺取10%的地盘，公司拨给川岛100万美元，没有定出任何利润指标。

第一年川岛等人犹如瞎子摸鱼，不知道美国摩托车行销的旺季是4月到8月这段时期。他们来到美国时正赶上1959年旺季收尾。本田公司在日本受够了中间批发商之苦，所以川岛这回决定直接与美国的零售商挂钩。他们在摩托车专业杂志上刊登广告。到1960年春，已有40家车行承销本田摩托车。1961年发展到125家。后来，本田摩托车公司终于时来运转。原来，来美之后的川岛一直根据直觉，没有推出在日本供不应求的50CC轻型摩托车，以为美国人凡事好大型喜豪华。欧洲制造商和美国制造商一样，也着重一个"大"字。运到美国的50CC轻型车则仅供本田公司内部人员自己使用。谁知这种轻型车在洛杉矶马路上驰骋，却引起了出人意料的注意。

一天，美国最大的零售公司西尔斯公司打电话来表示愿意代销。川岛坚决不卖给中间商，但西尔斯公司的兴趣引起了他们的重视。可是，川岛仍然不愿意推销轻型车，唯恐有损本田的形象，因为当时驾驶摩托车的全是威风凛凛、骑大型摩托车的男子汉。

但川岛在大型车的销售上接连受挫，本田大型摩托车的形象大打折扣。别无他法，川岛只得将50CC轻型车投入市场。轻型车上市后，车商报告说，购买者多为普通老百姓。这显然与当时身穿黑色皮夹克的雄起起男子汉形象矛盾。之前本田由于担心疏远传统的顾客，一直没有把普通顾客作为广告宣传的对象。

当时驾驶摩托车往往使人联想到电影里横冲直撞、为非作歹的流氓。本田公司的广告力图推翻这种成见，要使摩托车为收入中等的广大普通美国人所接受。本田不惜重金的广告攻势获得了空前的成功。到1964年美国每售出两辆摩托车，其中一辆就是本田牌。本田的轻型车每辆250美元，而大型的英、美车每辆售价为1 000～1 500美元。抓住需求激增的有利时机，本田公司走了果断而似乎危险的一步棋。

1964年年末，本田宣布不再以寄售方式出售摩托车，车商收到车后必须立即付款。本田对于车商可能做的反应已作好充分准备。几乎每个车商都抱怨，但没有一个人愿意放弃经销本田牌摩托的特许权。3年之后，本田公司首创的经销方式成了整个摩托车行业的行规。

这个案例要求学生分析本田的成功因素，特别是研究所谓领袖的作用。

成功有一百个父亲，而失败只有一个孤儿。大多数同学一致认为，本田的成功既有本田自身的因素，也有日本工业共同的因素，还有欧美竞争者造成的因素。

课堂上热烈而积极的讨论开始了。第一个发言的学生说："本田公司的成功，在于它的营业方针与别的日本厂家不同。

20世纪50年代初，日本摩托车制造商为了减少风险，一般仅仅投资于一种较受欢迎的款式，尽量榨取利润直到这一产品在技术上被淘汰。

本田的方针是制造多种款式，同时投入市场，不断创新，保持技术领先，利用大量生产追求规模效益。当它的轻型车上市后，因反应极佳，本田就马上决定投资兴建一座日产3万辆的自动化工厂，这一切都不能不说眼光远大。"

他的话音未落，另一个同学就马上接过了话头："果断地打入美国市场，采取稳扎稳打的战略，一个地区一个地区从西海岸向东海岸扩展，四五年内就席卷全美，这也应该是本田的精明之处。"

还有的学生不紧不慢地继续说下去："本田的成功还在于以技术为后盾。本田在科研和发展先进生产工艺上肯大量投资。他们的新产品从设计到问世仅需18个月。据说，本田有一个设计图纸的'冷藏库'，可随时根据市场趋势，推陈出新！"

接下来同学们都抢着发言，有的说本田的市场营销方针很具有代表性，即从长远盈利出发首先占领中场，价格服从夺取市场占有率的目标；有人认为英美制造商的愚蠢也显然有利于本田。因为英美制造商对于日制摩托车在美国的成功非但袖手旁观，反而视为好事，他们暗自庆幸日本人的广告攻势也带动了大型摩托的销售,这直接导致了在1974年日本摩托车占领了欧洲市场,甚至还有人认为本田的成功主要靠运气,领袖作用不明朗。

课后的讨论依然在那些意犹未尽的学生们之间继续着。有的人竭力寻找一些建设性的意见,而有的人则对其抛出一大堆的反对意见。但是有一点大家却显然达成了共识,那就是,尽管大家各自从不同的角度来分析这个案例,并得出了不同的结论,然而正确的答案决非只有一个。

下面是西南航空公司案例,也能说明HBS的教学。

西南航空公司(以下简称西南航空)创建于1967年3月、以提高民航服务质量为宗旨,有意在得克萨斯州东部的达拉斯、休斯敦和圣安东尼奥三城市间开辟航线。1968年2月得克萨斯州航空局批准西南航空为州际客运公司。但由于另外两家航空公司:布朗尼夫航空公司(简称布郎尼夫)和得州国际航空公司(简称得州国际)在法律上作梗,西南航空于1971年6月方才开始营业。

上述三条航线中以达拉斯——休斯敦航线的客运量为最大。布郎尼夫控制了这条航线75%的客运。这是一家拥有74架喷气式客机的国际航空公司。该公司1970年载客580万人次,营业收入达3.3千万美元。得州国际拥有45架客机,该公司1970年载客220万人次,营业额达7 800万美元。

由于这两家公司的主要航线是跨州飞行,所以想在州内旅行的乘客经常买不到机票。此外,这两家公司的服务质量甚差,已引起乘客的普遍不满。西南航空希望乘虚而入,发展业务。

布朗尼夫和得州国际两家航空公司的达拉斯——休斯敦航线票价为27美元;达拉斯——圣安东尼奥航线票价为28美元,经过深思熟虑,西南航空将三条航线的票价一律定为20美元。尽管西南航空的经理人员估计到两家对手很可能效法削价,但决定先发制人。

根据西南航空的估计,每次班机载容量要达到39人方能收支平衡。公司经理人员预料开始会有一段亏损时期,不过认为有希望达到这一载客量。而且他们认为航运市场潜力很大。

1971年6月,西南航空大张旗鼓地开始营业了。他们以全新的波音737双引擎喷气机,便捷的订票手续,可口的机上饮料,迷人的空中小姐招徕乘客。可是在开始一段时期,广告宣传似乎收效甚微,营业实绩平平。

从1971年6月18到30日,搭乘达拉斯——休斯敦航线班机的乘客平均每班次仅13.1人;达拉斯——圣安东厄奥航线每班次乘客平均仅为12.9人。七月份载客量上升迟缓。果然不出所料,布朗尼夫和得州国际两家航空公司随即在这两条航线上增加班次,降低票价,改善服务质量,还大力宣传了一番。

西南航空的主管人员认为,要跟这两家对手竞争非增加飞行班次不可。1971年9月定购的第四架波音737客机交货,于是西南航空决定从10月份起,在达拉斯——休斯敦航线上每小时开一次班机;在达拉斯——圣安东尼奥航线上每两小时开一次班机。

西南航空向休斯敦市的乘客征询意见后,了解到大多数人喜欢离市中心12英里的霍比机场,而不喜欢城北26英里外新建的国际机场,从11月中旬起便将达拉斯——休斯敦航线每天十四次班机中的七次,改为从霍比机场起飞。同时取消了亏损大的星期六航线班机。机票大多在机场出售,也由旅行社代售,乘客用现金支付的机票,旅行社回扣10%,用信用卡支付的回扣 7%。企业单位经常乘坐班机的人员可自己开机票,每月由所在单位直接与西南航空结账。这种机票票价不打折扣,但给企业出差人员带来了方便。

这些措施尽管使西南航空 1971 年第四季度的营业收入比上一季度有所增长,但亏损仍大,年终公司累计损失达 375 万美元。从 1971 年 10 月到 1972 年 4 月,西南航空每次班机的乘客平均人数从 18.4 人增至 26.7 人,然而仍旧大大低于收回成本必需的最低人数。经验表明,上午 10 时到下午 4 时这段时间,乘客喜欢到霍比机场,西南航空干脆不再用新建的国际机场了。

1972 年 5 月 14 日,西南航空将达拉斯——休斯敦间的航线班机,从一天 29 次减到 22 次;到圣安东尼奥的每天 11 次和圣安东尼奥——休斯敦的每天 6 次则保持不变。这样一来,新购置的那架波音 737 飞机就用不着了。公司很快找到了买主,从转卖中获得了 53 万美元的利润。

1972 年 6 月,西南航空开业一周年,公司借此机会进行了声势浩大的庆祝活动。机场候机室里,机舱内都布置了宣传画。整整一周,每天的班机上都举行庆祝会。广告则着重宣传自己是一家受到强者欺凌的、真心为乘客服务的弱小公司。

西南航空的经理人员此时仔细研究了票价,根据成本和营业收入决定作适当调整。不久前在每星期五晚上 9 时后曾试销 10 美元一张的廉价机票。五月份开始,则每天晚上 9 时后都出售廉价票。结果,买廉价票的乘客大增。原来乘全价票的乘客宁愿等到 9 时以后再旅行。经理人员意识到如听其发展,就不能维持白天 20 美元一张的票价了。故从 7 月 9 日开始,将单程机票从 20 美元提高到 26 美元,并增设 50 美元一张的回程机票和 250 美元一张的月票。月票在三条航线上均可通用。

一向标榜廉价实惠的西南航空,如何将提高票价的决定告诉乘客,倒成了一个难题,主管人员与一家广告公司磋商后,宣布班机上新设"经理级"座位。经理级座位拆去,乘客席位从 112 个减少到 104 个,以增加空间。另向乘客免费供应饮料,由于航程短,估计空中小姐大概只来得及给乘客送上两杯饮料。西南航空在报刊上登了整版广告,宣布一等舱"经理级"座位的开设。每张机票售价 26 美元。

布朗尼夫和得州国际两家公司会有怎么反应呢?西南航空一位副总裁说:"开始几天,我们的确捏了一把汗。"布朗尼夫的第一个反应是,从 7 月 11 日开始给达拉斯——休斯敦航线增拨一架飞机,做到基本上每小时有一次航班。7 月 17 日得州国际将票价提高到西南航空同样的水平。7 月 21 日布朗尼夫也跟进,并且在晚上 7 时 30 分后,在达拉斯——休斯敦航线上增加了一次"日落"班次。由于布朗尼夫增加班次,提高票价,乘坐西南航空的旅客在当年第二、第三季度下降了 2%,但实际营业收入却有了增加。

西南航空 9 月份展开了新的广告攻势。这次的中心口号是:请您回忆一下没有"西南"以前的日子。广告公司认为这个口号有号召力。西南航空主要通过电视和广告牌做宣传,强调该公司班机准时可靠。

10 月底西南航空再次调整票价。10 美元的廉价票由半价票取代。单程 13 美元,双程 25 美元。每晚 8 时后实行。又恢复了星期六的航班。周末的机票一律半价。三个星期的广告攻势取得了显著效果。1972 年 11 月西南航空的客运量比 10 月上升 12%,成为全年营业额最高的月份。

会计专业教学法

1973年，西南航空的主管人员将注意力转向最棘手的问题上。虽然公司在达拉斯——休斯敦航线上盈利，但在达拉斯——圣安东尼奥航线上却赔本。公司在这条线上平均每天有八次航班，布朗尼夫有34次。

1973年1月份西南航空在这条航线上每班次平均仅有17位乘客。经理人员认为如果载客量不上升，他们将被迫取消该航线。因此决定作最后一次努力来吸引更多乘客。

1973年1月22日他们宣布该航线实行60天半价票，并在电视台和电台上大作宣传。西南航空的算盘：如果此举成功，半价就保持不变。宣布60天半价的用意是刺激乘客的兴趣，同时也减少竞争对手报复的可能。半价票行动立竿见影。第一个星期，达拉斯——圣安东尼奥航线每班次乘客递增48人，而且持续增长。

2月1日布朗尼夫在报刊上刊登了整版广告，宣布在达拉斯——休斯敦霍比机场航线实行半价票至4月1日为止。而该航线国际机场票价仍保持原价。西南航空的经理人员立即召开紧急会议商量对策。

西南航空应采取什么对策呢？这就需要学生们在课堂上参照实例后面附载的10页关于该公司的客运里统计年度报告，飞行成本、广告样纸、损益计算书等资料加以研究。西南航空应不应该在达拉斯——圣安东尼奥航线上实行半价？它的长期目标是什么？如何与两家竞争对手瓜分市场？西南航空如果认识到三空之间既相争又相依靠，那么挑起价格战的得失将会怎样？这些课题，都需要哈佛学生在10分钟的课堂讨论中一一解答。

由以上例子可以看出，哈佛商学院的案例分析教学法，不是去寻找正确答案的教学，实际上也不存在绝对的正确答案，存在的只是可能正确处理和解决问题的具体方法，而解决问题的方法是对还是错，只是个人对经营状况理解和判断的不同。

通过学习，培养学生们的这种正确答案并非一个的多向、发散型思维方式，也正是哈佛商学院教学方式的特色所在。

HBS的案例教学法是一个不断向学生"加压"的学习机制。上课与否以及课堂上的表现，占学习成绩的25%～50%。所以学生们非常重视上课前的预习和课堂上的发言。

教授在开讲之前总要环视一遍教室，他是在挑选最先发言的学生。这时的教室会让人明显感到一种恐怖气氛，如果你被教授提名，却没有进行充分的预习而不得不"pass"的话，就犯了哈佛商学院的"大忌"。因为按照记分规则，如果你选择"pass"的话，成绩就会自动拉下一档；"pass"两次之后就可能拿不到学分；三次以上的"pass"，不但拿不到学分，而且还会受到校方"行为不良"的警告，严重的会被勒令退学。

在教授物色人选的时候，那些不甘人后的学生，会处于绝对的紧张状态，或咳嗽一声，或掉一下笔，或者挠一下头发，做出企图避开或吸引教授视线的动作。一旦有哪个家伙被提起来开始报告的时候，其余的80多名学生马上就会变得精神抖擞，聚精会神地寻找该同学的错误，推敲自己的发言怎样才能谈得比他更好，更出风头。他们完全忘记了，如果是自己站在那里发言的话，也会不可避免地犯同样的错误。

当那个可怜巴巴的学生脸色发青、满头是汗地结束自己的报告之后，其余的人会一齐举起手来要求发言，于是"自由发言时间"的论战就开始了。

由于学习非常紧张，很多HBS学生在第一年上学期间，除了教授和同学之外，很少能接触其他人，又由于课程的进展非常快，一旦误课就很难赶上，因此，生病是最令人讨厌的事情。只要不太重的病，学生们总是尽量坚持去上课。所以在上学期间必须注意身体健康。

在哈佛，学生们不但要学习企业管理方面的知识，而且还要学会处理其他很多课题，他们必须培养自己各方面的决策能力，要做到对这些决策的自我认可。换句话说，哈佛重视培养有独立思考能力的人才。实际上，在上课讨论、小组研究以及宿舍里相互交换笔记等等活动中，学生们之间的互相交流和帮助，会花掉不少的时间，但从根本上来说，能否真正学好，全靠个人的努力。

哈佛商学院所追求的东西简单明了，那就是让学生掌握成功地经营企业的思路和方法。学生们必须有一种能力，使自己能够站在一个高层次来把握和分析问题，能够面对复杂多变的情况，把重要的和不重要的事情区别开来，他们还必须具备另一种能力，就是在缺少足够和必要信息的情况下，也能够做出正确和果断的判断和指示。他们必须知道在现实的企业管理中，没有人会给你准备好正确的答案，并且任何答案都不会是完美的，总会有一些地方是错误的，至少是不尽人意的，哈佛学生的脑子里被灌输的是：如果你希望走向社会后，在任何时候都想得到应有的评价，那么你在哈佛学习期间，就没有晒太阳的闲工夫。哈佛流传的格言是"忙完秋收忙秋种，学习，学习，再学习。"

训练题：

1. 任意选取中职核心课程教材中的相关内容，运用案例教学法设计一课时的教学设计。
2. 在教学反思中思考案例教学法的应用效果。

第 4 章

角色扮演法

学习任务

1. 了解运用角色扮演法的必要性；
2. 了解角色扮演法的含义；
3. 掌握实施角色扮演法的步骤；
4. 能合理使用角色扮演法进行课堂教学；
5. 能灵活运用角色扮演法；
6. 能处理角色扮演法实施过程中的各类问题。

第4章 角色扮演法

4.1 角色扮演法概述

角色扮演学习法是指在教师的指导下,在设定的具体情境中,由学习者扮演一定的角色,通过一定的训练和练习后,模拟表演各种角色,展示出活动的过程而进行的一种情景模拟教学活动。旨在帮助学习者了解所担任职务的性质和工作要求,使学习者更快地接受课程知识,提高学生的职业能力和职业操守。

4.1.1 在会计课程中开展角色扮演法的必要性

1. 有利于加强学生的职业认知,体会各岗位角色不同的岗位职责

由于会计学科的应用性特点,在会计教学中不但要向学生传授基本的理论和方法,更要培养学生运用会计理论和方法处理会计实务的能力。但在现行的外部环境下,由于会计工作的严肃性、保密性等限制因素,组织学生到校外实习已较难实现,即便实习,实习效果也不尽人意。角色扮演法是会计教学中的客观需要,在会计课程教学中使用角色扮演法,可以增强学生对各财务岗位的认知,培养学生良好的职业道德,对学生日后专业课程的学习和个人发展都起着重要的作用。

2. 有利于激发学生的学习兴趣,在轻松的环境中获得新知识、掌握新技能

中职会计专业学生经历过中考的失败后,缺乏对学习的热情,对于满堂灌的教学方式存在抵触情况。会计课程内容较枯燥、系统逻辑性强,在会计教学中采用传统的教学方式,不利于调动学生的学习积极性,不利于培养学生形成良好的职业认知感。角色扮演法能让学生融入到职业岗位中,让学生深入理解岗位职责,在表演的过程中寓教于乐,激发学生的学习兴趣。在轻松、活跃的环境中学习会计知识,强化实践技能。

3. 有利于锻炼学生的沟通协调能力,培养学生的团队合作意识

在应试教育中,中职会计专业学生长期处于在学业上遭受否定的地位,造成了学生在不同程度上缺乏自信,也不愿意主动学习,在学习上缺乏毅力。角色扮演法在表演过程中,锻炼了学生的沟通协调能力,提供展示自我的机会,让学生在展示中获取自信。角色扮演法采用分小组合作表演的方式,小组互相配合,共同完成表演,有利于学生团队合作意识的形成。

4.1.2 实施角色扮演法进行教学应做好的几个环节

1. 精心准备,创设恰当的情境

《企业财务会计》教材按会计岗位设置十一个会计岗位的特点为角色扮演法的情景设置创设了一个良好的基础。在教学中,需要创设与每个会计岗位主题相关的、尽可能真实的学习情境,引导学生扮演不同的会计岗位的"角色",进入学习情境,让学生体会到直观和形象化的学习过程。例如:"库存现金的管理"就可以通过创设出纳岗位来验证"台上

一分钟,台下十年功"的道理。通过参观学校的出纳岗位,在课堂上精心创设一个小企业出纳岗位的情境,让学生分别扮演"出纳"和企业从事经济活动采购、销售等工作人员,充分体会每个角色的情感变化和行为模式。同时事先设计好评分标准,确定角色扮演评分统计表,将"心理素质"和"实际能力"两项作为得分的重点,而将"角色扮演像不像"和"演戏的能力"作为参考,让学生身临其境地去感知,去求知,去运用相关知识与经验去"同化"或"顺应"所学的新知识,培养学生自主探究的能力。

2. 巧妙设计,抓住关键知识点

根据《企业财务会计》十一个会计岗位,巧妙设计与当前会计岗位知识点密切相关的情境,让学生扮演与会计岗位相关的各种"角色",运用关键的知识点去解决现实问题。例如:出纳岗可以创设与出纳工作相关的报账、记账等情境,设计"出纳""会计""采购人员""销售人员"等角色。通过精心设计问题(任务),让学生联系自己的实际,主动积极地运用原有知识和经验来理解、分析并解决当前岗位工作的问题。问题的解决为新旧知识的衔接、拓展提供了理想的平台,学生可以感受和体会到与出纳岗位相关的工作职责和相关技能。

3. 结合案例,用"角色扮演"解决问题

一般情况下,教师应紧紧围绕设计的教学情境,呈现符合教学主题的案例给学生,让学生通过角色扮演表露自己或角色的人格、情感、人际交往、内心冲突等心理问题,然后通过观察、体验,对会计岗位角色内容进行分析讨论,深刻掌握和领悟所学知识和处理实际问题的技能,激活各自的知识和经验。在讲述"收入利润"中的利润核算时,把以前学过的小强家的包子铺作为案例,让学生分别扮演包子铺的老板、会计人员小强和顾客,结合小强家一个月的包子销售、成本核算和月度利润计算等岗位实际问题的处理,加深学生对收入利润核算岗位的观察、体验和理解。这样,教师向学生提供解决该问题的有关知识,如顾客买包子业务的处理需要运用哪些知识点,利润的计算需要结合哪些费用进行核算等,学生之间通过自由讨论与角色互换,产生了深刻的角色感受,"自主探索学习"岗位技能,全面提高了学生解决当前问题的能力。

4. 教师主导,引导学生进行学习效果评价

学习效果评价是指学生反思问题的解决过程。学生通过相互评价或自我评价,老师进行适当点评,可以帮助学生归纳与总结学习过程中取得的经验、知识,客观地评价学生自主探究合作学习的能力。对学习效果的评价,一方面是由学生表达对当前会计岗位主角的感受,分成满意和不满意两个方面进行小结;另一方面结合所学的关键知识点,分析当前的处理方面是否与会计岗位要求一致。最后,在老师的引导下,大家对每个人扮演的角色和处理问题的结果进行打分。

4.2 角色扮演法应用示例

我们以《基础会计》教材中"产品销售过程的核算"为例,进行角色扮演法的展示。

第4章 角色扮演法

"基础会计——产品销售过程的核算"教学设计

授课班级		职高一年级	
授课类型	新授课	授课时间	90分钟(2课时)

一、教材与教学内容分析

1. 使用教材：张玉森，陈伟清．中等职业教育国家规划教材——基础会计(第四版)．北京：高等教育出版社，2011．
2. 教学内容：第六章第四节销售过程的核算。
3. 教材处理：根据中职会计专业学生的特点，为了实现教学的连贯性、仿真性，使理论教学按照销售核算的工作流程来展开，将本章教材后面单列的第六节《成本计算》中的"产品销售成本的计算"内容并入本小节，拓展一些财务知识，如应收账款对销售、盈利以及资金的影响。

二、教学对象分析

1. 知识技能：学生已掌握各会计要素的内容、会计科目的分类及其账户结构、借贷记账法的基本内容，第一次学习销售过程的核算。
2. 学习能力：接受新鲜事物的热情高，接受能力不太强，生活中经验比较缺乏，对抽象的理论理解力较弱，对感官的刺激很敏感，喜欢动手做。
3. 学习态度：学生对理论学习感到枯燥，兴趣不大，而对会计的实操工作较感兴趣。

三、教学目标及要求

1. 认知目标：熟悉销售业务的流程，相关凭证的填制、审核及传递，会计核算的具体方法。
2. 能力目标：通过学生参与销售业务等实际操作活动，使学生对销售业务流程及会计核算的知识由感知认识上升到理性认识，提高学生的认知和操作能力。
3. 情感目标：设立销售模拟情境，让学生在完成各项学习任务的同时，激发学生学习会计知识的兴趣，并培养学生树立相互合作的团队精神。

四、教学重点、难点

1. 教学重点：销售业务的实操流程，现销、赊销与收款、销售环节相关税费的计算与缴付业务的会计处理。
2. 教学难点：销售业务的相关的会计处理，相关凭证的填制、审核、传递及账簿的登记。

五、教学方法及学习方法

1. 教学方法：角色扮演法、任务引领型教学，模拟情境教学法，启发式教学法，归纳法。
2. 学习方法：让学生在仿真情境中边操作边学习，根据老师讲授的知识来操作，再检查自己的实操成果，从实践中归纳出防止错漏的要点，达到做中学、学中做的目标，熟悉产品销售的整个业务流程，掌握凭证的填制、业务的账务处理，账簿的登记等基本知识与技能。
3. 教具准备：课件、各种单据(包括出仓单、增值税专用发票、已填制的支票、进账单、收付转记账凭证、账页)。

六、教学程序

阶段	教 学 内 容	教师活动	学生任务	教学意图
课前准备	请学生在生活中观察商店营业员的销售活动。将学生分组，每7人一组，事先分工，销售业务员1人，仓管员1人，出纳1人，办税员1人，会计3人。其他角色由教师担任。	布置学生实地观察销售商品中发货、收款、开票等活动，归纳销售活动给商店带来的资金与货物的变化。教师收集每个岗位的工作人员名单，准备工作任务表。	上课时，学生将自己观察的结果以文字或图表方式呈现出来。学生必须清楚自己所在的岗位。	让学生直观地了解销售业务中销售方的各种活动，对销售方的资金、货物数量的影响。

续表

阶段	教学内容	教师活动	学生任务	教学意图
复习旧课	(5 分钟)收入、费用支出类账户的基本结构。转账支票、销售发票的填写、进账单的填写要点。	教师提问,并根据回答情况做出归纳。	学生回答。	为学习销售业务的基本账务处理作准备。
导入新课	(5 分钟)销售业务的核算流程,各账户间的对应关系。	以课件显示销售业务的流程图,各相关账户之间的对应关系。	在预习教材第 122～124 页账户结构的基础上,认识理解销售业务的主要核算过程,以帮助自己完成后面的任务。	对销售业务的会计处理有个初步认识。
明确各岗位任务	(3 分钟)业务员:销售,开具发票,办理货物托运,取得运输发票。 仓管员:填出仓单,负责发货,并登记库存商品明细账。 出纳:支付代垫运费,收取支票,填进账单,送存支票,登记日记账。 办税员:根据有关单据计算缴纳税费。 会计 1:填制记账凭证,登记应收账款明细账。 会计 2:登记收入明细账、成本费用账。 会计 3:登记应交税费明细账。	教师讲述各岗位工作任务,发放工作任务表。	学生边听边对照手中的工作任务表,明确自己的任务和职责。	让学生明确各岗位的工作流程,更好地相互协作,共同完成销售核算任务。
月初资料	(5 分钟)给出财贸公司 10 月相关账户的期末余额资料。(库存现金 2 000 元,银行存款 30 万元,应交税费——应交增值税 3 400 元,应收账款 2 万元,库存商品——A 产品 50 件,单价 25 元,计 1 250 元) 11 月 5 日购进材料,发生增值税进项税额 3 400 元; 11 月 19 日,A 产品完工入库 1 000 件;上一张凭证号分别为:银收 6,银付 18,现收 3,现付 5,转 14。	要求学生在相应账户上填写期初余额。	仓管员、出纳、会计岗位的学生开始建账工作,并登记 20 日以前相关账簿的登记。	让学生进一步巩固账簿登记的步骤。
按岗位完成各项任务	情境 1: (20 分钟)根据与珠江科技公司的购货合同,仓管员开具出仓单并发货,业务员根据合同约定价格,开具增值税专用发票,同时办理托运,垫付运费,出纳当天收到转账支票,余款暂欠。 账务处理: A 产品销售收入=800×50=40 000（元） 销项税额=40 000×17%=6 800（元） 借:银行存款　　　　　　　　　　　40 000 　　应收账款——珠江科技公司　　　 6 950 　贷:主营业务收入——A 产品　　　　40 000 　　　应交税费——应交增值税(销项税额)　6 800 　　　库存现金　　　　　　　　　　　　150 要求:完成各种会计资料,小组自评,展示自己的会计资料,讨论分析存在的问题。	引导学生分析业务(作为重点突出),分岗位按步骤完成各环节工作,填写相关原始凭证,编制会计分录,填制记账凭证以及登账。	学生按照工作任务表的内容要点各司其职,仓管员填制出仓单,发货,并登记库存商品明细账,出纳填写进账单,连同支票送存银行,会计完成记账凭证,出纳登记日记账,会计完成其他账簿。	让学生明白平时在教学中都是根据经济业务做分录,实际工作中,没有经济业务说明,只有根据各种票据来分析业务性质,然后做账务处理等各项核算工作。

续表

阶段	教 学 内 容	教师活动	学生任务	教学意图
按岗位完成	情境2：(10分钟)出纳开出转账支票5 000元，交给一鸣广告公司，取得发票。 账务处理： 借：销售费用　　　　　　　　　　5 000 　　贷：银行存款　　　　　　　　　5 000 要求：完成各种会计资料，小组自评，展示自己的会计资料，讨论分析存在的问题。	一鸣广告公司(教师)收到支票后，开出发票。	出纳开支票，送给广告公司，登记日记账，会计填制记账凭证，并登账。	让学生熟悉简单的会计业务的实操处理。
按岗位完成	情境3：(10分钟)根据"库存商品成本计算表"，会计1填制"已销产品成本计算表"。 账务处理： 已销产品成本=800×25=20 000（元） 借：主营业务成本——A产品　　　20 000 　　贷：库存商品——A产品　　　　20 000 要求：完成各种会计资料，小组自评，展示自己的会计资料，讨论分析存在的问题。	引导学生按给出资料计算已销产品的成本。	会计1负责计算与填制记账凭证，仓管员登记库存商品明细账，会计登记主营业务成本账。	
按岗位完成	情境4：(15分钟)根据购进发票的抵扣联(进项税额为3 400)与销项税额，计算应交税费。 账务处理： 应交增值税=6 800−3 400=3 400（元） 应交城市维护建设税=3 400×7%=238（元） 应交教育费附加=3 400×3%=102（元） 营业税金及附加=238+102=340（元） 借：营业税金及附加　　　　　　　340 　　贷：应交税费——应交城市维护建设税　238 　　　　　　　——应交教育费附加　　　102 要求：完成各种会计资料，小组自评，展示自己的会计资料，讨论分析存在的问题。	在屏幕上显示购进抵扣联上金额，指导学生计算税费，以及做出账务处理。	办税员计算税费，并填制计算表，会计根据计算表填制记账凭证，登记账簿。	熟悉销售环节税费的计算与会计处理。
拓展知识	(5分钟)应收账款存在的意义，对企业资金流的影响。	屏幕显示相关要点。	讨论选择现销还是赊销。	让学生在学习会计的同时学习一点理财意识。
评价小结	(10分钟)各组上交完成的凭证、账簿，评出各组综合分。 对销售业务的会计核算进行归纳，针对学生存在的问题进行强调，突出重点难点。	利用课件归纳总结。	总结自己实操中的经验教训，课后再补漏。	帮助学生查找错误，理清思路，使所学的知识系统化，便于记忆掌握。
作业	(2分钟)所有同学完成记账凭证的填制和各账簿的登记。	布置作业，提出要求。	各岗位看其他岗位的成果。	巩固堂上所学知识。
教学后记	通过把学生分组，分设不同岗位，设置模拟情境，以任务引领教与学的活动，让学生在完成各自岗位的工作任务过程中，边学习理论知识边动手操作，形成直观认识，从而加深理性认识，最终达到教学一体化的教学目标，提高学生的学习兴趣，并养成良好的团结合作精神。			

注：本教学设计出自广州市财经职业学校(财政校区)扈坪坪老师。

4.3 角色扮演法在会计教学中应用的注意事项

1. 材料准备要充分，角色与案例相结合

角色扮演法需要在课前做好充分的准备，准备好与会计岗位角色相关的道具、材料，同时结合《企业财务会计》岗位的知识点，选取适当的案例，精心设计数量恰当，易于在课堂情景教学中实现的角色，突出会计岗位技能训练，让学生容易找准角色的定位，掌握会计岗位角色的要求，巩固相关的会计理论知识。

2. 教学情境要与会计岗位、课堂教学的要求相适应

课堂教学中的情境设置不宜太复杂，要适应中职会计专业学生的年龄特点，结合《企业财务会计》的知识点来进行，选取情境应与实际的会计岗位相似，力求简明扼要，易于扮演，易于运用学生自己的经验来解决问题。当中最重要的是，体现财务人员相关会计岗位实训能力的培养，找准理论与实际的连接点，设计符合人才市场岗位要求的角色与情境，提升学生的职业能力。

3. 角色数量要恰当，课堂教学收放难度大

会计岗位角色的扮演难度不宜太大，数量要恰当，且比较适合在课堂教学中进行。中职会计专业学生学习基础差，功底浅，注意力容易分散的特点，决定了学生在新型教学模式下自主学习的能力有限，情景模拟的学习模式需要在实践中结合实训来突破，这对于学生而言，难度比较大。另外，角色扮演的课堂更加"活"了，个别学生在课堂上干扰他人，课堂管理的问题增加。因此，想办法让全体学生"动"起来，让每个学生都在课堂找到自己可以扮演好的角色，用一个小组的任务将大家统一起来，让学生都"忙"起来，实现知识的巩固和会计专业技能的提升。

拓展阅读一　角色扮演法的功能

角色扮演法具有两大功能：测评功能和培训功能。

第一，角色扮演法具有测评的功能。通过角色扮演法可以在情景模拟中，对受试者的行为进行评价，测评其心理素质以及各种潜在能力。可以测出受试者的性格、气质、兴趣爱好等心理素质，也可测出受试者的社会判断能力、决策能力、领导能力等各种潜在能力。

第二，角色扮演法具有培训的功能。在日常工作中，每个人都有其特定的工作角色，但是，从培养管理者的角度来看，需要人的角色的多样化，而又不可能满足角色实践的要求。因此，在培训条件下，进行角色实践同样可以达到较好的效果。同时，通过角色培训还可以发现行为上存在的问题，及时对行为做出有效的修正。换句话说，角色扮演法是在培训情景下给予受训者角色实践的机会，使受训者在真实的模拟情景中，体验某种行为的具体实践，帮助他们了解自己，改进提高。通常，角色扮演法适用于领导行为培训(管理行为、职位培训，工作绩效培训等)，会议成效培训(如何开会，会议讨论、会议主持等)，沟通、冲突、合作等。此外，还应用于培训某些可操作的能力素质，如推销员业务培训，谈判技巧培训等。

拓展阅读二　角色扮演法的优点和不足

角色扮演法具有下列优点。

第一，角色扮演是一项参与性的活动。作为受试者，可以充分调动其参与的积极性，为了获得较高的评价，受试者一定会充分表现自我，施展自己的才华。作为受训者都知道怎样扮演指定的角色，是明确的有目的的活动。在扮演培训过程中，受训者会抱有浓厚的兴趣，并带有娱乐性功能。

第二，角色扮演具有高度的灵活性。从测评的角度看，角色扮演的形式和内容是丰富多样的，为了达到测评的目的，主试者可以根据需要设计测试主题，场景。在主试者的要求下，受试者的表现也是灵活的，主试者不会把受试者限制在有限的空间里，否则不利于受试者真正水平的发挥。从培训的角度看，实施者可以根据培训需要改变受训者的角色，与此同时，培训内容也可以做出适于角色的调整。在培训时间上没有任何特定的限制，视要求而决定长短。有关人际关系的培训，从培训设计上就已经消除了由于人际交互作用所产生的不利影响。

第三，角色扮演是在模拟状态下进行的。因此，受试者或受训者在做出决策行为时可以尽可能地按照自己的意愿完成，也不必考虑在实际工作中决策失误会带来工作绩效的下降或失败等问题。它是一种可反馈的反复行为。受试者或受训者只要充分地扮演好角色就行，没必要来自己的行为担心，因为这只是角色扮演行为，其产生的影响可以控制在一定的范围内，不会造成不良影响，也没必要在意他人对你的看法。

第四，角色扮演过程中，需要角色之间的配合，交流与沟通，因此可以增加角色之间的感情交流，培养人们的沟通，自我表达，相互认知等社会交往能力。尤其是同事之间一起接受培训进行角色扮演时，能够培养员工的集体荣誉和团队精神。

第五，角色扮演培训为受训者提供了广泛地获取多种工作生活经验、锻炼力的机会。这一角色扮演法的优点是就培训而言的，因为在培训过程中，通过角色扮演，受训者可以相互学习对方的优点，可以模拟现实的工作生活，从而获得实际工作经验，明白本身能力的不足之处，通过培训，使各方面能力得到提高。

但是，角色扮演法也存在以下不足之处。

第一，如果没有精湛的设计能力，在设计上可能会出现简单化，表面化和虚假人工化等现象。这无疑会造成对培训效果的直接影响，使受训者得不到真正的角色锻炼能力提高的机会。同样的，在设计测评受试者角色扮演场景时，由于设计不合理，设计的场景与测评的内容不符，就会使受试者摸不着头脑，更谈不上测出受试者的能力水平来。

第二，有时受训者由于自身的特点不乐意接受角色扮演的培训形式，而又没有明确的拒绝，其结果是在培训中不能够充分地表现出他们自己。而另一种情况是受训者的参与意识不强，角色表现漫不经心。这些都会影响培训的效果。在测评的过程中，由于受试者参与意识不强，没有完全进入角色，就不能测出受试者的真实情况。

第三，对某些人来说，在接受角色培训时，表现出刻板的模仿行为和模式化行为，而不是反映他们自身的特征。这样，他们的角色扮演就如同演戏一样，偏离了培训的基本内涵。在测评受试者角色扮演中，如果受试者也表现得死板或行为模式化，测评就失去其意义。

第四，由于角色扮演时，大多数情况有第三者存在，这些人或是同时接受培训的人，或是评价者，或是参观者，自然的交互影响会产生于受训者和参观者之间，这里的影响是很微妙的，但绝不容忽视。

第五，有些角色扮演活动是以团队合作为宗旨的，在这种情况下可能会出现过度的突出个人的情况，这也是角色扮演中很难避免的，因为，一旦某个人表现太富于个性化，这就影响团队整体合作性。

为了弥补角色扮演的不足，还必须向受训者或受试者提出以下一些具体的角色扮演要求。

(1) 接受作为角色的事实。
(2) 只是扮演角色。
(3) 在角色扮演过程中，注意你态度的适宜性改变。
(4) 处于一种充分参与的情绪状态。
(5) 如果需要，注意收集角色扮演中的原始资料，但不要偏离案例的主题。
(6) 在角色扮演中，不要向其他人进行角色咨询。
(7) 不要有过度的表现行为，那样可能会偏离扮演的目标。

由上所述，角色扮演法既有自己的优点，又有不足之处，是一种难度很高的培训和测评方法。要想达到理想的培训和测评效果就必须进行严格的情景模拟设计，同时，保证角色扮演全过程的有效控制，以纠正随时可能产生的问题。

训练题：

1. 任意选取中职核心课程教材中的相关内容，运用角色扮演法设计一课时的教学设计。
2. 在教学反思中思考角色扮演法的应用效果。

第 5 章

项目教学法

学习任务

1. 了解项目教学法的含义;
2. 掌握实施项目教学法的步骤;
3. 能合理使用项目教学法进行课堂教学;
4. 能灵活运用项目教学法;
5. 能处理项目教学法实施过程中的各类问题。

会计专业教学法

5.1 项目教学法概述

项目教学法首创于美国，它是师生通过共同实施一个完整的项目工作而进行的教学活动。具体说，项目教学法从职业的实际出发选择具有典型性的事例作为教学内容，学生在教师的指导下，按照问题的要求搜集、选择信息资料，通过小组的共同研究，创造性地去解决问题，得出结论或完成任务。项目教学创新实现的关键在于教学互动，教学互动的根本又在于"善教"与"乐学"。

职业学校专业课教师的教学活动要始终围绕学生自主学习能力、专业技能水平和综合素质的提高而进行。会计专业的课程是一门理论性、方法性、业务性和操作性都非常强的学科，并不是借助于对企业会计准则和会计制度的照搬照用就能轻而易举地得出全部答案的学科。

当前的会计教学方式使得中职会计专业学生能较好地理解和掌握会计的理论和方法，但在实习和就业岗位上却对如何进行岗位操作、如何运用会计理论来处理实际工作问题，往往显得束手无策。项目教学法融"教、学、做"于一体，给学生模拟真实场景，促使学生实践操作，所以专业教师应结合课程特点采用项目教学，会帮助学生掌握会计理论知识，提高实践能力，培养学生处理问题的综合能力，这也是会计教学中采用项目教学的必然要求。如在企业财务会计中有关银行结算方式的程序及注意事项的教学中，若采用传统教学方法则免不了出现教师逐条讲解，学生很不耐烦的局面，而到了实际工作时学生仍不会操作。若采用项目教学法，则可将全班分成四组，分别扮演付款单位、收款单位、付款单位开户行及收款单位开户行，构建整个结算过程的模拟项目。通过几轮的模拟，学生不仅熟练掌握了各种结算方式的操作程序及注意事项，还能在活动过程中发现课本中没有提及的问题，并且通过一种结算方式的模拟操作，学生还能举一反三地掌握其他结算方式的具体使用方法。

在中职会计教学中应用项目教学法，可以按照以下一系列步骤实施。

1. 确定项目任务

由任课教师提出一个或几个项目任务，然后同学生一起讨论，最终确定项目的目标和任务。在确定项目时要注意，首先是项目的目标性，所选项目应能实现教学计划的教学目标，并能有机地结合多项知识点，这样才能在完成项目的同时保证学生掌握应学习的内容；其次是项目的完整性，项目从设计、实施到完成，必须要有一个完整的过程及可以用某一标准公平准确地评价的结果，使学生在完成项目后有一种成就感；另外，在确定项目时，考虑到学生已有的实际经验不多，确定项目能被大多数学生喜爱，项目容量不宜过大，完成项目所用时间不能太长，避免使学生产生畏难的心理，不利于项目教学的实施。

对于中等职业学校会计专业课可以设置出纳工作、存货核算、往来款项核算、固定资产核算、工资核算、收入利润核算、成本费用核算、发票管理和纳税申报、登记总账及报表编制、稽核、会计电算化管理、档案管理等项目，由学生自主选取项目，形成项目小组。

2. 学生分组，布置项目任务，制订项目计划

"小组工作"是项目实施的基本组织形式，教师根据学生的特长与能力，采取互补方式

进行搭配，把学生合理划分为"学习小组"。这样有利于同学之间互相学习，组员分工要明确，防止出现依赖思想。然后给每个组布置任务，根据工作步骤和分工，学生分析制订小组的项目计划，以"出纳工作"项目为例，出纳是每个企事业单位必设的岗位，出纳工作是单位会计工作的重要基础，是各单位经济业务活动的第一道"关卡"。对学生作初步介绍之后，鼓励学生到企业参观询问、查阅有关资料，对出纳的工作任务作详细的调查研究，再与老师一起归纳出纳的主要工作任务。

(1) 办理银行存款和现金收支。

(2) 负责报销差旅费。

(3) 发放员工工资。

(4) 负责支票、汇票、发票、收据的管理。

(5) 登记现金、银行存款日记账，并负责保管财务章。

(6) 盘点现金，日清日结。

3. 分工协作，完成项目任务

学生要明确自己在小组中的任务及小组成员间合作的形式、注意事项，按照确立的工作步骤和程序进行实际操作。学生在完成项目的过程中遇到困难，教师应及时给予指导，避免学生对项目束手无策，又能避免少走不必要的弯路，保证项目的顺利完成。项目教学法的根本宗旨是让学生自己利用知识解决实际问题，提高实际操作技能。

"出纳工作"小组具体分工为：由1~2人负责搜集有关"出纳工作规范"的资料；1~2人负责经办相关业务，填制、整理有关原始凭证；1人负责出纳员的工作，收付现金、办理票据、登账、盘点、保管票据印章，其他人员协助操作。在项目实施过程中，需要学生亲自操作，如办理存款、取款、转账，要求小组成员深入到银行体验，或借助学校的模拟银行进行实际操作；有些操作规范、制度，如"现金管理制度""货币资金内部控制制度"等，则由学生自主学习，到图书馆查阅，或网上搜寻。整个实施过程中，小组各成员之间本着共同探讨、学习，相互配合、协作，教师适当指导的原则来完成项目任务。

4. 展示项目成果，总结评价

这个阶段是整个项目教学的总结，是对项目教学结果的检查与评价，是开展项目教学活动不可缺少的一个重要环节。

项目完成后，将各小组的会计凭证和现金、银行存款日记账摆放在一起，让学生先进行自我评价，然后互评，最后教师评价。评价主要包括两方面：一是对项目活动成果进行评价，如凭证、账簿记录是否正确；凭证、账簿书写是否规范；凭证整理是否整齐、完整。二是对学生在项目活动中的表现情况进行评价，如小组成员的参与意识，合作精神，创新性，是否听取小组成员和教师的意见等。评价时要肯定学生的成绩，指出存在的问题，多鼓励，少批评，使每个学生感到自己被赏识、重视，都能体验到成功的喜悦。

通过总结评价可以使学生反思在项目实施过程中遇到的问题、困难及解决的办法，收获与感受等，更好地激发学生的学习积极性，培养分析问题和解决问题的思想和方法，充分发掘学生的创新能力，使学生的实践动手能力得到提高。

会计专业教学法

5.2 项目教学法应用示例

我们以《企业财务会计》教材中"材料采购业务处理"为例,进行项目教学法的展示。

"材料采购业务处理"教学设计

授课教师	***	授课班级	职高二年级
授课类型	新授课	授课时间	180 分钟(4 课时)
一、教材及教学内容分析			
1. 使用教材:程运木,黄董良.《企业财务会计》.北京:中国财政经济出版社,2011. 2. 教学内容:第四章存货——第三节原材料"(一)原材料按实际成本计价的核算(二)收入材料的核算"。 3. 教材处理:针对中职会计专业学生的特点及与税务会计学科的链接,学习中应削枝强杆,对教材内容删繁就简,如删掉自制材料和废料入库、购进免税农产品以及小规模纳税人购入材料的内容,但拓展了一些跨学科的知识,如计算放弃折扣的成本与短期借款的利率比较,决定是否享受供应开出的付款条件的财务管理知识。			
二、教学对象分析			
1. 知识技能:已学习《会计基础》,掌握会计的基本理论及基本核算方法。初步接触具体会计核算业务的处理。 2. 学习能力:对直观的事物感知较强,以形象思维、直觉思维为主,且缺乏实际经济生活经验,对一些经济业务难于想象和理解,使学习产生一定的障碍。 3. 学习态度:学生思维活跃,表现欲强,对于参与性和实践性课程有相当的兴趣。			
三、教学目标及要求			
1. 认知目标:理解采购业务的业务操作程序及相关单据的填制、审核及传递;购进业务的一般采购业务的会计核算及一些特殊情形的处理。 2. 能力目标:通过分组设岗操作,亲身实践,体验知识形成过程;加强学生动手操作,以达成能独立进行各类采购业务会计账务处理的操作能力目标及培养其形成职业判断等的综合职业能力目标。 3. 情感目标:创设职业情境,让学生在完成工作任务过程中得到更多的职业情境的熏陶和工作过程的体验,从而真正学习掌握就业所必备的职业技术知识、技能和职业综合能力。让学生合作完成任务,体会发现的乐趣,体验探究学习的过程,感受成功的喜悦,进而激发学生的学习会计的兴趣。			
四、教学重点、难点			
1. 教学重点:购进业务的操作流程,货到单到、单到货未到及货到单未到的基本采购业务的会计处理以及购进中一些特殊业务的会计处理。 2. 教学难点:各岗位业务操作、单证取得及传递、各种采购业务情形会计账务处理。			
五、教学方法及学习方法			
1. 教学方法:项目教学法、模拟情景教学法、角色扮演法、发现法、问题探索法、归纳法、直观法和实操法。 2. 学习方法:让学生分组设岗(业务员、仓库保管员、出纳及会计),进行各岗位职业角色演练,各组通过分岗合作完成所下达的各项采购任务。在模拟职业情景中,学生经历了购进业务的具体业务流程,边操作完成各岗位(业务员、仓库保管员、出纳及会计)的任务,边学习新知识和技能。同时,利用模拟企业经营沙盘,将企业的购进货物引起的企业资金流、货物流的变化直观展现在盘面,让学生边观看盘面的变化,边聆听教师讲授关于购进业务会计处理知识。让学生在做中学,学中做,学生在完成任务的过程中,学习知识和操作技能。 3. 教具准备:多媒体课件、模拟企业经营沙盘(简易盘)、增值税专用发票的发票联及抵扣联、收料单、发料单、支票、记账凭证、各类账页等。			

续表

六、教学程序

阶段	教学内容	教师活动	学生活动	教学意图
课前准备	请每位同学上课前利用课后时间到商场购一物品，但需取得发票予以证明。	课前布置学生，要求每一位同学到商场购一物品，并要求要取得一原始凭证以证明完成任务。	每一位同学上课时交回一原始凭证以证明已完成购物任务。	让学生亲身体验购货过程，感受购货后会使自己的资金产生怎样的变化，同时又对货物产生怎样的变化。
复习旧课	【复习旧知】(3分钟)《基础会计》购货业务会计账务处理时，应设置哪些账户？应取得或填制哪些单据？采购成本的计算方法？	教师设问、归纳。	学生抢答，复习旧知。	复习旧知，为引入新课作奠定基础。
创设职业情景	【案例导入】(10分钟) 1. 请学生讲述购货后，对自己的资金会产生怎样的变化？对自己的货物又会引起怎样的变化？ 2. 分组(4~5人)成立模拟公司，公司名各组自定，并设定业务员、仓库保管员、出纳及会计岗位。教师充当供应商、供应商开户银行等的角色，各组应按教师的下达的任务完成向"供应商"采购的任务。	1. 鼓励学生上台描述自己购货后的感受。 2. 将按四人为一组，组成模拟公司，完成采购。	引导学生讲述怎样证明自己已购货，以及购货后自己的资金、货物分别产生怎样的变化。 分组组建模拟公司并安排设定工作岗位。	让学生在有一定的购进感受的经验上，构建对购进业务会计处理的知识和技能。
描述各岗位任务	【岗位任务】(10分钟) 业务员：按规定任务组织采购，协调各方关系，取得相关单据。 仓管员：按规定验收货物后，填制"收料单"或"发料单"，并登记财产物资明细账。 出纳：办理结算手续，登记日记账。 会计：审核有关单据并以编制记账凭证，登记相关账簿。	教师应将各岗位的工作任务及责职描述清楚，并要求各公司落实。	各组每一岗位的同学应清楚自己的工作任务及职责。	让每一岗位的同学清楚本岗位的任务，以便各组的同学更好地合作完成布置的各采购任务。
初始概况	【公司概况】(5分钟) 设定每组"银行存款"期初余额均为99 000元，"现金"期初余额为1 000元，"固定资产"净值100 000元，"实收资本"200 000元，资金不足可向银行借入短期借款，短期借款利率为10%。	教师应要求每组清楚本公司的运行初始设定及运行要求。	每组同学应了解本模拟公司营运情况，以便顺利进行以下任务的操作。	让学生清楚做任何一件事都有相应的规则。

续表

阶段	教学内容	教师活动	学生活动	教学意图
分组完成工作任务	【任务操作】(125分钟) 任务 1：各公司出纳开出一张金额为 23 400 元的转账支票，由业务员持支票向供应商(教师)购进 A 材料 200 件，每件单价为 100 元，同时货物已到并已由仓库验收入库。同时以现金支付 100 元代垫运杂费。会计审核所取得的相关单据并进行会计账务处理。 购进材料后模拟沙盘资金、货物产生变化的直观情况： A 材料 200　　现金付100元运杂费 进项税额 3 400 元　　银行存款付 23 400 元 增值税抵扣联 A 材料的采购成本=200×100+100=20 100(元) A 材料的单位采购成本=20 100/200=101.5(元) 盘面直观分析购进材料，结算单据已到，货已验收入库的情况下的会计账务处理： 借：原材料——A 材料　　20 100 　　应交税费——应交增值税(进项税额) 　　　　　　　　　　　　3 400 　　贷：银行存款　　　　23 400 　　　　库存现金　　　　100 任务2：各模拟公司的出纳开出转账一张金额为 23 400 元的转账支票，由业务员持票到供应商处购进 A 材料 200 件，单价 100 元，增值税款为 340 元，但该材料未到。	通过多媒体课件，教师将任务布置给各公司。 同时教师借助多媒体课件辅助，呈现各岗位的操作及各单据的填制方法，以引导各组各岗位的学生办理各业务程序，填制、审核和传递凭证，进行会计核算。(下同) 供应商(教师)收到各公司的支票，供应商开户行(教师)扣减各组的银行存款。 供应商(教师)开出增值税专用发票，转交代垫运杂费发票，并发货。 教师要求各公司的同学，看着自己公司的盘面及所取得的相关原始凭证，边听教师分析这种情况下的会计账务处理。 供应商(教师)收到支票后，开出增值税专用发票，并发货。 教师要求各公司的同学，看着自己公司的盘面及所取得的相关原始凭证，边听教师分析这种情况下的会计账务处理。	出纳：按要求开出转账支票。 业务：持支票购货，与供应商办妥手续后，取回增值税专用发票的发票联及抵扣联。 仓管：验收并填制"收料单"并登记财产物资收发存数量账。 会计：取得并审核专用发票、"收料单"和支票存根后编制记账凭证。 会计、出纳：登记账簿(可作为课后作业)。	让学生在职业情境中按岗位模拟操作，在做中学，在学中做，从实践到理论，以实施理实一体化教学。 直观地从模拟企业经营沙盘的盘面上，观察公司购货后的资金流、货物流的变化情况，边学习新知识，使学生更易接受。

续表

阶段	教学内容	教师活动	学生活动	教学意图
分组完成工作任务	**购进材料后模拟沙盘资金、货物产生变化的直观情况：** 银行存款付 23 400 元 进项税额 3 400 元 增值税抵扣联 盘面直观分析购进材料，结算单据已到，货未验收入库的情况下的会计账务处理如下。 借：在途物资　　　　　　20 000 　　应交税费——应交增值税(进项税额) 　　　　　　　　　　　　3 400 　　贷：银行存款　　　　23 400 ························ 任务3：供应商向各公司发货，各公司仓管验收入库。 **材料验收后模拟沙盘直观情况变化** A 材料 190 件 银行存款付 23 400 元 进项税额 3 400 元 增值税抵扣联 从盘面直观分析所购进材料到达验收入库后的会计账务处理如下。 借：原材料——A 材料　　19 000 　　待处理财产损益——待处理流动资产损益　　　　　　1 000 　　贷：在途物资　　　　20 000	························ 供应商(教师)给各公司发货。(故意少发10件) 教师要求各公司的同学，看着自己公司的盘面及所取得的相关原始凭证，边听教师分析这种情况下的会计账务处理。 ························ 各采购员与供应商(教师)协商而定：若要求补货的，立即补发 10 件 A 材料；若要求退款的则开出 10 件 A 材料的红字发票。	出纳：按规定开出转账支票。 业务：持支票购货，与供应商办妥手续后，取回增值税专用发票的发票联及抵扣联。 会计：取得并审核专用发票和支票存根后编制记账凭证。 会计、出纳：登记账簿(可作为课后作业)。 ························ 仓管：验收发现短少 10 件，按实收的 190 件填制"收料单"并登记财产物资明细账。 会计：取得并审核"收料单"编制记账凭证并登记账簿。 ························ 业务：与供应商协商。若补货，则要求其发货；若退款，则要求开出红字发票。	让学生能处理各种情形采购业务的处理。 ························ 让各岗位明确本岗位的责任，且工作应认真细致。 同时也让学生学习购进中的一些特殊业务的会计处理。 ························ 让各组协商，一方面让学生多点自主权，以便日后独立工作能力的形成，另一方面可让各组同学更学会合作。

续表

阶段	教学内容	教师活动	学生活动	教学意图
分组完成工作任务	…… 任务4：各组内部协商后，自主决定是向供应商(老师)要求退回少发10件A材料的款，还是补发货。 补货：盘面增加10件A材料，不难分析出其账务处理如下。 　借：原材料——A材料　　1 000 　　　贷：待处理财产损益——待处理流动 　　　　　　资产损益　　　1 000 退款：盘面取回10件A材料的红字专用发票的抵扣联，同时会计根据红字发票的发票联，作如下会计处理。 　借：应收账款　　　　　　1 170 　　　贷：待处理财产损益——待处理流动 　　　　　　资产损益　　　1 000 　　　　　应交税费——应交增值税 　　　　　(进项税额转出)　　170 …… 任务5：要求各组针对下列少收的10件A材料是由于下列原因造成的情况，找出下列不同情况下的会计账务处理。 ① 定额内合理的途中损耗。 ② 能确定是运输单位、保险公司或其他过失人负责赔偿的。 ③ 属于自然造成的损失。 ④ 无法收回的其他损失。 …… 任务6：供应商(教师)根据与各组签订的合同A材料100件，各组验收入库，但因未收到销货方的相关结算单据，未办理结算。 **材料已验收入库，结算单据 还未收到时盘面的变化** A材料100件 无结算单据，无法据以编制记账凭证。	同时，教师要求各公司的同学，看着自己公司的盘面及所取得的相关原始凭证，边听教师分析这种情况下的会计账务处理。 …… 教师根据前述任务4的操作及学习，引导学生围绕造成A材料短少的不同情况，先让各组同学展开讨论、学习，然后再由教师归纳。 …… 供应商(教师)根据与各组签订的合同，向各组发出A材料100件。 引导学生思考为什么此时暂不做账务处理？ 何时才进行账务处理？ 月末如仍未收到结算单据又应如何算处理？	仓管：补货应验收10件A材料并填制"收料单"。 会计：按本组取得的原始凭证审核后进行账务处理，并登记账簿。 …… 各组同学积极展开讨论、学习，然后各组将讨论结果派代表予以阐述。 …… 业务：与销货方签订合同。 仓管：验收并填制"收料单"并登记财产物资明细账。 各组同学思考教师提出的问题。	…… 引导学生根据刚学的知识进行思考、讨论，以自主探讨、构建新知识。 …… 可引导学生思考、讨论、小组归纳，最后，再由教师小结。以激发学生的学习兴趣和学习的积极性。 …… 让学生能处理各种采购业务中的发生的特殊业务。

续表

阶段	教学内容	教师活动	学生活动	教学意图
分组完成工作任务	任务7:"任务1"所购的A材料开包后发现质量问题,要求退回"任务1"所购的A材料20件。 盘面分析,A材料少了20个,业务交来20个A材料的红字增值税专用发票,不难分析做会计账务处理如下。 借:应收账款　　　　　　2 350 　　应交税费——应交增值税 　　　(进项税额)　　　　340 　　贷:原材料——A材料　2 010	业务与供应商协商后,供应商(教师)如数收回所退A材料后,开出红字专用发票。 教师要求各公司的同学,看着自己公司的盘面及所取得的相关原始凭证,边听教师分析这种情况下的会计账务处理。	业务:与供应商签谈,要求退货。取得所退20个A材料的红字专用发票。 仓管:填制"发料单"并登记财产物资明细账。 会计:根据取得的原始凭证,审核后编制记账凭证并登记账簿。	
拓展知识	任务8:向供应商购进A材料200件,单价为100元,供应商开出的付款条件是(2/10, n/30)。 **购进材料后模拟沙盘资金、货物产生变化的直观情况：** A材料200件 进项税额3 400元 付款条件：(2/10, n/30) 增值税抵扣联 盘面分析,A材料增加了200个,业务交来202个A材料的增值税专用发票,合同规定的商业信用条件,则会计账务处理如下。 借:原材料——A材料　　20 000 　　应交税费——应交增值税(进项税额) 　　　　　　　　　　　　3 400 　　贷:应付账款　　　　　23 400	教师要求各组同学购进材料时的会计处理必须完成,但对是否选择享受现金折扣优惠的决策判断各组可根据本组情况选择完成。即如财务管理知识较强的组可选择决策后判断是否享受并进行会计账务处理。账务管理知识较弱的组可不考虑付款条件的问题,直接进行会计账务处理。	业务:与供应商签订合同,购进材料,并取回增值税专用发票。 仓管:验收并填制"收料单"并登记财产物资明细账。 会计:取得并审核专用发票、"收料单"后编制记账凭证并登记账簿。 各组内部协商,自主决定是否享受供应开出的付款条件。	拓展学生跨学科的知识。 各公司自主选择享不享受该付款条件。

续表

阶段	教学内容	教师活动	学生活动	教学意图
拓展知识	分析：放弃折扣成本 =[2%÷(1−2%)]×360÷(30−10)=36.73% 虽然企业的资金不足，但短期借款的借款利率仅为10%，所以企业应组织办理取得短期借款，在10天内付款，以享受该优惠。10天内付款时的会计账务如下。 借：应付账款　　　　23 400 　　贷：银行存款　　　21 400 　　　　财务费用　　　 2 000			
成果展示	展示完成的模拟企业经营沙盘盘面，原始凭证、记账凭证及各类账簿等。	教师认真观赏各公司的工作成果，还应适时给予赞赏。	互相观赏各公司的工作成果。	让学生感受工作后的乐趣，享受成功的喜悦。
学习结果评价、反馈	各组展示完成的模拟企业经营沙盘盘面，原始凭证、记账凭证及各类账簿以及各组自评、互评对评价表的打分情况等进行综合评价。	最后教师对各组包括工作任务成果、完成任务中交际能力、生活能力、自我管理能力以及自主学习能力等进行评价。要求各组进行交流，对一些存在问题的个别组进行课后辅导。	先自我评价工作完成情况及完成过程中存在的问题，然后小组间互评。	通过各组成果的展示，采用多元性学习评价方法，关注学生在项目教学中的进步程度进行评价，这样有利于学生的职业能力、实践能力和创新能力的培养。
小结	利用多媒体课件等加深学生印象，强调本节课的重点和难点。 对采购业务的处理操作程序进行归纳。对购进业务的单到货到、单到货未到及货到单未到以及采购过程中发生的溢余、短缺、退货等特殊业务处理进行归纳。	归纳过程中，应注意使用各种衔接性语言，把不同工作任务衔接起来，把理论与实践衔接起来，把前后不同工作任务中出现的理论知识衔接起来。	把自己所体会到的知识与教师引导、讲解的内容结合起来，形成自己的认知。在教师的点评及总结中升华自己的见解。	帮助学生理清思路，学生才不会有"零乱"的感觉，使学生对购进业务的处理从感性认识升华到理性认识。
作业	各组的登记账簿的工作可在课后完成。各组轮换岗位再操作以上8个任务。	教师布置相关性的作业。	各组间可互相观看各组的轮岗位再操作。	巩固、迁移、内化所学知识及技能。
教学后记	通过任务驱动教学，设计模拟企业经营沙盘，将学生分组设岗(业务员、仓库保管员、出纳及会计)，进行各岗位职业角色演练，各组通过分岗合作完成所下达的各项采购任务。在模拟职业情景中，学生边操作完成各岗位(业务员、仓库保管员、出纳及会计)的任务，边学习新知识和技能，这种理论实践一体化的项目教学，使学生在完成工作任务过程中得到更多的职业情境的熏陶和工作过程的体验，从而真正学习掌握就业所必备的职业技术知识、技能和职业综合能力。			

第5章 项目教学法

各组的综合表现评价表(含自评、他评)

组别：＿＿＿＿＿＿＿＿＿＿＿＿＿＿＿＿

组别	盘面总体情况 25%	组织纪律 15%	业务运转 20%	合作配合 15%	创新、独立 10%	完成时间 15%
第一组						
第二组						
第三组						
第四组						
第五组						
第六组						
第七组						
第八组						
第九组						
第十组						
十一组						
十二组						
十三组						
十四组						

标准如下：＿＿＿＿＿＿＿＿＿＿＿＿＿＿＿＿＿＿＿＿＿＿＿＿＿＿＿＿＿
完成很好 90～100 分为 A＿＿＿＿＿＿＿＿＿＿＿＿＿＿＿＿＿＿＿＿＿
完成较好 75～89 分为 B＿＿＿＿＿＿＿＿＿＿＿＿＿＿＿＿＿＿＿＿＿＿
基本完成 60～74 分为 C＿＿＿＿＿＿＿＿＿＿＿＿＿＿＿＿＿＿＿＿＿＿
没有完成：不及格为 D＿＿＿＿＿＿＿＿＿＿＿＿＿＿＿＿＿＿＿＿＿＿＿
评价内容：＿＿＿＿＿＿＿＿＿＿＿＿＿＿＿＿＿＿＿＿＿＿＿＿＿＿＿＿
盘面总体情况：货物入库、单据整理、凭证填制、账簿登记等情况＿＿＿＿＿＿＿＿
组织纪律：课堂表现＿＿＿＿＿＿＿＿＿＿＿＿＿＿＿＿＿＿＿＿＿＿＿＿＿＿
业务运转：是否顺畅＿＿＿＿＿＿＿＿＿＿＿＿＿＿＿＿＿＿＿＿＿＿＿＿＿＿
合作配合：是否融洽＿＿＿＿＿＿＿＿＿＿＿＿＿＿＿＿＿＿＿＿＿＿＿＿＿＿
创新、独立：各组解决问题、回答问题表现＿＿＿＿＿＿＿＿＿＿＿＿＿＿＿＿＿
完成时间：是否较快＿＿＿＿＿＿＿＿＿＿＿＿＿＿＿＿＿＿＿＿＿＿＿＿＿＿

各岗位评价表

岗	位		任务1	任务2	任务3	任务4	任务5	任务6	任务7	任务8	得分
业务员	办理业务能力 50%	A									
		B									
		C									
		D									
	协调能力 50%	A									
		B									
		C									
		D									

续表

岗位			任务1	任务2	任务3	任务4	任务5	任务6	任务7	任务8	得分
出纳	办理结算手续 50%	A									
		B									
		C									
		D									
	登记日记账 50%	A									
		B									
		C									
		D									
会计	审核凭证 30%	A									
		B									
		C									
		D									
	编制记账凭证 40%	A									
		B									
		C									
		D									
	登记分类账簿 30%	A									
		B									
		C									
		D									
仓库管理员	验收工作 30%	A									
		B									
		C									
		D									
	填制单据 40%	A									
		B									
		C									
		D									
	财产明细账 30%	A									
		B									
		C									
		D									

表中：A 为 85～100 分，B 为 70～85 分，C 为 60～75 分，D 为不及格。

注：本教学设计出自广州市商贸学校(二商校区)邹春梅老师。

5.3 项目教学法在会计教学中应用的注意事项

5.3.1 要处理好学生与教师的关系

在传统教学中，教师是主角，学生是观众，教师想尽一切办法使知识容易被学生理解和接受，而学生则是被动的，被要求认真听讲。在项目教学中，师生共同探究、合作，学生成为主角，教师必须退到"后台"。要使项目教学成功，教师的引导行为十分重要。教师的引导要做到"适时""适度""适法"。教师要改变过去那种"片面"的知识传授方式，教师主要完成"督导""点化"作用，在教学过程中充当顾问和协调者，通过引导学生自主学习和操作，帮助学生按确定的计划完成任务，从而使学生在教学过程中体会职业行为，提高学生各方面的能力。

5.3.2 确定的项目要恰当、实用

项目的确立不是一件简单的事。首先，项目要包含全部教学内容并有机地结合多项知识点；其次，项目的难易度要针对学生的实际水平来确定；最后，项目要能被大多数学生接受，并可以用某一评分标准公平准确地给予评价。当然，每个项目不一定都能做到面面俱到，但教师要根据是掌握新知识、新技能还是培养其他能力或是复习知识等具体的授课内容来确立最合适的项目。

5.3.3 项目的实施过程要完整有序

学生在独立完成项目前，教师要进行适当的引导。引导主要包括对新知识的讲解和对项目具体实施的解释。

首先，新知识的讲解要抓重点，避免重复。对重点教学内容的讲解，其过程应该精练，最好是通过简单的例子用实际操作的方法进行，这样，学生才更容易理解、接受，也为学生独立完成项目打下了良好的基础。

其次，教师要解释清楚项目实施的步骤，相关资料要及时给出。教师除了要告诉学生即将完成的项目是什么，还应该适当地提醒学生先做什么、后做什么。

5.3.4 教师的指导要恰到好处

学生在完成项目的过程中遇到困难，教师应及时给予指导。针对不同层次的学生，教师指导的深度要有所不同。教师一定要把握好指导的尺度。即使学生有问题，也应该是启发性的，非正面、非全面的提示性指导不但使学生记忆深刻，还能锻炼学生的思维，培养其创新能力。这样还改变了以往的先学习，后实习的做法，变成边学习，边实习，让学生将理论知识与实际工作紧密结合。

5.3.5 注意学生的两极分化

由于采用自主学习方式，学生的个性化得到充分的发展，但还应当注意学生的两极分化。特别是个别后进生，他们的自学能力和自控能力相对较差，容易产生依赖思想，

可以采取"一帮一"的措施，安排学习能力强的学生对接收能力差的学生给予及时的帮助和纠正。

拓展阅读

拓展阅读一 项目教学法的教学设计的原则

1. 以学生为中心，充分发挥教师的协助作用

项目教学法是一种在教师指导下的、以学生为中心的教学模式。在这种模式中，学生是信息加工的主体，而不是外部刺激的被动接受者和被灌输的对象；教师是学生学习过程中的帮助者和促进者，而不是知识的传授者和灌输者。

在教学设计时，要考虑如何体现学生在学习过程中的主体作用。如何充分利用情境、协作、会话等学习环境要素，充分发挥学生的主动性、积极性和创新性，激发学生的学习兴趣和学习动机；如何创设符合教学内容的情境，提示新旧知识之间联系的线索，组织协作学习，提出适当的问题以引起学生的思考和讨论；如何在讨论中把问题一步步引向深入，启发学生自己发现规律、自己纠正错误的认识等。

2. 选取适当的项目

选取项目要以教学的内容为依据，以现实的对象为材料，既要包含基本的教学知识点，又能调动学生解决问题的积极性。教师和学生共同参与项目的选取，教师要注意启发学生去主动发现身边的素材，选择难度适合的工程项目。

3. 创设学习的资源和协作学习的环境

教师需要让学生有多种的机会在不同的情境下来应用所学习的知识，充分运用现代教育技术的手段给学生提供多种学习的资源；"协作学习"是项目教学法的关键，所以教师要积极创设学生小组讨论交流的情境，让学生在群体中共同批判各种观点和假设，协商解决各路难关，使学生群体的思维与智慧为每个学生所共享，从而达到全体学生共同完成学习任务。

4. 以学生完成项目的情况来评价学生学习效果

教学不是围绕教学目标进行，而是围绕完成项目设计来展开，所以评价学生学习效果应以完成项目的情况来评定。

拓展阅读二 项目教学法的设计要素

1. 情境要素

开展项目教学的第一要素是师生共同创设情境，调动学生原有知识和经验。这也是教师实施项目教学的主要任务之一。由于情境是与学生生活有关的真实事件或真实事件的模拟，不同的情境将引出不同的问题，带来丰富多彩的学习内容。

2. 任务要素

为了完成一个完整的项目，不要拘泥于课堂上的45分钟，而是要在一个单元的概念下设计学习活动,将割裂的学习课时逐步融合为一个整体的学习过程单元。因此,有必要打破一节课、一节课思考的备课程式,强调进行阶段(或单元)学习任务的整体设计和时间的整体安排。在学习活动设计过程中,根据课程的要求和学生的需求确立学习的主题,统筹筹划几节课、十几节课,以至在几十节课的学习任务,把项目教学法和其他教学方法、各种类型教育技术和媒体组织在一个教学过程中。

3. 组织要素

小组合作或全班合作学习是项目教学法最常见最有效的组织形式。采用合作学习的学习组织形式,能够有效地促进学生之间的沟通和交流,也有利于实现"角色扮演"。

4. 过程要素

项目教学法以学生对"任务"的原有知识经验和认知结构为基础,规划整个学习的切入点;学习的过程不能局限于书、课堂、网络。学习过程的实质是模拟实施工程项目的过程。

5. 资源要素

资源的开发和设计是教师的一个关键性任务,根据项目学习对资源的需求,组织大量有效的"预设资源"和"相关资源"。这些设计也必须引导学生参与;或者在教师指导下,帮助学生自己构建和组织资源。

6. 评价要素

学生的学习成果,其表达方式要提倡多样化。因此,对学生学习过程和效果的评价,也必须做到评价主体、评价手段和评价方法的多样性。因此,要努力做到根据不同的项目,设计好评价方案,包括设计出不同的评价标准、评价方法和评价结果的表达方式。

训练题:

1. 任意选取中职核心课程教材中的相关内容,运用项目教学法设计一课时的教学设计。
2. 在教学反思中思考项目教学法的应用效果。

第 6 章

任务驱动教学法

学习任务

1. 了解任务驱动法的含义;
2. 掌握实施任务驱动法的步骤;
3. 能合理使用任务驱动法进行课堂教学;
4. 能灵活运用任务驱动法;
5. 能处理任务驱动法实施过程中的各类问题。

6.1 任务驱动教学法概述

建构主义理论主张，学习不应该仅仅是知识由教师向学生的单一传递过程，而应该是学生对知识体系的建构加工过程。即教育不应该让学生成为被动的知识吸收者，而是培养学生做知识的主动建构者。任务驱动教学法是基于建构主义理论而形成的，它突出强调"以任务为主线，以教师为主导，以学生为主体"的教学思想和策略，其宗旨就是激发学生主动学习的兴趣。与传统的单向传授教学模式相比，任务驱动法的显著特征就是以"个体自主学习+团队协作学习"替代个体独立学习，以双向探讨式教学取代填鸭式灌输教学，能够很大程度地提高学习效率和教学效果。

实施任务驱动教学要求教师事先对教材进行全面整合，把教学内容和教学目标巧妙地隐含于若干个任务之中，在教师的帮助下学生围绕共同的任务活动中心，在强烈的问题动机驱动下，积极主动应用各种学习资源，进行自主探索和互动协作学习。任务驱动法的教学过程可以用图 6.1 表示。

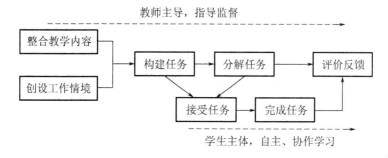

图 6.1 任务驱动法教学过程

这种教学方法改变了以往教师讲、学生听、以教定学的被动式教学，创造了学生主动参与、自主协作、以学定教的新型学习模式，有利于培养学生的自学能力和独立分析问题、解决问题的能力。通过实施任务驱动教学模式，学生会不断地获得成就感，激发求知欲，逐步形成一个感知心智活动的良性循环，从而培养出独立思考、勇于开拓进取的探究能力。在任务驱动教学法中，教师则是学习情境的创设者、学习任务的构建者、学习活动的组织者以及学习方法的指导者，学生始终处于主体地位，自主学习，协作学习，在参与体的共同努力下，解决问题，完成任务。

任务驱动教学方法的实施具体过程通常包括以下内容。

1. 整合教学内容，创设工作情境

为了实施任务驱动教学，教师需要对学生应该掌握的全部教学内容进行整合，将其归纳为若干单元模块。具体整合时，可以打破传统教材的框架结构，尽可能紧扣会计职业实践，遵循企业会计处理经济业务的流程。如，可以按照"根据原始凭证分析交易——运用借贷记账法在记账凭证上记录交易——根据记账凭证完成会计账簿的登记——结账、对账和试算平衡——编制会计报表服务"的会计循环进行，这样的整合可以将分析和记录交易与会计凭证、会计账簿等会计载体工具有机地结合在一起，通过一个个任务的完成，能够让学生在理解企业会计工作实际运作的过程中掌握相关知识点。

建构主义学习理论认为，生动直观的情境能够有效激发学生的联想，唤起学生原有认知结构中有关的知识、经验及表象，从而使学生利用有关知识和经验去"同化"或"顺应"新知识。鉴于各个会计任务模块具有连续性的特点，设计者在创设工作情境时尽可能考虑好各模块之间的衔接和统筹安排。整个教学以会计专业毕业生到一家典型的工业制造企业进行试用期实习为大背景，以企业会计实际工作过程为线索，以履行公司财务主管安排的岗位工作任务为中心，以会计科全体成员为一个协作小组，把教学内容和教学目标隐含在若干个任务模块中，然后针对各个任务模块实施六环节任务驱动教学流程。为有效实施任务驱动教学法，笔者从第一堂课开始，要求学生把自己看成是即将上岗的会计专业毕业生，目前处于试用期，任务就是在会计主管的指导下，与会计科其他成员共同协作，完成相应的会计工作任务。同时把会计课程涉及的全部教学资料(包括企业发生的经济业务、凭证、账簿、报表等)装入档案袋发给学生，并进行角色分工及轮岗安排说明。这种逼真的情景和角色模拟有利于学生形成自我心理暗示，容易激发学生的学习热情。在随后的教学中，针对各个任务模块再创设适当的情境。

2. 构建任务，分解细化

根据基础会计课程的特点和学生需要掌握的会计操作技能，结合工业企业会计实际工作情况，将课程内容进行分解，并根据会计工作过程进行重构，将所有的理论基础知识穿插到工作任务中。具体而言，就是将基础会计课程的全部内容转化为一个总任务，再进一步分解为若干个子任务，每一个子任务都与工作过程密切结合，如表6-1所示。在下达任务之前，教师必须提前向学生布置每次课程的工作任务，讲清每项任务的具体要求，交代注意事项。此外，在分配任务时，教师要注意不断向学生说明会计工作质量关系到国家、企业、投资者以及职工等各方利益，让学生认识到会计工作的重要性，来不得半点马虎，由此强化学生的责任感，培养学生良好的会计职业道德。

表6-1 基础会计课程工作任务表

工作总任务	根据会计制度和企业会计准则的规定，完成一个工业制造企业一个月的会计核算任务。	
教学内容	工作过程	工作子任务
原始凭证的识别、填制和审核。	制作原始凭证。	任务1：认识常见的原始凭证。
		任务2：填制原始凭证。
		任务3：审核原始凭证。
记账凭证的识别、填制和审核。	填制记账凭证。	任务4：对经济业务进行分析处理。
		任务5：认识各类记账凭证。
		任务6：填制记账凭证(专用和通用)。
		任务7：审核记账凭证。
账簿登记。	登记账簿(日记账、分类账；总账、明细账)。	任务8：开设账簿(上月结转)。
		任务9：过账、核账。
		任务10：结账。
		任务11：试算平衡。
错账更正。	查错更正。	任务12：查账并更正错误。
报表编制。	编制会计报表。	任务13：编制资产负债表和利润表。

第6章 任务驱动教学法

3. 自主学习，小组协作

自主学习是学生完成任务的前期重要过程。此阶段，学生应该根据教师布置的任务和要求，学习完成任务所需要的会计知识，搜集有关资料，分析、判断和评价相关信息，为完成学习任务、解决实际问题进行知识储备。学生可以借助图书资料，也可以借助网络，借鉴他人的思路和想法，为完成任务积累经验。在学生自主学习过程中，尽管教师不必直接告诉学生应当如何去解决面临的问题，但应当适时介入学生完成任务的过程中给予指导。教师可以向学生提供解决问题的有关线索，如在完成会计报表编制任务时，教师可以指导学生到证券交易所网站下载上市公司公布的年报进行参考，让学生在模仿中领悟和掌握知识点。考虑学生个体学习能力的差异，在自主学习阶段教师应该始终充当任务活动的参与者、指导者和督查者，要善于培养学生的自主学习能力，包括确定学习内容的能力、获取信息资料的能力以及利用和评价有关信息资料的能力等。自主学习将为小组协作学习以及后期解决问题、完成任务奠定良好的知识基础。

协作学习应该以协作小组形式予以实施，具体实施时要求学生把本小组成员看成某企业会计科的全部工作人员，设置若干个会计岗位，小组长任命为会计科科长，在学习和完成任务的过程中小组成员实行轮岗制。为了提高协作学习质量，必须重点处理好三方面问题：第一，科学组建协作小组。这是关系到协作学习成功与否的重要方面。学生一般有优势趋同和排差心理，若完全按照学生的意愿分组，往往形成强强联手，差生结合，组间悬殊太大，不易开展组内协作和组间竞争，因此教师应该坚持"组内异质、组间同质""教师引导和自行分组相结合"的原则监督和指导分组。第二，选好小组长。小组长应当由热衷于帮助小组成员学习、善于协调小组成员完成共同任务的学生担任。当然小组长人选和小组成员并非总是固定的，在学生已经熟悉适应了小组合作式学习的情况下，可以根据需要更换小组成员和小组长，以锻炼每位学生适应新的小组环境和组织领导小组合作学习的能力。第三，加强锻炼学生的团队合作精神和沟通能力。通过合作解决问题、小组讨论、意见交流等形式，促进学生之间的沟通，让学生学会聆听他人意见，学会评判、接纳和反思。这种认知的重建有利于学生高级思维的培养，能够提升学生的信息素养水平。

4. 解决问题，完成任务

解决问题是学生综合应用知识能力的过程，是最重要的教学环节之一，是学生对所学知识的再认识、再学习、再提高的过程，也是培养学生开发创新意识的过程。对学生而言，认定一个情境是否存在问题并不是一件容易的事情。如在完成"任务：经济业务分析和处理"时，不少学生对自己完成该任务要实现的工作目标模糊不清，更不用说认识工作过程中可能出现的问题或受到的阻碍。因此，在这个阶段教师首先要帮助学生明确自己需要解决的问题，指导学生定义和表述相关问题，进而形成解决问题的策略，这是解决问题的关键步骤。一旦策略形成后，则要求学生把学过的知识、前期搜集的有用信息组织起来，为实现策略做好基础服务。最后，当学生综合应用所学知识得出问题答案后，还要适时组织师生对问题的答案进行评估。值得注意的是，在上述步骤实施的过程中，教师应该始终提醒学生对问题解决的情况进行监控，检查自己正在进行的工作是否一步步地接近工作目标，以便及时发现和纠正错误。而且随着一个个会计任务的完成，教师要及时给予表扬和鼓励，以激发学生的学习热情，培养学生的成就感，推动学生的学习积极性。

5. 考核评价，反馈效果

学习效果的评价是任务驱动教学模式必不可少的重要环节，也是对整个教学效果的最终检验。显然，仅仅根据最终的考试成绩及平时粗略印象进行评价，往往缺乏科学性。考核评价应该综合多方面因素，以学生职业要求为标准，从操作的准确性、规范性、学习态度、团队合作能力等方面采取多元化的综合评价方式给出每位学生的成绩。同时，针对不同的学生，既要关注其学习结果，也要根据学生的个体差异关注其在学习过程中的成长和变化，真正体现"学生为本"的教育理念。这就要求教师在平时学习过程中注意多观察，多了解，掌握每个学生的具体情况，由此对学生的学习状况做出客观公正的评价。当然，对于学习效果的考核，除了传统的考试形式外，也可以在考核方式上予以创新，如要求学生在规定时间内独立完成某企业一个月的账务处理，重点考察学生能否依据企业会计制度和《会计基础工作规范》的要求，独立编制会计分录，规范地填制会计凭证和登记会计账簿，正确地编制会计报表。此外，在成绩的分配比例上，可以考虑提高学生平时成绩所占的比重。

6.2 任务驱动教学法应用示例

我们以《基础会计》教材中"错账更正方法"为例，进行项目教学任务驱动教学法的展示。

"错账更正方法"教案设计

课题	错账更正方法		
授课类型	新授课	课时	1课时
授课班级	***	使用教材	《基础会计》

一、设计理念

"以提高学生素质为基础，以提高学生职业能力为本位"的教学指导思想需要教师转变观念，改变以往的教学思路，以全新的感觉来面对课堂、学生和教材。以学生发展为本，激发学生自主探究能力，让学生从实践中学，从做中学，教师扮演引导者和辅助者的角色。

二、教材分析

《基础会计》是会计的主干课程。第五章《会计账簿》的第四节"错账更正方法"，主要介绍了划线更正法、补充登记法、红字更正法等三种方法的适用范围、账务处理和具体操作方法。教材内容方面，该内容条理清晰、操作性强。这是会计人员在实际工作中必须掌握的一项技能，它不但是对记账规则的进一步深入，而且为编制报表及将来的实践性教学和实际工作打下了一定的基础。因此，该内容无论在学科中，还是从整个专业教学计划的全过程来看，都起到了承上启下的作用。"错账更正法"上承"账簿登记方法"知识和操作技能，下接"对账和结账"的内容及操作，因此"错账更正法"既是本章的重点、难点，也是会计实务操作中必须掌握的方法。

续表

三、学生情况分析
学习"错账更正方法"之前，学生已经基本掌握了填制凭证和登记账簿的操作技能，基本掌握了错账查找的方法和技能，学会了分析判断错账的类型。但是，整体上学生对会计账务处理、记账凭证的填写以及账簿的登记还不够熟练规范，他们的专业思维能力和处理实际问题的能力有待提高。现阶段职业学校的学生大部分基础较差，学习兴趣不足，主动性差，尤其不爱学文化课，但他们却拥有一定的感知认识，思维能力也达到了一定的程度，对身边事物容易产生好奇感。也比较喜欢学习专业课，特别是实训课。
四、教学目标
1．知识目标 (1) 清楚每种错账更正方法的适用范围。 　　　　　　(2) 掌握每种错账更正方法的账务处理和具体操作方法。 2．技能目标 (1) 训练学生的动手能力，同时有助于学生形成熟练、准确、规范的操作习惯。 　　　　　　(2) 训练学生"发现错账→分析错账类型→选择适当的方法→更正错账"的能力，培养学生发现问题→分析问题→解决问题→对比归纳的能力。 3．素质目标 (1) 培养学生认真的学习态度，使学生养成严谨、细致、规范的职业习惯。 　　　　　　(2) 学生在师生互动、沟通交流的学习气氛中获得成功的喜悦和乐趣。
五、教学方法
1．理论依据：以建构主义理论为基础，本着"以能力为本位，以就业为导向"的教学指导思想，充分体现"教师为主导，学生为主体，训练为主线"的教学原则。 2．教法运用：在"教必有法，教无定法，贵在得法"的指导下，选用行之有效的方法综合运用，主要方法有： ① 情景模拟法，(具体内容)。 ② 任务驱动法，通过精心设计的三个任务，充分调动学生的主观能动性，培养学生自主探寻新知的能力。 ③ 案例演示法，引导学生发现规律，分析、讨论，创造性地将本课的主要知识提炼成口诀，以利于学生掌握重点。 ④ 对比分析法，对比分析三种方法在操作步骤上的不同，以突破"红字冲销法的运用"这个难点。 ⑤ 电化教学法，将现代信息技术与本学科进行整合，运用多媒体进行课堂演示，使错账更正过程既直观又生动，激发学生的学习兴趣，提高课堂教学效率。
六、教学重点及难点
1．教学重点：(1) 根据错账，选择合理的更正方法。 　　　　　　(2) 每种更正方法的具体操作。 重点的突出方法：通过填写错账更正一览表，师生互动，将主要知识提炼成口诀，让学生易于掌握和记忆，并指导实际操作。 2．教学难点："红字冲销法"的具体操作。 难点的突破方法：通过演示讲解，结合练习进行对比分析，讲清红字冲销法与划线更正法、补充登记法在操作程序上的不同，对比掌握。 3．教学关键点：根据各种错账选择正确的更正方法。
七、教学资源及课前准备
1．多媒体课件、实务投影仪、记账凭证、总分类账账页。 2．课堂设置采用开放式的教室布置，改变传统教室的布置方式。将学生分成4个小组，每组均指定一名负责任、成绩较好的同学担任组长。

八、教学程序

续表

<table>
<tr><th colspan="2">教学过程</th><th></th><th></th></tr>
<tr><th>教学环节</th><th>师生活动</th><th>教学内容</th><th>设计意图</th></tr>
<tr>
<td rowspan="2">创设情景，导入新课
(3分钟)</td>
<td>教师：展示许多求职者冒雨在广场排队，等候进入招聘会现场。
学生：观看图片，感受金融危机带来的就业压力。
教师：展示罗蒙集团到我校来招聘会计人员的图片，并简单介绍该公司财务部招聘要求。
学生：对招聘表现出浓厚的兴趣。
教师：展示招聘比赛的幻灯片，并简单介绍比赛规程，鼓励学生把握机会。
学生：认真倾听，回忆各种错账类型，积极准备参赛。
教师：宣布比赛开始。</td>
<td>(一) 创设情景

求职者冒雨在杭州和平国际会展中心广场排队，等候入场。共40 000万多人，应聘12 000多个岗位。

罗蒙集团招聘要求：
(1) 品学兼优，团队意识强；
(2) 岗位设置：出纳岗位、稽核岗位、工资合核算、成本费用核算、总账岗位等；
(3) 招聘考试内容：找出错账，并用适当的方法更正。
(二) 比赛规则(比赛分三个回合)
三个回合总分最高小组可进入罗蒙集团财务部工作</td>
<td>1. 出现招聘会，告诉学生我们将来可能都会有这样的经历，尤其是我们职业高中的学生，更应有这样的意识。但受国际金融危机影响，就业困难的现状，让学生深切感受到毕业后就业的压力，从而产生现在要学好知识、掌握技能的意识。
2. 以罗蒙集团财务部招聘的形式进入课堂，能吸引学生的眼球，使学生从上课一开始就进入"应聘人员"的角色中，一方面有效地激发了学生的新鲜感和求知欲，另一方面又将枯燥的知识形象化。</td>
</tr>
<tr></tr>
<tr>
<td>探索新知，初试牛刀
(5分钟)</td>
<td>教师：说明竞赛规则。
学生：明确竞赛规则。</td>
<td>第一回合：初试牛刀
竞赛规则：
1. 选题：此轮为抢答题。
2. 答题：在教师答题口令发出后，最先站起者有优先回答权。回答正确加上相应的分数。
3. 评题：其他组派代表点评或补充，可适当加分。
任务一 2016年1月1日罗蒙集团向银行取得三个月的短期贷款100 000元，存入银行存款户。会计分录为：</td>
<td>1. 竞赛的形式，激发学生的表现欲和集体荣誉感，初步体验成功的喜悦。</td>
</tr>
</table>

续表

教学过程

教学环节	师生活动	教学内容	设计意图
探索新知，初试牛刀 (5分钟)	教师：按顺序用课件展示任务一、任务二、任务三和任务四，并为每一任务提出两个相同问题。即 问题1：凭证和账簿都存在错误吗？(5分) 问题2：存在什么错误？(10分) 学生：仔细观察记账凭证和账簿，找出错误类型，并进行抢答。	借：银行存款　　　　　100 000 　　贷：应收账款　　　　　　100 000 (1) 银行存款日记账中金额栏内原记录：10 000 (记账凭证正确，登账错误)。 (2) 银行存款日记账中摘要栏原记录：取得期限为四个月的贷款。 答案1：凭证正确，账簿出错。 答案2：账簿中金额和文字登错。 任务二、2016年3月19日罗蒙集团收到明湖集团偿还货款70 200元。经核对发现记账凭证误将70 200元记为72 000元，并已记入相应的账簿。 答案1：凭证和账簿都存在错误。 答案2：凭证中金额多记，导致账簿登记金额也多记。 任务三、2016年3月19日罗蒙集团收到明湖集团偿还货款70 200元。经核对发现记账凭证误将应收账款记为应付账款，并已记入相应的账簿。 答案1：凭证和账簿都存在错误。 答案2：凭证中科目用错，导致账簿登记科目也错误。	2. 通过小组合作培养学生的团队意识和积极向上的精神风貌，活跃课堂，形成和谐的课堂氛围。
探索新知，露一小手 (20分钟)	教师：宣布第一回合比赛成绩。 教师：如发现错账，能不能像同学们做错了作业那样用橡皮、小刀刮擦，用涂改液涂改呢？ 学生：不能。用专业的正确的更正方法。 教师：引出三种错账更正方法。 1. 划线更正法 2. 补充登记法 3. 红字冲销法	任务四、职工周明向单位预借了1 000元差旅费。原记账凭证如下，并据以登账入账。 借：其他应收款　　　　　100 　　贷：库存现金　　　　　　　100 答案1：凭证和账簿都存在错误。 答案2：凭证中金额少记，导致账簿登记也错误。 错账原因 { 记账凭证错误 { ①会计科目错误 ②记账方向错误 ③应记金额错误 } 造成→账簿记录错误 　　　　　 账簿登记错误(摘要、数字笔误) 第二回合：露一小手 竞赛规则： 1. 选题：由小组派代表抽签，决定回答的任务序号。	1. 学生观看课件，由感性认识深化到理性认识，并归纳更正方法适用范围和更正步骤。

续表

教 学 过 程

教学环节	师生活动	教学内容	设计意图
探索新知，露一小手 (20分钟)	教师：讲解竞赛规则。 教师：播放FLASH动画，演示任务一的更正过程——划线更正法。 学生：积极动眼、动脑、动手。 教师：动画演示后，教师开始出题。 教师：在学生讨论和回答过程中做必要的点拨。	2. 答题：在教师多媒体演示错账更正的操作全过程后，由教师提问，等答题口令发出后，小组成员讨论2分钟后派代表回答，回答正确加上相应的分数。 3. 评题：回答正确与否，由其他组点评或补充，对点评组可适情加分。 **任务一划线更正法** 问题1：划线更正法适用的范围？(5分) 答案：结账前发现记账凭证无误，账簿记录中文字或数字有误。 问题2：划线更正法的操作步骤有几个？(5分) 答案：3个。 问题3：更正过程分别是哪几个步骤？(15分) 1. 划*红线*注销(数字划全部，文字划个别)； 2. 填写正确记录(在上方用*蓝字*填写)； 3. 在更正处盖章(明确经办人的责任)。	2. 通过以优带弱的方法及师生、生生之间的交流、讨论、合作来提高学生的分析能力和操作能力。
探索新知，露一小手 (20分钟)	学生：仔细回顾所看操作步骤，组员共同讨论，由组长统一意见(全体活动)，派代表回答。 师生：将划线更正法的操作要领提炼成顺口溜。 教师：出示任务二的考题。即 1. 错误凭证的更正步骤？ 2. 错误账簿的更正依据？ 3. 凭证和账簿摘要栏的填写？	顺口溜： 划线更正有条件， 都是发生结账前。 记账凭证没有错， 账簿记录有错误。 更正步骤分三步， 划线填写并盖章， 文字可以是个别， 数字必定是全部。 **任务二红字冲销法(1)** 2016年3月19日罗蒙集团收到明湖集团偿还货款70 200元。经核对发现记账凭证误将70 200元记为72 000元，并已记入相应的账簿。 记账凭证： 借：银行存款　　　　　　72 000 　　贷：应收账款　　　　　　72 000 账簿：　　　应收账款　　　　银行存款 　　　　　　———————　——————— 　　　　　　　　　72 000　　72 000	3. 学生带着问题认真观看实际操作，加深记忆，由感性认识上升为理性认识。 4. 通过组内的讨论与合作，使学生的知识得以共享，形成的技能得以规范，培养了学生团队合作精神。

续表

教学过程

教学环节	师生活动	教学内容	设计意图
探索新知，露一小手 (20分钟)	教师：播放FLASH动画,演示任务二的更正过程——红字冲销法(1)。 学生：带着问题仔细、认真地观看动画演示，并做相应的记录。 教师：教师在旁作必要的解说和提示。 学生：看完演示后，小组经过2分钟的讨论，派代表回答。 教师：演示分录和T型账户。 教师：出示任务三的考题。即 1．错误凭证的更正步骤？ 2．错误账簿的更正依据？ 3．红字更正法的适用范围？ 教师：播放FLASH动画,演示任务三的更正过程——红字冲销法(2)。 学生：认真观察演示，归纳总结适用范围及更正方法。经小组讨论后，由组长统一意见，派代表回答。	更正演示 第一步：借：银行存款　1 800 　　　　　贷：应收账款　　　1 800 第二步：　　应收账款　　　银行存款 　　　　　72 000　　　72 000 　　　　　 1 800　　　 1 800 适用范围：记账或结账后，发现记账凭证上科目正确，金额记多了，造成账簿记录中金额有误。更正步骤如下。 ① 按多记的金额用红字填制一张记账凭证，其中使用的会计科目和应借应贷方向与原记账凭证相同，在凭证的"摘要"栏注明"冲销×月×日×字×号凭证多记金额"。 ② 根据此红字凭证登记入账，在账簿的"摘要"栏注明"冲销×月×日账上多记金额"，将原记录中多记的金额冲销。 任务三红字冲销法(2) 2004年3月19日罗蒙集团收到明湖集团偿还货款70 200元。经核对发现记账凭证误将应收账款记为应付账款，并已记入相应的账簿。 记账凭证　借：银行存款　　　70 200 　　　　　　贷：应付账款　　　70 200 账簿　　　应付账款　　　银行存款 　　　　　70 200　　　70 200 更正演示 第一步　借：银行存款　70 200 　　　　　贷：应付账款　　70 200 第二步　　应付账款　　　银行存款 　　　　　70 200　　　70 200 　　　　　70 200　　　70 200 第三步　借：银行存款　　　70 200 　　　　　贷：应收账款　　　70 200	5．摘要栏的填写要求学生看课本，查漏补缺，在头脑中形成深刻的印象。 6．一题多变，举一反三，使学生容易区分各种错账更正方法。 7．通过讨论分析有助于培养学生的推理能力，能够从实践操作过程去完善理论知识的学习，从而掌握本堂课的重点。

续表

		教 学 过 程	
教学环节	师生活动	教学内容	设计意图
探索新知，露一小手 (20分钟)	教师：演示分录和T型账户。 师生：让学生归纳适用范围及更正方法，教师进行必要补充。 教师：编凭证时，金额多记了，用红字冲销，如果金额少记了，怎么办？接着，出示任务四的问题和课件。 1．补充更正需要有几个步骤？ 2．摘要栏的填写与任务二有什么不同？ 3．补充更正法的适用范围？ 学生：带着疑惑观看任务四的演示过程。	第四步　　应收账款　　　银行存款 　　　　　　　　　　　　　　70 200 　　　　　　　　　　　　　 70 200 　　　　　　　70 200　　　70 200 适用范围：记账或结账后，发现记账凭证上科目用错或记错方向而造成账簿记录有误。 更正步骤： ① 先用*红字*填写一张与原错误的记账凭证内容完全相同的记账凭证，在凭证的"摘要"栏注明"注销×月×日×字×号凭证"。 ② 根据此*红字*凭证用登记入账，在账簿的"摘要"栏注明"冲销×月×日错账"，将原有凭证冲销。 ③ *蓝字*重新填写一张内容正确的记账凭证，在"摘要"栏注明"订正×月×日×字×号凭证"字样。 ④ 根据该*蓝字*凭证登记入账，在账簿的"摘要"栏注明"更正×月×日错账"，凭证栏写上该凭证的"字号"。 任务四补充登记法 周明向单位预借了1 000元差旅费，原记账凭证如下，并以登记入账。 凭证　　借：其他应收款　　　100 　　　　　贷：库存现金　　　　　　100 账簿　　　其他应收款　　　　库存现金 　　　　　　100　　　　　　　　　100 更正演示 第一步　　借：其他应收款　　900 　　　　　　贷：库存现金　　　　900 　　　　　　其他应收款　　　　库存现金 第二步 　　　　　　100　　　　　　　　　100 　　　　　　900　　　　　　　　　900	8．通过提问，让学生带着疑惑看演示过程，摸索合适的更正方法，加深对前面所学知识的印象，同时引导学生意识到细致、务实的职业态度和细心、耐心的职业素质的重要性。 9．通过讨论，有助于学生掌握重点和突出难点。 10．充分体现了教师的导学与学生自主学习一体化。

续表

		教 学 过 程	
教学环节	师生活动	教学内容	设计意图
探索新知，露一小手(20分钟)	学生：看完演示后，小组经过2分钟的讨论，派代表回答。 教师：演示分录和T型账户。 教师：找出任务四和任务二的异同点？ 学生：积极投入思考和讨论当中。	适用范围：记账或结账后，发现记账凭证上科目正确，金额少记了，造成账簿记录相应金额出错。 更正步骤如下： ① 按少记金额用*蓝字*填写一张与原记账凭证科目、方向相同的记账凭证，摘要注明"补充×月×日×号凭证少记金额"，并据此登账。 ② 根据此*蓝字*凭证登记入账，在账簿的"摘要"栏注明"补充×月×日少记金额"，凭证栏写上该凭证的"字号"。	11．不断提出具有探索性的新问题，引导学生通过思考讨论来探求答案，团结协作，在成功的体验中激发学习的热情，逐步养成勇于创新的精神。
学以致用，华山论剑(12分钟)	教师：宣布第二回合比赛成绩。 教师：出示第三回合的竞赛规则。 教师：将课前印制的设置四种典型错误的账证发给学生，并要求学生指出错误类型、更正方法及操作步骤。 学生：分组展开讨论，并动手更正错账。 教师：巡视教室，了解学生的学习情况，并引导学生互相帮助，协作探讨，养成严谨务实的工作作风。 教师：对学生的讨论及操作结果进行评价并用课件演示规范的更正过程。 教师：宣布三个回合比赛的总得分及被罗蒙集团聘用的团队，表扬学生在本堂课的表现，肯定学	第三回合：华山论剑 竞赛规则如下。 1．选：每组下发必答题。 2．答：8分钟之内，每位同学完成所发题目，在此过程中，组内成员间可以相互讨论。然后选送代表作品投影仪展示。每答对一题得10分。 3．评题：回答正确与否，由其他组点评或补充，对点评组可适情加分。 要求：更正下列错账。 1．过账时笔误将数字974误记为947。 原记录　　　　　　9 4 7 0 0 2．记账员王强将"应付账款"误写成了"应付货款"。 原记录　　　　　应付货款 3．车间一般耗用原材料计350元，编制凭证为： 借：生产成本　　　　　　350 　　贷：原材料　　　　　　　350 并据以登账。 4．结转本月完工入库产品成本78 000元，编制凭证为： 借：库存商品　　　　　87 000 　　贷：生产成本　　　　　　87 000 并据以登账。 5．以银行存款支付前欠某单位货款28 500元，编制凭证为： 借：应付账款　　　　　25 800 　　贷：银行存款　　　　　25 800 并据以登账。	1．通过本轮比赛进一步巩固重点知识，达到举一反三、触类旁通的目的，使全体学生都能达到最低层次的教学目标要求。 2．通过小组讨论的形式，实现学优带学困的目的，达到共同进步。同时，学生上台展示答案，使学生真正成为课堂的主体，培养了学生自信心及表现能力。 3．在展示学生答案的过程中，教师可以及时了解学生对知识的掌握情况，然后进行查漏补缺。并在这种互评的氛围中取长补短。 4．学生通过边学边做，在实际操作中掌握知识和技能，培养学生的自主探究能力和实践操作能力，将实践知识内化为理论知识，从而突破本节课的难点。

生的技能水平。

续表

教学环节	师生活动	教学内容				设计意图
画龙点睛，归纳小结(4分钟)	学生：讨论总结本节内容。 教师：归纳小结，引导学生将表格知识提炼成口诀。	更正方法	适用范围	发现时间	更正步骤	师生互动填写一览表，以此建构知识体系让学生真正掌握主要知识。
		划线更正法	凭证无误账簿有误	记账后结账前	1. 划红线注销 2. 填写正确记录。 3. 在更正处盖章。	
		红字冲销法	记账凭证科目或应借应贷方向用错	记账后或结账后	1. 红字冲销错误凭证并据此以红字入账。 2. 蓝字填写正确凭证并据此以蓝字入账。	
		补充登记法	科目正确金额多记	记账后或结账后	按多记金额用红字填制凭证并用红字入账。	
			科目正确金额少记	记账后或结账后	按少记金额用蓝字填制凭证并用蓝字入账。	
		口诀：证对账错划线法，划线填写并盖章，文字可以是个别，数字必须是全部；凭证有错账就错，科目方向一有错，红字冲销四步骤；科目方向都准确，多记金额红字冲，少记金额蓝字补。				
作业布置(1分钟)		1. 书面作业：基础会计配套习题集第54页，习题三。 2. 弹性作业："有了错账更正方法，记账时我们就可以无'后顾之忧'了。"请同学们从不同角度展开讨论。 3. 实践作业：利用双休日去某厂财务科实习，了解他们是如何更正错账的，回来师生交流。				分层作业既能使学生掌握基础知识，又使学有余力的学生有所提高，体现因材施教的教学原则。
教学后记	本次教学活动采用现代化的教学手段和设备，演示、讨论、讲练、练习相结合，充分利用课堂45分钟，调动学生的学习兴趣，使学生不但掌握了三种错账更正方法的适用范围和更正步骤，而且能够独立更正各种错账，达到既定的教学目标。这种教学活动形式是传统的教学手段无法达到的，根据教学内容，要求学生按照课件显示的"对照表"从各种方法的适应范围和操作要领等方面口头比较各种方法，再利用课件显示出完整内容，并与学生一起领悟出会计人员的基本要求——必须做到一丝不苟、严谨务实，以此做出总结。在结构上形成了由"理性认识——感性认识——理性认识"的过程，通过教师"讲——看——练——评"的形式分解了难点，突出了重点。本节课效果显著，教学目标达到。					
教学评价	教学效果：错账的更正方法是会计人员必须掌握的实操技能。在授课后，学生能做到不同的错误用不同的方法。具体问题具体对待，学习中针对性很强。本节课通过学生自己动手练习，大部分同学都能很好地掌握该内容。 存在的问题和教学启示：课堂上让学生讨论的过程中，有些学生不愿参与，怎么能让所有的学生都能参与进来，是一个需要解决的问题。课后让学生总结顺口溜，部分同学没能总结出来，这说明在教学中对学生总结能力的教育不足，须加强。 学生的跟踪服务：针对个别没有掌握的学生要做到跟踪教学，课后再进行辅导讲座，直至其掌握。					

续表

九、错账更正方法(板书设计)

1. 账簿记录有误，而记账凭证无误。（单一错误）

划线更正法 { 适用范围
注意事项(单红线、划数字、签章) }

2. 记账凭证错误而引起账簿记录错误。（双重错误）

(1) 红字冲销法 { 适用范围 { 证、账科目用错或借贷颠倒
证、账金额多记 }
注意事项(更正凭证摘要栏注明) }

(2) 补充登记法 { 适用范围(证、账金额少记)
注意事项(更正凭证摘要栏注明) }

比赛成绩表

组 别 \ 成 绩	第一回合	第二回合	第三回合	总 分
第一组				
第二组				
第三组				
第四组				

注：本教学设计出自余姚一职陈建波教师。

6.3 任务驱动教学法在会计教学中应用的注意事项

为保证任务驱动法在会计专业教学中得到较好的实施，在实施过程中必须要注意以下几点。

1. 教师要有过硬的本领

实施任务驱动教学法对教师提出了很高的要求，教师不仅要有一定的会计工作实践经验，还要具备较强的设计、组织、应变等教学能力。要使教师达到上述要求，必须通过学校和教师自身的共同努力。首先，学校要为教师创造机会，安排教师到企业基层单位的会计岗位挂职锻炼，积累会计实务经验；其次，要为教师提供各种教育教学方法的培训。教师则要利用各种机会学习提高自己的会计专业业务能力和教学业务水平。通过多方努力，提高教师的综合教学本领，为有效实施任务驱动教学，提高教学质量创造基础条件。

2. 情境创设要逼真

教师在创设工作情境时要力求生动形象、有新意、有趣味性，尤其要注意增强教学环境的仿真性。如，在进行凭证的填制和审核时，准备的原始凭证和记账凭证资料、学生的岗位设置以及办公桌的摆放等都要贴近企业实际，这样不仅能够让学生产生身临其境的感觉，促使其从心理上尽快进入自己担任的角色，而且有利于让学生以直接经验的形式掌握

相关知识和技能。同时，情境的应用还要把握时机，看准火候，切中问题的要害，要注意对准教学中的重点、难点和疑点，要把情境表明的意义与要讲授的理论恰到好处地联系起来，显示出彼此之间的相通之处，这既能加深学生对难点的理解，又能提高学生的综合能力，由此取得令人鼓舞的教学效果。

3. 任务构建要合理高效

很多教师认为学生完成任务就是实现"任务驱动"，实质上这是对任务驱动教学模式的一个认识误区。任务驱动教学的宗旨是通过让学生完成各项任务，提高学生的综合能力(自学能力、分析解决问题能力、开拓进取的探究能力、创新能力等)。因此，为构建合理高效的任务，教师应该考虑以下几点：一是任务的综合性。构建的任务应该把学生学过的知识和即将要学的知识综合进去。二是任务的实践性。任务应尽可能通过实践来完成，尽量避免理论化或抽象化任务的设计。三是任务的趣味性。对于学生来说，兴趣是推动他们进行学习活动的内在动力。学生一旦对某项任务产生浓厚的兴趣，就会产生强烈的求知欲望，就会积极主动地去学习。四是任务要有创新性。教师在设计任务时，不要太注重任务完成的程序化，要考虑留给学生一定的创新空间。总之，提出的任务要符合学生认知规律，把教学内容融合于教学环境中，引导学生去探求知识，获取知识，运用知识。

4. 适时引导，强化监督

任务驱动强调"以学生为主体"的教学思想，但学生占据主体地位，并不意味着一切可以让学生随心所欲地处理。在运用任务驱动教学模式的过程中，教师一定要充分发挥自己的"主导作用"，要自始至终参与其中，了解情况，适时引导和指导学生去解决问题、完成任务，并采取相应的检查和监督措施，最大限度地发挥任务驱动的作用，取得切实有效的教学效果。

5. 协调好"任务驱动"的各方关系

协调好"任务驱动"的各方关系，对保证教学效果具有举足轻重的作用。一是要协调好师生关系。有些教师认为在"任务驱动"中，应尽可能让学生独立自主地去完成任务，而教师应尽可能少地去干预学生，这样才能体现自主学习的特点，但笔者认为这样做不仅会放任学生，而且会疏远师生关系。由于学生的个体学习能力的差异，并非所有的学生都能很好地完成任务，故教师在布置任务后，应适当介入学生完成任务的过程中给予必要的指导。在学生完成任务的过程中，教师应该充当活动的参与者、指导者和帮助者，做学生亲密的良师益友。二是要协调好学生个体间的关系。"任务驱动"的对象可以是学生个体，也可以是一个协作小组。学生通过合作解决问题、小组讨论、交流意见、相互评价等形式来共同完成任务的同时，很可能会出现意见分歧，甚至引发矛盾，教师要引导学生恰当地表达自己的见解、学会聆听他人的不同意见、理解他人的想法、取长补短，疏导学生个体之间、小组之间可能出现的矛盾，淡化学生"以自我为中心"的意识，促进学生在协作中共同成长，共同提高。

拓展阅读

拓展阅读一　任务驱动法的优点

在传统的教学模式中，教师要求学生学习知识、记忆知识、应用知识、继续学习知识，

但效果常常令人失望,学生记住了又忘记、不会应用、知识零碎、继续学习有新的障碍等。任务驱动法的最重要的特征就是能够培养学习者一种积极的学习态度。它具有以下优点。

1. 有利于发挥学生的主体作用

任务驱动法要求学生自己完成学习任务,学生是学习的主体,完成任务的策略、方法由学生自己决定,需要用到的知识由学生自己来组织,需要的资源由学生自己来寻找和筛选,不会完全跟着教师的思想来行动,变被动为主动,有效地发挥了学生的主体作用。

例如,利用 Photoshop 制作一张新年贺卡,虽然教师为学生提供了丰富的素材,但究竟用什么素材完全由学生自己确定,各种效果及其程度由学生自己试验、选择,是否用动画、使用怎样的动画由学生自己决定,还有色彩、背景等一系列的问题全由学生自主选择和设计等,充分发挥了学生在学习中的主体作用。

2. 有利于学生消除对信息技术的神秘感

在没有使用信息技术之前,学生大多已经听说信息技术强大的功能,但他们对信息技术知之甚少,即使通过阅读教材或听教师讲解还是对信息技术具有一种神秘感,当学生自己动手操作以后,其神秘感就会逐步消除。

例如,以往教师讲授计算机的组成时,通过画图或幻灯片讲解,学生听了还是云里雾里。采用任务驱动法,教师布置任务要求学生三人一组自己对照教材和说明书,了解计算机的各个部件并组装一台计算机,通过 2 课时的学习,发现大部分的学生认识了计算机的各个部件,掌握了计算机的组装,同时消除了对计算机的神秘感。

3. 有利于学生完整地掌握所学知识

学生听教师讲解往往无法真正体会知识的真实含义、运用范围和使用方法等一系列问题,采用基于任务的驱动教学,学生应用知识完成任务,不但需要掌握知识的真实含义,而且需要知道应用知识的背景、应用知识产生的效果等,对一些比较容易混淆的概念有清晰的认识,从而对知识有完整的理解。

例如,在 Word 中的图文混排,图形的位置有各种式样,究竟采用哪一种与整体的布局有密切的关系,只有通过实践才能完全了解,真正地掌握。同时对图文框、文本框、图片、自选图形等容易混淆的概念有了直观的认识、确切的理解和掌握。

4. 有利于发挥学生学习的主观能动性,激发学生的创新思维

既然任务是学生感兴趣的、与学生的生活密切相关的,所以学生有一种希望做好它的冲动,他们会尽自己的最大努力去完成。而且中学生具有很强的表现欲望,希望自己的作品被其他同学和教师所认可,所以他们在完成任务的过程中尝试各种新的表现手法或独到的方法,积极发挥他们的创造性思维和求异思维,力求作品的新颖性。

5. 有利于学生分析问题和解决问题的能力、知识的应用能力的提高

要完成任务,学生必须分析任务可能的解决方法、需要用到什么知识解决、如何获取这些知识、如何应用知识解决等一系列的问题。

例如，要让学生完成一个名为"设计并装修一套50平方米的房子需要多少钱"的任务，学生需要根据房子的结构自己设计房子的装修平面图(或三维图)，估计用多少木料、油漆、瓷砖和地砖、涂料水泥、沙、砖、钉子、玻璃等，以及泥工、水电工、木工、垃圾处理的费用等一系列的问题，如何获取这些资料等，当学生完成了这个任务犹如装修了一套房子，同时也培养了学生对生活的理解、知识的应用能力等。

6. 有利于学生个性的发展、能力的最大提高

由于学生之间学习能力的差异和个性的差异，如果采用教师统一授课，势必导致优秀的学生吃不饱、差生消化不良，不利于学生个性的发展。采用基于任务驱动教学法，教师在每堂课设置多个不同层次的学习任务，优秀的学生在完成基本的学习任务以后，可以继续完成自己感兴趣的较高要求的任务，使学生的能力得到最大限度地提高，推动个性的发展，符合"最临近发展区"的理论，体现因材施教的原则。

7. 有利于突破教材条框的限制

由于教材内容的有限性和相对滞后性，所以学生应用的知识往往超过教材所规定的内容，采用任务驱动教学，学生可以尝试采用课本以外的知识来解决，实现学以致用、随学随用，同时对新产生的知识有一定的了解，与教材中的知识做比较，它们究竟有什么差距，既突破了教材的框框，又学到了教材中没有的新知识。

拓展阅读二　任务驱动法与多媒体教学

在多媒体电子教室的环境中，教师利用电子教室软件的屏幕广播、视频点播、屏幕监视、教学演示、学生示范、集体或分组讨论、在线考试等多种功能，围绕教学任务展开教学活动，从而让学生在强烈的问题动机的驱动下，引导学生由简到繁、由易到难、循序渐进地完成一系列"任务"。下面，笔者根据教学实践谈一些体会。

首先，以学生为主体，精心设计"任务"。学生是课堂的主体，教师要根据学生特点，引导学生带着要完成的任务或带着要解决的问题去学习。在多媒体电子教室里，学生在教师的组织、引导下，用不同的方法完成活动"任务"，这样学生的知识、思维、技能和情感就得到了锻炼和熏陶。例如，在讲解"鼠标的使用"时，教师先利用多媒体电子教室的"教学演示"功能，演示Windows XP自带的"纸牌"智力小游戏，学生在愉快的游戏中，既得到智力的锻炼，也逐渐提高了鼠标灵活操作的能力。

其次，创设问题情境，巧妙揭示任务。在信息技术课的"任务"设计中，要充分发挥多媒体计算机的功能，设计出具有某种"情境"的学习"任务"，使学生在这种"情境"中探索实践，激发学生联想、判断，从而加深对问题的理解，培养学生学习的兴趣。例如，在WORD程序中学习"争当编辑小能手"这一课时，教师利用多媒体"教学广播"功能播放《爱我中华》的歌曲歌词，随后利用"下发程序"将《爱我中华》歌词的填空题发送到学生电脑上，让同学们把括号里的歌词想办法快速填完整。学生只要用"复制"方法反复快速"粘贴"词语到括号内就可以完成任务，学生对复制的两种方法产生强烈的求知欲望，把"要我学"变为"我要学"，有利于学生完成学习任务。

最后,融会贯通知识,有效生成"任务"。在多媒体电子教室中,学生初步掌握本节课学习任务的操作方法后,老师提出新的学习任务,要求学生把学到的知识融会贯通,不断提高自己的操作水平。比如用 Word 写出"我的好朋友电脑",其中需要插入文字、图片、艺术字等,教师通过"多屏查看",每次将 4~9 名学生的作品检查后,比较出哪个学生写得最丰富、最生动、最有趣。通过"学生示范"功能将较好的学生作品展示给大家观看,学生得到老师的肯定,对自己充满了信心。因此,只要我们转变教育观念,把更多的空间留给学生,自然的、灵活的"任务"就会在课堂有效生成。

总之,教师进行信息技术课的"任务"设计时,学生带着真实的任务在探索中学习。这种方法符合多媒体电子系统的层次性和实用性。在这个过程中,学生不断地获得成就感,同时也激发了他们的求知欲望,由此学生的创新能力和独立分析问题、解决问题的能力得到了有效提高。

训练题:

1. 任意选取中职核心课程教材中的相关内容,运用任务驱动教学法设计一课时的教学设计。
2. 在教学反思中思考任务驱动教学法的应用效果。

第二篇

会计专业教学概论

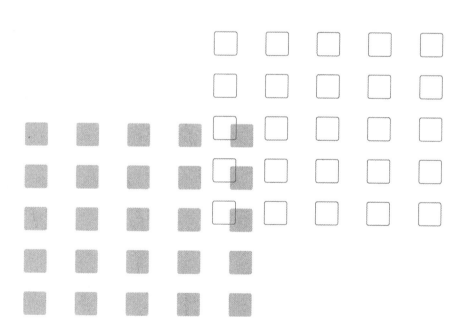

第 7 章

会计专业教学理论概述

学习任务

1. 了解会计理论教学的基本含义;
2. 了解会计实践教学的基本含义;
3. 了解会计理论教学和实践教学的作用;
4. 了解会计教学的研究对象;
5. 了解会计教学的内容体系;
6. 了解目标的含义;
7. 了解会计教学目标确定的依据;
8. 理解会计教学目标的内部结构;
9. 了解会计教学原则的内涵;
10. 理解会计教学原则的本质;
11. 能根据会计教学原则进行教学。

会计专业教学法

7.1 会计专业教学的基本含义

教学是教师的教和学生的学所组成的一种人类特有的人才培养活动。通过这种活动，教师有目的、有计划、有组织地引导学生积极自觉地学习和加速掌握文化科学基础知识和基本技能，促进学生各方面素质全面提高，使他们成为社会所需要的人。

这本书里所说的"会计"，指的是会计学专业的系列课程。为了为社会培养合格的会计专业人才，各中职学校必然为会计专业的学生开设一系列的专业课程，诸如基础会计、中级财务会计、成本会计、管理会计、财务管理、税法、审计、财务分析、电算化会计等。这些课程，有的属于传授会计理论知识的，有的属于训练会计实践能力的，它们共同为完成会计专业人才培养目标而服务。因此，这里所说的"会计"，实际上是会计专业课程的总和与总称。它尽管包括每一门单一的会计课程，但指的并不仅仅是某一门单一的会计课程。

与之相应，我们所说的"会计专业教学"，指的便是中职会计学专业所开设的会计专业课程的教学，包括会计理论课程的教学与会计实践课程的教学。当然，中职的会计教学，在关注会计理论教学的同时，更关注会计实践能力的培养。

1. 会计理论教学

我国会计理论的研究及其分类起步较晚，主要起步于 20 世纪 80 年代末和 90 年代初。这期间，一些学者对如何建立具有中国特色的会计理论进行了研究。对会计理论的分类及层次结构提出了各种各样的观点。从会计专业教学的角度出发，站在"大会计"的立场上，作者比较赞同阎达五、王化成教授在《面向 21 世纪会计学系列课程及其教学内容改革的研究》中提出的观点。他们认为我国会计理论与方法应当包括：①会计基本理论，如有关会计环境及其对会计的影响，会计的本质、对象、目标、职能，会计的前提和原则，会计法规的建立与实施，会计的管理体制与运行机制，会计人员的职业道德与行为规范，会计学的分类，会计学科及其组成，会计类学科与其邻近学科的关系，会计学科的研究方法。②会计应用领域，如有关会计要素及其确认、计量、记录与报告的理论，有关特殊业务、特殊行业、特殊组织形式和特殊经营方式下各类会计理论的研究。③会计方法理论，如有关会计预测、会计决策、会计计划和会计预报方法的研究，有关会计控制、会计核算、会计分析、会计考评方法的研究。这种对会计理论和方法的分类，既充分吸收了当代国外会计理论研究的理论成果，又符合我国实际，其内容和表述形式都符合中国人的思维习惯、价值观念和文化特征。会计理论教学在会计教学中具有举足轻重的作用，主要表现在以下方面。

（1）会计理论是培养学生会计能力的基础。会计理论也就是会计知识，"无知即无能"。不掌握理论知识，就谈不上培养能力，同时，会计能力的形成也是在会计理论学习的过程中完成的。会计理论教学与会计能力训练同步发展，交织进行，共同构成会计教学的整体，贯穿于会计教学的全过程中。

（2）会计理论教学促进学生对会计的整体化学习。在以往的会计教学过程中，存在重实务、轻理论的现象，即会计理论传授不多。由于会计理论知识的缺乏，许多学生在会计实践中往往只会处理现行会计实务中的常规业务，一旦会计政策发生变化或会计环境不同

第7章 会计专业教学理论概述

时，则束手无策。这种教学导致事倍功半。在现代教学会计理论教学中，不但在会计原理部分要强调理论的教学，而且还要重视会计实务的理论分析，通过会计实务训练将会计理论概括、总结起来，形成一个相对完整的会计知识结构。系统的会计理论的学习，能使学生更快更好地认识会计规律，认识会计学习的规律，有利于学生对会计学科进行整体化学习。

(3) 会计理论教学使学生终身受益。会计理论知识具有相对的稳定性，并且会计能力产生重要的迁移作用。会计理论的学习与掌握是会计学专业学生的一项基本功。学习和掌握了会计理论，学生毕业后走上工作岗位，就可在学习和工作中，不断地用以指导会计实践，使会计理论知识化为会计能力，终身受益。

会计理论教学的目标是培养学生的专业思维能力与思维方法，让学生掌握会计专业的基本理论和应用理论，了解会计知识体系的整体结构及各种方法的基本原理，从而对会计学科形成一个比较完整的认识，并引导学生将这些理论知识运用于会计实践，最终提高学生的会计能力。

2. 会计实践教学

会计实践教学是会计教学的重要组成部分，是实现会计专业教学目标的重要途径。会计教学作为培养会计人才的重要途径，在教学过程中除了注重教给学生会计基本理论知识之外，还必须强化学生从事会计实际工作的技能训练。这是由会计学科的特点决定的，因此，我们对会计实践教学要给予充分的重视。正如工科学生毕业之前必须进行工厂实习，医科学生毕业之前必须进行临床实习一样，对于中职会计专业学生在走上社会之前，同样必须进行会计实践环节的训练。

会计实践教学，从整个教育发展目标来看，有着重要的地位。会计实践教学是会计教学过程的一个重要环节。

1) 会计实践教学在会计教学中的作用

(1) 会计实践教学有综合运用所学知识的作用。

所谓综合运用，首先表现在综合运用所学知识，使所学知识能构成一个整体，即组成为知识群，成为一个合理的知识结构，而不是彼此分离、理论脱离实际的。学生所学知识，大多为书本知识，是比较间接的、抽象的东西。要使所学知识变为真正理解的、比较直接的、具体的知识，就必须加强实践环节的锻炼。特别是对中职会计专业的学生来说，毕业后大部分将从事各行各业的会计实际工作，他所掌握的知识，不仅要广博全面，而且要能综合运用。因为社会用人单位对会计专业毕业生能力和知识的要求不仅仅是要求具有较强的处理账务的能力，同时还要求其具备分析决策能力和组织协调能力。这就要求中职会计专业毕业生对所学各科专业知识融会贯通。所以，会计实践教学对会计专业学生来说，是一次很好的综合运用知识的机会。

(2) 会计实践教学有综合考查所学知识的作用。

会计实践教学的另一个作用，表现在综合考查所学知识、考查对基本理论知识的理解程度，考查能不能灵活运用这些知识。会计实践教学既可以检查学生会计专业知识的学习情况，如基础会计、中级财务会计、成本会计、财务管理、财务分析、审计等知识的掌握情况，又可以检查学生对会计专业相关的其他知识的了解情况，如经济法、税法等。做一个合格的会计人员是不容易的,既要有精深的会计专业知识,又要有广博的相关知识,并能在会计实际工作中灵活地运用这些知识。通过会计实践教学,可以综合考查学生基础知识掌握是否牢固,知识面是否广泛,表达能力、写作能力是否具备等。

(3) 通过会计实践教学有综合提高所学知识的作用。

通过会计实践教学,使会计专业学生得到全面锻炼和综合提高。不仅提高了专业知识水平,使课堂所学专业知识在实践中得到检验,而且提高了学生实践技能和动手能力。单纯依靠理论,课堂上传授的知识,而不发展知识、创新知识,是培养不出知识经济时代所需要的合格的会计专业人才的。优秀的合格的会计人员,绝不只是一个机械的记账员,而是一个具备良好的会计职业道德和会计业务熟练的人,同时也是一个对经济现象有敏锐的洞察力、具备批判性思维和人际交往能力的人。而要成为这样的人,没有较强的综合能力是不行的。会计实践教学,可以提高这种综合能力。

无论是综合应用知识,还是综合考查知识,或是综合提高知识,都说明会计实践教学的综合性,是会计实践教学的一个重要特点。它是理论联系实际,培养具有较强的市场经济意识和社会适应能力,具有较为宽广的经济和财会理论基础以及相关学科的原理性知识,具备较好地从事会计及其他相关经济管理工作的具有一定专业技能的高素质会计人才的一个重要方法。当代社会科技飞速发展,各科知识不仅互相渗透,而且互相综合。作为一名会计人员,他的综合能力愈强,则他的专业水平就会越高。所以说,会计实践教学,是会计教学的重要组成部分。

2) 会计实践教学是会计教学过程的重要环节

会计实践教学,是中职会计教学的重要环节。中职会计教学是多环节的:讲课、实验、实习、自习、讨论、社会调查、考试考查等。而会计实践教学(包括有关会计实验课、校内外实习、社会调查等),正好比培养医师的临床实习和工程师工厂实习,是会计教学的一个重要环节。

(1) 会计实践教学是发展认识的重要一环。

根据马克思列宁主义认识论的观点:在认识的低级阶段,是感性认识;在认识的高级阶段,是理性认识。但任何阶段,都是统一的认识过程中的阶段。它们在实践的基础上统一起来。对会计事业的认识,或对会计工作的认识,也是由低级到高级,由感性到理性的逐步提高的过程。通过会计实践教学,使学生认识会计工作的意义,认识到会计工作日益受到各方面的重视,会计人员的社会地位在显著提高。同时也认识到会计工作的艰苦,认识到会计人员为规范会计行为,保证会计资料的真实完整,加强经济管理和财务管理,提高经济效益,维护社会主义市场经济秩序做出的种种努力。有了这样的认识,才能在今后的学习和工作实践中逐步提高认识,发展才智。而且学生在会计实践教学过程中把所学知识系统化了,既巩固了会计专业知识,又提高了工作能力,达到了"知困自强"的目的。

(2) 会计实践教学是使知识转化为能力的重要一环。

所谓转化,包含三层意义:其一,通过会计实践教学,可以把所学会计专业知识和其他相关知识,转化为会计实际工作能力。学习知识,目的还是为了应用;不加以应用,也学不到真正的比较完全的知识。把知识转化为能力,就必须给学生提供一些可能的机会,让他们加以应用。比如,要让学生掌握填制凭证、登记账簿、编制报表的方法,只靠教师在课堂上进行理论性的讲授,是达不到目的的,而会计实践教学就是达到上述要求的一个重要环节。其二，通过会计实践教学，可以把知识和能力转化为生产力。知识转化为能力，并不是转化工作的结束，而是循此继进，把知识和能力直接或间接转化为物质的生产。比如说，一个中职学校会计专业，就可不断地为社会输送合格的会计人才，成为社会生产的力量，而这是通过教师的会计教学(包括会计实践教学)来实现的。其三，通过会计实践教学，不仅可以使学生的知识转化为智能，而且可以使教师的知识、智能得到进一步发展。比如，一个会计专业学生的实践技能和动手能力如何？为什么会是这样的水平？这就需要会计教师去观察、调查、分析、综合，进而根据调查与分析的结果，去有效地调整自己的教学方案，提高自己的教学水平。而要了解这种来自学生的实践中的信息，就必须通过会计实践教学这一环节。

3) 会计实践教学是实现会计专业人才培养目标的重要途径

会计专业的培养目标是会计教育的首要问题，它对会计专业的课程设置和课程结构起决定作用。随着我国经济建设的发展，在会计教育理论界开展了一场"专才"与"通才"的讨论。不管是"初级专门人才"还是"中级专门人才"，也不管是"专才"还是"通才"，笔者认为：中职会计专业的培养目标应当强调的是应用型人才。要实现这一目标，就需要加大理论与实际相结合的力度，注重会计实践教学环节，使培养出来的会计人才具有较强的经济意识和社会适应能力，具有广博系统的会计专业知识，以及将这些知识运用于会计实践活动的能力。学生能力的培养离不开会计理论教学，同样也离不开实践教学。所以说，会计实践教学是实现会计专业培养目标的重要途径。

7.2 会计专业教学的研究对象与内容体系

7.2.1 会计专业教学的研究对象

这本教材的写作初衷是，为会计教师的教学操作总结原理、提供方式、介绍方法，即为会计教师服务。也就是说，这本教材的假想读者，是会计教师，或者是即将走向会计教师工作岗位的会计专业学习者。这个写作目标与读者对象，实际上决定了会计专业教学的研究对象，当然也决定会计专业教学的内容体系。因此，会计教师的教学操作就是基本的研究对象。

不过，这个基本的研究对象是笼而统之提出来的。实际上，在研究的过程中，会计教师的教学操作只是一个核心，研究目标肯定要瞄准这个核心，但必定也会牵涉一些周围因素，例如教学操作的事前准备与事后评价，会计教师的个人修养等。所以，会计专业教学的研究对象，是以会计教师的教学操作为核心的一系列周围因素的总和。打比喻的话，会计教师的教学操作就是一个靶心，会计专业教学的研究对象直接关心的就是这个十环的靶心，但同时不能不关心从一环到九环的靶环，甚至于不能不关心整个靶牌。这样，它的研究对象就由一个核心点辐射开来，而这个辐射开来的范围总和，就构成了会计专业教学的内容体系。

天津财经大学的于玉林教授提出要建立会计教育学，并认为揭示培养会计人员的规律就是其研究对象。很明显，他关心的是对会计教育现象与规律的全面探讨，涉及面涵盖会计教育的方方面面。可以说，会计教育学是一个庞大的体系，而会计专业教学只是其中的一个组成部分。这说明会计专业教学既无必要也不可能涉及会计教育的全部领域，只需要集中关注会计教师的教学操作规律便行了。由此可见，会计专业教学的研究对象是相对单一与集中的，这样单一、集中的研究对象，有利于加大研究的深度与力度。这样说来，进行会计专业教学的建设是有益于会计教育学的建立的。

7.2.2 会计专业教学的内容体系

所谓体系，一般是指若干事物或某些意识相互联系而构成的一个整体。会计专业教学的体系，理应是会计专业教学的各种内涵按其内在规律相互联系、相互制约、相辅相成、辩证统一而构成的一个有机整体。这个体系，是由研究对象决定的，也是从研究对象派生出来的。

如前所论，会计专业教学的研究对象是会计教师的教学操作，包括它的现象与规律。会计教师的教学操作，主要指在课堂上对学生传授知识、训练技能的教学活动。要把这个问题探讨清楚，我们必须帮助会计教师找到会计教学的目标，回答为什么要有会计教学或者会计教学到底是干什么的之类的问题；我们必须帮助会计教师认识会计教学原理、教学大纲与教材，回答会计教学教些什么与教学哪些具体内容之类的问题；我们必须帮助会计教师明确会计教学的原则，回答会计教学到底以什么作为追求和以什么作为指导思想之类的问题；我们必须帮助会计教师弄清会计教学的手段，回答会计教学可以采取哪些方式进行和需要利用哪些教学设备与材料之类的问题；我们必须帮助会计教师了解会计教学的方式，回答会计教学到底有哪些好的技术、技巧以及哪些方法可用和哪些方法不可用之类的问题；我们必须帮助会计教师探寻会计教学中理论的教学、实践的教学与案例的教学等具体内容教学的规律，回答会计教学的具体内容在各个环节到底有何具体细致的操作规律之类的问题；我们必须帮助会计教师搞清楚备课与主持考试的要领，回答会计教学如何准备与如何评价检测之类的问题；我们也必须帮助会计教师认识自身，回答会计教学的成功到底需要会计教师具备哪些方面的素养之类的问题。对所有这些问题的回答，便构成了会计专业教学的内容体系。依次回答这一系列问题，便也成了这本教材的写作任务。

如果我们对这些问题进行分类概括，那么，它实际上又可以概括为四大基本问题，即为何教学、教学什么、怎样教学、谁来教学。这四大问题，以会计教师的教学操作为核心，针对会计教师的教学需求来进行回答，既体现了会计专业教学的研究对象，又形成了一个相对完整、自足的会计专业教学体系。可用图示的方式来表述(见图7.1)。

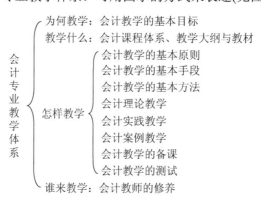

图 7.1 会计专业教学体系

7.3 会计专业教学的基本目标

7.3.1 目标的含义

目标,通常又称为目的。任何实践活动都有鲜明的目标,或者说,没有鲜明目标的实践活动都将归于失败。目标既是实践活动的出发点,又是实践活动的最终归宿。一旦有了明确的目标,实践活动的目的性便会生动地表现出来,走向成功的概率也随之提高。

学校教育是一种以培养人与改造人为己任的实践活动,当然有其鲜明的目标。这一点,在我国古代就已形成共识。儒家经典著作之一的《大学》,下笔便开宗明义地提出:"大学之道,在明明德,在亲民,在止于至善。"其中提到的"明明德""亲民""止于至善",便是学校教育的三大基本目标。另一本儒家经典著作《中庸》,也就学校教育的目标进行了具体阐述,明确指出学校教育具有八大基本目标:"格物、致知、正心、诚意、修身、齐家、治国、平天下。"到了今天,我们的学校教育目标便明确地界定为:"使受教育者在德、智、体、美、劳等方面得到全面发展"。当然,这些教育目标的说法,都是针对学校整体教育而言的,并没有区分出大、中、小学的不同,也没有考虑各门学科教学的差别,也就是说,无论大、中、小学,也无论是何种学科,其教育教学的目标从整体上说都是一致的。

但是,大、中、小学的教育与教学,由于学生对象的年龄与心智有不同,其培养目标也应该有所区别;同时,各门学科的教学,由于其性质与内容有明显不同,其教学目标也应该有所区别。也就是说,尽管都可以概述为"使受教育者在德、智、体、美、劳等方面得到全面发展",但是,其德、智、体、美、劳的具体内涵与发展程度是有所区别的。我们这里研究的会计教学的基本目标,首先属于中职教育的一个组成部分,应该体现中职教育的整体目标,而与大、小学教育的整体目标有明显区别;其次属于会计学科的教学目标,应该表现出与其他学科教学目标的区别,而具有自己鲜明的特色。

中职教育不是基础教育,而是一种职业技能教育。中职的任何专业都是为培养这个特定专业所需要的人才服务的。经济生活中,存在会计这样一种工作,便需要专门人员去从事这个工作,于是会计便成为一种职业。任何人想要从事会计职业的工作,都必须具备会计职业的工作技能方可胜任。而要想获得这种会计职业的工作技能,除了接受会计专业的教育与从事会计实践工作以外别无他法。这样,就使中职的会计专业应运而生。所以,会计教学的基本目标应该是提高学生的综合能力。其中,主要是提高学生的会计职业技能,使其成为一个合格的、在不断变化的会计环境中能够胜任会计工作的人员。教育部"面向21世纪会计学类系列课程及其教学内容改革的研究"北方课题组负责人阎达五与王化成站在会计教育的角度将会计教育的培养目标界定为:"培养具有较强市场经济意识和社会适应能力,具有较为宽广的经济和财会理论基础,以及相关学科的原理性知识,具备较好地从事会计、审计、理财及其他相关经济管理工作的具有一定专业技能的高素质人才。"应该肯定,这个界定是比较理性与全面的。

7.3.2 会计教学目标确定的依据

从教育目标到教学目标,存在一种结构性的转换。教育目标可以借助于课程设置、教材编写、教学组织、实践训练、活动开展等途径而得以实现；教学目标则只能借助于教学组织去实现。可见，教育目标大于教学目标，也包括教学目标。前面引用阎达五教授与王化成教授的表述，实际上回答的是会计教育的目标，而不是会计教学的目标。

必须指出，会计的教学目标与教育目标是相关和一致的，而且，只有借助于教学目标的实现才能最终保证教育目标的实现。由此可见，前面所引用的表述，又可以用来作为分析会计教学目标的依据。

从教学论的角度看，任何学科的教学都是教师教学生学的一种活动。在某门学科的教学活动中，学生总是学习的主体，而教师则总是为学生的学习服务的。教学，教学，教学生学。教师的教，实际上是一种服务。这种服务，既包括介绍与引导，也包括训练与扶持，还包括评价与纠错，其核心总是指向学生的学习。本章探讨会计教学的基本目标，是站在会计教学的教师角度进行的，目的在于帮助会计教师明确自己所从事的教学活动的目标，但是，这个目标从何而来，则是由学生的学习决定的。所以，中职学习会计课程的目标便成了我们分析会计教学目标的依据。

会计是一项技术性很强的管理活动，涉及许多专门方法和各种会计准则，而这些方法与准则又是随着经济生活的发展而不断发展的。这说明，会计职业所必须具备的专业技能并不是一成不变的，从事会计工作的人员必须不断地学习新知识，掌握新的会计方法，才能在新的会计环境中立足，才能跟上经济发展的步伐。这一点，在我国目前表现得尤为突出。从我国的整体经济来说，各种经济运转方式与经济法规一直处在不断变化发展之中。这个事实，要求从事经济管理的人员不断学习提高，才能适应。知识经济也给会计工作带来的巨大的冲击和影响，要求会计人员必须跟上这个进程。如果墨守成规，不能跟进，而只会机械地从事传统会计的确认、计量、记录、报告等，那么，在面临新的会计环境时，就会不知所措，甚至犯下灾难性的错误。因此，对于会计人员而言，具备一种不断适应经济变化的能力，是一种基本的需求。那么，作为培养会计人才的会计教学，自然也应该将培养这种适应能力看成是基本的目标。所以，经济不断发展的现状，经济法规逐渐完善的现实，知识经济使会计面临的新的环境，也就自然而然成为我们确定会计教学目标的依据。

会计作为一种技术很强的管理活动，既是一种与账目数字打交道的人与物的交流活动，也是一种与人打交道的人与人交流的活动。与人打交道，会计工作便具有了一定的人文色彩。而且，从事会计工作的人员，本身也是一个可变的因素，其道德、心灵、人格的修养也具有明显的人文色彩。能不能与相关部门的职员互相协作，实现良性互动，能不能与其他同事良好相处，共同完成会计管理的任务，也是会计人员综合素养的具体表现。因此，从人的角度来考虑个人的发展、表现与人际适应能力，也应该成为我们确立会计教学目标的依据。

7.3.3 会计教学目标的内部结构

会计教学的目标究竟如何呢？我们从分析中职会计专业学生的学习目标的角度可以得出结论。会计专业的学生，直接的目标是学习谋生的本领——会计理论知识与实际操作技能，以便为毕业后从事会计工作奠定坚实基础。不过，会计工作不同于简单劳动，除了需要掌握系统的会计专业知识以外，它还需要体现明晰的职业操守和个人修养，并将这样的操守与修养渗透到职业能力之中。因此，会计专业的学生，在学习会计知识与能力的同时，也必须使自己的人格得到改善，增强职业意识，具备职业道德，提高职业修养。同时学习又是一种自主的活动，学习者在学习知识与能力的同时，可以获得自主学习的能力、发展评判是非的能力，并激发出怀疑与创新的能力，中职学生的学习在这方面表现得更加鲜明。此外，对职业的兴趣、职业的情感等非智力的因素，也必将在学习的过程中得到激发与增进，这又反过来可以促进专业学习的进步。这样说来，会计专业的中职学生，其学习目标实际上是由三个层面的因素构成的：一是会计知识与能力；二是会计道德与人格；三是会计智力与非智力。按照教学论的观点，知识与能力属于教养，道德与人格属于教育，智力与非智力属于发展。所以，会计专业学生的学习目标，简要地可以表述为：一是形成教养；二是接受教育；三是获得发展。

与会计专业的学习目标相适应，会计专业的教学目标，即会计教师教学生学的目标，可以表述为：一是帮助学生形成会计专业教养，二是促使学生接受会计人格教育，三是协助学生获得智性发展。这三者之间构成一种三维结构，在会计教学过程中同步实现。用图示的方式可以表现为(见图7.2)。

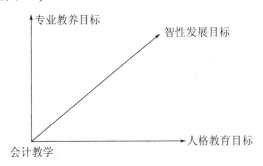

图 7.2　会计教学目标的内部结构

必须说明的是，在这个三维结构中，基本的维度是两个，即会计专业教养目标与会计人格教育目标，发展目标是这二者的派生物，也是在完成专业教养目标与人格教育目标的过程中附带着同时实现的。

也必须说明，会计教学的直接目标是会计专业教养目标，属于第一层面；会计人格教育目标是建立在会计专业教养目标的实现基础上的，属于第二层面；智性发展目标则是建立在专业教养目标与人格教育目标的实现基础上的，属于第三层面。它们三者之间的关系，好比是一个三级火箭之中每一级之间的关系一样，既是一个整体，又有先后顺序与不同分工，第一级火箭推动和带动第二、三级火箭，第二级火箭配合第一级火箭推动和带动第三级火箭，第三级火箭则延续第一、二级火箭的推动，最终将卫星送入轨道。所以，会计专业教养目标就是第一级火箭，是第一位的目标，会计人格教育目标就是第二级火箭，是第二位的目标，智性发展目标就是第三级火箭，是第三位的目标。

还必须说明，这三大目标，在表述的时候，只能分别述说，单独考察，但是在教学操作的时候，则可以而且必须同时实现，一步完成。会计专业的教师有责任与义务在自己的教学过程中，明确这三大目标，并借助于自己对教学内容的取舍，对教学方法的运用，对教学重点的选择来同时实现这三大目标。例如，会计教师的教学内容是会计法规，直接的目标便是让学生了解相关法规的原理与内容，并能依据这些法规处理会计事项。但是，教师如果强调这些法规的权威性,并提出会计人员必须依法办事,便能同时完成对学生进行会计职业道德教育的任务,使教育目标得到同步实现。同时,教师如果能够在教学中除了介绍法规,还能对这些法规的内容进行评价甚至批判,还能鼓励大学生为完善这些法规做贡献,便可同时促使大学生形成相应的是非评判能力与怀疑创新能力,使他们的智力因素得到发展。这样,三大教学目标便巧妙地同时得到了结合与实现。这个例子说明了,会计教学的目标,既是整体的、抽象的,又是局部的、具体的,既可在整个会计教学的进程中得到实现,也可在具体内容的教学过程中得到落实。就教学操作而言,会计教学的目标,必须体现到每一章节的教学过程中去。实际上,会计教师在教学每一章节时都必须备课,而备课时所编写的教案,首要的就是说明本章节的教学目标。就其具体措辞角度看,每章节的教学目标实际上也就是由三大目标方面的因素构成的,只是其表述更为具体,更能体现具体章节的内容特征罢了。

了解会计教学的目标结构,有助于会计教师在备课时确定具体教学内容的教学目标。这个教学目标是否准确、具体、鲜明,是否具有可操作性,实际上是会计教师的教学能力是否过关的一个明显标志。

7.4　会计专业教学的基本原则

7.4.1　会计教学原则的内涵

在普通教育学与普通教学论著作中,教学原则都是引人注目的章节。它直接关系教学实践的指导思想,左右着教学实践的操作方向与方式。在我们研究会计专业教学的时候,教学原则有着同样的地位和作用。

所谓教学原则,从字面含义理解,即教学的原理、法则。其中,原理是针对教学的认识和看法而言的,法则是针对教学的实践和操作而言的。因此,作为教学的指导思想,教学原则既要体现关于教学的观念、观点、认识与看法,又要体现教学的方向、途径、方式与方法。可见,教学原则是一个介于教学理论与教学实践之间的问题。它是教学的指导思想,也是对于教学的基本要求。

就"会计教学"这样的概念来说,所谓会计教学原则,指的是各种形态、各个阶段、各门课程、各个环节的会计教学的原则。简单地说,会计教学的原则,既是会计教学整体的原则,也是会计教学具体操作过程的原则。它要求,一条教学原则,一旦提出来,就必须具有全面、广泛的适应性。只适应整体的会计教学原则,或者只适应会计教学某些局部内容的教学原则,都是不能成立的。从这个角度看,会计教学原则又从根本上制约着会计教学的理论与实践,这种制约作用渗透到会计教学的始终。所以,如果我们要给"会计教学原则"下一个定义,那么便是:会计教学原则是中职会计教学的原理与法则,也是中职会计教学的总的指导思想与基本要求。

7.4.2　会计教学原则的本质

中职会计教学,为什么必须提出几条教学原则来制约会计教师的教学行为呢?把这个问题讲清楚了,会计教学原则的本质便揭示出来了。

第 7 章 会计专业教学理论概述

为了把这个问题说得更明白一点,还是先打个比喻。一个人住在河西,要到河东去,过河的方式有游泳、乘船、过桥、坐缆车、驾飞行器、挖河底隧道等多种。他应采取哪种方式为好呢?粗略一想,可能是乘船或过桥,因为这既安全,又省事,既快捷,又很节约。仔细一想,则每种方式都可取,只要前提条件具备且适合。如果这个人水性好,天气方面气温又高,而要办的事情又很紧急,他当然可以游泳过河,而不必四处去找船,或绕很远的路程去过桥。同样地,如果他家的附近建有缆绳,挖有河底隧道,或他自己有一架直升机或者一个热气球,他自然也可以坐缆车、过隧道、甚至直接飞过河。那么,这种过河方式中,哪种方式更好呢?回答应该是,在特定的条件下,每种方式都可以成为最好的方式。但是,无论采取哪种方式过河都存在一个共同的选择标准或衡量标准。这个标准,实际上就是这个人过河所必须遵循的原则。如上所述,我们可以从中抽象出的过河原则便是安全、快捷、节省、方便这四条。也就是,无论何时何地,也不管选择哪种方式过河,这个人总是根据既安全、又快捷,既省钱、又方便这四大过河原则来行动的。其实,在生活中,我们每个人都是有意识或者无意识地根据这四条原则来选择过河方式的。因为,如果这四条原则中有任何一条没有得到遵循,就有可能费时、费钱、费力,甚至产生生命危险。

这个比喻或例子告诉我们,人类的任何实践活动,都渗透着类似的原则。而且,我们人类在从事这些实践活动时,总会有意识或者无意识地遵循这些原则,按这些原则办事。只不过有的实践活动比较简单,影响力也不是很大,所以我们不必专门探寻出它的办事原则罢了。

但是,复杂的实践活动,大规模的人群参与的实践活动,影响力比较大的实践活动,则必须加以研究,找出其中的办事原则来。比如,我国改革开放的经济建设活动,便属于这样一种典型的复杂的大规模的影响深远的实践活动,所以,我们专门总结出了"四项基本原则",作为全国人民的行动指南。中职的会计教学,虽然没有改革开放的经济建设这种实践活动这么复杂、这么大规模、这么影响深远,但是,肯定比过河这种实践活动要复杂得多,规模大得多,影响也深远得多。因此,要把中职的会计教学搞好,我们就必须从中抽象出几条相应的原则,并使之得到有意识的而不是无意识的遵循。也就是说,会计教学原则应该成为会计教师教学时必须自觉遵循的行动指南。

至此,我们可以把会计教学原则的本质揭示为:为了把会计教学工作做得更好,更有成效,从会计教学活动和现象的相应特点中抽象出来,用以指导会计教学实践,而必须自始至终得到遵循的会计教学的指导思想与基本要求。

7.4.3 会计教学原则的构成[①]

会计教学的原则到底是哪几条呢?对于具体教学原则,在普通教育学与普通教学论里提出过一系列的说法。需要指出的是,这里所提出的,大都是适应各类学校与各门学科教学的共同的原则,如科学性和思想性统一的原则、理论联系实践的原则、直观性原则、启发性原则、循序渐进原则、巩固性原则、因材施教原则等。这里罗列的诸多教学原则,虽然有着面上的广泛适应性,是各级各类学校与各门学科教师在教学中所必须共同遵循的,但由于它们不足以体现每门学科自身的特点,也没有反映学生对象的年龄与身心特征,所以,我们谈论会计教学原则时,不能简单地照搬这些条文,而应该把这些条文与会计教学

---

① 段琳. 会计教学论[M]. 北京:中国财政出版社,2001.76-78.

会计专业教学法

的实际结合起来，与中职生的身心特征结合起来，再从中抽象出相应的具体的条文。

就会计学科来说，我们使用的"会计"概念，包括会计学专业系列课程。内容非常专业、复杂和庞大。这使它既不同于基础教育阶段的任何一门学科，也不同于其他专业所开课程所属的学科，甚至也不同于会计专业里所有非专业课程所属的学科。会计学科的内容，包括会计、财务管理、审计所属的方方面面，其中，既存在会计、财务管理、审计人员所需的原理、知识与法规，也存在会计、财务管理、审计人员所需具备的技能、道德与心理，我们要提出的会计教学原则，必须体现这些因素。

中职会计学科的教学对象，都是一些17岁左右的中职生。他们的生理、心理与学习能力均与大学生不同，也不同于小学生。他们的学习兴趣、学习目标与学习方法都表现出了与众不同的特点。他们对教师的依赖程度，在课堂上的表现方式，以及自学训练的水平，也独具特色。正是这诸多因素，直接影响到会计教学原则的构成。

如果依据教育学与教学论里提出的共同教学原则，考虑会计学科的性质与特点，充分体现中职学生学习的特征，并将这三个方面的因素综合起来研究，我们可以为会计教学提出以下四条基本原则。

1. 会计能力培养与会计人格教育相结合的原则

在会计课堂教学过程中，培养学生的会计工作能力，并对其进行会计人格教育，使他们既具备实践能力，又具备角色意识，形成会计人格，是大学会计课堂教学的基本目标。培养会计能力属于素养目标，而进行会计人格教育属于教育目标，这两大目标在课堂教学过程中互相结合，同时实现。因此，所谓会计能力培养与会计人格教育相结合，实际上就是会计课堂教学的素养目标与教育目标相结合，也就是会计课堂教学要在培养学生会计能力的同时，对他们进行会计人格教育，使会计课堂教学收到一石二鸟的效果。

会计教师在财务会计课堂教学中是否遵循与贯彻了这一原则，需要通过强调以下三个方面来落实。

一是全面理解人格教育的内涵。会计专业课堂教学所实施的人格教育，包括对学生的工作态度、职业道德、合作精神等三个方面的人格教育。会计教师的课堂教学，也只能从这三个方面来影响学生的人格。

二是以渗透作为教育途径。在会计教学中培养学生的人格，就需要将人格教育的理念渗透到会计专业课堂教学的能力培养之中，即把会计人格教育附着在会计能力的训练过程中，使学生最终获得的会计能力中包含有会计人格的成分。为此，会计教师在课堂教学时，必须眼中瞄准会计能力培养，心中装着会计人格教育，并随时恰到好处地使二者有机结合。

三是以不脱节作为准绳。脱节指的是会计能力培养与会计人格教育相脱节。在完成会计能力培养的过程中，趁机渗入会计人格教育的内容，也就是说，财务会计课堂教学在培养学生的会计能力的时候，只有在需要的时候和能够渗透时，才加进会计人格教育的因素。脱离财务会计能力的培养，单独进行会计人格教育，或者只一味地培养财务会计能力，却不考虑同时进行会计人格教育，都是脱节的表现。

2. 会计原理阐释与会计案例分析相结合的原则

财务会计的规则和原理，都是比较抽象的概念体系。规则、原理之间尽管存在一定的

第7章 会计专业教学理论概述

逻辑联系，但是理解起来比较困难。帮助学生解决理解难题的有效方法便是举实例，即用一系列生动的实例来深入浅出阐明难题。而案例教学是举实例的最好体现。同时，财务会计的规则与原理都是为会计工作的实践而设计的，其最终指向是会计人员的实际操作。对会计专业学生讲授财务会计的规则与原理，实际上也是为了最终使他们具备实际操作的能力。然而，规则与原理属于知识，实际操作属于能力，在知识与能力的转化过程中，如果没有一座桥梁作为中介就难以达到目的。这座桥梁，当然可以依靠会计的模拟实验或者实践锻炼去架设，但是，在理论教学的过程中，只能依靠案例分析来解决。如果没有案例分析，财务会计的原理就得不到理解与巩固，那么，原理的阐释便会成为纸上谈兵。可见，将案例分析与原理阐释结合起来，是培养财务会计能力的需要。

遵循会计原理阐释与会计案例分析相结合这一原则，需要会计教师牢固树立以下几个基本观念。

一是树立理论联系实际的观念。财务会计原理是在一系列会计实践活动中总结出来的规律，必然适用于具体的案例，会计的案例分析中必然蕴藏着会计的原理阐释，财务会计的原理阐释也必然需要会计的案例分析来说明、检验与印证。为此，会计教师应该在课堂教学时随时关注二者的联系，始终将二者结合起来。

二是树立一种互动的观念。所谓互动，是指会计教学过程中会计原理阐释与会计案例分析之间的互动。这种互动既是一种互相依赖，也是一种互相带动。互相依赖，指的是二者之间不可分离的关系，即财务会计原理的阐释必然借助于会计案例的分析来佐证，会计案例分析也必然借助于会计原理的阐释来实施，你中有我，我中有你。互相带动，指的是二者之间互为先后的关系，即课堂教学时，既可以先阐释财务会计原理，然后用会计案例的分析来印证，也可以先分析会计案例，然后从中抽象出财务会计原理并加以阐释。

三是树立一种研究性课堂教学的观念。将财务会计原理阐释与会计案例分析结合起来的教学，对教师来说，不是单一的宣讲，对学生来说，也不是单一被动地接受。它实际是一种研究，是老师带领学生进行研究，来让学生重新探讨财务会计原理建立的过程，体会研究的乐趣。所以，这实际上是要求实施一种研究性课堂教学。对于会计教师而言，树立一种研究性课堂教学的观念，让学生带着研究的心态与眼光参与学习，既有助于丰富其财务会计理论修养，又有助于提高其会计实际操作能力。

3. 会计知识传授与会计法规传播相结合的原则

以培养会计、财务管理与审计人员为己任的财务会计教学，理所当然要担负起传授会计知识体系的责任，使会计专业的学生将来能根据实践过程的规律、程序与规则来处理会计事务，胜任会计工作。所以，财务会计教学必须做好传授会计知识的工作。在经济活动中，会计、财务管理与审计工作的进行，还有一系列的外在因素相制约。这些外在因素既包括与之相关的经济法律，也包括国家经济管理部门制订的会计法规、会计准则，它们对会计工作具有强制性。会计人员在处理经济业务时，必须依照这些法律、法规与准则办事。所以，对会计人员而言，这些法律、法规与准则(概称为法规)需要牢牢掌握。它们跟会计知识一样重要，会计人员若掌握不好、理解不透，便难以胜任工作。会计教学在传授书本上的会计知识时，也应该向学生介绍与传播这些会计法规，使其将来能够得心应手地从事会计工作。

遵循财务会计知识传授与会计法规传播相结合的原则,需要强化以下几个基本观点。

一是将会计法规看成是知识。会计法规属于动态知识,它与书本里的专业知识尽管有别,但却是互相配套,并同样发挥作用。在进行财务会计课堂教学的时候,如果只关注书本知识传授,却不顾现实中的会计法规的传播,就会使学生的知识结构产生断层。为此,需要教师将会计法规看成是知识,并且随时补充,在传授书本知识的同时,向学生多介绍会计法律知识。其实,会计法规知识便是一种课外的现实知识,教师要将课堂与课外两个空间联系起来,让学生既学到课堂的书本知识,也学到课外的现实知识。

二是将两类知识与财务会计实务操作结合。会计法规也好,财务会计知识也好,都是既来自于会计实务,又用来指导会计实务。基础知识的教学只有与实践的操作相结合,才能有助于学生更好地理解知识、消化知识、运用知识,才能有助于学生牢固地掌握知识。所以,在强调两类知识的传授相结合时,也要强调将两类知识的传授渗透在会计实践的操作之中。为此,在传授两类知识的同时,会计教师要多举例,并让学生做相应的练习,使其在练习之中消化与运用知识。

三是将两类知识与其他知识相联结。会计专业知识与会计法规在从业人员那里其实是与其他专门知识共生的。会计人员的知识面越广越好,许多相关知识都应该具备。可见,在从事财务会计课堂教学时,教师有责任也有义务让学生在学到两类知识的同时,也学到其他相关知识,并使这些知识之间实现沟通,形成整体并化为实践操作的能力。

4. 会计技能训练与会计心理锻炼相结合的原则

如果说财务会计知识传授是会计教学的基础,那么财务会计技能训练便是财务会计课堂教学的核心。对学生进行财务会计技能训练,既是课堂教学的最终目标所在,也是教学的难点所在。职业能力就是一种技能,会计课堂教学的主要任务便是在教学过程中训练学生的这种会计技能。所以,财务会计课堂教学需要在技能训练上多花时间,多花心思。

会计心理与财务会计技能相伴相随。可以说,任何技能的学习过程都是相应心理状态的锻炼过程,没有心态的锻炼,技能的训练也会落空。会计技能需要稳重自信、耐心细致、求真务实等心理状态相伴随。财务会计技能的熟练程度与准确程度,同时体现的便是会计人员的自信稳重程度、耐心细致程度、求真务实程度。正因为如此,财务会计课堂教学在培养大学生的财务会计技能、进行相应的技能训练的同时,需要锻炼其相应的心理。技能与心理可以在训练之中合二为一,同步发展。为此,可以有意识地变换训练方式、要求、程序与难度,将分项训练与综合训练结合起来。

在财务会计课堂教学中,为了保证这一会计技能训练与会计心理锻炼相结合的遵循与贯彻,会计教师需要形成以下三个认识。

一是坚持以人为本的观点。教育的目标在于塑造人,培养人。这个"人"应该是全面发展的人。技能与心理的关系,实际也就是部分与部分的关系,外表与内核的关系。教学如果带着培养人的观念来操作,便会富于人情味。而如果只看到知识与技能因素,却忽略心灵与个性因素,教学便会成为功利主义的牺牲品,丧失人文主义的色彩。坚持以人为本的观点,始终全面发展人的各项素质,理应成为各门学科教学的共同追求。财务会计课堂教学在训练学生的财务会计技能时,适当锻炼其会计心理,就是这一追求的具体体现。

二是注重综合素质的锻炼意识。提倡素质教育,关注的是对学生综合素质的锻炼。这个综合素质既包括知识与技能,也包括体魄与心灵,还包括个性与心理。财务、会计、审计人员的综合素质中,包含有财务会计技能,也包含有会计心理。财务会计技能是一种职业技能,其会计心理也是一种职业心理。所以,锻炼会计专业学生的财务会计技能与会计心理,实际上是培养其会计职业的综合素质。

三是树立心理教育观念。在课堂教学的过程中,教师能够做到、也应该做到对学生的心理进行教育。财务会计技能训练与会计心理锻炼相结合,便是这种主张的具体落实。其实,心理教育是一种最能影响人的素质的教育,也是一种最彻底的教育。技能的训练可以在短时期内完成,并且可以不断演进,日臻完善;心理的锻炼则需要一生不间断,在职业生涯里不断调适,实现与技能更有效的配合。财务会计课堂教学可以在短期内完成对学生财务会计技能训练的同时,对他们进行会计心理的锻炼,并使他们具备应有的职业心理,以便更好地投身于未来的会计职业之中。

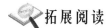拓展阅读

拓展阅读一　职业教育概述

一、职业教育的基本性质

定义:职业教育是以教育为方法,以职业为目的的教育。以促进就业、提高就业质量为导向,以实现求职者和从业者职业理想为目标。

职业教育以促进就业、提高就业质量为导向,以实现求职者或从业者职业理想为目标。

二、职业教育学研究的对象

职业教育学是关于职业教育发展规律的学科,它以职业教育现象为研究对象,其任务是揭示职业教育现象中存在的规律,为职业教育实践提供理论指导。

职业教育的一般规律有两条,一是职业教育与社会发展的关系,其中最重要的是职业教育适应并促进社会政治、经济、文化发展的规律;二是职业教育与受教育者的关系,其中最重要的是职业教育适应并促进受教育者生理、心理发展的规律。

从理论上讲,凡是关系到人的谋生、就业、职业能力提高方面的教育和培训均属于职业教育性质。

三、职业教育的范畴

职业教育的内容和对象相当广泛,它为社会各行各业培养具备一定专业知识和熟练职业技能的技术员、技术工人、管理人员、医护人员、经营服务人员等劳动者。

(1) 从存在状态看,职业教育具有广泛的渗透性和延展性。
(2) 从纵向层次看,职业教育有初等、中等、高等之分。
(3) 从学校类别看,a. 高职高专;b. 高级技工学校;c. 技师学院;d. 普通中专;技工学校;e. 成人中专;f. 职业中专;职教中心;职业高中。

四、职业教育的基本特点

(一) 教育基础的社会性

职业教育存在和发展的基础主要取决于社会对职业教育的需要和要求。社会性即来自

于社会又服务于社会的特征,社会化则是通过教育使个体参与正常社会生活、不断发展的过程。从职业教育管理的角度看,在市场经济条件下我国职业教育与社会关系正在进行调整,社会化的关键是改变"学校办社会"的模式和机制,走"社会办学校"的道路,加强产学合作,鼓励社会各界、各行业企业按需兴办职业教育、参与职业教育,促进职业教育的全民化。

(二) 教育指向的职业性

职业教育性质是:办学方向明确,培养目标具体,对学生实行定向的教育与训练,学生比较清楚自己未来的出路和工作。

(三) 教育性质的完成性

职业教育的办学实体直接与社会劳动力市场或用人单位接轨。受教育者能就业,或通过职业资格鉴定,职业教育就告一段落。

(四) 教育目标的生产性

职业教育的显著功能是直接为社会生产服务。

(五) 教学内容的实用性

实用性是一种能满足一职业或工作所需要的综合职业能力。换而言之,就是所学知识有用、管用、够用,学生具备"会做事的能力"。从事职业教育的理想的师资条件是:既具有一定的理论水平,又有丰富的职业实践经验和高超的职业技能。

(六) 教育发展的终身性

科技进步,社会发展,给教育提供了更好的条件,也对教育不断提出新的、更高的要求。"终身教育制度"在各国教育改革中被确立起来。

拓展阅读二　我国职业教育的现状及问题

18世纪以后,随着工业革命在欧洲兴起,工业发展便要求社会培养一定数量的懂技术、懂管理的人才以适应这种发展。在这种情况下,用传统的手工业学徒制方式培养提高劳动者的职业素质,已不能适应工业化生产发展的要求。职业技术教育正是伴随着工业革命的发展首先在一些工业化国家产生的。现在,职业教育广泛发展,已成为各国社会经济发展的重要组成部分。

我国的职业教育体制确立于清光绪二十八年(1902)的《钦定学堂章程》。当时把实施职业教育的学堂叫作实业学堂,实业学堂分为三级:简易实业学堂修业3年,中等及高等实业学堂各修业4年。嗣后修订的《奏定学堂章程》对农工商各级各类实业学堂和艺徒学堂的入学条件、学制、培养目标等都做了明文规定,还设置了为实业学堂培养师资的实业师范学堂。1913年,中华民国政府公布《实业学校令》,规定此类学校以教授农、工、商必须之知识技能为目的,分完全的普通实业教育和简易的普通实业教育两种。之后,又公布《实业学校规程》,分实业学校为农业、工业、商业、商船及补习学校数种,还专门设置了女子实业学校。1917年5月,教育界和实业界黄炎培等48人在上海发起创办中华职业教育社,将实业教育正式改名为职业教育。

新中国成立以后,政务院于1951年颁布《关于改革学制的决定》,明确规定了各类职业技术学校和专科学院的学制。其中,实施高等职业教育的有专科学院和学院,实施中等职业教育的有中等专科学校(包括中等技术学校、中等师范学校)、技工学校、职业中学和

第7章 会计专业教学理论概述

农业中学等。这些职业性质的学校为国家培养了大批各级各类技术人才和劳动后备力量。然而，职业教育的现状和存在的问题却不容乐观，需要我们作进一步深层次的思考。

一、职业教育的现状

目前，我国的职业教育虽然有了长足的发展，但很不适应社会经济发展的需要。职业教育缺乏应有的吸引力，成了人们无奈的选择。职业教育的发展也存在很多制约因素和现实问题。据陕西师范大学郝文武、周海涛对陕西、内蒙古、四川、青海四省区的调查，220所职业中学中，以就业情况的优劣为标准划分，发展好的68所，占样本总数的30.9%，发展不景气的152所，占69.1%。他们分析影响本地区或本校职业教育发展的制约因素时指出：资金不足的162所，占样本总数的73.6%；教师短缺水平低的63所，占28.6%；教学设备差的98所，占44.5%；领导不得力的109所，占49.5%。这四个省区虽然是全国欠发达的省区，但所反映的问题却带有普遍性。我国是一个发展中国家，农村人口仍占总人口的近70%。广大的农村职业教育普遍存在招生难，经费、师资、设备不足，教学质量不高，服务能力不强等问题。

此外，随着高校扩招，"普高热"升温，除职业中学面临着更加难堪的困境外，普通中专和中技校也面临着很多不景气。据山西省阳泉市李根喜、黄龙银、赵传珠等人对本市五所中专、中技校的调查，也存在很多类似的困难和问题：①管理体制不顺。条块分割，"婆婆"多，谁也管，谁也管不好。②办学经费不足。五校校均教学设备只有116万元。③学校规模偏小。五校平均占地38.4亩，平均在校生只有864人。④师资力量薄弱。五校共有专任教师337人，大学本科以上学历只有156人，合格率46.3%，其中高级讲师37人，只占教师总数的11%。⑤生源质量下降，"招生难"问题严重。其中技工学校1999年计划招生250人，实际招生76人，仅完成计划的30%，招生最低控制分数线也基本放开。⑥毕业生就业困难。1999年技工学校毕业421人，一年后只安置了236人，占毕业生总数的56%。⑦专业设置陈旧。五校所设专业绝大多数是计划经济时代确定的，根本不能适应市场经济的需求。

以上这些情况从不同侧面反映了职业教育目前所面临的困境，需要我们从深层次思考，多方位改革，使职业教育尽快走出困境，更好地为经济建设和社会发展服务。

从世界范围看职业教育，特别是从广大发展中国家的职业教育来看，大体上都有与我国相类似的问题。国家教育部职业技术教育司杨进博士介绍说，近十多年来，以世界银行经济学家为代表的研究力量，对发展中国家技术和职业教育的有效性进行了研究，但结论并不乐观。其主要论据如下。

(1) 无论知识分子家庭或者体力劳动者家庭，家长都希望其子女通过接受教育到社会地位较高的岗位上工作。绝大多数家长和学生认为技术和职业教育为二流教育，处在低于普通教育的地位，很多学生接受技术和职业教育并非出于自愿，他们对毕业后从事技术和职业教育所对应的工作心理准备不足；有的即使是完成了技术和职业教育，仍然设法通过补充性普通教育叩开高等教育的大门。

(2) 劳动力市场需求预测实际上难以准确实现，基于不准确的预测或根本无预测的技术和职业教育，招生及课程安排无法满足劳动力市场的要求，有相当一部分技术和职业学校的毕业生没有在与其所学专门技能相适应的岗位上工作；在市场环境下，即使当时有较

会计专业教学法

准确的市场需求预测，相当多的毕业生也不会在一生中只从事一项工作。

(3) 面向正式工作岗位的技术和职业教育本身并不能直接创造工作机会；技术和职业教育所发挥的作用是把接受了它的人选送到已经存在的岗位上。如果没有经济发展所创造的就业需要，技术和职业教育的毕业生还是要失业。

(4) 正规的技术和职业教育的课程管理机制与普通教育差别不大，往往缺乏灵活性，工作岗位和技术转变的速度使技术和职业教育为劳动力市场作准备十分困难。

(5) 很多被认为是技术性岗位所要求的从业技能并非只有一定的技术和职业教育的方式来提供，即技术和职业教育实际上是可以被替代的。

(6) 技术和职业教育难以获得高素质的教学人员和足够的教学与实践设施。

(7) 技术和职业教育的经济成本一般说来为同等普通教育的两倍，一些研究表明，技术和职业教育的高成本并没有被其毕业生的高生产率和生产能力所补偿。因此，技术和职业教育经济成本的回报率比普通教育低，即举办技术和职业教育在经济上不划算。

对于世界银行的这一研究成果，杨进博士指出：它"并不能成为决定性地否定和限制技术和职业教育发展的根据，而是指出了在技术和职业教育进一步发展中值得引起注意的问题。"这就是说，世界银行研究提出的问题，尤其是关于"举办技术和职业教育在经济上不划算"的结论，不应该唯一地成为我们制定教育政策的依据，因为它是"用并非无懈可击的估算"而得出的结论。但是，这些问题确实是需要我们在研究职业教育问题时应该慎重考虑的问题。

近几年，国家政策努力向职业教育倾斜，取得了一定的效果，但以上这些问题并未从根本上得以解决。职业教育的现状仍然令人担忧。

二、职业教育的思想渊源

源于工业革命的需要而产生的职业教育，目前为什么会存在这么多的问题呢？要回答这个"为什么"，也许不是一件容易的事。然而这又是个非常现实的，必须回答的问题。为此，我们先来探讨一下职业教育的思想渊源，看能否由此找出一些解决问题的线索。

职业教育在世界范围内的发展，是有其一定的思想渊源的。就教育领域而言，在西方，主要是杜威的实用主义教育思想；在苏联和我国，则主要是凯洛夫的综合技术教育思想。

杜威有感于教育上的种种对立，如劳动与闲暇的对立，理论与实践的对立，身体与精神的对立，心理状态与物质世界的对立等；同时为避免以职业为中心的教育的狭隘性，它们"要不是纯粹属于金钱性质，就是具有狭隘的实用性质"，提出了教育改造的问题。他首先对职业的意义作了新的界定。他认为，使人只着眼于一种职业活动是荒谬的。科学研究工作者不仅是科学家，教师不仅是教书匠，牧师不仅是穿着牧师服装的人，因为人还包含着"人的意义"。职业是指"任何形式的继续不断的活动"。"这种活动既能为别人服务，又能利用个人能力达到种种结果。" 接着，杜威指出，现在需要一种教育，"使工人了解他们职业的科学的和社会的基础，以及他们职业的意义。现在这种教育的需要变得非常迫切，因为没有这种教育，工人就不可避免地降低到成为他们所操作的机器的附属品的角色"。而要实现"工作中内在智力活动的可能性，这个任务就交回给学校了"。这种认识成为杜威"学校即社会"这一命题的思想基础。按照这一命题的要求，学校应发挥社会生活模式的作用，把与外界现实生活有关的各种"作业"引进到学校中来。"作业是有目的的、继续不断的活动。""我们必须按照这种作业的社会意义把它们看作是社会自身赖以前进的各种过程的模式；看作是使儿童确实感到社会生活的一些基本需要的手段；看作是使这些需要由于日益发展的人的理解力和创造力而得到满足的方式。总之，把它们看作是一些方法，通过它们，学校自身将成为一种生动的社会生活的真正形式，而不仅仅是学习功课的场所。"于是，杜威把"职业"和"教育"有机地统一了起来。然而，杜威也就此模糊了"教育"与"职业培训"的区分。

凯洛夫吸收杜威的这一思想，并根据列宁中等学校毕业的学生"要有综合技术教育的技术眼界和基础"的主张，提出了综合技术教育的思想。凯洛夫指出："依照马克思的定义，综合技术教育注重以下两个最重要的任务：①学习全部生产过程的基本原则，即学习生产的科学原理；②要学会全部简单的生产工具的运用方法。""综合技术教育的意义，在于使受教育的人能够成为现代企业中的完全自觉的工作者，他应当成为了解现代企业科学原理的、了解车床和机器动作原理的、能够应付现代生产的一切基本部门的自觉的工作者。"凯洛夫还指出："没有综合技术教育，就不可能完全达成教育全面发展的人的目的，因为社会主义的全面发展的建设者，应当懂得理论与实际的联系，并会掌握技术，而这一点恰恰是应当由综合技术教育来保证的。""为了养成学生这样的学习观点和劳动观点，应当从第一步起就具体地并适当地在他们面前揭露所学习的东西与生活的联系，因为儿童在各个年龄阶段中，对于生活都有极大的兴趣。""如植物学、物理学、化学等这些科目的教学大纲和教学方法，应预先规定在理论和实践上，使学生认识现代农业和工业生产的工艺学和技术的一般原理。上述各项科目的正确组织，是预计和学生一起举行参观：到附近的集体农庄去，到拖拉机站去，到发电站去，到工厂、制造厂去，并组织学生在实验室、实习工厂及田地里的实习作业。所有这一切都有助于解决学校中综合技术教育的任务，而且也是学生劳动教育的构成部分。"由此可见，在苏联的普通教育中也蕴含着大量职业教育的内容。我国秉承苏联的这一教育思想，也十分强调教育与生产劳动相结合。这同样使普通教育和职业教育在实际上有很多类同之处。

从实际的情况来看，20 世纪 50 年代以后，无论是发达国家还是发展中国家都普遍认识到把经济建设与技能培训结合起来的重要性。因为工业化、城市化和现代化进程的加快，对技术员和技术工人产生了大量的需求。这也就对职业教育的发展提出了客观要求。因此，职业教育正是实用主义和综合技术教育思想同经济发展的要求相结合的产物。然而，也正是这种思想奠定了普通教育和职业培训之间模糊不清的认识基础，使职业教育成为一种职业培训和普通教育相结合的产物。其利弊到底应该怎样界定，也许见仁见智，各有说法。

三、人力资本理论与职业培训新走向

随着社会经济的发展，特别是现代化大工业生产的发展，教育日益成为改革生产技术和改善劳动力结构的基础，其经济效益也表露得越来越明显。教育对促进生产力发展所起的巨大作用，以及教育的经济收益问题，逐渐引起了经济学家的注意。英国古典经济学家亚当·斯密就把人们受教育而学到的"有用才能"看成是一种"固定资本"。他还指出这样一种论点："学习的时候，固然要花一笔费用，但这种费用可以得到偿还，赚取利润。" 1935 年，美国的 J.R.沃尔什发表论文《人力的资本观》，正式提出"人力资本"的概念。1959—1963 年间，美国经济学家 T.W.舒尔茨连续发表十多篇论著，用"人力资本"的观点，论述用于提高人的能力的各种投资和费用，可以形成不同于物质资本的人力资本。人力资本的投入能使受教育的人和整个社会都增加收入。他还设计了若干公式，用计量的方法计算各级教育的投资回报率。舒尔茨的人力资本理论定量地揭示了人的能力培训对经济增长的贡献，认为能力培训不仅是提高个人知识和能力的过程，而且也是在工作环境中提高生产能力的过程，而对教育培训的投资回报率则用于衡量教育投资的经济效益和用来比较不同种类教育的经济效益的高低。任何投资都应讲究其投资的效益，追求投资的经济效益也是投资的应有之义。舒尔茨从经济学的角度谈人力资本和投资效益有一定的道理，因此我们也绝不能低估人力资本理论对教育和职业培训的影响。

在人力资本理论的影响下，同时考虑到人的发展和日益复杂的技术世界的实际需求。教育与职业培训正出现一些新的趋势和走向。

(1) 多元化经济发展带动了劳动力市场的多元化需求。随着经济的不断发展，特别是第三产业的发展，雇主对职工的人力类别和技能要求越来越广泛和复杂。很多下岗职工不能适应这一变化，现有知识技能狭窄，原有智能基础不能很快转化为新的知识技能，而新的培训又需要比较坚实的文化知识基础。传统的职业教育在这方面并无显著优势。

(2) 过早的职业定向不能适应经济快速发展的特点，也不利于学生的自主发展和体现教育的公平。从我们几十年所看到的事实而言，传统的职业教育往往是学习成绩不佳或家庭经济拮据的学生的选择。一般来讲，他们根本无法与普通学校的学生竞争进入高一级学校学习的机会。浅薄的知识基础和狭窄的职业定向使他们越来越难以适应未来经济发展对人才的需求。这使他们过早地丧失了进一步提高和发展自己的最佳时机。因此，社会公众的舆论普遍要求政府将公共投资的重点放在正规的基础教育方面。

(3) 职业教育与同等的普通教育相比较，体现出较差的投资回报。世界银行对发展中国家职业教育的调查表明"技术和职业教育经济成本的回报率比普通教育低"。这一结论虽然需要进一步商榷和验证，但至少提醒我们传统的职业教育已在经济学的领域中不能和普通教育画等号。如果考虑到更多的因素，我们就更有必要对传统的职业教育打一个问号。

(4) 短期限的、非正规的职业培训比长期限的正规的职业教育有更高的经济效益。教育部职业技术教育与成人教育司杨进博士在他的《发展中国家技术和职业教育若干问题综述》一文中指出：有研究(METCALF, 1985)表明，"技术和职业教育的投资总体上讲是有经济效益的。但是，短期限的课程比长期限的课程更有经济效益，非正规的、以生产单位为基地的技术和职业培训比正规的、独立于生产单位以外的技术和职业学校教育更有经济效益。"同时，其他的一些研究，如 HADDAD(1990)分析了从 1966 年到 1988 年的 21 项研究结果，也"得出了与上述结果基本一致的结论"。虽然，不同的国家可能会有不同的结果，但这是一种总的趋势和走向。

(5) 职业培训比传统的职业教育更能密切地配合经济活动的动向。经济活动的灵活性和快节奏是市场经济的一大特点。市场对劳动力的需求也必然要求职业培训能密切配合这种经济活动的动向。传统的正规的职业教育由于在短期内不能很快地对这种市场需求做出反应，因此，有可能造成市场调节失败。短期的、非正规的职业培训以其灵活性和快节奏适应市场的变革，因而受到越来越多的青睐。我国的香港和西方经济合作与发展组织成员国都有着类似的发展趋势。

四、解决职业教育问题的突破口

职业教育起源于工业革命对技术和技术人才的需求。杜威和凯洛夫，以及当今的教育都需要现实地面对这个问题。但是这个问题至今没有解决好，从理论上来讲，问题的关键在于一开始就把这个本来属于职业培训的任务交给了教育，至于教育是否有能力承担这个任务，恐怕没有作更多地考虑。翻开关于"职业教育"的定义："职业教育是给予学生从事某种职业或生产劳动所需要的知识和技能的教育。"这个定义实质上是"职业培训"的本质属性，或者说是职业培训需要完成的任务。把这种任务交给教育之后，于是就产生了所谓"职业教育"。这样的话，我们就可以演绎出很多的教育，如要学会电焊的技术，可以有个电焊教育；要学会理发的技术，可以有个理发教育；要学会接生的技术，可以有个接生教育等。而当我们把这各种职业培训都叫作"教育"的时候，教育本身也就开始变味了。这其实正是"工具教育"的源头。急功近利的企业主需要的是尽快把人变成"人力"，变成一种活的好用的"工具"，而并不需要真正的教育。教育是培养人的活动，教育首先应当履行的职责是把人培养成一个真正的"人"，而不是其他。

杜威从其实用主义的哲学观念出发，把职业培训纳入普通教育的范畴，提出了"学校即社会"的命题。其目的是适应社会，适应资本主义经济的发展。这里，杜威也似乎意识到了职业培训与教育的不同之处。为了"消灭"这种不同，他重新给出了"职业"的定义，称职业为"任何形式的继续不断的活动"，并希望这种"继续不断的活动"能"合于人的意义"。然而，没有哪一个企业主把职业看作"任何形式的继续不断的活动"而给雇工以"合于人的意义"。职业只是个人在社会中所从事的主要工作。个人可以在获得"人的意义"的前提下从事他的一份工作，必要的时候也可以作适当的调整。但是，企图把职业培训作为实现"人的意义"的主要手段和内容，既有悖于职业培训本身的目的，事实上也是难以办到的。杜威苦心经营的"芝加哥实验学校"之所以没有成功，从表面看来是没有解决好以社会性作业为中心的课程和教材问题，实际上是他的这种教育思想的失败。他不得不承认"教育理论和它在实践中的贯彻，两者的距离总是那么巨大……以及在某些方面，它的成就非始料所及。"杜威事实上已经为职业培训纳入普通教育提出了足以引以为鉴的教训，然而人们并没有从中多问一些为什么，而是依然重复着把职业培训纳入教育的行列，或者干脆把它叫作"职业教育"。

目前，职业教育和普通教育虽然可以看作两个不同的领域，但是正如世界银行的调查所指出的，"正规的技术和职业教育的课程管理机制与普通教育差别不大"。这种从普通教育中脱胎出来的职业教育其实始终没有摆脱普通教育的模式。它兼具职业培训和普通教育的双重任务，然而，哪样任务也没有完成好。无论是较发达的国家或地区，还是发展中的国家或地区，职业教育都不被看好。在香港，大学程度以下，由教育署管辖的职业教育主要有工业中学和职业先修学校。但不少人把它看成是进入"死巷"的教育，并向政府提出了"摘名"的要求。香港教育署最近也对职业先修中学和工业中学进行检讨，同时表明了一种使职业教育回归普通教育的倾向。这也说明职业教育的改革势在必行。

职业培训是为个人从事某种职业或生产劳动所需要的知识和技能的培训。这是我们把"职业教育"的内涵原样挖过来所作出的界定。一个人走向社会，必然要从事某种职业或生产劳动。当学校教育从"人"的意义出发，把他培养成一个具有一定文化修养、责任意识和创新能力的社会成员时,他只是在比较宽阔的基础上具备了作为一个劳动者的素质。但是,要具体地进入某个职业岗位进行工作,还必须具备适应该岗位的知识和技能,这就需要进行适应该岗位工作的职业培训。目前,我国借鉴广泛的国际经验,已经制定了若干持证上岗的规定,这是符合社会经济发展的规律的。随着社会经济的不断发展,各种职业岗位对员工的职业知识和技能的要求也越来越高。因此,职业培训是学生走向工作岗位或在职人员不断适应岗位工作的桥梁,是社会经济得以持续发展的营养剂。

从舒尔茨的人力资本理论出发,考察职业培训的意义,可以认为,职业培训主要是一种经济行为,而不是教育行为。因为职业培训能更直接、更快地使员工适应岗位工作,提高工作效率,从而产生较好的投资回报。虽然一般意义上的普通教育也要产生经济效益,而且是社会经济发展的根本基础,但其回报周期要相对较长。我们对于教育的要求,更重在"育人",而不是立竿见影的经济效益。职业培训作为一种经济行为,如果由经济部门进行决策和管理,可能会更好地发挥职业培训对"人力资源"的培养,取得更好的"资本"效益。

根据以上分析,我以为,问题解决的突破口是将普通教育同职业培训在原则上逐渐剥离开来。因为它们是两个不同的概念,有着不同的目标、规律和特点。职业教育作为一定历史时期的产物,对于社会经济的发展也确实起过一定的作用,我们不能持一概否定的态度。但是,随着社会经济的发展,随着人们对事物认识的变革,传统的职业教育逐渐退出历史舞台,逐渐被职业培训所取代,应当是一种必然的选择。

拓展阅读三　国务院关于加快发展现代职业教育的决定

各省、自治区、直辖市人民政府,国务院各部委、各直属机构:

近年来,我国职业教育事业快速发展,体系建设稳步推进,培养培训了大批中高级技能型人才,为提高劳动者素质、推动经济社会发展和促进就业做出了重要贡献。同时也要看到,当前职业教育还不能完全适应经济社会发展的需要,结构不尽合理,质量有待提高,办学条件薄弱,体制机制不畅。加快发展现代职业教育,是党中央、国务院做出的重大战略部署,对于深入实施创新驱动发展战略,创造更大人才红利,加快转方式、调结构、促升级具有十分重要的意义。现就加快发展现代职业教育做出以下决定。

一、总体要求

(一)指导思想。以邓小平理论、"三个代表"重要思想、科学发展观为指导,坚持以立德树人为根本,以服务发展为宗旨,以促进就业为导向,适应技术进步和生产方式变革以及社会公共服务的需要,深化体制机制改革,统筹发挥好政府和市场的作用,加快现代职业教育体系建设,深化产教融合、校企合作,培养数以亿计的高素质劳动者和技术技能人才。

(二)基本原则。

——政府推动、市场引导。发挥好政府保基本、促公平作用,着力营造制度环境、制定发展规划、改善基本办学条件、加强规范管理和监督指导等。充分发挥市场机制作用,引导社会力量参与办学,扩大优质教育资源,激发学校发展活力,促进职业教育与社会需求紧密对接。

第7章 会计专业教学理论概述

——加强统筹、分类指导。牢固确立职业教育在国家人才培养体系中的重要位置，统筹发展各级各类职业教育，坚持学校教育和职业培训并举。强化省级人民政府统筹和部门协调配合，加强行业部门对本部门、本行业职业教育的指导。推动公办与民办职业教育共同发展。

——服务需求、就业导向。服务经济社会发展和人的全面发展，推动专业设置与产业需求对接，课程内容与职业标准对接，教学过程与生产过程对接，毕业证书与职业资格证书对接，职业教育与终身学习对接。重点提高青年就业能力。

——产教融合、特色办学。同步规划职业教育与经济社会发展，协调推进人力资源开发与技术进步，推动教育教学改革与产业转型升级衔接配套。突出职业院校办学特色，强化校企协同育人。

——系统培养、多样成才。推进中等和高等职业教育紧密衔接，发挥中等职业教育在发展现代职业教育中的基础性作用，发挥高等职业教育在优化高等教育结构中的重要作用。加强职业教育与普通教育沟通，为学生多样化选择、多路径成才搭建"立交桥"。

(三) 目标任务。到2020年，形成适应发展需求、产教深度融合、中职高职衔接、职业教育与普通教育相互沟通，体现终身教育理念，具有中国特色、世界水平的现代职业教育体系。

——结构规模更加合理。总体保持中等职业学校和普通高中招生规模大体相当，高等职业教育规模占高等教育的一半以上，总体教育结构更加合理。到2020年，中等职业教育在校生达到2 350万人，专科层次职业教育在校生达到1 480万人，接受本科层次职业教育的学生达到一定规模。从业人员继续教育达到3.5亿人次。

——院校布局和专业设置更加适应经济社会需求。调整完善职业院校区域布局，科学合理设置专业，健全专业随产业发展动态调整的机制，重点提升面向现代农业、先进制造业、现代服务业、战略性新兴产业和社会管理、生态文明建设等领域的人才培养能力。

——职业院校办学水平普遍提高。各类专业的人才培养水平大幅提升，办学条件明显改善，实训设备配置水平与技术进步要求更加适应，现代信息技术广泛应用。专兼结合的"双师型"教师队伍建设进展显著。建成一批世界一流的职业院校和骨干专业，形成具有国际竞争力的人才培养高地。

——发展环境更加优化。现代职业教育制度基本建立，政策法规更加健全，相关标准更加科学规范，监管机制更加完善。引导和鼓励社会力量参与的政策更加健全。全社会人才观念显著改善，支持和参与职业教育的氛围更加浓厚。

二、加快构建现代职业教育体系

(四) 巩固提高中等职业教育发展水平。各地要统筹做好中等职业学校和普通高中招生工作，落实好职普招生大体相当的要求，加快普及高中阶段教育。鼓励优质学校通过兼并、托管、合作办学等形式，整合办学资源，优化中等职业教育布局结构。推进县级职教中心等中等职业学校与城市院校、科研机构对口合作，实施学历教育、技术推广、扶贫开发、劳动力转移培训和社会生活教育。在保障学生技术技能培养质量的基础上，加强文化基础教育，实现就业有能力、升学有基础。有条件的普通高中要适当增加职业技术教育内容。

(五) 创新发展高等职业教育。专科高等职业院校要密切产学研合作，培养服务区域发展的技术技能人才，重点服务企业特别是中小微企业的技术研发和产品升级，加强社区教育和终身学习服务。探索发展本科层次职业教育。建立以职业需求为导向、以实践能力培养为重点、以产学结合为途径的专业学位研究生培养模式。研究建立符合职业教育特点的学位制度。原则上中等职业学校不升格为或并入高等职业院校，专科高等职业院校不升格为或并入本科高等学校，形成定位清晰、科学合理的职业教育层次结构。

(六) 引导普通本科高等学校转型发展。采取试点推动、示范引领等方式，引导一批普通本科高等学校向应用技术类型高等学校转型，重点举办本科职业教育。独立学院转设为独立设置高等学校时，鼓励其定位为应用技术类型高等学校。建立高等学校分类体系，实行分类管理，加快建立分类设置、评价、指导、拨款制度。招生、投入等政策措施向应用技术类型高等学校倾斜。

(七) 完善职业教育人才多样化成长渠道。健全"文化素质+职业技能"、单独招生、综合评价招生和技能拔尖人才免试等考试招生办法，为学生接受不同层次高等职业教育提供多种机会。在学前教育、护理、健康服务、社区服务等领域，健全对初中毕业生实行中高职贯通培养的考试招生办法。适度提高专科高等职业院校招收中等职业学校毕业生的比例、本科高等学校招收职业院校毕业生的比例。逐步扩大高等职业院校招收有实践经历人员的比例。建立学分积累与转换制度，推进学习成果互认衔接。

(八) 积极发展多种形式的继续教育。建立有利于全体劳动者接受职业教育和培训的灵活学习制度，服务全民学习、终身学习，推进学习型社会建设。面向未升学初高中毕业生、残疾人、失业人员等群体广泛开展职业教育和培训。推进农民继续教育工程，加强涉农专业、课程和教材建设，创新农学结合模式。推动一批县(市、区)在农村职业教育和成人教育改革发展方面发挥示范作用。利用职业院校资源广泛开展职工教育培训。重视培养军地两用人才。退役士兵接受职业教育和培训，按照国家有关规定享受优待。

三、激发职业教育办学活力

(九) 引导支持社会力量兴办职业教育。创新民办职业教育办学模式，积极支持各类办学主体通过独资、合资、合作等多种形式举办民办职业教育；探索发展股份制、混合所有制职业院校，允许以资本、知识、技术、管理等要素参与办学并享有相应权利。探索公办和社会力量举办的职业院校相互委托管理和购买服务的机制。引导社会力量参与教学过程，共同开发课程和教材等教育资源。社会力量举办的职业院校与公办职业院校具有同等法律地位，依法享受相关教育、财税、土地、金融等政策。健全政府补贴、购买服务、助学贷款、基金奖励、捐资激励等制度，鼓励社会力量参与职业教育办学、管理和评价。

(十) 健全企业参与制度。研究制定促进校企合作办学有关法规和激励政策，深化产教融合，鼓励行业和企业举办或参与举办职业教育，发挥企业重要办学主体作用。规模以上企业要有机构或人员组织实施职工教育培训、对接职业院校，设立学生实习和教师实践岗位。企业因接受实习生所实际发生的与取得收入有关的、合理的支出，按现行税收法律规定在计算应纳税所得额时扣除。多种形式支持企业建设兼具生产与教学功能的公共实训基地。对举办职业院校的企业，其办学符合职业教育发展规划要求的，各地可通过政府购买服务等方式给予支持。对职业院校自办的、以服务学生实习实训为主要目的的企业或经营活动，按照国家有关规定享受税收等优惠。支持企业通过校企合作共同培养培训人才，不

第7章 会计专业教学理论概述

断提升企业价值。企业开展职业教育的情况纳入企业社会责任报告。

(十一) 加强行业指导、评价和服务。加强行业指导能力建设，分类制定行业指导政策。通过授权委托、购买服务等方式，把适宜行业组织承担的职责交给行业组织，给予政策支持并强化服务监管。行业组织要履行好发布行业人才需求、推进校企合作、参与指导教育教学、开展质量评价等职责，建立行业人力资源需求预测和就业状况定期发布制度。

(十二) 完善现代职业学校制度。扩大职业院校在专业设置和调整、人事管理、教师评聘、收入分配等方面的办学自主权。职业院校要依法制定体现职业教育特色的章程和制度，完善治理结构，提升治理能力。建立学校、行业、企业、社区等共同参与的学校理事会或董事会。制定校长任职资格标准，推进校长聘任制改革和公开选拔试点。坚持和完善中等职业学校校长负责制、公办高等职业院校党委领导下的校长负责制。建立企业经营管理和技术人员与学校领导、骨干教师相互兼职制度。完善体现职业院校办学和管理特点的绩效考核内部分配机制。

(十三) 鼓励多元主体组建职业教育集团。研究制定院校、行业、企业、科研机构、社会组织等共同组建职业教育集团的支持政策，发挥职业教育集团在促进教育链和产业链有机融合中的重要作用。鼓励中央企业和行业龙头企业牵头组建职业教育集团。探索组建覆盖全产业链的职业教育集团。健全联席会、董事会、理事会等治理结构和决策机制。开展多元投资主体依法共建职业教育集团的改革试点。

(十四) 强化职业教育的技术技能积累作用。制定多方参与的支持政策，推动政府、学校、行业、企业联动，促进技术技能的积累与创新。推动职业院校与行业企业共建技术工艺和产品开发中心、实验实训平台、技能大师工作室等，成为国家技术技能积累与创新的重要载体。职业院校教师和学生拥有知识产权的技术开发、产品设计等成果，可依法依规在企业作价入股。

四、提高人才培养质量

(十五) 推进人才培养模式创新。坚持校企合作、工学结合，强化教学、学习、实训相融合的教育教学活动。推行项目教学、案例教学、工作过程导向教学等教学模式。加大实习实训在教学中的比重，创新顶岗实习形式，强化以育人为目标的实习实训考核评价。健全学生实习责任保险制度。积极推进学历证书和职业资格证书"双证书"制度。开展校企联合招生、联合培养的现代学徒制试点，完善支持政策，推进校企一体化育人。开展职业技能竞赛。

(十六) 建立健全课程衔接体系。适应经济发展、产业升级和技术进步需要，建立专业教学标准和职业标准联动开发机制。推进专业设置、专业课程内容与职业标准相衔接，推进中等和高等职业教育培养目标、专业设置、教学过程等方面的衔接，形成对接紧密、特色鲜明、动态调整的职业教育课程体系。全面实施素质教育，科学合理设置课程，将职业道德、人文素养教育贯穿培养全过程。

(十七) 建设"双师型"教师队伍。完善教师资格标准，实施教师专业标准。健全教师专业技术职务(职称)评聘办法，探索在职业学校设置正高级教师职务(职称)。加强校长培训，实行五年一周期的教师全员培训制度。落实教师企业实践制度。政府要支持学校按照有关规定自主聘请兼职教师。完善企业工程技术人员、高技能人才到职业院校担任专兼职教师的相关政策，兼职教师任教情况应作为其业绩考核评价的重要内容。加强职业技术师范院校建设。推进高水平学校和大中型企业共建"双师型"教师培养培训基地。地方政府要比照普通高中和高等学校，根据职业教育特点核定公办职业院校教职工编制。加强职业教育科研教研队伍建设，提高科研能力和教学研究水平。

(十八) 提高信息化水平。构建利用信息化手段扩大优质教育资源覆盖面的有效机制，推进职业教育资源跨区域、跨行业共建共享，逐步实现所有专业的优质数字教育资源全覆盖。支持与专业课程配套的虚拟仿真实训系统开发与应用。推广教学过程与生产过程实时互动的远程教学。加快信息化管理平台建设，加强现代信息技术应用能力培训，将现代信息技术应用能力作为教师评聘考核的重要依据。

(十九) 加强国际交流与合作。完善中外合作机制，支持职业院校引进国(境)外高水平专家和优质教育资源，鼓励中外职业院校教师互派、学生互换。实施中外职业院校合作办学项目，探索和规范职业院校到国(境)外办学。推动与中国企业和产品"走出去"相配套的职业教育发展模式，注重培养符合中国企业海外生产经营需求的本土化人才。积极参与制定职业教育国际标准，开发与国际先进标准对接的专业标准和课程体系。提升全国职业院校技能大赛国际影响。

五、提升发展保障水平

(二十) 完善经费稳定投入机制。各级人民政府要建立与办学规模和培养要求相适应的财政投入制度，地方人民政府要依法制定并落实职业院校生均经费标准或公用经费标准，改善职业院校基本办学条件。地方教育附加费用于职业教育的比例不低于30%。加大地方人民政府经费统筹力度，发挥好企业职工教育培训经费以及就业经费、扶贫和移民安置资金等各类资金在职业培训中的作用，提高资金使用效益。县级以上人民政府要建立职业教育经费绩效评价制度、审计监督公告制度、预决算公开制度。

(二十一) 健全社会力量投入的激励政策。鼓励社会力量捐资、出资兴办职业教育，拓宽办学筹资渠道。通过公益性社会团体或者县级以上人民政府及其部门向职业院校进行捐赠的，其捐赠按照现行税收法律规定在税前扣除。完善财政贴息贷款等政策，健全民办职业院校融资机制。企业要依法履行职工教育培训和足额提取教育培训经费的责任，一般企业按照职工工资总额的1.5%足额提取教育培训经费，从业人员技能要求高、实训耗材多、培训任务重、经济效益较好的企业可按2.5%提取，其中用于一线职工教育培训的比例不低于60%。除国务院财政、税务主管部门另有规定外，企业发生的职工教育经费支出，不超过工资薪金总额2.5%的部分，准予扣除；超过部分，准予在以后纳税年度结转扣除。对不按规定提取和使用教育培训经费并拒不改正的企业，由县级以上地方人民政府依法收取企业应当承担的职业教育经费，统筹用于本地区的职业教育。探索利用国(境)外资金发展职业教育的途径和机制。

(二十二) 加强基础能力建设。分类制定中等职业学校、高等职业院校办学标准，到2020年实现基本达标。在整合现有项目的基础上实施现代职业教育质量提升计划，推动各地建立完善以促进改革和提高绩效为导向的高等职业院校生均拨款制度，引导高等职业院校深化办学机制和教育教学改革；重点支持中等职业学校改善基本办学条件，开发优质教学资源，提高教师素质；推动建立发达地区和欠发达地区中等职业教育合作办学工作机制。继续实施中等职业教育基础能力建设项目。支持一批本科高等学校转型发展为应用技术类型高等学校。地方人民政府、相关行业部门和大型企业要切实加强所办职业院校基础能力建设，支持一批职业院校争创国际先进水平。

(二十三) 完善资助政策体系。进一步健全公平公正、多元投入、规范高效的职业教育国家资助政策。逐步建立职业院校助学金覆盖面和补助标准动态调整机制，加大对农林水地矿油核等专业学生的助学力度。有计划地支持集中连片特殊困难地区内限制开发和禁止开发区初中毕业生到省(区、市)内外经济较发达地区接受职业教育。完善面向农民、农村转移劳动力、在职职工、失业人员、残疾人、退役士兵等接受职业教育和培训的资助补贴政策，积极推行以直补个人为主的支付办法。有关部门和职业院校要切实加强资金管理，严查"双重学籍""虚假学籍"等问题，确保资助资金有效使用。

(二十四) 加大对农村和贫困地区职业教育支持力度。服务国家粮食安全保障体系建设，积极发展现代农业职业教育，建立公益性农民培养培训制度，大力培养新型职业农民。在人口集中和产业发展需要的贫困地区建好一批中等职业学校。国家制定奖补政策，支持东部地区职业院校扩大面向中西部地区的招生规模，深化专业建设、课程开发、资源共享、学校管理等合作。加强民族地区职业教育，改善民族地区职业院校办学条件，继续办好内地西藏、新疆中职班，建设一批民族文化传承创新示范专业点。

(二十五) 健全就业和用人的保障政策。认真执行就业准入制度，对从事涉及公共安全、人身健康、生命财产安全等特殊工种的劳动者，必须从取得相应学历证书或职业培训合格证书并获得相应职业资格证书的人员中录用。支持在符合条件的职业院校设立职业技能鉴定所(站)，完善职业院校合格毕业生取得相应职业资格证书的办法。各级人民政府要创造平等就业环境，消除城乡、行业、身份、性别等一切影响平等就业的制度障碍和就业歧视；党政机关和企事业单位招用人员不得歧视职业院校毕业生。结合深化收入分配制度改革，促进企业提高技能人才收入水平。鼓励企业建立高技能人才技能职务津贴和特殊岗位津贴制度。

六、加强组织领导

(二十六) 落实政府职责。完善分级管理、地方为主、政府统筹、社会参与的管理体制。国务院相关部门要有效运用总体规划、政策引导等手段以及税收金融、财政转移支付等杠杆，加强对职业教育发展的统筹协调和分类指导；地方政府要切实承担主要责任，结合本地实际推进职业教育改革发展，探索解决职业教育发展的难点问题。要加快政府职能转变，减少部门职责交叉和分散，减少对学校教育教学具体事务的干预。充分发挥职业教育工作部门联席会议制度的作用，形成工作合力。

(二十七) 强化督导评估。教育督导部门要完善督导评估办法，加强对政府及有关部门履行发展职业教育职责的督导；要落实督导报告公布制度，将督导报告作为对被督导单位及其主要负责人考核奖惩的重要依据。完善职业教育质量评价制度，定期开展职业院校办学水平和专业教学情况评估，实施职业教育质量年度报告制度。注重发挥行业、用人单位作用，积极支持第三方机构开展评估。

(二十八) 营造良好环境。推动加快修订职业教育法。按照国家有关规定，研究完善职业教育先进单位和先进个人表彰奖励制度。落实好职业教育科研和教学成果奖励制度，用优秀成果引领职业教育改革创新。研究设立职业教育活动周。大力宣传高素质劳动者和技术技能人才的先进事迹和重要贡献，引导全社会确立尊重劳动、尊重知识、尊重技术、尊重创新的观念，促进形成"崇尚一技之长、不唯学历凭能力"的社会氛围，提高职业教育社会影响力和吸引力。

中华人民共和国国务院

2014年5月2日

思考题：

1. 在课堂教学中如何做到会计理论教学与实践教学相结合？
2. 目前我国职业教育发展现状及存在的问题？

第 8 章

会计行业发展与会计专业能力需求分析

学习任务

1. 了解会计行业发展趋势;
2. 知道会计从业资格国家职业标准;
3. 知道会计专业能力要求;
4. 明确会计岗位及工作要求;
5. 了解会计专业中等职业人才类型;
6. 理解会计专业中等职业人才的培养目标;
7. 理解会计专业中等职业人才的基本技能要求。

会计专业教学法

8.1 会计行业的发展

1. 会计行业发展趋势

伴随着社会经济高速发展,尤其是高科技的进步,会计作为一种历史久远的学科和职业,会计行业面临着巨大的挑战并呈现出以下趋势。

趋势1:会计国际化成为我国会计发展的方向。由于经济全球化和资本市场国际化的广泛而深入的影响,会计核算也逐步国际化。会计作为国际通用的商业语言,在反映和报告国际经济活动,促进经济全球化发展方面,将发挥越来越重要的作用。

趋势2:全面的电算化是会计行业发展的必然趋势。随着计算机在社会各个领域的广泛应用,以及伴随着新经济时代的到来,信息处理要求不断提高,需要把单项处理系统有机地联系起来,组成一个既相互联系又相互独立的大系统,实现信息资源的传递和共享,以形成一个完整的、全面的会计信息系统。因此,会计工作对会计人员将提出更高的要求。实行会计电算化企业的财务人员,需要成为既懂会计知识,又精通软件开发的复合型人才;要时刻确保各个来源途径的会计信息的真实可靠,而且要注意对各企业内部的财务机密保密,防止网络黑客和竞争对手非法获取本企业的会计信息资源。

趋势3:会计领域将不断拓宽。随着WTO的加入,世界经济一体化进程不断加快,人才资源作为社会发展的第一要素,是任何企业、组织都不可缺少的最宝贵资源,当今时代,企业的竞争、科技的竞争、国家经济实力的竞争,归根到底是人才的竞争,谁拥有高素质的人才,谁就会在竞争中赢得优势。因此,重视对人力资源管理,提供人力资源管理所需信息的人力资源会计必将应运而生。

鉴于以上分析,会计行业的发展对会计人才的培养提出了更高的要求。

2. 会计从业资格国家职业标准及执业资质

根据会计从业资格国家职业标准,本职业共设三个等级,分别为初级资格(会计员资格和助理会计师资格)、中级资格(即会计师)和高级资格(即高级会计师)。其中,会计专业技术资格考试分为初级资格和中级资格。会计专业技术资格实行全国统一组织、统一考试时间、统一考试大纲、统一考试命题、统一合格标准的考试制度。通过全国统一考试,取得会计专业技术资格的会计人员,表明其已具备担任相应级别会计专业技术职务的任职资格。

初级资格的基本条件是掌握一般的财务会计基础理论和专业知识;熟悉并能正确执行有关的财经方针、政策和财务会计法规、制度;能担负一个方面或某个重要岗位的财务会计工作;参加并通过会计专业技术初级资格考试,即在一个考试年度内通过经济法基础和初级会计实务2个科目的考试;除具备以上基本条件外,还必须具备教育部门认可的高中毕业以上学历。

中级资格的基本条件是在会计专业技术初级资格基础上,并从事会计工作满一定年限,具体规定为:若取得大学专科学历,从事会计工作满五年;若取得大学本科学历,从事会计工作满四年；若取得双学士学位或研究生班毕业，从事会计工作满二年；若取得硕士学位，从事会计工作满一年；或取得博士学位。且在连续的两个考试年度内通过财务管理、经济法和中级会计实务3个科目的考试方可取得中级资格。

高级会计师，是指我国会计专业技术职称中的高级会计专业技术资格。高级会计师在学历和工作资历、外语、计算机技术、会计专业知识上，都有严格要求。

高级会计师的评定必须先参加全国统一的高级会计师实务考试。高级会计师的任职条件，除必须拥护中国共产党的领导，热爱祖国，坚持四项基本原则，遵守和执行《中华人民共和国会计法》外，还要具备四个基本条件：①较系统地掌握经济、财务会计理论和相关专业知识；②具有较高的政策水平和丰富的财务会计工作经验，能担负一个地区、一个部门或一个系统的财务会计管理工作；③取得博士学位，并担任会计师职务2~3年；或取得硕士学位、第二学士学位或研究生班结业证书，或大学本科毕业并担任会计师职务5年以上；④较熟练地掌握一门外语。

注册会计师，是指取得注册会计师证书并在会计师事务所执业的人员，英文全称Certified Public Accountant，简称为CPA，指的是从事社会审计、中介审计、独立审计的专业人士，CPA为中国唯一官方认可的注册会计师资质，唯一拥有签字权的执业资质。财政部成立注册会计师考试委员会(简称财政部考委会)，组织领导注册会计师全国统一考试工作。财政部考委会设立注册会计师考试委员会办公室(简称财政部考办)，组织实施注册会计师全国统一考试工作。财政部考办设在中国注册会计师协会。各省、自治区、直辖市财政厅(局)成立地方注册会计师考试委员会(简称地方考委会)，组织领导本地区注册会计师全国统一考试工作。地方考委会设立地方注册会计师考试委员会办公室(简称地方考办)，组织实施本地区注册会计师全国统一考试工作。地方考办设在各省、自治区、直辖市注册会计师协会。

在国际上说会计师一般是说注册会计师，而不是我国的中级职称概念的会计师。注册会计师考试科目为会计、审计、财务成本管理、经济法、税法、战略与风险管理。

8.2 会计专业能力要求及岗位工作要求

1. 会计专业能力要求

会计专业能力是会计人员从事专业工作必须具备的能力。由于岗位分工不同，岗位职责要求也有所区别，为此项目组主要针对会计人员基本能力要求进行问卷设计，主要立足浙江省，对金华、杭州及温州等地区的30多家企业的财务人员展开访谈调研，选择的企业以会计专业性强、专业人士集中的财务公司、税务师事务所和会计师事务所为主，同时兼顾事业单位、机关团体、物流、建筑行业以及零售和制造行业，在规模选择上以中小企业为主，问卷对象既有普通财务人员，又有财务骨干，甚至财务负责人。

调研过程中召开专题座谈会，针对会计从业人员的基本素质与能力要求进行问卷调研，发放企业问卷调查表100份，回收97份，对调查结果进行分析与统计，结果如表8-1所示。

表 8-1　会计从业人员基本能力要求调查统计

序号	能　力	很重要/(%)	重要/(%)	不重要/(%)	说不清/(%)
1	具有对新知识、新法规、新技能的学习能力	58.76	38.15	2.06	1.03
2	具有通过不同途径获取信息的能力	35.05	53.61	6.19	5.15
3	具有创新能力和职业判断能力	35.05	53.61	6.19	5.15
4	具有良好的职业道德	75.26	23.71	1.03	0
5	具有牢固的财务知识和专业知识	72.16	24.75	1.03	2.06
6	具有相应的法律知识	35.05	59.80	3.09	2.06
7	具有计算机应用能力	23.71	72.17	2.06	3.09
8	具有会计电算化知识、熟练运用财务软件的能力	63.92	31.96	2.06	2.06
9	具有会计手工操作能力	62.89	32.99	3.09	1.03
10	具有会计核算能力	72.16	25.78	1.03	1.03
11	具有财务分析的能力	71.13	26.81	1.03	1.03
12	具有成本核算与分析、控制的能力	51.55	45.36	2.06	1.03
13	财务预测与决策的能力	46.39	46.40	3.09	4.12
14	具有查账、稽核的能力	60.82	28.87	8.25	2.06
15	具有税务代理与税务筹划的能力	40.21	46.39	7.21	6.19
16	具有工商代理能力	6.19	52.58	27.83	13.40
17	具有财经公文写作、书面文字表达的能力	26.80	54.64	1.03	17.53
18	具有沟通、团队合作、协调人际关系的能力	61.86	30.93	2.06	5.15
19	具有良好的外语能力	5.15	51.55	40.21	3.09
20	组织管理能力	10.31	74.23	5.15	10.31
21	具有会计信息系统设计的能力	4.12	3.09	70.10	22.69
22	具有会计信息系统维护的能力	4.12	4.12	70.10	21.66

对表 8-1 中按照"很重要"和"重要"两项加总后，从高到低排列见表 8-2。可见，表 8-1 中所列的前 20 项能力被会计职业界普遍认为是会计人员必须拥有的能力，认可度都在 50%以上。会计职业道德非常重要居于第一，排在前面的还有会计核算能力和财务分析能力(并列第 2)，排在最后的几项能力分别是会计信息系统维护能力和会计信息系统设计能力，而财务软件应用能力则位列第 7 位，访谈结果也表明，计算机在工作中的应用，如文字处理、网络联系等和会计软件操作是会计工作的必备能力，所以大部分受访者对其重要性的认知与会计专业能力等同。说明我国会计职业界强调财务软件的操作，而对会计信息系统的设计和维护相对不重视。

表 8-2　会计从业人员基本能力要求排序表

序号	能　力	比例/(%)
1	具有良好的职业道德	98.97
2	具有会计核算能力	97.94
3	具有财务分析的能力	97.94
4	具有对新知识、新法规、新技能的学习能力	96.91

第8章 会计行业发展与会计专业能力需求分析

续表

序号	能　力	比例/(%)
5	具有牢固的财务知识和专业知识	96.91
6	具有成本核算与分析、控制的能力	96.91
7	具有会计电算化知识、熟练运用财务软件的能力	95.88
8	具有计算机应用能力	95.88
9	具有会计手工操作能力	95.88
10	具有相应的法律知识	94.85
11	财务预测与决策的能力	92.79
12	具有沟通、团队合作、协调人际关系的能力	92.79
13	具有查账、稽核的能力	89.69
14	具有通过不同途径获取信息的能力	88.66
15	具有创新能力和职业判断能力	88.66
16	具有税务代理与税务筹划的能力	86.60
17	组织管理能力	84.54
18	具有财经公文写作、书面文字表达的能力	81.44
19	具有工商代理能力	58.77
20	具有良好的外语能力	56.7
21	具有会计信息系统维护的能力	8.24
22	具有会计信息系统设计的能力	7.21

2．会计岗位及工作要求

各调研小组通过访谈、电话等方式调研会计岗位设置及岗位职责，并将调研结果经分析、归类、整理和汇总，各会计不同岗位的主要工作任务见表8-3。

表8-3　会计核算岗位职责汇总表

序号	岗　位	岗位职责及工作要求
1	出纳	1．负责公司日常的费用报销。认真审核一切报销单据，按财务制度办理现金收付手续，把好开支关，坚持按出差补助标准办理差旅费报销手续。 2．负责日常现金、支票的收入与支出，信用卡的核对，及时登记现金及银行存款日记账。 3．每日核对、保管收银员交纳的营业收入。 4．每日盘点库存现金，做到日清月结，账实相符。库存现金不得超过公司规定数额； 5．负责向银行换取备用的收银零钱，以备收银员换零。 6．信用卡的对账及定期核对银行账目，编制银行存款余额调节表。 7．月末与会计核对现金、银行存款日记账的发生额与余额。 8．每周编制《货币资金周报表》，并上报营运总监、财务总监、财务主管等。 9．每月编制《现金流量表》，并上报营运总监、财务总监、财务主管。 10．每月配合人事编制好工资表，并协助发放。 11．完成领导布置的其他工作。

续表

序号	岗 位	岗位职责及工作要求
2	往来款项核算	1. 执行会计经理的工作指令，并报告工作。 2. 负责暂收、暂付、应收、应付、备用金等往来款项核算；正确并及时反映单位与客户的债权债务关系。 3. 加强对往来账项结算的管理，加速资金回笼。 4. 负责与供应商的借贷付款合同，合理安排付款计划，办理有关财务结算。 5. 负责及时对营业收入及应收账户进行登记核对，做到账账相符。 6. 负责对已收回款项的收据进行核销，如果发现已超过规定期限而未经核销的，要及时查询签收人。 7. 做好往来账户凭证的制作、电脑输入、记账和打印账簿工作。 8. 配合部门经理参与不定期的各部门备用金的检查工作。 9. 按合同或规定要计收利息的，应正确计息，一并在往来账项上计收，年终时抄列清单，与有关单位或个人核对，催收催结。
3	固定资产核算	1. 拟定固定资产管理与核算实施办法，划定固定资产与低值易耗品界限，编制固定资产目录。 2. 参与核定固定资产需用量及编制固定资产更新改造计划。 3. 办理固定资产购置、调入调出、价值重估、折旧、调整、内部转移、租赁、封存、出售及报废等会计手续。 4. 参与固定资产的清查盘点，做到账物相符。 5. 按制度规定计提固定资产折旧和大修理基金。 6. 负责对固定资产的明细核算和有关报表的编制。
4	存货核算	1. 会同有关单位拟定存货管理与核算实施办法。 2. 建立健全存货收发、保管和领用手续制度。 3. 根据需要及市场情况会同有关单位制定采购计划。 4. 审计存货采购用款计划，控制存货采购，掌握市场价格，审查发票等凭证，考核存货的消耗。 5. 建立存货明细登记账。 6. 参与存货的清查盘点。
5	工资薪金核算	1. 按计划控制工资总额的使用。 2. 审核发放工资、奖金。 3. 负责工资的明细核算。 4. 按规定计提应付福利费和工会经费等费用。
6	成本费用核算	1. 拟定成本核算办法。 2. 建立成本核算工作程序。 3. 编制成本费用计划。 4. 负责成本管理基础工作，掌握成本费用开支情况。 5. 核算产品成本和期间费用。 6. 登记成本费用明细账，按规定编制成本报表并进行分析且上报。 7. 协助管理在产品和自制半成品。 8. 考核、分析成本费用开支情况，积极挖潜节支，提出改进意见，努力降低成本费用支出。

续表

序号	岗 位	岗位职责及工作要求
7	财务成果核算及分配	1. 编制收入、利润计划，将年度利润指分解落实到单位。 2. 负责收入、利润明细核算，正确计算生产经营收入和其他收入。 3. 负责各项成本费用支出的审核和计算。 4. 准确计算利润，按制度计算和上交税。 5. 登记收入和利润明细账。 6. 编制收入和利润报表。 7. 负责利润分配的明细核算，编制利润分配表、股利分配表。 8. 协助有关部门对产成品进行清查盘点。 9. 考核、分析利润完成情况，积极挖潜节支，提出改进建议和措施，努力提高利润。
8	总账报表核算	1. 负责登记总账，核对账目，编制资金平衡表。 2. 负责编制资产负债表、利润表及现金流量表等财务报表。 3. 负责管理会计凭证和财务会计报表。

8.3　会计专业中等职业人才的典型职业能力分析

中职会计专业培养的是应用型会计人才，教学标准和课程设置标准应基于就业导向，体现就业岗位对学生能力的需要，才能进一步提高学生的知识、能力和素质，满足企业对会计人才能力的要求。

在需求调研的基础上，由企业专家参与，校企共同开展会计职业岗位职业能力分析，依据会计专业岗位群的岗位能力的要求，参照国家职业资格标准，以职业能力培养为核心，形成了基于具体工作项目、典型工作任务以及职业岗位能力的职业能力分析表。会计专业职业能力分析表的建立，为会计专业中高职衔接的课程体系的转换、教学标准的制定奠定了基础，同时也为核心课程标准的制定提供了参考和依据，从而最终实现职业教育以"就业为导向，以职业能力培养为重点"的人才培养目标。

会计专业职业能力分析表见表8-4。

表8-4　中职会计专业职业能力分析表[①]

工作项目/ 职业素养	工作任务/ 职业素养分类		职 业 能 力	学习水平(Li)
01　办理现金收付	01-01	收款	01-01-01　了解现金收入的管理规定。	L2
			01-01-02　审核收据/发票的准确性和完整性。	L2
			01-01-03　收款(根据收款单据)，并在收据/发票上签章，并加盖"现金收讫"章。	L2
			01-01-04　按规范方法熟练点钞，会鉴别人民币伪钞。	L2
			01-01-05　能熟练使用多功能防伪点钞机。	L2
			01-01-06　能熟练按面值整理现钞纸币，挑拣残币。	L2
			01-01-07　编制现金收款记账凭证。	L2

---

① 上海市中等职业教育课程教材改革办公室. 上海市中等职业学校会计专业教学标准[M]. 上海：华东师范大学出版社，2008: 165-182.

续表

工作项目/ 职业素养	工作任务/ 职业素养分类		职业能力		学习水平(Li)
01 办理现金收付	01-02	付款	01-02-01	熟悉现金支出的规定。	L2
			01-02-02	审核付款单据(根据财务制度、领导批示及会计签名)。	L2
			01-02-03	点钞、付款、经办人签收,并加盖"现金付讫"章。	L2
			01-02-04	编制现金付款记账凭证。	L2
	01-03	补充库存现金/送存超额库存现金	01-03-01	了解本企业库存现金限额管理规定,能执行库存现金限额制度及备用金制度。	L2
			01-03-02	有提款安全意识。	L2
			01-03-03	填制现金提款申请单。	L2
			01-03-04	填制现金支票(使用支票打印机)。	L2
			01-03-05	填制现金送款单,办理现金送存银行业务。	L2
			01-03-06	编制提现金、送现金记账凭证。	L2
02 办理银行结算	02-01	办理银行收款结算	02-01-01	会携营业执照、税务登记证、财务章、法定代表人印章、身份证复印件等办理银行开户、销户手续,填写《开立单位银行结算账户申请书》和《销户申请书》。	L2
			02-01-02	熟悉银行结算方式的种类(支票、银行本票★、汇兑、委托收款、银行汇票、托收承付★、商业汇票★)及其适用范围、结算程序和基本规定。	L2
			02-01-03	能熟练审核处理银行转来的收款通知或电划代收报单。	L2
			02-01-04	熟练填写委托收款凭证。	L2
			02-01-05	收到支票、银行汇票、银行本票、商业汇票★后,填制进账单,委托银行收款,拿回回单并登记票据传递登记本。	L2
			02-01-06	编制银行收款记账凭证。	L2
	02-02	办理银行付款结算	02-02-01	会按规定到银行办理购买支票手续。	L2
			02-02-02	会登记支票使用登记簿。	L2
			02-02-03	根据合同文件办理付款,审核内容真实/完整。	L2
			02-02-04	会规范填制转账支票、信汇凭证★、电汇凭证、银行本票委托书、银行汇票委托书和商业汇票等结算单据,办理转账付款。	L2
			02-02-05	能熟练审核银行转来的付款通知,及时付款和追收发票。	L2
			02-02-06	编制银行付款记账凭证。	L2
	02-03	办理网上银行结算	02-03-01	登记注册网上银行。	L2
			02-03-02	掌握网上银行结算制度。	L2
			02-03-03	熟悉网上银行结算程序。	L2
			02-03-04	会网上银行结算业务及账单查询。	L2
			02-03-05	会网上银行结算账单打印、备份。	L2
			02-03-06	有信息安全意识。	L2

工作项目/ 职业素养	工作任务/ 职业素养分类		职业能力	学习水平(Li)
02 办理银行结算	02-04 外汇结算与管理	02-04-01	能开立外汇存款户,能办理转户与闭户手续★。	L3
		02-04-02	能根据单位业务需要,快速、准确的折算本位币★。	L3
		02-04-03	能根据审核无误的外币购销业务原始凭证,编制银行存款(外币户)收付凭证★。	L3
		02-04-04	能及时办理结汇、购汇、付汇★。	L3
		02-04-05	能根据审核无误的银行存款(外币户)收付凭证,规范入账★。	L3
03 登记现金、银行存款日记账	03-01 登记库存现金日记账	03-01-01	能根据审核无误的现金收、付款凭证规范登记库存现金日记账。	L2
		03-01-02	能规范结账,并进行每日现金清点。	L2
	03-02 登记银行存款日记账	03-02-01	设置银行日记账(按账号)。	L2
		03-02-02	能根据审核无误的银行存款收、付款凭证规范登记各账号银行存款日记账。	L2
		03-02-03	能规范结账。	L2
		03-02-04	平衡各用途账户余额。	L2
	03-03 编制资金日报表	03-03-01	能根据现金、银行存款日记账的核算资料定期编制现金、银行存款出纳报告单和资金日报表。	L2
		03-03-02	能配合总账会计核对现金、银行存款日记账的期末余额。	L2
04 出纳盘点与资料保管	04-01 现金的保管及盘点	04-01-01	按规章制度保管好企业的现金、票据、财务印章。	L2
		04-01-02	能严格执行现金清查盘点制度。	L2
		04-01-03	按期调换保险箱密码,熟知出纳业务操作中的风险防范方法。	L2
		04-01-04	每天清点现金、结账、核对,熟悉现金差错的查找方法。	L2
		04-01-05	月终编制盘点表,并根据不符情况做相关账务处理。	L2
	04-02 编制银行存款余额调节表	04-02-01	能完成银行存款日记账对账工作。	L2
		04-02-02	查找差错,按规范处理。	L2
		04-02-03	编制银行存款余额调节表(月末)。	L2
	04-03 有价证券、票据的管理	04-03-01	了解企业有价证券管理的规定。	L2
		04-03-02	会保管企业有价值证券、空白票据。	L2
		04-03-03	能配合总账会计定期核对。	L2
		04-03-04	会办理有关重要票据领用手续。	L2
	04-04 资料的保管与交接	04-04-01	熟悉出纳归档资料的范围。	L2
		04-04-02	能熟练整理出纳归档资料,并妥善保管。	L2
		04-04-03	熟悉出纳归档资料的移交、调阅、销毁的时限、手续。	L2
		04-04-04	熟悉出纳工作交接的规章制度及基本要求。	L2
		04-04-05	能按规定进行出纳工作的交接。	L2

续表

工作项目/ 职业素养	工作任务/ 职业素养分类		职业能力		学习水平(Li)
05 保管库存物资	05-01	堆放物资	05-01-01	确定物资分类标准。	L2
			05-01-02	堆放物资。	L2
			05-01-03	设立标签。	L2
	05-02	物品养护	05-02-01	进行环境控制(温度、湿度的控制)。	L2
			05-02-02	会使用灭火器。	L2
			05-02-03	定期查验储存期限,反馈信息给物资部门。	L2
	05-03	建立仓库管理明细账(卡)	05-03-01	设立物资明细账(卡)。	L2
06 收发物资	06-01	入库	06-01-01	收货、堆放。	L2
			06-01-02	核对送货单,单货不符通知采购部门。	L2
			06-01-03	填写进仓单。	L2
			06-01-04	根据进仓单登记明细账(卡)。	L2
	06-02	发货	06-02-01	接受出仓指令(取得或填写出仓单据)。	L2
			06-02-02	确认单据、单货核对。	L2
			06-02-03	发货(先进先出)。	L2
			06-02-04	根据出仓单登记明细账(卡)。	L2
	06-03	期末装订、保管原始单证	06-03-01	装订单据。	L2
			06-03-02	保管单据。	L2
07 盘点物资	07-01	清点物资	07-01-01	清点库存实物数量。	L2
			07-01-02	使用计量工具(地磅、台秤、尺等)。	L2
	07-02	计算账存量	07-02-01	核对账(卡)单。	L2
			07-02-02	计算账面存量。	L2
	07-03	账物核对	07-03-01	实地盘点,核对账(卡)物。	L2
			07-03-02	填制盘盈盘亏报告表并说明原因。	L2
			07-03-03	填写仓库月度报表。	L2
08 提供储备量信息	08-01	定期检查及反馈	08-01-01	查看账、物。	L2
			08-01-02	实存量与最佳储存量对比。	L2
			08-01-03	反馈异常信息。	L2
	08-02	呆滞品及破损品管理	08-02-01	处置呆滞品、破损品。	L2
09 填制、审核凭证	09-01	填制、审核原始凭证	09-01-01	会规范填制常用原始凭证。	L3
			09-01-02	审查原始凭证合法性、合理性。	L3
	09-02	填制记账凭证	09-02-01	判断经济业务。	L3
			09-02-02	填制记账凭证。	L3
	09-03	审核记账凭证	09-03-01	审核记账凭证准确性。	L3

续表

工作项目/职业素养		工作任务/职业素养分类		职业能力	学习水平(Li)
09	填制、审核凭证	09-04	编制试算平衡表或科目汇总表	09-04-01 汇总各会计科目的本期发生额,编制试算平衡表或科目汇总表。	L3
10	登记账簿	10-01	启用账簿	10-01-01 会按照账簿格式要求准备账页。	L3
				10-01-02 熟悉常用的会计科目,根据企业情况建立总账、明细账。	L3
				10-01-03 会填制账簿启用表,能在账簿启用前对账簿、注册资金贴花。	L3
				10-01-04 会登记《账户目录》,并粘贴索引纸。	L3
		10-02	登账	10-02-01 规范逐笔登记明细账。	L3
				10-02-02 会根据科目汇总表或记账凭证规范登记总账。	L3
				10-02-03 会正确进行账页转页处理。	L3
				10-02-04 会运用各种错账更正方法更正错账。	L3
		10-03	对账	10-03-01 会对总账进行试算平衡。	L3
				10-03-02 核对总账与所属明细账的发生额及余额。	L3
				10-03-03 核对总账与日记账。	L3
		10-04	结账	10-04-01 月末、季末、年末能规范结账。	L3
				10-04-02 知道账簿年末封账的要求,会进行年末封账的具体操作。	L3
		10-05	账簿交接	10-05-01 能按规定进行记账工作的交接。	L3
11	编制报表	11-01	编制会计报表	11-01-01 了解财务会计报表的构成及编制要求。	L3
				11-01-02 熟悉资产负债表编制原理、基本结构和编制方法,能编制资产负债表。	L3
				11-01-03 熟悉利润表编制原理、基本结构,能编制利润表。	L3
		11-02	编制统计报表	11-02-01 认识企业统计工作。	L3
				11-02-02 会做统计调查及整理资料。	L3
				11-02-03 编制企业职工人数相关统计表。	L3
				11-02-04 编制职工工资相关统计表。	L3
				11-02-05 编制企业劳动时间相关统计表。	L3
				11-02-06 编制生产相关统计表。	L3
12	审核	12-01	审核业务处理的合法性	12-01-01 检查是否符合会计法。	L3
				12-01-02 检查是否符合会计准则。	L3
				12-01-03 检查是否符合税法。	L3
				12-01-04 检查是否符合内部会计控制制度。	L3
		12-02	配合内审和外审工作	12-02-01 提供账册、凭证、报表。	L3
				12-02-02 解释执行政策的说明。	L3
				12-02-03 解释账务处理。	L3
				12-02-04 监盘。	L3

续表

工作项目/ 职业素养	工作任务/ 职业素养分类		职业能力	学习水平(Li)
13 核算财产物资	13-01 核算存货	13-01-01	会审核汇编材料采购用款计划,控制材料采购成本。	L3
		13-01-02	掌握存货发出的各种计算方法。	L3
		13-01-03	会按实际成本核算材料收、发、存。	L3
		13-01-04	会核算周转材料收、发、存。	L3
		13-01-05	会核算库存商品收、发、存。	L3
		13-01-06	会核算批发商品进、销、存。	L3
		13-01-07	会核算零售商品进、销、存。	L3
	13-02 核算固定资产	13-02-01	会核算企业增加的固定资产。	L3
		13-02-02	计算固定资产折旧,编制固定资产折旧表,并进行账务处理。	L3
		13-02-03	会核算固定资产后续支出★。	L3
		13-02-04	会核算固定资产经营租赁★。	L3
		13-02-05	会核算固定资产处置及清理★。	L3
		13-02-06	会填写固定资产卡片。	L3
		13-02-07	会核算固定资产对外投资业务。	L3
		13-02-08	会处理固定资产调拨。	L3
	13-03 核算在建工程	13-03-01	会核算在建工程支出。	L3
		13-03-02	在建工程完工结算,转入固定资产及账务处理。	L3
	13-04 核算无形资产	13-04-01	会核算无形资产取得,能正确处理研发费用★。	L3
		13-04-02	会核算无形资产摊销★。	L3
		13-04-03	会核算无形资产出售★。	L3
		13-04-04	会核算无形资产出租。	L3
	13-05 财产物资清查	13-05-01	能根据实际情况选用实存盘存制度(永续盘存制、实地盘存制)。	L3
		13-05-02	能实地盘点存货、固定资产、编制资产盘存表。	L3
		13-05-03	会编写资产盘盈、盘亏原因分析报告并报批。	L3
		13-05-04	会处理盘盈、盘亏存货、固定资产★。	L3
	13-06 其他长期资产核算	13-06-01	会办理投资性房地产业务,并进行账务处理。	L3
		13-06-02	会办理经营租赁固定资产大修理费用的核算。	L3
14 核算职工薪酬	14-01 整理、审核薪酬资料	14-01-01	收集人员变动情况表(调入调出、离退休、临聘)。	L3
		14-01-02	接受并审核人事部门考勤表。	L3
		14-01-03	接受并审核人事部门工时表,取得产量统计资料。	L3
	14-02 计算工资	14-02-01	计算每个职工的工资(计时、计件)及各项补助、奖金。	L3
		14-02-02	计算每个职工的"五险一金"(养老金、失业、工伤、生育医疗保险和住房公积金)、个人所得税等扣款。	L3
		14-02-03	编制工资结算表、工资结算汇总表。	L3
	14-03 发放工资	14-03-01	提现金、分发入工资袋或导盘给银行。	L3
		14-03-02	职工签收。	L3
		14-03-03	工资结算的账务处理。	L3

续表

工作项目/ 职业素养	工作任务/ 职业素养分类		职业能力	学习水平(Li)
14 核算职工薪酬	14-04	分配职工薪酬	14-04-01 编制工资分配表。	L3
			14-04-02 分配工资的账务处理。	L3
			14-04-03 计提、支付工会经费账务处理。	L3
			14-04-04 分配企业负担的"五险一金"(养老、失业、医疗、生育、工伤保险和住房公积金)的账务处理。	L3
			14-04-05 支付和分配教育经费、福利费。	L3
			14-04-06 核算非货币性薪酬。	L3
15 核算成本	15-01	归集与分配直接计入费用	15-01-01 归集与分配直接材料费用。	L4
			15-01-02 归集与分配外购动力费用。	L4
			15-01-03 归集与分配直接人工费用。	L4
	15-02	归集与分配间接计入费用	15-02-01 计提折旧费。	L4
			15-02-02 归集与分配辅助生产费用。	L4
			15-02-03 归集与分配制造费用。	L4
	15-03	计算产品成本	15-03-01 按产品"品种"计算成本。	L4
	15-04	成本报表编制与分析	15-04-01 主要产品成本报表的编制。	L4
16 核算财务成果	16-01	核算销售收入	16-01-01 核算日常销售业务。	L3
			16-01-02 核算委托代销业务。	L3
			16-01-03 核算劳务收入业务。	L3
			16-01-04 核算让渡资产使用权收入业务。	L3
	16-02	核算费用	16-02-01 核算期间费用。	L3
	16-03	结转损益	16-03-01 结转收入。	L3
			16-03-02 结转成本费用。	L3
			16-03-03 核算并结转营业外收支。	L3
			16-03-04 计算和结转企业所得税(确定暂时性差异,并计算递延所得税资产和递延所得税负债)。	L3
			16-03-05 计算和结转企业所得税(应付税款法)。	L3
			16-03-06 结转本年利润。	L3
	16-04	分配利润	16-04-01 提取盈余公积。	L3
			16-04-02 向投资者分配利润。	L3
			16-04-03 支付利润。	L3
			16-04-04 核算未分配利润。	L3
17 核算成本	17-01	核算收到投资	17-01-01 核算收到的货币投资★。	L3
			17-01-02 核算收到的固定资产投资★。	L3
			17-01-03 核算无形资产投资★。	L3
			17-01-04 核算存货投资★。	L3
	17-02	核算银行借款	17-02-01 核算短期借款。	L3
			17-02-02 核算长期借款。	L3
			17-02-03 计算和核算应付利息(借款利息费用化)。	L3
			17-02-04 核算还本、付息。	L3

续表

工作项目/职业素养	工作任务/职业素养分类		职业能力	学习水平(Li)
18 核算往来款	18-01 与供应商的结算	18-01-01	了解应付账款的概念和功能。	L3
		18-01-02	能处理现金折扣的应付账款业务★。	L3
		18-01-03	预付账款货物的核算。	L3
		18-01-04	能定期、准确与供应商进行往来对账。	L3
		18-01-05	能计算应付票据的利息,并进行应付票据的账务处理。	L3
	18-02 与客户的结算	18-02-01	了解应收账款的概念和功能。	L3
		18-02-02	能处理带有销售折让和现金折扣的应收账款业务★。	L3
		18-02-03	预收账款货物的结算。	L3
		18-02-04	能计算应收票据的利息及贴现额,并进行应收票据的账务处理(含有银行追溯权、无银行追溯权)。	L3
	18-03 与税务部门的核算	18-03-01	能准确计提和缴纳增值税和消费税以及城建税、教育费附加等各种税费的税款。	L3
		18-03-02	按时缴交社会保险费和住房公积金(含单位缴费、职工个人缴费)。	L3
	18-04 其他往来的核算	18-04-01	能够填写、审核借款单、报销单,备用金借款、报销的核算。	L3
		18-04-02	住房公积金的核算。	L3
		18-04-03	暂收款、暂付款等核算。	L3
	18-05 核对购销往来款	18-05-01	会使用"询证函"监控和核销往来款项。	L3
		18-05-02	能按照规范要求进行明细账与总账核对。	L3
		18-05-03	能处理坏账业务。	L3
19 核算对外投资	19-01 对外投资	19-01-01	短期投资的核算。	L3
20 会计档案保管	20-01 整理、装订资料	20-01-01	能规范和及时整理相关业务的凭证、单据并装订成册(打印)。	L1
		20-01-02	催交到期的各种有关的软盘资料和账表凭证等会计档案资料。	L1
		20-01-03	能规范和及时整理账簿档案(按年贴花)。	L1
		20-01-04	月(年)末按顺序装订报表。	L1
		20-01-05	编制会计档案案卷目录表,统一分类排序归档。	L1
		20-01-06	做好会计档案整理立卷工作,整理会计档案,办理借阅手续。	L1
	20-02 保管档案	20-02-01	了解会计档案管理规定,做好安全防范,严格遵守公司财务保密制度,加强会计资料的保密工作。	L1
		20-02-02	按规定保管会计档案。	L1
		20-02-03	存档保管微机系统的各类数据、软盘、光盘。	L1
		20-02-04	退回、更正不符会计档案管理制度的归档档案。	L1
		20-02-05	到期移交会计账册、凭证、报表和资料。	L1
		20-02-06	到期办理核销手续(主管部门、税务局)。	L1

续表

工作项目/ 职业素养		工作任务/ 职业素养分类		职业能力	学习水平(Li)
21	非企业组织会计核算	21-01	非企业组织会计核算	21-01-01 理解非营利组织会计核算内容和方法。	L3
22	收益分配管理	22-01	分析企业内部资金需求	22-01-01 能够提出内部资金需求。	L5
		22-02	提出利润分配方案	22-02-01 能够计算可供分配的收益。	L5
				22-02-02 能够提出利润分配初步方案。	L5
23	制度建设	23-01	草拟制度	23-01-01 了解行业及企业情况。	L4
				23-01-02 了解政策法规。	L4
				23-01-03 编制财务制度。	L4
24	会计信息系统处理	24-01	维护与更新	24-01-01 能根据会计制度的变化及业务和管理需要提出会计信息系统调整的建议。	L3
				24-01-02 能采取恰当的方法保证会计信息系统的安全。	L3
25	制定内部控制管理办法	25-01	认识公司内部控制	25-01-01 能全面了解公司内部控制体系。	L3
				25-01-02 能够根据内部控制理论,了解公司内部控制的发展和现状。	L3
				25-01-03 能够根据内部控制理论,了解公司内部控制的目标和要求。	L3
		25-02	设计内控管理办法	25-02-01 能根据公司治理要求,设计内部控制制度。	L3
26	办理纳税业务	26-01	办理纳税登记	26-01-01 熟悉企业开业、变更、停业、注销等税务登记流程。	L1
				26-01-02 知道税务登记流程及必备资料。	L1
				26-01-03 会填写办理税务登记的资料。	L1
				26-01-04 会办理税务登记的手续。	L1
				26-01-05 领取或回缴相关证照。	L1
		26-02	管理发票	26-02-01 了解发票管理办法,送旧发票查验(验旧供新)。	L2
				26-02-02 填写发票使用表、购买发票。	L2
				26-02-03 熟悉增值税发票管理要求,按规定管理增值税发票。	L2
				26-02-04 会使用防伪控制系统开具增值税发票。	L2
				26-02-05 会使用电子发票系统开具地税电子发票。	L2
				26-02-06 送税局录入盘。	L2
		26-03	纳税计算申报	26-03-01 熟悉网上报税、电话报税程序及操作。	L3
				26-03-02 熟悉增值税、消费税、企业所得税和个人所得税、城市维护建设税、教育费附加等税费相关法规,会准确计算应纳税额。	L3
				26-03-03 会计算其他税收应纳税额。	L3
				26-03-04 按时申报增值税、消费税、个人所得税、城市维护建设税、教育费附加、企业所得税,会填写相关申报表。	L3
		26-04	缴纳税费	26-04-01 熟悉缴纳常见税种的手续、时间。	L3
				26-04-02 会规范填制常见税种缴款凭证并缴纳税金。	L3

续表

工作项目/ 职业素养	工作任务/ 职业素养分类		职 业 能 力	学习水平(Li)
26 办理纳税业务	26-05	认识公司内部控制	26-05-01 递交会计师事务所所需相关凭证、申报表。	L3
			26-05-02 提交税局所需企业享受税收优惠政策的备案资料。	L3
			26-05-03 核实会计师事务所出汇算清缴报告的数据。	L3
			26-05-04 提交汇算清缴报告及申报表。	L3
	26-06	办理纳税登记	26-06-01 知晓办税大厅的岗位设置,实施相应工作联系。	L1
			26-06-02 填写《税务登记年检表》。	L1
			26-06-03 提供资料办理年检(税务登记证、营业执照、法人身份证、代码证)。	L1
			26-06-04 填写《税务登记变更表》。	L1
			26-06-05 提供资料办理年检和变更(税务登记证、营业执照、法人身份证、代码证)。	L1
27 分析市场	27-01	了解顾客群	27-01-01 分析消费者观念。	L1
			27-01-02 分析购买欲望、动机、能力、方式、地点、时机。	L1
	27-02	进行市场调查	27-02-01 进行问卷调查。	L1
			27-02-02 进行实验调查(试用、品尝等)。	L1
			27-02-03 整理调查资料。	L1
			27-02-04 撰写调查报告。	L1
	27-03	编制营销计划	27-03-01 统计相关数据。	L1
			27-03-02 分析营销现状。	L1
			27-03-03 发现问题与机会。	L1
			27-03-04 确定营销目标。	L1
			27-03-05 运用营销策略,编写营销计划书。	L1
28 接待客户	28-01	了解客户背景	28-01-01 搜集客户信息。	L1
			28-01-02 确定客户基本情况内容。	L1
			28-01-03 设计客户基本情况表。	L1
			28-01-04 填写客户基本情况表。	L1
	28-02	建立客户信息资料库	28-02-01 确定客户信息资料内容。	L1
			28-02-02 编制客户信息档案表。	L1
			28-02-03 分类管理客户信息档案表(更新、补充信息资料)。	L1
	28-03	接待客户	28-03-01 办理预约。	L1
			28-03-02 问候来访者,询问来访目的。	L1
			28-03-03 介绍(自我介绍、为别人做介绍)。	L1
			28-03-04 引领、奉茶。	L1
			28-03-05 安排相关人员接见。	L1
			28-03-06 安排会议、用餐、住宿、接送等。	L1
			28-03-07 送客。	L1
	28-04	接听电话	28-04-01 使用电话规范用语。	L1
			28-04-02 询问来电事由,并做电话记录。	L1
			28-04-03 转交来电记录。	L1

第 8 章 会计行业发展与会计专业能力需求分析

续表

工作项目/职业素养		工作任务/职业素养分类		职业能力	学习水平(Li)
28	接待客户	28-05	网络接待	28-05-01 使用网络语言。	L1
				28-05-02 了解客户需求。	L1
				28-05-03 解答客户问题。	L1
29	签订协议	29-01	洽谈	29-01-01 准备资料。	L1
				29-01-02 确定谈判策略。	L1
				29-01-03 介绍和展示商品。	L1
		29-02	签订购销合同	29-02-01 掌握库存量。	L1
				29-02-02 确定购销合同款，并签订合同。	L1
				29-02-03 存档。	L1
		29-03	跟踪合同履行情况	29-03-01 填写合同跟踪记录表。	L1
				29-03-02 及时反馈合同履行情况。	L1
30	追收货款	30-01	送发票	30-01-01 定期收取对账单。	L1
				30-01-02 取得发票并送交客户。	L1
		30-02	收取货款	30-02-01 审核结算票据。	L1
				30-02-02 识别假钞、点钞。	L1
31	执行销售政策	31-01	执行销售政策	31-01-01 确定赊销范围。	L1
				31-01-02 计算折扣、折让。	L1
				31-01-03 计算返利。	L1
32	售后服务	32-01	收集反馈意见	32-01-01 进行访谈(电话等)，跟踪产品质量。	L1
				32-01-02 收集反馈意见(顾客、经销商)，填写反馈意见表。	L1
				32-01-03 转达顾客意见，撰写意见处理报告。	L1
		32-02	保持长期联系	32-02-01 电话感谢，登门拜访。	L1
				32-02-02 定期寄明信片、贺卡，赠送小礼品。	L1
33	收银	33-01	执行公司收银规范要求	33-01-01 做好客户接待工作(一般服务对象、特殊工种服务)。	L1
				33-01-02 主动服务和解答顾客咨询。	L1
				33-01-03 及时上报客户投诉和各类突发事件。	L1
		33-02	为客户提供结账服务	33-02-01 执行公司POS收款流程的管理规范。	L1
				33-02-02 按规范要求受理现金(订金)、卡、支票、券、有价证券。	L1
				33-02-03 根据公司发票管理规范，为客户开具销售发票。	L1
				33-02-04 发放促销礼品、礼券。	L1
				33-02-05 每日打印统计销售明细表。	L1
				33-02-06 每日统计交接班现金报表、营业报表，核对无误后上交。	L1
		33-03	安全综合管理	33-03-01 做好日常及节假日安全检查工作。	L1
				33-03-02 落实收款员交接班工作。	L1
				33-03-03 做好现金(订金)、支票、卡、券、有价证券等安全管理。	L1
				33-03-04 简单维护、保养收款机、POS机系统。	L1

续表

工作项目/职业素养	工作任务/职业素养分类		职业能力		学习水平(Li)
34 办理工商登记	34-01	年检	34-01-01	填写年检表，进行网上年检。	L1
			34-01-02	提交年度资产负债表、利润表。	L1
			34-01-03	通过网上初审，去工商局办理手续(带营业执照正、副本)。	L1
	34-02	变更	34-02-01	填写变更表	L1
			34-02-02	提交变更相关资料(股东会决议或董事会决议、章程修正案、营业执照正、副本、经办人身份证等)。	L1
			34-02-03	领取变更确认书(凭回执)。	L1
	34-03	注销	34-03-01	填写注销登记表、备案登记表。	L1
			34-03-02	提交审计报告、国税、地税完税通知书。	L1
			34-03-03	去工商局办理注销。	L1
35 社保申报	35-01	申报及变更	35-01-01	能根据人事档案购买社保(网上、社保局前台办理)。	L1
			35-01-02	会填写增减员表，办理增减员手续。	L1
			35-01-03	会办理个人信息变更。	L1
	35-02	社保申领	35-02-01	会办理基本养老保险待遇申领手续。	L1
			35-02-02	会办理基本医疗保险待遇申领手续。	L1
			35-02-03	会办理失业保险待遇申领手续。	L1
			35-02-04	会办理生育保险待遇申领手续。	L1
			35-02-05	会办理工伤保险待遇申领手续。	L1
36 文件发放、存档	36-01	拟定文件	36-01-01	拟定文字稿(依据领导要求)。	L1
			36-01-02	交领导审阅。	L1
			36-01-03	编号，并确定保密级别。	L1
	36-02	发放文件	36-02-01	发送(E-mail、复印、传真、传阅、张贴)。	L1
			36-02-02	使用办公设备及办公软件(传真机、复印机、扫描仪、互联网通讯)。	L1
	36-03	文件存档	36-03-01	(将文件)分类、立卷、装订归档。	L1
			36-03-02	存放指定地点。	L1
37 会议工作	37-01	筹备会议	37-01-01	发送会议通知。	L1
			37-01-02	落实与会人员。	L1
			37-01-03	制发会议的姓名卡片和证件。	L1
			37-01-04	打印会议议程和会议日程(按领导意图)。	L1
			37-01-05	准备会议所需用品和设备。	L1
			37-01-06	主席台领导、嘉宾位置排列。	L1
	37-02	进行会议服务	37-02-01	签到、引导就座。	L1
			37-02-02	分发文件。	L1
			37-02-03	承担会议记录。	L1
			37-02-04	供应茶水、点心。	L1
	37-03	售后工作	37-03-01	清理会议文件，整理会议室。	L1
			37-03-02	整理会议文件。	L1
			37-03-03	撰写会议简讯。	L1
			37-03-04	立卷归档。	L1

续表

工作项目/职业素养	工作任务/职业素养分类	职业能力		学习水平(Li)
38 职业素养	38-01 职业生涯规划与发展	38-01-01	能解释会计工作者所拥有的权利和承担的责任。	L1~4
		38-01-02	能根据职业理想设计会计职业中的通道。	L1~4
		38-01-03	养成良好的学习习惯和方法。	L1~4
		38-01-04	能根据企业或单位的发展趋势适时地调整自己角色与地位并明确相应的权利、义务和责任。	L1~4
		38-01-05	能根据会计岗位需要不断完善知识和能力结构，从事相应的会计工作。	L1~4
		38-01-06	展示出能履行岗位工作职责的能力和相应体能。	L1~4
		38-01-07	了解我国及国际主要会计职业各层次所需的资格证书及认证。	L1~4
		38-01-08	了解我国及国际会计职业发展动态。	L1~4
		38-01-09	能使用外语交流。	L1~4
	38-02 法律意识	38-02-01	能概述会计法律制度。	L1~4
		38-02-02	能概述金融法律制度。	L1~4
		38-02-03	能概述税收法律制度。	L1~4
		38-02-04	能概述其他与会计职业相关的法律制度。	L1~4
		38-02-05	能正确选择解决经济纠纷的途径和方式。	L1~4
		38-02-06	能按照会计职业道德要求完成岗位职责要求的工作任务。	L1~4
		38-02-07	能区别会计法规和职业道德的问题。	L1~4
		38-02-08	能解释并遵守、执行现行的会计法律法规和制度。	L1~4
		38-02-09	能权衡道德和不道德行为可能引起的后果。	L1~4
		38-02-10	能权衡合法与违法可能引起的后果。	L1~4
	38-03 安全意识	38-03-01	记住并执行企业或单位的安全管理法规、条例。	L1~4
		38-03-02	能阐述并实施本企业或单位在一系列紧急情况下的应急方案。	L1~4
		38-03-03	懂得国家及当地关于员工的安全、健康和环境保护方面的法规、条例。	L1~4
		38-03-04	懂得对工作场所有用的通用标志和符号。	L1~4
		38-03-05	懂得并执行岗位要求的安全、保密规则与纪律。	L1~4
		38-03-06	养成有益于形成健康环境的行为。	L1~4
		38-03-07	懂得正确使用并维护企业或单位的安全设施设备。	L1~4
	38-04 责任意识	38-04-01	清晰领悟上级指令，及时按质完成任务。	L1~4
		38-04-02	具备服务意识。	L1~4
		38-04-03	能主动承担任务、任劳任怨。	L1~4
		38-04-04	能主动提出合理化建议，解决工作中遇到的问题。	L1~4
		38-04-05	能成为问题的解决者，而不是制造者。	L1~4

续表

工作项目/职业素养	工作任务/职业素养分类		职业能力	学习水平(Li)
38 职业素养	38-05 沟通与交流	38-05-01	能通过询问和积极聆听取得、捕获有效信息。	L1~4
		38-05-02	能通过书面形式交流分享信息。	L1~4
		38-05-03	能针对相关咨询进行有效解释。	L1~4
		38-05-04	能清晰准确地汇报工作或明确地下达工作任务。	L1~4
		38-05-05	能针对某主题进行演讲并运用现代多媒体技术演示自己的观点和思想。	L1~4
		38-05-06	能运用网络和现代通信设备与他人进行联系、交流、对话。	L1~4
		38-05-07	能有效参与各类会议交流并能准确表达自己的观点和倾听、理解他人的意见。	L1~4
		38-05-08	能根据情境进行分析判断,及时将信息反馈给相关人员。	L1~4
	38-06 思维与判断	38-06-01	能根据某主题需要搜集一、二手资料信息。	L1~4
		38-06-02	能根据某主题需要整理、归纳、分析相关资料信息。	L1~4
		38-06-03	针对业务问题具有职业甄别判断能力。	L1~4
		38-06-04	能针对意外事件和情况进行有效评估和调整工作计划。	L1~4
		38-06-05	能针对问题进行思考并提出有效解决方案。	L1~4
		38-06-06	具有对事物发展趋势的明辨能力。	L1~4
		38-06-07	针对业务问题具有一定的逻辑、演绎思维能力以及矫正能力。	L1~4
		38-06-08	具有自我评价和自我反省的能力。	L1~4
	38-07 团队合作	38-07-01	具有合作精神和团队意识。	L1~4
		38-07-02	懂得履行作为团队成员的职责。	L1~4
		38-07-03	养成在团队中互相配合工作的能力。	L1~4
		38-07-04	能运用技巧来启发鼓励团队成员进取。	L1~4
		38-07-05	能协调团队内部的工作进度和分工合作。	L1~4
		38-07-06	能化解团队内部的冲突从而保持工作效率。	L1~4
	38-08 文案写作	38-08-01	具备文书管理及文字处理能力。	L1~4
		38-08-02	能根据需要撰写联系业务的往来文书。	L1~4
		38-08-03	能根据要求撰写工作计划、总结。	L1~4
		38-08-04	能根据搜集整理后的资料信息以及有关主题撰写调查报告、研究报告。	L1~4
		38-08-05	能参与规划并撰写工作方案。	L1~4
	38-09 数字应用	38-09-01	能准确计算数字。	L1~4
		38-09-02	能掌握基本的数字运算技巧。	L1~4
		38-09-03	能对数据进行评价和分析。	L1~4
		38-09-04	能使用 Excel 表对数字进行处理。	L1~4
		38-09-05	培养对数字的敏感性。	L1~4

第8章 会计行业发展与会计专业能力需求分析

续表

工作项目/ 职业素养	工作任务/ 职业素养分类		职业能力	学习水 平(Li)
38	38-10	基本会计技能	38-10-01 阿拉伯数字书写规范。	L1~4
			38-10-02 大写数字书写规范。	L1~4
			38-10-03 掌握账表算和传票算方法技巧。	L1~4
			38-10-04 掌握小键盘录入方法技巧。	L1~4
			38-10-05 掌握单指单张点钞方法。	L1~4
			38-10-06 掌握多指多张点钞方法。	L1~4

注：1. ★表述不经常出现的业务。
　　2. "学习水平"中的 Li 与职业能力分布中的职业发展层级相对应。

拓展阅读

拓展阅读一　我国会计行业特点和发展趋势分析

会计是现代服务业的重要行业，关系到经济发展和经济安全。近年来，随着会计制度的日益完善，社会对于会计人员的高度重视与严格的职业诉求，会计这个行业的人才要求也越来越高。目前我国会计行业特点和发展趋势分析详情如下。

会计行业以其低风险、高稳定、需求大、薪资高等特点，被称作"金饭碗"、越老越吃香的热门职业，是今后 30 年国家重点推动的行业。

据教育部高等教育司公布调查显示：全国就业率较低的本科专业名单中没有财会类专业。

我国会计行业特点分析。

在当前这个高度信息化的社会，一名优秀的财会人员在掌握会计核算知识的同时，也需要具备良好的沟通能力和协作能力，能够在筹资理财等方面为单位提供建设性、可操作性建议和信息。我国会计行业具有以下三个特点。

一、会计行业门槛低

会计是一个非常讲究实际经验和专业技巧的职业，它的入职门槛相对比较低，但想要得到好的发展，就要注意在工作中积累经验，不断提高专业素质和专业技能，开拓自己的知识面。

二、会计行业就业机会多

会计工作性质稳定，就业机会普遍。由于职业的特殊性，公司不可能经常更换会计人员，因此财会人员的流动性特别小。通过几次经济危机可以看出，多数企业非会计岗位裁员率平均在 50%以上，财务部门的裁员率一般不超过 1%。

三、会计职业发展前景好

会计职业发展前景好，越老越吃香。以会计作为职业你会获益很多，其中最重要的是，你可以了解企业到底是如何运作的。会计领域为从业者提供了不断变化并富有挑战性的工作。所以很多商界成功人士最早都是从事会计工作的,同时,很多大企业的财务总监必须具有会计的背景。在国际 500 强公司,40%以上的高级管理人员出身财务管理部门,有的甚至出任企业总裁。

从会计行业发展趋势来看,有企业产生,就有对会计的需求,所以,会计是一个永不衰退的产业。通过中国报告大厅发布的 2016—2021 年中国会计服务行业发展分析及投资潜力研究报告显示,当前我国会计行业发展过程中也存在一些问题,一方面普通会计人才严重饱和,另一方面高级会计人才严重短缺,甚至需要从其他国家引进。因此高端会计师将是未来企业和国家重点需要的对象。

拓展阅读二　中国会计市场就业前景分析

会计行业入行容易,注重经验,随着年龄和经验的增长,越老越吃香。这也是很多人选择会计行业的一个重要因素。目前中国会计市场专业就业前景的分析如下。

会计人员要运用会计语言将企业的经营数据汇总体现,报告给管理层,提供辅助分析等。会计人才需求量大,工作机会多,是求职的热门职业之一。据中国报告大厅发布的 2016—2021 年会计服务行业市场竞争力调查及投资前景预测报告显示,由于高端人才缺乏,普通人才供过于求,会计人员的收入差异也是比较明显的。

1. 内资企业对会计人才的需求量是最大的,也是目前会计毕业生的最大就业方向。但是其待遇、发展欠佳。

2. 大部分外资企业在同等岗位上的待遇都远远高出内资企业。更重要的是,外资企业的财务管理体系和方法都比较成熟,对新员工一般都会进行一段时间的专业培训,但其要求较高的英语水平。薪金方面也比内地企业高,同时,绝大部分外企能够解决员工的各种保险以及住房公积金。

3. 最近,法律+财务的财务会计也很受上市公司和外资企业欢迎。所以,选修了法律专业并有所成就或拿到法学第二学位的同学,其发展前途也很光明。

4. 事务所的待遇虽低,且有时加班还不给加班费,杂事多……但是在那里能学到很多东西,也能充分锻炼能力。虽然有的小会计事务所月薪只有 1 000 元,但大一点的也有 3 000 元左右,外资大所实习生(试用期)则大部分能拿到 5 000 元以上。

作为会计人要想晋升就要提高自己的组织领导能力。因为晋升为主管后就要组织协调整个部门的财务工作,因此,要想晋升就要提前了解财务部门所有的工作内容、工作流程以及协调方法。不仅自己要很好地完成工作,还要让其他人员也要完成各自的工作,发挥好每个人的价值,掌握好整个部门的工作节奏。因此,提高自己的组织领导能力对个人的晋升至关重要。

还有,理财能力、沟通能力、领导能力、财务决策能力、协作能力、时间管理能力、创新能力、学习总结能力等构筑成一个优秀的财务经理。等具备较高的综合管理能力和较强的资源整合能力,那么,离 CFO 也不远了。

近几年全球大学毕业生人数达到前所未有的新高,毕业生面临着越来越严峻的就业形势。近日专家预测十大前景最好的职业中,会计师上榜,因此会计师的就业前景总体向好,但是高级会计人才具有更长远的发展空间。

思考题:

1. 目前我国会计行业发展现状及存在的问题?
2. 当前我国中等会计职业人才需求情况及中等会计职业人才的职业能力掌握情况如何?

中职会计专业课程体系

学习任务

1. 了解中职会计课程体系含义；
2. 理解设置中职会计课程体系的原则；
3. 能确定会计专业课程体系的层次结构；
4. 能根据层次结构确定会计专业核心课程；
5. 明确中职学校会计专业已开设的各门课程；
6. 能分析已开设的各门课程与会计专业中等职业人才的基本技能要求的相关性；
7. 能根据会计专业中等职业人才的基本技能要求开设新的课程。

第 9 章　中职会计专业课程体系

9.1　中职会计专业课程体系设置原则

9.1.1　中职会计课程体系含义

课程体系是指某一专业所有课程的排列顺序、排列结构，反映了该专业目标达成的总体进程，其背后反映的是该专业的课程观。根据以上定义，课程体系至少包括以下三个方面的含义。

(1) 课程体系反映某一专业所有课程的静态分布结构和动态先后顺序。

所谓静态分布结构，就是各种门类的专业课程在课程总体中所占的比重和地位；所谓动态先后顺序，就是各种门类的课程出现的先后顺序。

(2) 课程体系的最终目的是达到专业培养目标。

有什么样的专业培养目标就会有什么样的课程体系。长期以来，传统的中等职业教育的课程体系尚未摆脱普通教育、高职教育甚至是大学教育的影响，在课程体系的设立上强调学科体系的完备，强调理论知识的系统性、完整性，这样培养出来的人才不能算是职业人才，而只有极少数的被教育者才能达到目标，就是成为学术型、研究型人才。而科学的职业教育课程体系，应该体现的是职业人才成长规律、职业岗位的实际需要、职业教育的被教育者的实际需要。这就要彻底摆脱学科体系的藩篱，完全按照职业成长规律，完全围绕工作过程来设计专业课程体系。

(3) 课程体系最终体现的是课程观。

所谓课程观，就是用什么样的课程组合来培养具备何种素质和技能的人才，有什么样的课程观，就会有什么样的课程体系，就会有相应的教学环境、教学方式、教学评价。

综上所述，所谓中职会计专业课程体系，就是以一定的课程观作为指导，以培养初级会计专业人才为目标，确立的各门类课程的静态比例组合、动态先后组合、具体各门课程的名称、内容以及各自的侧重点、课程目标、相互联系等的课程体系。

中职会计专业的课程体系，以培养初级会计人才为目标。初级会计人才，主要指的是一线的会计人员，其工作任务负责会计基础工作，如记账员、档案管理员、统计员、仓管员、会计文员等初级会计岗位。中职会计专业的课程体系，要考虑各门类课程的静态比例、动态先后顺序。设置课程体系主要还是要从专业岗位的实际工作任务出发，遵循会计专业岗位人员的职业成长规律，从简单到复杂，从一般到特殊，科学合理地设计中职会计专业的课程体系。

9.1.2　研究中职会计课程体系的意义

会计课程体系是否合理，直接关系到会计人才培养的质量，直接影响到会计教育目标的实现，科学合理的课程体系可以使人才的创造能力、逻辑思维能力等得到充分发挥。同时，作为一名会计职教师资的学生，应该研究会计学专业课程体系的设置，必须了解自己主讲的某一课程在本专业整个课程体系中的地位；了解该课程与本专业其他课程在逻辑上的关系；了解该课程与其他邻近学科的关系。只有这样，才能从整体上把握所主讲课程的核心，从而实施最优的教学方案。就像一个刚到某一公司某一部门工作的人一样，他要把

会计专业教学法

自己的本职工作做好，必须要了解整个公司内部的机构设置情况；了解本部门与公司内部其他部门的关系(如隶属关系、协作关系等)；了解本部门与公司外其他单位的关系。

9.1.3 设置中职会计课程体系的原则

要达到会计教育的目标，使会计学专业学生掌握应具备的知识体系，设置科学的、合理可行的会计课程体系是关键。所以，我们在设置会计专业课程体系时必须遵循下列原则。

1. 目标性原则

中职会计专业的课程及课程体系改革，应该紧紧围绕中职会计专业人才培养目标。中职会计专业培养的专业人才，应该能够具备良好的职业道德素养，胜任初级的会计工作岗位，具备基本的会计专业技能，完成基本的会计专业工作任务。

良好的职业道德素养，主要包括热爱会计专业工作，热心为本企业服务，诚实守信、廉洁自律、公平公正、坚持原则、参与管理、奉献社会。要具备这些职业道德素养，就需要在实际的教学中，用实际的工作情境来展开教学，用实际的工作岗位来训练学生，让学生在实际的学习、工作环境中体验角色、换位思考，从而能够在进入实际工作环境时尽快进入角色，形成良好的职业道德素养。初级的会计工作岗位包括小微企业的会计、会计主管、工业企业的记账员、仓管员、商贸服务行业的收银员、记账员、会计文员等岗位。中职会计专业毕业生应该具备手工记账、电脑记账、点钞、书写支票等银行票据、办理转账、提取现金等相关银行业务、编制报表技能。中职会计专业的毕业生应该能够完成基本会计业务的会计处理、小微企业的报表编制、小微企业的税务处理等基本的会计专业工作任务。

2. 适应实际工作岗位的适应性原则

中职会计专业的课程及课程体系，应该紧紧围绕实际工作的典型任务并体现工作过程。这就要求打破学科体系基础的课程体系和课程设置的理念，主动和企业、行业合作开发课程，课程内容从实际的专业工作任务中提取整合，课程体系按照会计专业工作的行动体系以及会计主体的不同层次和不同岗位来设计。单个的课程要能够全面地反映会计工作的整体性和全面性，让学生能够从整体上把握会计工作的全貌，让学生能够应对全面的、整体的实际工作任务。整体的课程体系上，应该遵循由简单到复杂、从新手到专家的学习规律，逐步递进，阶梯增加难度和广度。

3. 尽量贴近中职生身心特点和学习习惯的趣味性原则

以工作过程为基础的课程及课程体系，应该实施行动导向的教学模式和评价模式，体现做中学、做中教的教学理念，采取小组合作学习，让学生在快乐中学习、在体验中成长、在合作中提升。教学的评价应该打破传统教学的考试模式，实行阶段性评价、形成性评价，以做为主的测试手段，同时引进小组互评、学生自评等评价手段，让教学评价真正能够起到促进学习、提高教学效果的作用。

4. 突出会计工作工作流程循环特点的专业性原则

中职会计专业的专业课程，应该紧紧围绕会计工作的专业特点，在坚持六步骤方法论的前提下，不断强化会计工作自身的流程循环。

每一教学情境的设计都要紧紧围绕六步骤方法论的训练，让学生在校期间能够始终训练这项关键的方法能力，对于形成学生将来的迁移能力、学习能力、适应能力，具有重要的基础作用。

但是会计工作有其自身的专业特点，就是不管会计主体的性质、规模、具体业务怎样千差万别，其会计循环的流程始终是一致的。那就是"原始凭证-记账凭证-会计账簿-会计报表-财务分析"这样的流程。所以每一门会计专业课程都必须体现其专业特点，让学生始终从整体上全面地学习每一门课程，重复的是结构，变化的内容的难度和广度。

5. 会计电算化和手工账务相结合原则

互联网信息时代的到来，使得会计工作基本实现了电算化、电子化、信息化。这一基本的从业环境要求现代的会计专业人才必须具备熟练的电算化技能和信息处理能力。目前的中职会计专业普遍比较重视手工账务能力的培养，对于从根本上体悟会计总体的核算流程有很大帮助。但是部分中职学校在电算化能力训练方面存在薄弱环节，主要体现在实训场所、实训设备不足、课时开设不够的现象。所以，必须提高电算化课程以及信息处理课程的课时比例，加大电算化设备以及相关软件的投入，提高学生的电算化能力和信息处理能力。

9.2 中职会计专业课程体系的层次结构

会计专业课程体系的设置是一个系统工程，目标是培养高素质的会计专门人才，要达到这个目标，需要通过系统的教育，需要设置合理的课程体系。本人认为，会计专业课程体系的层次结构一般由公共基础课、学科基础课、专业课和全校选修课等四大类课程构成。其中，公共基础是指财经类各专业都要学习的课程，包括马克思主义理论和思想政治教育课、应用基础课、体育课等几类。通过这方面的系统教育，着重培养学生逻辑思考与判断分析能力，提高写作水平，增强表达能力，积累历史、文学、法律等方面的知识，使学生的综合素质得到全面的提高。学科基础课是指管理学科各专业都要开设的课程，包括管理学、经济法、税法等，通过这些必需的经济管理知识的系统学习，使学生更好地适应今后工作所面临的环境。专业课包括专业主干课(专业必修课)和专业任选课。专业主干课是指会计学专业必须开设的必修课程。它是构成会计专业课程体系的基础，是会计方法理论体系在会计教育中的集中体现，是决定会计教育质量的核心课程。专业任选课是为了丰富、充实会计学内容，满足各行各业及现代化管理的需要，开拓学生的知识视野，提高学生的适应能力、应变能力和多职业能力而开设的课程。它对会计专业主干课体系具有完善和发展的作用。全校选修课是为了提高学生对科学、艺术的欣赏品位，使学生具有全面广泛的教育背景，包括人文素质类、艺术教育类等。

上述四类课程除公共基础课有国家教育部指定的课程外，其他三类课程的设置在不同的学校，有不同的设置方法。这四大类课程相互联系、相互制约、相互补充、共同构成了完整的会计专业教育知识体系。

根据以上基本思路，以下设置了会计专业课程体系表体例，比较突出的特点是岗位技能模块，在这一模块中，其课程设置是以典型工作任务作为划分课程模块的依据，以各业务模块作为设置课程的依据并展开课程体系，如表9-1所示。

表9-1 会计专业课程体系表

公共基础课程 (培养学生英语听说能力、语言表达能力、计算机应用能力、手工计算能力、数学应用能力、人际沟通能力、基本管理能力、培养学生诚实守信、爱岗敬业的素质)		入学教育与军训 高职实用英语 计算机应用基础 高职语文 财经数学 体育 普通话 珠算与点钞	专业入门与职业生涯规划 职业创业教育 思想道德修养与法律基础 邓小平理论与中国特色社会主义理论体系概论 高职心理健康教育 就业形势与政策教育 商务礼仪
专业课程	专业基础及考证模块 (岗位基础能力)	基础会计 经济学基础 Excel在会计核算实务中的应用 财经法规与会计职业道德 初级会计实务	经济法基础 企业经济统计学 市场分析与营销战略方案制定 管理学基础 财经应用文写作
	岗位技能模块 (岗位核心能力)	出纳岗位实务 往来结算岗位会计实务 财产物资会计岗位实务 资金核算岗位实务 会计电算化岗位实务	成本核算与分析岗位实务 财务成果核算岗位实务 税收核算与申报岗位实务 总账会计报表岗位实务 工业企业、商业企业会计岗位综合实务
专业拓展课程 (专业拓展能力)		会计审计实务 (必选) 财务管理与分析 (必选)	财政金融、证券投资分析 (任选一门) 银行会计、外贸会计、预算会计(任选一门)

9.3 中职会计专业核心课程的内容

尽管不同的学校,有不同的课程设置方法,但作为会计学专业主要的专业课程的名称与内容基本趋于一致。在中职会计专业的教学计划中,作为专业主干课的主要是六门课程,它们是会计理论和实践教学内容的主要部分,现将其所涉及的主要教学内容简述如下。

1. 基础会计

这是一门会计学的入门课程。主要讲授财务会计的基本知识、基本方法和基本操作技术,为学习和理解后续课程打好基础。主要内容包括财务会计的含义、特征、内容、职能、目的;会计恒等式与经济业务的分析、账户、复式记账、试算平衡表;权责发生制和账项调整,企业财务会计循环,企业基本经济业务的核算;会计凭证、账簿、更正错账的方法,对账和结账;财产清查;账户的分类;账务的处理程序;财务报告;财务会计工作管理体制和工作组织等。

2. 出纳实务

出纳业务操作课程是以出纳工作岗位资金收付典型工作任务为依据设置的。该课程主要学习现金、银行存款、外汇收付款业务办理的流程及法规规定，培养学生验钞、点钞、捆钞及原始凭证填制审核、日记账登记、现金、银行存款、外汇资金清查等技能，使学生可熟练进行收付款业务的办理。该课程是企业经济业务核算、会计制度设计、会计工作管理、财务管理、报表分析等后续课程学习的基础。

3. 初级会计实务

初级会计实务是会计专业的核心专业课程之一，是会计专业学生从事企业会计工作的重要职业技能课程，是全国初级会计专业技术职称考试的必考课程，是从事会计工作培养具有会计确认、计量和报告技能的实践性人才，对学生会计职业岗位能力培养和职业素养养成起主要支撑作用。该课程以岗位会计典型任务为出发点，从要素分类核算的角度系统介绍会计学的基本理论及初级应用，使学生能熟练运用会计学的基本原理分析判断会计实务中采用的具体方法，最终要求学生掌握以制造业为背景的会计要素核算所必需的理论方法及程序。

4. 会计操作技能

本课程是中职会计电算化专业的一门专业核心课程。其功能在于通过学习训练，使学生具备从事企业会计业务所必需的账簿书写、点钞、汉字录入、数字输入等基本操作技能，为今后从事会计工作奠定技能基础。

5. 初级会计电算化

初级会计电算化是外贸会计专业的专业必修课程。通过学习，使学生具备相关职业应用型人才所必需的会计软件操作技术标准、规则等有关知识和计算机基本操作、WORD 基本操作、EXCEL 基本操作和财务软件操作等技能。本课程是电算化综合实训、ERP 软件等课程的前修课程，基础会计课程的后修课程。

6. 财经法规与会计职业道德

财经法规与会计职业道德是会计专业的核心课程，是从事财务信息管理、会计等相关岗位人员的必修课程。通过学习本课程，了解我国会计机构设置的法律规定、会计人员任职的要求、代理记账的相关规定和制度，熟悉会计核算的法律规定、会计监督的法律规定、支付结算的法律规定以及税收征收管理法律规定，提高依法办事的实际能力，树立良好的会计职业道德和行业风气。

上述六门课程构成了现代会计专业课程体系的基本框架，反映了现代会计学的主要内容。这三门课程是紧密相连、逐步推进、层层深入的，从逻辑上体现了会计学的规律性、动态性、完整性、系统性、实践性和理论性等特征。

拓展阅读

拓展阅读一 以就业为导向的中职会计专业实践型核心课程体系建设

——大连商业学校　关红

【摘要】在企业调研基础上，根据中职会计专业人才培养目标和会计相关岗位的任职要求，确立就业导向的中职会计专业实践型核心课程体系；以培养学生从事会计职业岗位

会计专业教学法

工作的综合素质为主线，构建和实施与专业培养目标相适应的就业导向的实践型核心课程体系。

【关键词】就业导向　中职会计专业　实践型课程体系建设

以就业为导向，以职业能力为核心，培养高技能应用型人才是设置中职会计专业课程体系的依据。为适应会计人才培养要求，应在企业调研基础上，对会计专业的培养目标和课程体系进行有针对性的调整和重构，构建和实施以就业为导向的实践型核心课程体系。

一、确立就业导向的中职会计专业实践型核心课程体系

课程体系的建设是围绕着就业展开，要使学生就业能力提高，首先必须搞清会计专业有哪些职业岗位，职业岗位决定了相应的知识技能结构。在前期对行业、企业等用人单位需求的社会调研和对历届会计专业毕业生跟踪调查的基础上，明确目前会计类专业毕业生就业岗位依次是出纳员岗、收银员岗、文员岗、营销员岗和库管员岗等。因此中职会计专业培养目标定位在为中小企业和会计服务机构，培养从事出纳、收银、会计核算以及会计服务等工作岗位的高素质劳动者和技能型人才。为了实现中职会计专业的人才培养目标和会计相关岗位的任职要求，有必要对现有课程体系进行改革，构建一个以培养学生从事会计职业岗位工作的综合素质为主线，把会计专业教学内容与工作过程相结合，学历教育与职业资格证书培训相结合，校内实训与校外实训相结合，能力培养与素质教育相结合，专职教师与企业兼职教师相结合的实践型核心课程体系。同时对人才培养模式、教学设计、教学方法、师资队伍建设等方面进行研究和探讨。

二、构建就业导向的中职会计专业实践型核心课程体系

以就业为导向的实践型核心课程体系，要以职业分析为依据、以能力培养为核心，对传统的课程内容进行科学整合，力争实现学生职业能力、职业素养与岗位需求的顺利对接。

(一) 构建以职业道德培养为首要目标的基础素质学习领域

基础素质学习领域课程设计应符合技能型人才的培养要求，应强调基础理论知识的适度和够用，为学生以后可持续发展打下良好基础。

(1) 通过经济政治、法律、体育等课程，着重培养学生的政治素质、法制修养、职业态度以及塑造学生的健康体魄；通过数学、语文、英语、计算机应用、礼节礼仪等课程，着重培养学生的文化素质、人际沟通和团队协作能力。

(2) 通过会计基本技能、基础会计、财经法规与会计职业道德、会计电算化等课程，着重培养学生的专业基础知识和比较熟练的职业技能。同时与会计职业资格证书制度相衔接，把国家职业能力标准融入课程标准中，增强学生的岗位适应性，提高就业竞争能力。

(3) 注重将职业道德教育、职业素养教育渗透到专业课程设计和教学实施过程中，使学生形成健康的劳动态度、良好的职业道德和正确的价值观念，为专业知识的学习和职业技能的培养奠定基础，满足学生职业生涯发展的需要。

(二) 构建与专业培养目标相适应的职业能力学习领域

职业能力学习领域课程设计应符合学生毕业的实际应用和就业需要，开发以项目化、职业化为特征，充分体现岗位技能要求的实践型核心课程，强化学生的职业发展能力和未来迁移能力。

(1) 进一步确定学习领域课程开发思路。校企共同进行会计岗位工作内容分析，明确各个工作岗位的任务，对岗位的一般性的工作任务进行归纳，形成典型的工作任务；然后对典型的工作任务的工作过程进行分析，归纳完成任务所应具备的能力，确定培养这些职业能力应该开设的学习领域情境，实现从工作任务到行动领域、从行动领域到学习领域转变。

(2) 确定款项收取、会计凭证填制与审核、会计账簿设置与登记、货币资金核算与管理、企业经济业务核算、成本计算与分析、税费计算与申报、财务报告编制与阅读、电算化会计应用9门以职业岗位的工作过程为基础、以学习情境为载体的专业核心课程。并对每门课程按照所要完成的项目或任务，进行教学内容和实训内容设计，提高学生综合职业能力。

三、实施就业导向的中职会计专业实践型核心课程体系

(一) 夯实专业基础，循序渐进突出实践教学

在教学安排上，第一、第二学期主要安排职业生涯规划、职业道德与法律等公共基础课和会计基本技能、会计基础等专业基础课，以及专业基础课的项目实训和企业认识实习，培养学生的人文素养和职业基本技能。第三、第四学期主要安排货币资金核算与管理、企业经济业务核算、税费计算与申报、电算化会计应用等职业技能课程，以及强化具体岗位技能的训练。第五学期、第六学期让学生到企业顶岗实习，利用企业真实生产环境和企业文化，培养学生的职业素质和实际岗位工作的能力。

(二) 实践教学融合在日常课堂教学之中，与理论知识的教学相互交融

按照培养基本技能、专业技能、综合技能的不同目标要求，由易到难，由简到繁，设置实践教学环节，实现"认知课程实训、基本技能实训、专业技能实训、综合应用实训"的阶梯式实践体系。它们相辅相成，纵向上形成体系，横向上按照理论教学知识点的渐进合理安排实践教学内容，保持实践教学不间断，做到每学期的实践课程教学与相应的知识应用和技能培养有机结合，逐步提升学生的动手操作能力。

(三) 不断开发校内外实践教学基地，促进理论与实践的紧密结合

建立以会计工作流程为导向的校内实践教学环境，学生可以在会计实训室，完成应用财务软件处理会计业务的全过程；建立实战型实践基地，组建财务工作室，承担社会代理记账、会计咨询等业务，学生在专业教师的指导下，直接从事企业会计业务的处理等工作，验证和巩固课堂实践教学的成果；加强校企合作，建立校外实习基地，为学生在企业真实的会计环境中的顶岗实习提供了可靠的保障。

(四) 不断更新教育教学理念，实现教学方式方法的职业化

采用项目教学、案例教学、现场教学、情境教学等教学方法；教学手段也逐渐由口授、黑板转为多媒体、网络化和实物现场；教师由过去课堂上的主体转变为实践教学中的组织者、协调者，学生由被动接受知识逐渐向主动参与实践操作转变；开发改变现有中职教材模式和结构，突出教材内容的实际、实践和实用，开发编写基于工作过程的系统化教材。

(五) 注重教师专业发展，保障实践教学质量

加强师资队伍建设，大力引进、培养"双师型"教师；对中青年骨干教师进行重点培养；定期选派教师到企业挂职锻炼，鼓励教师进行短期进修，提高师资队伍的业务水平和动手能力。精心配备数量稳定、生产实践经验丰富、素质较高的兼职教师队伍，参与专业教学和建设工作。

以就业为导向的中职会计专业实践型核心课程体系，能够有效地满足会计专业学生就业需求和技能培养需求。但是实践型核心课程体系建设是一项科学性很强的工作，需要学校和教师在教学实践中不断探索，逐步提高实践型核心课程体系的科学性、操作性、实效性。

拓展阅读二　中职会计专业课程体系改革探索与实践

——重庆市合川职业教育中心　肖壮

中职会计专业课程体系的改革是中职教学改革和建设内容的核心之一，课程设置不是简单的各门课程的汇总，它应是为满足中职会计专业培养目标的需要而设计的一个科学、完整的教育教学体系的有机体。为了培养适应社会发展需求的一专多能、技能型、应用型的复合型会计人才目标，中职会计专业课程体系结构改革已势在必行。原课程设置及教学内容体系已不能完成以会计工作过程(任务)为导向的项目化教学任务，也不能满足以职业岗位能力为核心的培养要求。通过行业调研和论证，中职会计专业课程体系和教学内容，必须满足学生从事会计职业所需要的岗位能力的发展。

一、行业调查情况概述

(一) 调研对象

通过对不同类型的企业和政府部门，共计 12 家进行了调研，其中共发放企业员工调查表 232 份，收回调查表 220 份，回收率为 95%；对各类用人单位负责人共发出调查表 12 份，回收 12 份，回收率 100%。对毕业学生个人调查表 30 份，收回调查表 30 份，回收率 100%。

(二) 调研方法与内容

此次调研形式主要采用访谈与调查问卷相结合的方法，对单位负责人、毕业生、单位员工从事某一岗位工作的知识能力等方面的要求进行全面调查。

二、调研结果分析

(一) 会计专业课程体系的分析

1. 关于中职会计专业课程体系与职业面向要求

通过调研，中职会计专业毕业生由于受学历层次等因素的限制，其就业主要方向是中小企业中各基层的财务岗位，再加上中小企业主要用人的选择标准是其毕业生的专业技能水平，即要求毕业就能上岗的熟手，这些要求正是中职生理论够用，动手能力强的强项。因此中职会计专业课程体系设置和内容必须侧重中小企业职业要求。

2. 关于会计专业课程的设置认可度

通过数据显示企业员工选择税收基础、成本会计、会计综合岗位实训课程达到 100%，选择基础会计、会计电算化、EXCEL 应用的达到 90%以上，而有些课程在各个岗位能力上作用并不明显，这些课程可做删改或选修的参考，如数据显示的财务管理等课程在 20%以下，而选择文化课程语数外的仅有 6%，说明企业择聘中职生时不看重文化课知识。

调查数据显示毕业生选择基础会计、税收基础、成本会计、会计综合岗位实训会计电算化、EXCEL 应用的达到 90%以上，而有些课程毕业生却认为用途或实际技能不大，如数据显示选择财务管理、就业指导和职业生涯规划等课程在 30%以下。而选择文化课程语数外的仅有 10%，这说明毕业生在实际工作岗位中较少用到文化课方面的知识，特别是外语。

3．关于课程体系涉及学生素质与技能的培养需求

从数据中反映用人单位对中职生最看重的是爱岗敬业、吃苦耐劳、职业道德、行为规范、忠诚度。其次是实践动手能力，再次是专业知识，最后是文化知识；从最缺乏综合素质栏反映看。很明显用人单位认为中职生目前最欠缺是行业岗位素质，其次是专业实践技能，最后是文化知识。因此中职生必须突显职业态度素养和专业技能训练培养，要引进企业文化进课堂。

(二) 社会对会计专业毕业生需求与职业技能的培养分析

1．职业能力培养要求体现技能性、应用性

从数据显示用人单位对学生技能的关注度和对会计工作关键环节上所反映出选择成本核算、税法、会计核算、税收计算与申报、报表编制与分析、会计电算化、EXCEL 等技能的达到 80%以上，而有些技能的实用性不强，选择会计制度与准则、库管管理的人数较少。

2．用人单位对中职会计专业毕业生的技能要求

从企业满意度中看出企业对毕业生在税费计算与申报、报表编制、会计电算化处理、成本核算分析等方面的技能满意度不高，需要增加技能课程和课时比重。

3．从毕业生要求显示：对企业认为的会计工作关键环节内容，它们也是迫切需要掌握的岗位技能

在走访中，用人单位提到了学生毕业后一般都要用较长时间才能适应本岗位工作。尚不能做到无缝对接，零距离顶岗。学生在校期间所学知识不能做到学以致用，融会贯通，稍有变化就不知所措，即应变能力、创新能力亟待提高。同时学生对于专业知识的运用能力、组织协调能力等有待加强。因此会计专业课程设置必须增设岗位能力发展及技能性课程。

(三) 职业资格证课程融入教学内容，构建岗证一体课程结构

通过数据看出用人单位在聘用会计人员时都需要他们具有相应的会计或统计从业资格证书，要求会计人员必须具备一定的会计操作和应用能力。具体表现在用人单位最需要熟练的财务人员——熟手。

(四) 工作任务、岗位能力分析与构建课程体系关系

通过调研和论证，会计专业岗位的职业面向众多，但对中职生来讲，主要就业面是中小企业，因此在分析其工作任务时，重点应放在中小企业主要就业岗位的工作任务上，从中提炼出具有完整性、代表性的典型工作任务，从而分析出完成这些工作任务所应具备的哪些岗位能力(素质、知识、能力目标)，而实现该岗位能力需要由哪些知识即对应的课程来完成，因此工作任务是岗位能力的起点，课程则是完成工作任务和实现岗位能力的一种手段和载体，所以会计专业课程设置必须要体现岗位职业能力——职业性和实效性，也就是按会计工作过程和岗位技能要求出发，优化和整合传统的课程体系，以适应社会行业的需求。

三、通过调研分析初步形成了中职会计专业"岗证"一体的课程体系

其结构如图 9.1 所示：

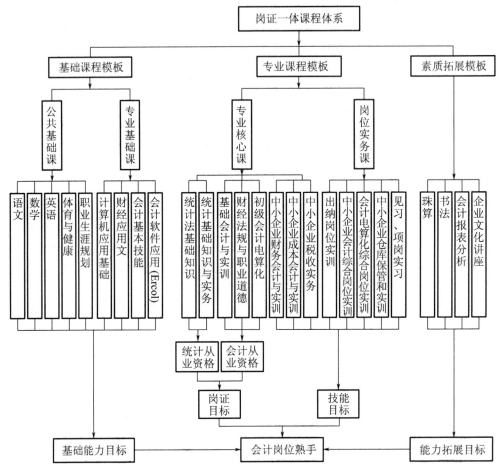

图 9.1 岗位一体课程体系

四、会计专业课程体系改革体会与启示

(1) 创新教育教学观念，建立岗证一体课程体系。课程体系结构、内容要与职业岗位能力要求要相适应，同时满足行业需求，在教学内容中融入会计和统计行业资格课程，其课程设置体现职业性、实践性、应用性；实现毕业就能就业上岗的对接。

(2) 建立多层次实践课程体系，促进教学内容、手段和评价方式的改革创新。改革传统单一、陈旧的课程结构，构建职业岗位课程、理实一体课程、综合实训课程、职业资格证书课、素质拓展课程等多层次、实用性的课程体系，以实现学生职业能力和动手能力培养目标。

(3) 实施岗证融通，岗位技能培养与职业资格证书、毕业证书相结合。

(4) 调整课程结构。按理论够用的原则，对原部分课程进行增减、整合，删减部分文化课，调整专业课和文化课课时比例。

(5) 以会计工作任务为导向，建立与行业相对应的岗位实训基地。让会计各岗位的工作任务都能在会计实训基地中完成，以实现教学实践的改革。

(6) 会计专业课程体系中的结构及内容必须满足会计专业人才培训的目标。

第9章 中职会计专业课程体系

(7) 引入企业文化进课堂，把职业道德规范及行业要求贯穿教学内容中，并提炼成会计职业特色校本教材。

总之，中职会计专业课程体系应当从会计工作过程和岗位技能要求出发，按照会计工作实践规律重新构建，对传统的课程体系重新整合优化，从而实现会计专业人才培养的目标。

思考题：

1. 当前中职学校会计专业课程设置的合理性如何？
2. 当前实施的中职会计专业课程改革是否合理？

第10章

中职会计专业教材分析

学习任务

1. 明确中职会计专业教材分析的基本理念；
2. 把握中职会计专业教材分析的基本原则；
3. 掌握中职会计专业教材分析的程序；
4. 掌握中职会计专业教材分析方法；
5. 了解课程性质；
6. 掌握教学设计思路；
7. 明确课程教学目标；
8. 掌握课程教学内容与要求；
9. 了解教学实施的注意事项；
10. 会进行课程资源的开发与利用。

第 10 章　中职会计专业教材分析

10.1　中职会计专业教材分析依据

10.1.1　中职会计专业教材分析的基本理念

专业教材要以科学发展观为指导，以就业为导向，以能力为本位，以岗位需要和职业标准为依据，满足学生职业生涯发展的需求，适应社会经济发展和科技进步的需要。要着力解决目前中等职业教育课程中比较突出的问题，形成新的职业教育课程理念。要按照实际工作任务、工作过程和工作情境组织课程，形成以任务引领型课程为主体的具有特色的现代职业教育课程体系。

目前中等职业教育课程比较突出的问题是：课程与就业关联不够，学科课程多，就业及工作的相关课程少，教学内容相对滞后，学用不一致，学校专业教学还没有完全结合企业的实际需要，与职业资格证书结合不够紧密，没有充分体现中等职业学校学生的学习特点等。同时，近年来中等职业学校开设的一些新专业也亟须规范。为解决这些问题，专业教材分析应确立以下理念：

1. 以职业生涯发展为目标——明确专业定位

学生的职业生涯发展是实现学生自身发展和社会经济发展需要的结合点。专业定位要立足于学生职业生涯发展，尊重学生基本学习权益，给学生提供多种选择方向，使学生获得个性发展与工作岗位需要相一致的职业能力，为学生的职业生涯发展奠定基础。

2. 以工作任务为线索——确定课程设置

课程设置必须与工作任务相匹配。要按照工作岗位的不同需要划分专门化方向，按照工作任务的逻辑关系设计课程，打破"三段式"学科课程模式，摆脱学科课程的思想束缚，从岗位需求出发，尽早让学生进入工作实践，为学生提供体验完整工作过程的学习机会，逐步实现从学习者到工作者的角色转换。

3. 以职业能力为依据——组织课程内容

知识的掌握服务于能力的建构。要围绕职业能力的形成组织课程内容，以工作任务为中心来整合相应的知识、技能和态度，实现理论与实践的统一。要避免把职业能力简单理解为操作技能，注重职业情境中实践智慧的养成，培养学生在复杂的工作过程中做出判断并采取行动的综合职业能力。课程内容要反映专业领域的新知识、新技术、新工艺和新方法。

4. 以典型产品(服务)为载体——设计教学活动

按照工作过程设计学习过程。要以典型产品(服务)为载体来设计活动、组织教学，建立工作任务与知识、技能的联系，增强学生的直观体验，激发学生的学习兴趣。典型产品(服务)的选择要体现经济特点，兼顾先进性、典型性、通用性。活动设计要符合学生的能力水平和教学需要。

5. 以职业技能鉴定为参照——强化技能训练

以职业技能鉴定为参照强化技能训练。课程标准要涵盖职业标准，要选择社会认可度高、对学生劳动就业有利的职业资格证书，具体分析其技能考核的内容与要求，优化训练条件，创新训练手段，提高训练效果，使学生在获得学历证书的同时，能顺利获得相应职业资格证书。

10.1.2 中职会计专业教材分析的基本原则

1. 科学性原则

专业教学标准开发要遵循新的课程理念，切合中等职业学校教学实际，严格遵守开发规范。要本着科学、务实的态度，边开发、边探索、边完善。

2. 规范性原则

专业教学标准的文字表达要准确、规范，层次要清晰，逻辑要严密，技术要求和专业术语应符合国家有关标准和技术规范，文本格式和内容应符合规定的要求。

3. 实用性原则

专业教学标准要有利于职业学校的改革，能适应学生自身和企业岗位的实际需要，与职业标准相结合，各项内容和要求应清晰明确，尽可能具体化、可度量、可检验、可操作。

4. 发展性原则

专业教学标准要具有前瞻性，能反映科学技术进步和社会经济发展趋势，体现职业与职业教育的发展趋势。要为学校创造性地实施专业教学标准留出拓展空间。

10.1.3 中职会计专业教材分析的程序

专业教学标准开发应当遵循的基本操作程序和规范，可从三个方面进行表述，即分析主体、分析过程和工作成果。核心是分析过程，包括专业调研、工作任务与职业能力分析、课程结构分析、课程内容分析等主要环节，分别由不同的主体来承担，最终形成三项成果，即专业人才需求和专业改革调研报告、专业教学标准、专业课程标准。分析程序如图10.1所示。

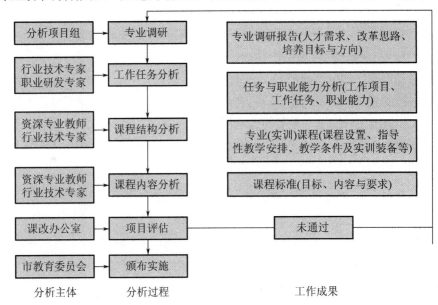

图 10.1　中等职业教育会计专业教材分析程序

10.1.4 中职会计专业教材分析的方法

1. 人才需求和专业改革调研

人才需求与专业改革调研是专业教学标准开发的一项基础性工作。调研要紧紧依靠行业、企业,其内容包括相应行业的人才结构现状、专业发展趋势、人才需求状况,岗位对知识能力的要求、相应的职业资格、学生就业去向等。从宏观上把握行业、企业的人才需求与职业学校的培养现状,在此基础上确定专业教学改革思路、培养目标及专门化方向等。成果形式是"人才需求与专业改革调研报告"。此部分内容已在第八章详细介绍,此处不再赘述。

2. 工作任务分析

工作任务分析是指对本专业所对应的职业或职业群中需要完成的任务进行分解的过程,目的在于掌握其具体的工作内容,以及完成该任务需要的职业能力。分析的对象是工作而不是员工。其要求是把本专业所涉及的职业活动(包括专门化方向)分解成若干相对独立的工作项目,再对工作项目进行分析,获得每个工作项目的具体工作任务,并对完成任务应掌握的职业能力作出较为详细的描述。要对工作项目、工作任务、职业能力按逻辑关系进行排序,并对完成任务应掌握的职业能力作出较为详细的描述。工作任务分析的成果形式是"任务与职业能力分析"。

工作任务分析是专业教材分析中一项关键性工作,也是专业教材分析的主要成果和特色所在。其成果直接影响到后续开发工作,包括课程结构分析、专业核心课程和专门化方向课程的设置,课程内容中典型产品(服务)的选择,技能考核项目的确定,专业课程标准的开发以及实训室的划分和功能的确定等。

工作任务分析主要采用头脑风暴法,其成功与否,很大程度上取决于主持人的水平与能力,以及行业技术专家的人选,要求务必以从事生产、服务与管理的第一线的行业技术专家为主体。为了保证分析结果的全面和完整,每个专门化方向,都必须有熟悉相关岗位工作任务的专家参加。专业教师在参与分析时也可发表意见。

3. 课程结构分析

课程结构分析是要把工作任务分析的结果(即"任务与职业能力分析")转化为专业(实训)课程,形成由专业核心课程和专门化方向课程组成的课程结构。专业核心课程和专门化方向课程应涵盖国家(行业)颁布的相应职业标准的考核要求。

专业核心课程是指以完成某个专业共同的工作任务为目标的课程,这些课程要以不同专门化方向之间的共同职业能力为基础来设计。它不同于过去所说的专业基础课,要避免用"知识"代替"能力"为基础来设计这些课程的倾向。

专业方向课程是指在专业核心课程基础上,针对某一就业岗位,以完成某些专项任务为目标的课程。

工作任务模块到课程设置的转换流程如图 10.2 所示。

从工作任务到课程应遵循有利于学生职业能力的培养和有利于教学的原则。工作任务模块与专业(实训)课程并不要求一一对应,一般可先将能单独成为一门课程的任务挑选出来,然后再将其他工作任务整合。整合的基本技术要求是根据工作的相关性,而不是知识的相关性,并同时遵循相关性和同级性两个原则。相关性原则是指把工作内容关联程度比较高的模块合并在一起,同级性原则是指所合并的任务模块应当处于同一个层级上。

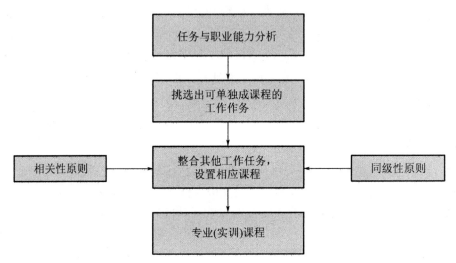

图 10.2　工作任务模块到课程设置的转换流程图

从任务转换到课程的工作主要由资深专业教师完成,行业专家可参与,并提供建议。

通过工作任务分析转化整合的专业核心课程和专门化方向课程都属任务引领型课程范畴。

4. 课程内容分析

课程内容分析是将"任务与职业能力分析"表中表述的职业能力落实在相应的课程中(即"专业(实训)课程"表),明确专业(实训)课程的主要教学内容与要求、技能考核项目与要求、建议学时数等内容。

根据"专业(实训)课程"表中列出的专业(实训)课程制定专业课程标准。课程标准要反映学生的学习过程和预期的学习结果,陈述的角度应以学生为出发点,目标的行为主体是学生,而不是教师。

课程标准是政府对课程的基本规范和质量要求,是教材编写、教学、评价和考核的依据,也是教育行政部门管理和评价课程的基础。专业课程标准应体现专业教学的某一方面或某一领域对学生在知识与技能、过程与方法、情感态度与价值观等方面的基本要求,并规定专业课程的性质、目标、设计思路、内容框架,提出教学建议和评价建议。

专业课程标准对某一方面或某一领域基本素质要求的规定,主要体现在课程标准中所确定的课程目标、课程内容和要求上。它是一个"最低要求",是绝大多数学生都能达到和必须达到的标准。

任务引领型课程标准除了具有课程标准的一般功能之外,要重点突出对工作任务的描述,知识、技能与工作任务的关系、活动设计以及对学习目标的清楚描述。它的主导价值在于通过课程实现专业培养目标,把就业导向精神落实在课程、教材这一层面上。

在撰写每门专业课程标准前,务必对内容框架和活动设计进行充分讨论,确定后再分工撰写,初稿完成后要经项目组集体反复论证,以确保整个课程体系内容的科学性、全面性、逻辑性和可行性。

10.2 中职会计专业《基础会计》教材分析文本体例

10.2.1 课程性质

本课程是中等职业学校会计专业的一门专业核心课程,是从事会计岗位工作的专业基础课程。其功能是使学生熟悉会计核算基本原理和账务处理程序,能熟练应用借贷记账法,具备会计核算的基本职业能力,为学习后续核心课程和专门化方向课程做准备。

10.2.2 教学设计思路

本课程总体教学设计思路是,以会计专业的职业能力分析和中职生的就业发展为依据,构建以企业经济业务流程和账务处理程序为主线的任务引领型课程。

课程设计有会计核算原理、借贷记账法应用、会计核算账务组织、财产清查、初识会计报表五个工作任务。课程内容的选取,以中职生培养目标为前提,紧紧围绕完成会计核算账务处理的需要,充分融合会计从业人员职业能力的基本要求。

每个工作任务的学习以会计工作活动为载体,将会计核算原理的相关知识和企业简单经济业务核算的操作实践相结合,实现学做一体,并通过知识讲解、多媒体演示、仿真模拟等活动,培养学生具备会计核算基本职业能力。

本课程建议课时数为90课时。

10.2.3 课程教学目标

通过本课程的学习,熟悉会计核算原理,能应用借贷记账法核算企业简单经济业务,知道资产负债表和利润表的作用和结构内容,达到会计从业人员的相关要求,养成诚实守信、严谨细致、认真求实的工作作风。在此基础上形成以下职业能力。

职业能力目标主要内容如下。

(1) 了解会计核算基本假设和会计信息质量要求。

(2) 熟悉会计要素与会计等式。

(3) 熟悉会计科目与会计账户的关系。

(4) 能初步应用借贷记账法分析简单的经济业务,并编制会计分录。

(5) 熟悉原始凭证和记账凭证的填制及审核要求。

(6) 熟悉账簿种类及其登记方法。

(7) 熟悉错账更正方法的适用性和操作方法。

(8) 了解财产清查种类、清查方法和清查结果的账务处理。

(9) 初步认识资产负债表和利润表。

10.2.4 课程内容和要求

序号	工作任务	课程内容和教学要求	活 动 设 计	参考课时
1	会计核算原理	1．了解会计的概念、职能及特点。 2．知道会计核算基本假设与会计信息质量要求。 3．了解会计对象和会计任务。 4．熟悉会计要素的概念、特征和主要内容。 5．熟悉会计等式。 6．能结合会计等式分析企业经济业务发生后所引起的资金运动。 7．知道各种会计核算方法的名称。 8．知道会计科目与账户的关系。 9．熟悉借贷记账法的概念。 10．熟悉借贷记账法的记账符号和记账规则。 11．熟悉借贷记账法下各类会计账户的结构、T型账户的登记和结账。 12．熟悉借贷记账法下会计分录的表示方法。 13．熟悉借贷记账法试算平衡表的编制方法和作用。	1．判断经济业务类型。提供经济业务，结合会计等式分析资金运动增减情况(如从银行提取现金业务，将引起企业一项资产库存现金增加，一项资产银行存款减少，会计等式不变)判断经济业务类型。 2．判断借贷符号。给定会计科目判断增减的记账符号，如制造费用增加用"借"表示，制造费用减少用"贷"表示。 3．T型账户的登记和结账。给定某账户期初余额、借贷方发生额等相关资料，登记T型账户并加以结账。	18
2	借贷记账法的应用	1．能编制借入长短期借款和接受货币资金投资的会计分录。 2．能计算材料采购成本。 3．能用实际成本法编制一般纳税人购入原材料的会计分录。 4．能编制材料耗用、工资福利费分配、制造费用归集及分配、产品完工入库的会计分录。 5．能编制一般纳税人销售产品、支付销售费用的会计分录。 6．能编制收支结转的会计分录。 7．能编制计提盈余公积、结转利润的会计分录。 8．能编制归还借款，发放工资，报销差旅费和医药费,支付利息的会计分录。	1．企业经营流程的认识。通过多媒体等手段，让学生了解企业经营流程和供产销阶段的基本业务内容。 2．筹集资金的核算。提供借款和吸收现金投资业务资料，指导学生编制会计分录。 3．供应过程的核算。提供原材料购买业务资料，指导学生计算材料采购成本，并编制会计分录。 4．生产过程的核算。提供材料耗用、工资福利费分配、制造费用归集及分配、产品完工入库等业务资料，指导学生编制会计分录。 5．销售过程的核算。提供产品销售业务资料，指导学生编制会计分录。 6．财务成果的核算。提供损益账户资料，指导学生编制收支结转、计提盈余公积、结转利润的会计分录。 7．资金退出的核算。提供归还借款、缴纳税金和支付股利等业务资料，指导学生编制会计分录。	26

续表

序号	工作任务	课程内容和教学要求	活 动 设 计	参考课时
3	会计核算账务组织	1．熟悉会计账务组织的内容。 2．了解记账凭证会计账务处理程序和科目汇总表账务处理程序。 3．熟悉原始凭证和记账凭证的种类、基本要素。 4．熟悉原始凭证填制要求，会填制普通发票、收据和支票。 5．熟悉原始凭证的审核要求。 6．熟悉记账凭证填制要求，会选择和填制收款凭证、付款凭证、转账凭证和通用记账凭证。 7．熟悉记账凭证的审核要求。 8．熟悉各类账簿的基本格式和用途。 9．熟悉账簿登记原则，会登记账簿。 10．知道总账与明细账平行登记要求。 11．能按错账性质，选择相应更正方法更正错账。 12．能编制科目汇总表。	1．填制与审核原始凭证。提供空白普通发票、收据和支票，指导学生填制和审核原始凭证。 2．填制与审核记账凭证。提供经济业务资料，指导学生选择、填制收款凭证、付款凭证、转账凭证和通用记账凭证，并分组进行审核。 3．登记账簿。指导学生根据审核无误的记账凭证登记账簿。 4．选用错账更正方法。提供错账资料，选用最合适的方法进行错账更正。 5．编制科目汇总表。给出某月1日至5日的业务资料，编制会计分录，并指导学生编制科目汇总表	26
4	财产清查	1．熟悉财产物资的盘存制度。 2．熟悉财产清查的内容和准备工作。 3．熟悉货币资金、实物资产和往来款项的清查方法。 4．知道未达账，会编制银行存款余额调节表。 5．了解财产清查结果账务处理方法，会进行原材料盘盈和盘亏的账务处理。	1．填制盘存单。提供实物盘存资料和空白盘存单，指导学生填制盘存单。 2．编制银行存款余额调节表。提供银行存款对账单和银行存款日记账资料，指导学生逐笔勾对，查找未达账项，并编制银行存款余额调节表。 3．财产清查的账务处理。提供原材料盘盈和盘亏的相关资料，指导学生编制财产清查会计分录。	5
5	初识会计报表	1．了解会计报表的种类及编制要求。 2．了解资产负债表的内容、结构、用途和编制原理。 3．了解利润表的内容、结构、用途和编制原理。	1．初步认识资产负债表提供资产负债表，使学生了解资产负债表的内容、结构、作用和编制原理。 2．初步认识利润表。提供利润表，使学生了解利润表的内容、结构、作用和编制原理。	5
	其他	机动		5
		考核评价		5
总课时				90

10.2.5 教学建议

(1) 教学中，教师必须重视实践经验的学习，重视现代信息技术的应用，尽可能运用现代化、多样化手段实施理论教学和实践指导。

(2) 教学中，应注重对学生实际操作能力的训练，强化案例和流程教学，让学生边学边练，以此提高学生学习兴趣，突出技能培养目标，增强教学效果。

(3) 教学中，应注意充分调动学生学习的主动性和积极性，避免满堂灌的传统教学方式，让学生在完成教师设计的训练活动中，既学会企业会计业务处理必须具备的知识，又练就各项基本技能。

(4) 教学中，教师应积极引导学生提升职业素养，培养学生诚实守信、严谨踏实、认真负责、一丝不苟的良好品格与工作态度。

10.2.6 教学评价建议

(1) 突出过程评价与阶段评价，结合课堂提问、训练活动、阶段测验等进行综合评价。

(2) 强调目标评价和理论与实践一体化评价，引导学生改变死记硬背的学习方式，注重学生动手能力和分析、解决问题的能力。

10.2.7 课程资源的开发与利用

(1) 注重实训指导书的开发和应用，编写时必须注意时代性、实践性和可操作性。

(2) 开发形象生动的多媒体课件，以调动学生学习的积极性和主动性，促进学生理解和应用会计核算知识。

(3) 学校应注重与企业的广泛合作，积极开发实习和实训基地，充分利用企业资源，让学生深入企业了解业务流程，体验会计核算工作实践，以提高学生会计工作的职业能力。

10.3 中职会计专业《出纳实务》教材分析文本体例

10.3.1 课程性质

本课程是会计专业的一门专业核心课程，是基础会计的后续课程。其功能是使学生掌握企事业单位出纳业务的基本知识，具备处理出纳业务的基本技能和专业技能。本课程服务于各类企事业单位出纳会计岗位的工作要求，具有相对独立性，同时又为该专业的后续主干课程和专门化课程做知识和技能的铺垫。

10.3.2 教学设计思路

本课程的总体教学设计思路是，以企事业单位出纳会计岗位的工作任务和职业能力分析为依据，确定课程目标，设计课程内容，以工作任务为线索构建任务引领型课程。

课程结构以库存现金、银行存款等货币资金的收付业务流程为主线，将出纳岗位业务分解设计成若干个工作任务，包括会计凭证的审核、编制和复核、现金及银行存款日记账的登记、货币资金的日清月结、货币资金结算、人民币真假的鉴别等。课程内容紧紧围绕出纳工作任务，循序渐进，同时融合会计从业资格证书对出纳专业知识、技能和职业道德素养的要求。

每个工作任务都设计了相应的情景模拟训练，要求学生以工作任务为核心，把理论知识与技能操练结合起来，实现做学一体化，培养学生掌握出纳会计岗位业务操作的职业能力。

本课程建议课时数为72课时。

10.3.3 课程教学目标

通过本课程的学习，熟悉企事业单位出纳会计岗位的相关业务知识，掌握处理货币资金收付业务的基本技能，达到出纳会计岗位职业标准的相关要求，养成诚实守信、认真负责、善于沟通与合作的职业道德和工作能力。在此基础上形成以下职业能力。

职业能力目标主要内容如下。
(1) 能执行我国货币资金管理的法规条例。
(2) 会审核、编制和复核会计凭证。
(3) 能登记现金及银行存款日记账。
(4) 能进行各种银行结算方式的基本操作。
(5) 会货币资金的日清月结。
(6) 能鉴别人民币真假，并能按规定程序没收假币。
(7) 了解有价证券保管要求。

10.3.4 课程内容和要求

序号	工作任务	课程内容和教学要求	活 动 设 计	参考课时
1	编制记账凭证	1. 会熟练审核外来原始凭证，及准确填制有关原始凭证，如收款收据、费用计提及摊配表、现金解款单、支票进账单等。 2. 熟悉企业现金收支业务，并能根据发生的经济业务编制会计分录。 3. 会根据原始凭证熟练准确编制现金记账凭证。 4. 熟悉企业银行存款收支业务，并能根据发生的经济业务编制会计分录。 5. 会根据原始凭证熟练准确编制银行存款记账凭证。 6. 会根据原始凭证准确熟练复核现金、银行存款收、付记账凭证。 7. 能熟练掌握正确更正记账凭证错误的方法。 8. 能熟练掌握处理记账凭证附件的方法。 9. 能规范书写记账凭证。 10. 能掌握阿拉伯数字书写方法；能掌握汉字大写金额、数字书写方法。	1. 原始凭证的填制及审核。组织学生收集常见原始凭证并学习填制和审核原始凭证有关项目。 2. 编制记账凭证。根据现金、银行存款收支业务以及原始凭证编制记账凭证，处理有关附件。 3. 复核凭证及更正错误。组织学生组内交换对已编制的凭证进行复核，对错误进行更正。	16

续表

序号	工作任务	课程内容和教学要求	活动设计	参考课时
2	登记现金、银行存款日记账	1. 能熟练准确设置现金、银行存款日记账，并掌握启用手续。 2. 会根据现金收、付记账凭证准确登记现金日记账各项目。 3. 会根据银行存款收、付记账凭证准确登记银行存款日记账各项目。 4. 能掌握规范的账簿书写、转页、结账方法。 5. 能熟练进行日清月结工作；能掌握货币资金差错的查找方法及处理方法。 6. 能熟练进行账证、账账、账实核对。 7. 能掌握规范的更正账簿记录错误的方法。 8. 能熟练进行期末未达账项调整。 9. 会编制银行存款余额调节表。	1. 登记现金日记账。根据现金收付记账凭证逐笔登记现金日记账。 2. 登记银行存款日记账。根据银行存款收付记账凭证逐笔登记银行存款日记账，月底进行调整未达账项，编制银行存款余额调节表。 3. 错账更正。根据不同的账簿错误记录规范地进行更正。	8
3	编制出纳报告单	1. 会根据现金、银行存款日记账的核算资料定期编制现金、银行存款出纳报告单。 2. 与总账会计核对现金、银行存款日记账的期末余额。	编制出纳报告单。 设计现金、银行存款日记账日清月结工作场景，编制现金、银行存款出纳报告单。	6
4	现金收支与保管	1. 熟悉现金管理的原则，能执行现金管理条例。 2. 熟悉现金使用范围，如工资、各种津贴、劳务报酬、个人奖金、劳保福利费、差旅费、零星支出。 3. 核定库存现金限额。 4. 能严格执行账、钱、物分管原则和现金清点盘存制度。 5. 会对现金收入开具收款收据，当天入账并送存银行。 6. 会根据原始付款凭证支出现金，并加盖"现金付讫"章。 7. 能按照规章制度保管好现金、各种票据、空白支票、收据、财务印章。 8. 能准确鉴别人民币的真伪。 9. 能熟练使用多功能防伪点钞机。 10. 能保护好经管的人民币，会熟练按面值整理现钞纸币，挑拣残币。 11. 会按规范方法熟练点钞。	现金收支业务操作。 设计模拟现金收支业务，训练学生处理业务的能力。包括：清点现金，账实核对收入现金，开具收据支付现金，盖付讫章，熟练点钞，辨别真伪。	12
5	银行结算	1. 熟悉支票、汇票、托收承付等结算方式的种类、适用范围、程序与基本规定。 2. 会根据原始凭证或记账凭证熟练准确签发支票。 3. 会按规范审核外企业交来的支票，并及时送存银行。	银行结算业务操作。 设计模拟银行结算业务，训练学生处理银行结算业务的能力。 包括： (1) 根据有关凭证签发支票。	14

续表

序号	工作任务	课程内容和教学要求	活动设计	参考课时
5	银行结算	4．熟悉不同种类汇票结算的基本程序；会熟练填写信汇/电汇凭证。 5．熟悉同城汇兑使用的结算方法，会熟练填写贷记凭证。 6．能熟练审核、处理银行转来的收款通知或电划代收报单，并准确入账。 7．能熟练审核处理银行传来的付款通知，及时付款并准确入账。 8．会按规定正确签发和承兑商业承兑汇票，办理有关手续，到期付款并准确入账。 9．能熟练处理收到的商业承兑汇票；办理有关手续，到期收款并准确入账。 10．能按规定到银行办理银行承兑汇票手续，到期付款并准确入账。	(2) 审核外单位交来支票，送存银行。 (3) 根据有关凭证填写汇付凭证，送交银行。 (4) 处理银行转来的收款通知。 (5) 处理商业或银行承兑汇票，到银行办理有关手续，并根据汇票的收付业务记账。	14
6	有价证券管理	1．了解企业有价证券的分类。 2．了解有价证券的管理规定。 3．能按规定保管好企业有价证券。		4
7	出纳核算资料保管与工作交接	1．熟悉出纳归档资料的范围及有关规定。 2．熟练整理出纳归档资料，并妥善保管。 3．熟悉出纳归档资料的移交、调阅、销毁的时限、手续。 4．熟悉出纳工作交接的规章制度及基本要求。 5．能按规定熟练进行出纳工作的交接。	整理保管出纳核算资料。设计模拟场景，训练学生整理出纳核算资料，办理工作交接的处理能力。	4
其他	机　动			4
	考　核			4
总　课　时				72

10.3.5 教学建议

(1) 教学中，教师必须重视实践经验的学习，重视现代信息技术的应用，尽可能运用现代化、多样化手段实施理论教学和实践指导。

(2) 教学中应注重对学生实际操作能力的训练，强化案例和业务流程教学，让学生边学边练，以此提高学生学习兴趣，突出技能培养目标，增强教学效果。

(3) 教学中，应注意充分调动学生学习的主动性和积极性，避免满堂灌的传统教学方式，注重教与学的互动、教师与学生的角色转换，让学生在完成教师设计的训练活动中，既学会企事业单位出纳会计岗位必须具备的知识，又练就各项基本技能。

(4) 教学中，教师应积极引导学生提升职业素养，培养学生诚实守信、认真负责、善于沟通与合作的职业道德。

10.3.6 教学评价建议

(1) 突出过程评价与阶段(以工作任务模块为阶段)评价相结合，结合课堂提问、训练活动、阶段测验等手段进行综合评价，注重实践性教学环节的考核与评价比重。

(2) 强调目标评价和理论与实践一体化评价，引导学生改变死记硬背的学习方式。

(3) 评价时注重学生动手能力和分析、解决问题的能力，对在学习和应用上有创新的学生应在评定时给予鼓励。

10.3.7 课程资源的开发与利用

(1) 注重实训教材的开发和应用，在编写时必须注重可操作性，要求文字简练，脉络清晰，尽量使用原始票据。

(2) 建议开发并应用一些直观且形象生动的挂图、幻灯片、录像片、视听光盘，以调动学生学习的积极性、主动性，促进学生理解、接受课程知识和业务流程。

(3) 利用现有的电子书籍、电子期刊、数字图书馆、教育网站等网络资源，使教学媒体多样化、教学活动双向化、学习形式合作化。

(4) 本课程属于操作性较强的专业主干课程，培养学生处理出纳业务的职业能力是本课程的核心目标。为此学校应与各类企事业单位、银行建立广泛的合作，开发实习、实训基地，熟悉各类单位中真实的业务流程，为学生尽快成为合格的出纳会计员创造条件。

10.4 中职会计专业《初级会计实务》教材分析文本体例

10.4.1 课程性质

本课程是中等职业学校会计专业的一门专业核心课程。其功能在于通过学习，让学生从整体上对会计六要素的核算有系统的认识。使学生具备在企业会计、银行会计等相关领域中进行主要经济业务核算的基本职业能力，并为后续学习专门化课程做前期准备。

10.4.2 教学设计思路

本课程总体设计思路是，以会计专业的职业能力分析和中职生的就业发展为依据，确定课程目标，设计课程内容，以工作任务为线索，构建企业基本业务核算任务引领的、以会计核算基本职业能力为核心的任务引领型课程。

课程结构以企业会计要素核算为主线，设计有会计核算基本准则概述、资产核算、负债核算、所有者权益核算、收入费用核算、利润核算、主要会计报表编制、财务分析基础八个工作任务。课程内容的选取以各专门化方向应共同具备的岗位职业能力为依据，紧紧围绕完成企业日常业务会计核算工作的需要，充分融合会计人员职业能力的基本要求。

每个工作任务的学习以企业日常会计业务为载体，将企业会计准则的相关要求和日常业务核算实践相结合，实现学做一体，并通过情景模拟、实地调研、案例分析等活动，培养学生企业会计核算技能。

本课程建议课时数为 108 课时。

10.4.3 课程教学目标

通过本课程的学习，了解会计法规和企业会计准则的相关规定，能初步具备核算企业主要经济业务的职业能力，达到会计从业人员的相关要求，养成诚实守信、严谨细致的工作态度。在此基础已形成以下职业能力。

职业能力目标主要内容如下。

(1) 熟悉财务会计报告的构成、使用者及其目标。
(2) 熟悉会计假设和会计信息质量要求。
(3) 熟悉会计要素确认、计量的相关规定。
(4) 能按企业会计准则的相关要求进行相关资产核算。
(5) 会用指定的存货计价方法计算原材料发出和结存成本。
(6) 会计算原材料计划成本差异率。
(7) 会用固定资产折旧方法，计算单项固定资产折旧。
(8) 能按企业会计准则的相关要求进行相关负债核算。
(9) 能按企业会计准则的相关要求进行所有者权益核算。
(10) 能按企业会计准则的相关要求进行收入费用的核算。
(11) 能按企业会计准则的相关要求进行利润的核算。
(12) 会编制资产负债表和利润表。
(13) 了解现金流量表的结构和内容。

10.4.4 课程内容和要求

序号	工作任务	课程内容和教学要求	活动设计	参考课时
1	会计核算基本准则概述	1. 了解会计理论、会计准则与会计实务的关系。 2. 熟悉财务会计报告的构成，使用者和目标。 3. 熟悉会计假设。 4. 熟悉会计信息质量要求。 5. 熟悉会计要素的定义和确认标准。 6. 熟悉会计计量基础。	会计报表解读。 提供资产负债表、利润表和现金流量表样张，围绕会计报表讲解财务会计报告的构成、使用者和目标，并熟悉会计假设、会计信息质量要求和会计要素确认标准。	6
2	资产核算	1. 货币资金的核算。 (1) 熟悉货币资金的内容。 (2) 熟悉库存现金账户结构，能进行账务处理。 (3) 熟悉银行存款账户结构，能进行账务处理。 (4) 熟悉其他货币资金的内容。 (5) 熟悉其他货币资金账户结构，会核算银行汇票存款、银行本票存款、外埠存款和信用卡存款。 2. 交易性金融资产的核算。 (1) 了解金融资产的内容和交易性金融资产的含义。 (2) 熟悉交易性金融资产、应收股利、应收利息和投资收益账户结构。	1. 资产的核算。 结合课程内容和教学进度，设计相应的业务案例，通过模拟训练使学生学会货币资金、交易性金融资产、应收及预付款项、存货、固定资产、无形资产的会计核算技能。	28

续表

序号	工作任务	课程内容和教学要求	活动设计	参考课时
2	资产核算	(3) 能进行交易性金融资产(股票)取得、持有期间现金股利处理、期末计量和出售的会计核算。 3. 应收及预付款项的核算。 (1) 熟悉应收及预付款项的内容。 (2) 熟悉应收票据产生原因和商业汇票的种类。 (3) 熟悉应收票据账户结构，能进行不带息应收票据的取得、到期收回及转让的会计核算。 (4) 了解带息应收票据的核算。 (5) 熟悉应收账款的产生原因和内容。 (6) 熟悉应收账款账户结构，能进行应收账款形成和收回的会计核算。 (7) 熟悉预付账款产生原因、预付账款账户设置和账户结构。 (8) 能进行预付货款、收货结算和差额补付(或差额退回)的会计核算。 (9) 熟悉其他应收款的内容，会核算其他应收款。 (10) 了解应收款项减损的确认。 (11) 熟悉计提坏账准备的会计核算。 4. 存货的核算。 (1) 熟悉存货的内容和核算方法。 (2) 熟悉采用实际成本核算时存货发出的计价方法，能用先进先出法和月末一次加权平均法计算原材料发出和结存成本。 (3) 熟悉采用计划成本核算时存货计划成本和实际成本的关系，会计算材料成本差异率、发出材料的成本差异、材料发出和结存的实际成本。 (4) 熟悉原材料的含义、内容。 (5) 熟悉采用实际成本核算时一般纳税人原材料相关账户的设置情况，能进行一般纳税人原材料购入和发出的简单核算。 (6) 了解采用计划成本核算方法时一般纳税人原材料相关账户的设置情况，能进行一般纳税人原材料购入和发出的简单核算。 (7) 熟悉库存商品的内容和账户结构，能进行工业企业完工产品入库和商品销售的简单核算。 (8) 了解委托加工物资的含义，熟悉委托加工物资的成本构成。 (9) 能进行不含消费税情况下发出物资、支付加工运杂费及收回委托加工物资的会计核算。 (10) 熟悉包装物和低值易耗品的核算内容和账户设置。	2．坏账准备的核算。 结合课程内容和教学进度，设计相应的业务案例，通过模拟训练使学生学会坏账准备的会计核算技能。 3．原材料发出成本和结存成本的计算。 结合课程内容和教学进度，设计相应的计算分析题，通过模拟操作使学生能用个别计价法、先进先出法、加权平均法和计划成本法计算原材料发出成本和结存成本。 4．固定资产折旧的计算。 结合课程内容和教学进度，设计相应的计算分析题，通过模拟操作使学生能用平均年限法、工作量法、年数总和法计算固定资产折旧。	28

续表

序号	工作任务	课程内容和教学要求	活动设计	参考课时
2	资产核算	(11) 能进行包装物和低值易耗品摊销的会计核算。 (12) 熟悉存货清查方法，能进行存货盘盈、盘亏的核算。 (13) 了解存货减值的概念和计提存货跌价准备的核算。 5．固定资产的核算。 (1) 熟悉固定资产的含义及特征。 (2) 熟悉固定资产的折旧的含义、影响因素和计提范围 (3) 会用平均年限法、工作量法、年数总和法和双倍余额递减法计算固定资产折旧。 (4) 了解企业月末固定资产折旧总额的计算方法，能编制提取折旧的会计分录。 (5) 熟悉固定资产、在建工程和工程物资账户结构，能进行固定资产取得、维修、出售、盘盈、盘亏的会计核算。 (6) 了解固定资产减值准备的相关概念。 6．无形资产的核算。 (1) 熟悉无形资产的含义、特征及内容。 (2) 熟悉无形资产和研发支出的账户结构。 (3) 熟悉研发支出核算的相关规定。 (4) 会进行无形资产取得、摊销和出售的会计核算 (5) 了解无形资产减值准备的相关概念。		28
3	负债核算	1．负债概述。 (1) 熟悉负债的含义和特征。 (2) 熟悉流动负债的含义和内容。 (3) 熟悉非流动负债的含义和内容。 2．短期借款的核算。 (1) 熟悉短期借款的特征和账户结构。 (2) 能进行短期借款取得、计息和归还的会计核算。 3．应付及预收款项的核算。 (1) 熟悉应付及预收款项的内容和账户设置。 (2) 能进行应付账款产生和归还、预收账款产生、预售商品结算和预收款补收(或退还)的会计核算。 4．应付票据的核算。 (1) 熟悉应付票据产生原因和应付票据账户结构。 (2) 能进行不带息应付票据的核算。 (3) 了解带息应付票据的核算。 5．应交税费的核算。 (1) 熟悉应交税费的主要内容和账户设置情况。 (2) 了解小规模纳税人增值税的核算方法。 (3) 能进行一般纳税人增值税进项税额、销项税额、进项税额转出和已交税金的会计核算。	负债的核算。 结合课程内容和教学进度，设计相应的业务案例，通过分析指导及模拟练习使学生在活动中学会短期借款、应付及预收款项、应付票据、应交税费、应付职工薪酬、其他应付款的会计核算技能。	16

续表

序号	工作任务	课程内容和教学要求	活动设计	参考课时
3	负债核算	(4) 熟悉消费税、城市维护建设税、教育费附加等税费的内容。 (5) 熟悉税金及附加账户结构,能进行消费税、城市维护建设税、教育费附加等税费的会计核算。 6. 应付职工薪酬的核算。 (1) 熟悉职工薪酬的主要内容。 (2) 熟悉应付职工薪酬账户结构,能进行职工薪酬分配、发放和职工医药费报销的会计核算。 7. 其他应付款。 (1) 熟悉其他应付款的核算内容。 (2) 能进行其他应付款的会计核算。 8. 非流动负债的核算。 (1) 了解长期借款的特征和核算。 (2) 了解应付债券的相关概念。		16
4	所有者权益核算	1. 熟悉所有者权益的含义及内容。 2. 熟悉实收资本及股本的概念。 3. 能进行非股份制企业收到现金资产投资的会计核算。 4. 了解非股份制企业收到非现金资产投资的会计核算。 5. 熟悉资本公积的内容、来源和用途。 6. 能进行资本溢价和资本公积转增资本的核算。 7. 熟悉留存收益的内容。 8. 熟悉盈余公积的内容、来源和用途。 9. 能进行提取法定盈余公积、提取任意盈余公积、提取公益金和盈余公积转增资本的核算。 10. 了解未分配利润的核算。	所有者权益的核算。 结合课程内容和教学进度,设计相应的业务案例,通过模拟训练使学生学会实收资本、资本公积和盈余公积的会计核算技能。	6
5	收入费用核算	1. 熟悉收入的特点和分类。 2. 能进行一般销售商品、带有折扣商品销售、分期收款发出商品销售、预收货款销售中主营业务收入和主营业务成本的核算。 3. 能进行商品销售折让的核算。 4. 能进行当期商品销售退回的核算。 5. 能进行多余原材料销售中其他业务收入和其他业务成本的核算。 6. 熟悉期间费用(管理费用、销售费用和财务费用)和所得税费用的特点和主要内容。 7. 能进行管理费用、销售费用和财务费用的核算。	1. 收入的核算。 结合课程内容和教学进度,设计相应的业务案例,通过模拟训练使学生学会主营业务收入、主营业务成本、其他业务收入、其他业务成本的会计核算技能。 2. 费用的核算。 结合课程内容和教学进度,设计相应的业务案例,通过模拟训练使学生学会管理费用、销售费用、财务费用的会计核算技能。	16

续表

序号	工作任务	课程内容和教学要求	活动设计	参考课时
6	利润核算	1. 熟悉各项利润指标及其构成。 2. 熟悉营业外收入和营业外支出的核算内容。 3. 了解应交所得税的计算。 4. 能进行不涉及纳税调整的所得税费。 5. 能进行收入费用结转和本年利润结转的会计核算。 6. 了解利润分配的相关知识和未分配利润的结转核算。	利润的核算。 结合课程内容和教学进度,设计相应的业务案例,通过模拟训练使学生学会营业外收入、营业外支出、应交所得税、收支结转、本年利润结转、利润分配和未分配利润结转的会计核算技能。	6
7	主要会计报表编制	1. 熟悉财务会计报告的构成及编制要求。 2. 熟悉资产负债表的结构内容、编制依据和编制方法。 3. 会编制资产负债表。 4. 熟悉利润表的结构内容、编制依据和编制方法。 5. 会编制利润表。 6. 了解现金及现金流量含义、现金流量分类及现金流量表的结构内容。	1. 编制资产负债表。 提供案例资料,在教师指导下,边学边做,具备编制资产负债表的基本技能。 2. 编制利润表。 提供案例资料,在教师指导下,边学边做,具备编制利润表的基本技能。	10
8	财务分析基础	1. 熟悉货币时间价值的含义和作用。 2. 会计算单笔资金的现值和终值。 3. 熟悉普通年金的相关知识。 4. 能利用查表法计算普通年金的现值和终值。 5. 能计算偿债能力、营运能力和盈利能力等相关财务指标。 6. 能进行简单的财务分析。	1. 资金现值和终值的计算。 (1)已知资金现值、期限和利率,指导学生计算资金终值。 (2)已知资金终值、期限和利率,指导学生计算资金现值。 2. 财务指标的计算与分析。 通过资产负债表、利润表和现金流量表的相关资料,计算偿债能力、营运能力和盈利能力进行简单财务分析。	10
其他		机动		6
		考核评价		4
总课时				108

10.4.5 教学建议

(1) 应加强对学生实际职业能力的培养,强化案例教学或项目教学,注重以任务引领型案例或项目诱发学生兴趣,使学生在案例分析或项目活动中了解企业会计要素的分析方法及主要经济业务的会计核算。

(2) 应以学生为本,注重"教"与"学"的互动。通过选用典型活动项目,由教师提出要求或示范,组织学生进行活动,让学生在活动中增强诚信意识,培养严谨细致作风,掌握本课程的职业能力。

(3) 应注重职业情景的创设,以挂图、多媒体、案例分析等方法提高学生解决和处理实际问题的综合职业能力。

(4) 教师必须重视实践，更新观念，探索中国特色职业教育的新模式，为学生提供自主发展的时间和空间，积极引导学生提升职业素养，努力提高学生的创新能力。

10.4.6　教学评价建议

(1) 突出过程与模块评价，结合课堂提问、业务操作、课后作业、模块考核等手段，加强实践性教学环节的考核，并注重平时成绩的评定。

(2) 强调目标评价和理论与实践一体化评价，注重引导学生进行学习方式的改变。

(3) 强调课程结束后综合评价，结合案例分析、成果展示等手段，充分发挥学生的主动性和创造力，注重考核学生所拥有的综合职业能力及水平。

(4) 建议在教学中分任务模块评分，在课程结束时进行综合模块考核。

10.4.7　课程资源的开发和利用

(1) 利用现代信息技术开发幻灯片、录像带、视听光盘等多媒体课件，通过搭建起多维、动态、活跃、自主的课程训练平台，使学生的主动性、积极性和创造性得以充分调动。同时联合各校开发多媒体课件，努力实现跨校多媒体资源的共享。

(2) 注重仿真软件的开发利用，如"模拟实习""在线答疑""日常测试""模块考试"等，让学生置身于网络实习平台中，积极自主地完成该课程的学习，为学生提高基本职业能力提供有效途径。

(3) 搭建产学合作平台，充分利用本行业的企业资源，满足学生参观、实训和毕业实习的需要，并在合作中关注学生职业能力的发展和教学内容的调整。

(4) 积极利用电子书籍、电子期刊、数字图书馆、各大网站等网络资源，使教学内容从单一化向多元化转变，使学生知识和能力的拓展成为可能。

(5) 利用会计开放实训中心，将教学与培训合一，教学与实训合一，满足学生综合职业能力培养的要求。

拓展阅读

一、相关概念

工作项目：指一组具有相关性的工作任务组成的工作领域。它可能与工作岗位相对应，也可能不对应，主要取决于不同职业的劳动组织形式(如出纳)。工作项目的确定有多种划分方式，有的可以按工作性质来划分，有的可以按工作过程或工作流程来划分。工作项目不能理解为就是专门化方向。

工作任务：指工作过程中需要完成的具有相对独立性的任务(如统计员工工资)。

职业能力：指完成工作任务需要采取的行为或策略，包括动作技能和智慧技能，如"示波器使用"是动作技能，"发动机故障判断"是智慧技能。对工作任务做进一步分解即可获得职业能力。

在描述时仍然遵照"名词+动词"格式(若习惯"动词+名词"格式也可以)，没有必要特定加上"能力"或"技能"等字样，如"示波器使用技能"。

主持人的要求：熟练掌握工作任务分析技术，善于引导行业技术专家小组按照任务引领型课程开发要求进行工作任务分析，并善于归纳、整合、提炼专家的意见。

行业技术专家：主要指部门经理、车间主任、工段长、班组长等一类人员。参与工作任务分析的行业技术专家，应符合以下条件。

(1) 具备高级工及以上相应职业资格。

(2) 在该领域具有五年以上工作经历，对所从事的工作岗位有较宏观、整体、前沿性的了解。

(3) 善于表达与合作。

另外，行业技术专家应具有代表性，覆盖与中职学生就业岗位相对应的，不同性质、类型、规模、层次的企业。行业技术专家人数为10~12位。

基本步骤如下。

(1) 将本专业所涉及的职业活动(含所有专门化方向)按工作的性质和要求分解成若干个工作项目。

(2) 工作的性质与要求，将每一工作项目分解成若干相对独立的单项任务。

(3) 分析完成每项工作任务应具有的职业能力。要求用简洁的操作性语言表述，建议采用"能或会+动作要求+操作动词+操作对象"的格式，如"能熟练编制会计分录"。

"任务与职业能力分析"会前须向行业技术专家提出分析任务与要求，并作好如下充分准备。

(1) 介绍专业教学标准开发的背景情况；

(2) 介绍专业调研情况，提供调研报告(初稿)；

(3) 介绍分析会的有关技术，如工作流程，有关概念的界定等。要坚持从工作岗位的实际需要确定工作项目、任务和职业能力；

(4) 提供专人服务和技术支持，如设备、工具的准备，电脑、投影屏幕、泡沫板、纸片、分析表式等。

任务与职业能力分析结果梳理后仍须经行业技术专家反复论证。

二、任务引领型课程

1. 任务引领型课程的界定

任务引领型课程是指按照工作任务的相关性进行课程设置，并以工作任务为中心选择和组织内容的课程。工作任务需要根据工作岗位的实际情况进行选取或设计。它不同于以学科边界进行课程设置，并按知识本身的逻辑体系选择和组织内容的学科课程。

2. 任务引领型课程的特征

1) 任务引领

以工作任务引领知识、技能和态度，让学生在完成工作任务的过程中学习相关知识，发展学生的综合职业能力。

2) 结果驱动

关注的焦点放在通过完成工作任务所获得的成果，以激发学生的成就动机。通过完成典型产品或服务，来获得某工作任务所需要的综合职业能力。

3) 突出能力

课程定位与目标、课程内容与要求、教学过程与评价等都要突出职业能力的培养，体现职业教育课程的本质特征。

4) 内容实用

紧紧围绕工作任务完成的需要来选择课程内容，不强调知识的系统性，而注重内容的实用性和针对性。

5) 做学一体

打破长期以来的理论与实践二元分离的局面，以工作任务为中心实现理论与实践的一体化教学。

3. 任务引领型课程的工作任务编排模式

工作任务逻辑的三种类型，如图10.3所示。

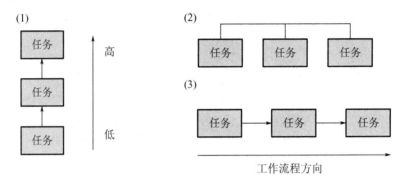

图 10.3　工作任务逻辑的三种类型

任务引领型课程根据任务之间关系的不同有三种基本模式。

(1) 递进式，即工作任务按照难易程度由低到高排列。

(2) 并列式，即工作任务之间既不存在难易程度差别，也不存在明显的相互关系，而是按照并列关系排列的。

(3) 流程式，即工作任务是按照前后逻辑关系依次进行的。

任务引领型课程按照工作逻辑来组织课程内容仅仅是条基本原理，在课程设计中，还需要充分发挥项目组成员的创造性，结合专业的具体内容，着力找到每个专业所特有的工作逻辑。

训练题：

要求：编写本专业核心课程的教学大纲。

第11章 中职会计专业学生的特点分析

学习任务

1. 认识中职会计专业学生的智力与非智力因素特点;
2. 能针对中职会计专业学生的智力与非智力因素特点进行有效教学。

11.1 中职会计专业学生智力因素特点分析

为了更好地完成中等职业教育的培养目标,学校教师与教育工作者应该依据受教育者的心理健康状况,考察、了解学生的智力发展现状,探讨影响教学环境与学生行为模式的诸多因素,从而选择科学、合理、有效的心理疏导方法,引导和规范学生参与各项教育教学活动,提高他们的综合素质。

通过对中职会计专业学生心理测量的结果分析,我们可以得到如下一些认识。

一是中职会计专业学生的多元智力处于中等水平,学生的这种水平是具有可塑性的,它对于我们树立"能力本位"的课程开发观念,促进理论与实践一体化,满足中职学校教育教学改革的设想与要求是非常有益的。尤其,自然观察智力和运动智力略高,表明他们具有与中职生相匹配的观察力和动手能力,会在学习的过程中完成规定的教育教学目标与活动。同时,人际智力和自我意识是最高的,是人际交往和自我意识形成的有力证明,表示他们具有协调人际关系的能力水平,对自我的期望和意识也比较看重,会体现出行为的动机水平。但是,语言智力最低,表明由于语言表达能力的不足,又会造成思维与意识、人际与社会交往的阻滞,揭示出矛盾的对立统一关系与它的逻辑性。

二是由于心理测量具有选材、评价的功能,使我们大致了解到学生的智力结构与特点,给我们的教育教学活动提供了具有参考价值的信息。在对职业教育活动进行分析和描述的基础上,它可成为中职教师确立科学、有效的教育模式与方法的依据。结果显示受试者的语言智力平均分数较低,它可能会形成描述方法不当、表达不准而阻碍了人际交流与教学实践的局面。因为语言智力是指人对语言的掌握和灵活运用的能力,主要表现为个人能顺利而有效地利用语言描述事件、表达思想并与他人交流。所以,需要教师疏导和训练学生的语言表述和人际关系交往的能力。例如,教师可利用语文课、朗诵会、讨论会、辩论会等形式,加强对学生语言表达能力的训练,加强学生的交流、沟通和群体活动,提高学生的口语表达能力,建立和谐的教学氛围,从而实现中职学校的培养目标。此外,为提高学生的语言智力,教师应从基础环节上指导他们学会介绍、交谈、复述、演讲、即席发言、应聘等口语交际的方法和技能,以及学会接待、洽谈、咨询、协商等技能,特殊的还要进行讲解、采访、讨论、辩论等方面的拓展训练,从而使学生能够根据语境,借助语气、表情、手势恰当地表达自己的见解,揭示出语言智力的内涵。心理健康教育的实践证明提高中职学生智力因素是可行的,需要基础课与专业课教师密切合作,多方位、全视角探索提高学生智力因素的途径与方法。

在心理健康教育的探索与实践中,心理测量使我们了解了学生的心理状况,分析了学生学习困扰的原因,尝试了解决问题的方法。实践证明,心理健康教育在中职学校教育教学改革中的作用十分重要。对学生智力等因素的认识,帮助我们确立了以"无条件的积极关注"为核心的心理健康教育理念,强调职业教育中学习的内容来源于社会实践的需求,将学习与学生的心理健康水平、个性发展相联系,通过智力因素来促进学习,通过学习关注学生的职业成长过程。这一环节某种程度上拓展了中职学校的生存与发展空间,提升了人才培养的质量,有助于形成科学有效的中职人才培养模式。

11.2 中职会计专业学生非智力因素特点分析

11.2.1 非智力因素及其对智力因素的作用

非智力因素是相对于智力因素而言的,它是指在智力因素之外的其他一切心理因素,一般包括情感、意志、性格、需要、动机、兴趣和理想、信念、世界观等。这些非智力因素,对人的智力活动起着重要影响作用。

1. 情绪

情绪是一种强烈的情感,是情感的一种强烈表现,它是人的需要是否得到满足时所发生的一种较强的内心体验。情绪可以分为积极的和消极的两种。当人的需要得到满足时就产生积极的情绪体验,当人的需要得不到满足时容易引起消极的情感体验。在学习中,积极的情绪,如愉快感、紧迫感和自信心等,都能促进学生的学习,有利于智力活动的开展。相反,消极的情绪,如忧虑、过分的紧张和自卑感等,则会造成学习的情绪障碍,影响智力活动而降低学习的效果。

2. 意志

意志是一切事业取得成功的必要心理条件。马克思说:"在科学上没有平坦的大道,只有不畏劳苦沿着陡峭山路攀登的人,才有希望达到光辉的顶点。"因此,在学习上具有坚强意志的人,才能做到锲而不舍,完成学习任务。否则,意志薄弱者,只能屈服于困难,失去对消极情绪的自控能力,而不能很好地完成学习任务。

3. 性格

性格是一个人较稳定的对现实的态度和与之相适应的习惯化的行为方式,如无私、自私、勇敢、怯懦、寡断、刚强等。性格是个性中最重要的心理特征,它最能代表一个人的个性差异,也足以影响人的智力活动。学生学习的态度的性格特征主要表现为勤奋或懒惰,认真或马虎,细心或粗心,踏实或浮夸等。所有这些对学习中的智力活动,都是起着深刻影响的。

4. 需要

需要是人类行为动力的基础。在学习活动中虽然动机和兴趣是它的重要动力,但是学习的动机和兴趣及其产生的动力,则是以学习需要为基础,由学习需要所决定的。这就是说,需要才是人的行为动力的基础,才是人的行为活动的根本动力。动机和兴趣无非是需要的表现,即个性需要的表现而已。所谓"需要",是指个体在社会生活中对需求的事物在头脑中的反映,它是个性中个体意识倾向性的重要方面。在人的个体意识倾向性中,需要不仅对动机和兴趣起决定作用。而且还与理想、信念和世界观等有密切的联系。因此,需要对学习和智力活动所产生的动力作用,是非常巨大和深刻的。

5. 理想

理想是人们积极向往并为之奋斗的目标,是人们对未来合乎规律的并有可能实现的想象。远大的理想能激励人们的斗志,增强人们的信心,克服前进道路上的困难,去争取胜利。人的理想又与信念、世界观密切联系着,理想是信念和世界观的重要基础,而信念和世界观则对理想起主导的作用,它们是互相影响,互为促进的。可见,理想对于人的学习和智力活动会产生重要的调节和推动的作用。

11.2.2 中职会计专业学生非智力因素的现状

众所周知,目前,中职会计专业学生的生源素质普遍偏低,文化基础知识不牢固,知识面窄;不会学习,对专业知识的学习不感兴趣;思想道德修养差,缺乏责任感;社会适应能力差,难以独立生活等。普遍具有下列非智力因素方面的问题。

1. 学习意志不坚定

意志是按照既定目标和克服各种困难调节内外活动的一种意向活动,它对学生能否取得良好的成绩起决定作用。意志不坚定的学生没有真正树立起信心,更缺乏排除各种困难的恒心,也没有将学习搞好的决心,所以收效甚微。

2. 性格不完善

中职会计专业学生具有明显的自卑感及失落感。由于他们学习成绩差,一时无法弥补他们在群体中的落后位置,家长的埋怨、教师的指责及同学的歧视导致自暴自弃,不思进取,从而形成一种心理定式,即"我不如人",他们长期生活在一种颓丧,抑郁的氛围中。性格胆怯也是他们差的一个原因,学习碰到困难不敢向教师请教,不愿暴露自身的弱点,怕别人讥笑,结果是学习上遇到困难得不到及时解决,形成恶性循环。

3. 学习目的不明确

目的是激发人们从事某种活动的动力。学习目的不明确的学生,学习是为了应付老师及家长的"差事",学习上混日子,没有长远的愿望,也没有学习的主动性、积极性,在老师及家长的督促下被动地学习。

4. 学习兴趣不浓

兴趣是人的意识对一定客观事物或活动的内在趋向性和倾向性,它可以成为学习活动的内在动力。与学习能力的发展有极大关系,学习兴趣不浓的学生对学习索然无味,没有任何兴趣点。

5. 具有惰性及逆反心理,志向水平低

中职会计专业学生学习上不肯用功,思想上不思上进,只图安逸自在,玩字当头,混字领先,怕动脑筋,缺乏吃苦精神,不愿在困苦中学习。逆反心理强,而他们又常是被老师批评、指责的对象,因此他们对教育反感,对学习反感,普遍志向水平低,没有远大理想及抱负。

11.2.3 中职会计专业学生的非智力因素培养

目前中职会计专业学生素质偏低,主要是由于他们的非智力因素不高,而他们的智力因素则不是主要的因素。要实现中职学校的培养目标,提高学生综合能力和综合素质,必须加强对中职会计专业学生的非智力因素的培养。

第 11 章　中职会计专业学生的特点分析

1. 学习动机的培养

学习动机水平低是中职会计专业学生普遍存在的问题，他们在学习态度、动机、意志及自我意识方面存在较多的障碍，他们的能力更多为学习动机的不足所抑制。如何调动这类学生的学习积极性，激发动机是关键。学习动机激发的途径主要包含外部动机激发和内部动机激发两方面。

1) 外部动机激发

首先，适当地运用奖励与惩罚。奖励要与中职会计专业学生实际付出的努力相一致，使他们感到无愧于接受这种奖赏。奖励要注意以精神为主，物质奖励为辅，因为对中职会计专业学生而言，最大的奖励莫过于得到别人的称赞和肯定，尤其需要教师的鼓励。惩罚包括施加某种痛苦或厌恶的刺激和取消某种喜爱的刺激(如取消娱乐活动等)。但若惩罚不当，非但不能改正学习的错误行为，反而会强化这种行为，使学习产生对立情绪。其次，创设合作的课堂学习环境。目前教学中的弊端之一是过于强调竞争忽视合作。由于课堂竞争中优胜者只是一小部分，大多数学生是竞争的失败者。因而更容易诱发中职生的自卑、自暴自弃心理。因此，应通过建立合作的课堂学习方法，如改进评分方法，采用鼓励性评价，淡化竞争气氛，用类似分层作业的方法提倡互助与协作，强调教师与学生之间、学生与学生之间的互助协作，有效地调动学习的积极性、主动性和参与性。

2) 内部动机激发

一是进行有效的归因训练。教师帮助学生分析失败的主、客观原因，然后对症下药。二是帮助学生实现角色转换。中职会计专业学生在教师、同学眼里往往是"嫌弃儿"的角色，这种角色地位深深影响他们的自尊与自信，使他们对课堂学习更加反感、敌对。三是为他们创设成功的机会。中职会计专业学生常常过分夸大学习中的困难，过低估计自己的能力，这就需要教师为他们创设成功的机会，让他们在学习活动中通过成功地完成学习任务，解决困难来体验和认识自己的能力。四是增强他们的自信心、胜任感。中职会计专业学生往往在学习上容易把自己与学习优良学生比较，从而觉得自己样样不如别人，越比自信心越低。教师要帮助学生将自己的现在同自己的过去相比，就能使学生从自己的进步中获得成功的体验，增加自信心。因此，在对学生个别辅导中，教师要帮助学生制订个人的目标与计划，并制订出落实这些计划的具体措施。

2. 学习兴趣的培养

影响学习兴趣的因素主要包括教学方法、师生关系、教学效果、教学策略、对学生的注意和了解程度、赏罚情况等。学生一旦对学习失去了兴趣，学习就会成为他们的负担，他们或者对学习产生焦虑，或者对学习产生恐惧，或者会由于连续的失败而逃避或回避学习。学习兴趣的培养可以从以下几方面入手。

(1) 切实改进教学方法。在日常的学习中总有一些枯燥无味、很难引起学习兴趣的内容，教师在传授这些知识时，要用新颖的方法来激发学生的学习兴趣，要使有趣的内容与枯燥的内容交叉进行，并巧妙地把枯燥乏味的东西变为津津有味的东西。

(2) 合理安排教学内容。教学心理学的研究表明，学生对所学内容感到新颖而又无知时，最能诱发好奇内驱力，激起求知、探究、操作等学习意愿；教学内容过深，会减低学习兴趣；教学内容过浅，也会丧失学习兴趣；教学要从学生的"最近发展区"出发，注意深浅得当。

(3) 充分挖掘学科知识的兴趣点。每一门技术都有自己的知识特点，学生对某门技术的兴趣往往是由于该生认为技术有趣。因此，教师要注意充分发掘技术知识中的兴趣点，以此引起学生对该技术的特殊兴趣。

(4) 及时帮助学生解决学习困难。学生在各种学习的初始阶段一遇到困难就及时解决，即一些难以理解的知识，渡过这些难关，学生就能顺利掌握该技术的基础知识和学习方法，兴趣也会渐趋稳定。闯不过这些难关，学生在学习上就会困难重重，学习兴趣就会锐减。

3. 良好学习习惯的培养

习惯的形成是由于一定的刺激情景与个体的某些动作在大脑皮层上形成了稳固的暂时神经联系即条件反射系统。良好的学习习惯，一方面可以帮助学生节省学习时间，提高学习效率；另一方面可以减少学习过程中差错，有利于养成勤于思考、敢于攻克难关的习惯。中职会计专业学生缺乏毅力，自控能力较差，在学习中遇到困难时，往往不肯动脑思考，遇难而退。在这种情况下，教师不要代替学生解答难题，而是要鼓励学生动脑筋，激励他们去克服困难。在辅导学生学习时，教师最重要的是教育学生学会用脑，帮助学生克服内部或外部的困难和障碍，使之树立坚定的信心和克服困难的毅力。其次，教师要帮他们养成在规定时间内学习的习惯，力戒拖延和磨蹭。

4. 不良情绪的排除

中职会计专业学生往往对学习有某些情绪或情感问题，这些情绪，情感问题往往是由于学业不良产生，再反过来又严重地影响与阻碍学习。排除的方法如下。

(1) 克服焦虑与恐惧。中职会计专业学生在学习过程和考试情境下，焦虑水平明显高于学习优、中等生，其中考试焦虑水平比学习焦虑水平更高、差异更大。这往往是由于担心失败而引起的，从而造成他们注意力不易集中，影响了学生。

(2) 避免产生逃避或回避心理。由于连续的失败，学生失去了对学习的自信心或自尊心，因而不愿上学，回避学习课程，由此成绩越来越糟。为此，教师应通过各种途径，有效帮助他们减少逃避或回避心理的产生。

(3) 减少对抗或抑郁。中职会计专业学生由于长期成绩不良或学业失败，损害了其自尊心与自信心，以致有的学生对学校、教师、家长产生敌视对抗心理，或者出现某种程度的抑郁状况，如食欲不振、孤独、懒散、过敏、闷闷不乐等。这种对抗与抑郁的心理又会进一步造成学习的退步。因此，教师应设法防止和消除对抗或抑郁的产生。

5. 良好个性的塑造

(1) 树立自信心。中职会计专业学生往往认为自己不够聪明，学习能力不强，缺乏应有的自信心，而自信心的缺乏，多数是日常生活中教师、家长或他人过多的责怪与批评等造成的。因此，家长要特别注意关心、鼓励他们，使之树立自信心。

(2) 增强意志品质。中职会计专业学生做事情没有持久性、稳定性，遇到小问题便退缩，对自己行为缺乏应有的控制能力，容易被外界一些事情所诱惑，缺乏责任感等，都会对学习有不良的影响，严重阻碍学习的进步。教师要鼓励他们积极地迎接困难，增强克服困难的勇气，懂得怎样去排除障碍，克服挫折。为此，教师和家长应经常为学生设置一些他们能够克服的障碍，以培养意志品质。

(3) 提高适应能力。有些中职会计专业学生由于从小受父母呵护过多，造成个性及性格上的问题，如内向、孤僻、行为幼稚、不成熟。他们由于一时难以适应学校的生活与学习，学习效果差，由此造成学业不良，教师与家长要密切配合，以培养学生的适应能力。现代教育提出了"终身学习"的思想，在这日新月异的世界里，"会学习，不断地学习"已成为自身及社会发展的必需，家长及教育工作者要一起研究学生的学习过程，培养学生的非智力因素，使学生真正地认识到学习是生活中一个不可缺少的部分，学习是一辈子的行为，学习中有无穷的乐趣。

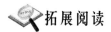拓展阅读

拓展阅读一　中职学校学生特点分析及对策——王俊丽

摘要：本文分析了中职学生的学习特点，并提出了有针对性的改革方法，从教学模式、教学方法等方面进行改革，发展中职教育。

关键字：中职、教学模式、理论、实践

职业中专学校的学生是一个特殊的群体，他们在初中时期，大部分成绩不是很好，甚至有的学生是个别教师"遗忘的角落"。因此，在很大程度上，这一批学生心理上都存在一定的缺陷，这对于职校的班主任和任课教师来说，在工作上存在了很大的难度；又由于当前严峻的升学和就业形势，导致多数人认为上中职学校没有发展前途，基础好的学生都上了高中，中职学校的生源都是被挑选后剩余的学生，其基础知识掌握较为薄弱是不争的事实。大部分学生理论学习热情不高，缺乏钻研精神，缺乏积极的学习动机，学习目标不明确，学习上得过且过、效率低下。并且，他们的信息来源非常广泛，外界诱惑非常大，因此课程学习远远不能满足他们的心理需要，他们热衷于网络、游戏、追星、享乐等，根本无心学习。另外，现在的学生多是独生子女，环境优越，从小缺乏艰苦的锻炼，因此表现在心理品质上即为严重的意志薄弱、怕吃苦、怕困难、心理脆弱、学习惰性强，无法正确对自己做出评价，思想观念相对弱化，做事处世急于求成，对社会回报期望值明显偏高。因此，采用传统的教学方法不能适应当代中职教育的要求。

另外，中职生源知识基础比较差，但智力素质并不差。他们的思维敏捷，动手能力较强，对新事物、新观念容易接受，适应性强；且追求时尚，追求财富，出人头地的梦想非常强烈。所以，我们必须注重发掘他们的潜力，努力实施"因材施教"。加强实践教学环节，改变"填鸭式"的传统教学方法，培养学生的操作能力，让学生在实践中学习、在实践中进步。

一、中职学校学生心理特点

1. 目标不明确，信心不足是这一群体普遍存在的心理特点

他们中的大部分，在初中时期成绩都不是很理想，目标不很清楚，再加上初中毕业的提前竞争，他们考重点高中无望，心理有一种失落感，又由于社会不正确的舆论，认为上职业中专没有出息，从而进入职中又显得无奈；因此，进入职校以后，在心理上无法摆脱自卑的阴影，自信心难以树立起来。

2. 特殊群体的组合，容易形成"小帮派"现象

这些学生，大多来自不同的学校，相同的"命运"，同一样的归宿，使他们在心理上得到沟通，有一种"同病相怜"的感觉；因此，很容易形成一个个"小团体"，这种现象如果不加以正确引导，将会导致整个班级出现不良局面，给班主任和任课教师的工作带来很大的难度。

3. 自我意识不够健全

他们这些学生，自我意识较差，对于在自己身上发生的事情，不能够正确摆正自己在"矛盾"中的位置，很容易寻找外界因素来为自己解脱，以便维持自我心理平衡。许多事情，都以自我为中心，不能客观地对自己进行正确的评价。

4. 具有较强的表现欲望

职中学生，他们刚刚从初中毕业，心理都还不够成熟，具有较强的虚荣心，表现的欲望较强。有的同学由于基础不扎实，成绩进步不很明显，学习劲头不足，心理的倾斜度较大；为了寻找心理平衡，他们经常会寻找机会表现自己，有的学生甚至专门当有教师在的时候，发出异样的声音，或做出与场合不相称的动作，来引起教师和同学的注意，以免自己在这个集体中遭受"冷落"，在班级同学中寻找一个"扭曲"的"位置"，来弥补自己其他方面的不足。

二、依据中职学生的心理特点采取相应的对策

1. 帮助学生明确目标，树立信心

一个人如果没有目标，就如海上失去了方向的船只，如果遇到海浪、台风，将是非常危险的。因此，首先应帮助学生明确学习的目标，树立起他们的信心。每一个学期班级里应该有一个大的或者几个具体的目标，这样学生有了一个既定的目标，那么也就会得到一定的收获。例如，一些等级考试。目标具体，则方向明确，那么学生有事可做，学习起来就会显得充实。有事可做，也就一定会多少取得一定的成绩，这样很容易帮助学生树立起自信心。

2. 细心了解学生的个性特点，注意引导他们"扬长避短"

每个学生都有自己的个性，不同的学生又有各自不同的特点。这就要求班主任必须主动接近学生，深入到他们中间，了解他们的个性特点，在自己的心中对每一个学生形成一个比较具体的"概念"，这为班主任在今后处理具体问题的时候有一定的针对性，能够针对个性不同的学生采取不同的方法去解决问题，从而使班主任在做工作的时候不至于被动。例如，有的学生"吃硬不吃软"，而有的学生则"吃软不吃硬"，这都需要班主任心中有一个清楚的把握，否则，工作起来将有一定的难度。与此同时，还需要找到学生的长处和优点，并使他们有机会得到展现，使他们的表现欲望能够朝着班主任希望的方向去"发泄"，让他们有一个平衡自己的机会，使他们的注意力转移到有利于班级建设上来，从而带动他们其他方面的发展。

3. 融情入理，以理服人，尊重学生的人格

职中学生由于自我意识不够健全，以自我为中心的意识较强，自控能力较差。因此，班主任在做学生思想工作的时候，应该注意方式方法，否则有可能事与愿违。任何一个人

都是有感情的,都有善的一面,只是有些老师没有深入到他们的内心深处,受传统的"以分数来划分好差生"等的影响,使老师在做学生工作的时候失去了"重心",从而经常性地在语言、语气和语调等方面无意识地伤害了学生的自尊心,使他们本来的"模糊目标"变得更加"模糊",产生了一些不必要的负面影响。因此,善意的语言,真实的感情,客观的说理,尊重的态度,无疑是任课教师处理学生问题最好的方法。在教育的过程中,对于这些学生,应该做到以理服人,强压是达不到最终目的的。

4. 及时肯定成绩,形成一种上进的氛围

任何人都有自己的长处,也都希望得到别人的肯定。我们班主任对班级的每一个学生都应该心里有一本比较清晰的"账本",对学生的"闪光点",应该及时在班级里加以客观的评价和表扬,使他们在心理上得到一种满足,而这种满足往往会持续很长一段时间;此外,还应注意班级集体活动的整体收益,并给予客观的肯定,在大家产生共同心理愉悦的基础时,是班级形成上进氛围非常重要的"关卡",一旦突破这一"关卡",将会产生非常好的效果。

5. 密切与家长保持联系,保证教育的效果

对每一个学生来说,最了解他们的是他们的家长;而班主任只是根据学生在学校的表现对他们形成一种"不确定"的印象,而这些学生的自我保护意识较强,不太把自己的"弱点"全部暴露出来,尤其在班主任面前;这样,就使我们班主任在一定程度上与学生存在一定的距离;从而,加强与家长的联系显得非常必要。因此,使学校教育与家庭教育有针对性地联系起来,能够全方位地把握学生的发展,有利于保证教育的效果,真正达到育人的目的。

6. 班主任应该有勇于向学生道歉的诚心,处理好自己在学生中的"角色"

作为班主任,在工作中难免会出现一些失误,这就要求班主任在工作中有纠正自己失误的决心,和向学生道歉的勇气;根据自己做学生的体会,班主任的个人形象,思想对学生的影响很大。因此,作为班主任应该经常审查自己的言行举止,真正树立起我们教师的形象,从而,以高尚的人格去影响自己的学生,帮助他们形成健全的人格。

三、依据学生的心理特点采取"因材施教"的教学模式

另外,在为学生建立了一系列的信心之后,在学校的教学模式上也需要有所改变,依据学生的心理特点采取"因材施教"的教学模式。

1. 采用理论与实践的一体化教学模式

理论指导实践,实践又反作用于理论。实践是理论的延伸,同时也是理论的再证明,而理论则在一定高度上指导实践。所以,理论与实践的一体化教学模式是比较切合当代中职教育实际和现代企业需求的教育教学模式。

首先,要紧紧围绕提高学生的各项能力来确定本专业的课程体系和知识结构,明确设置课程在能力培养中必须的知识点,根据不同专业工种和不同层次需求选择编排,确定教学要求,并随时增加行业中出现的新工艺、新技术。中职教育应该采用够用的理论基础知识与相对完善的实践操作有机结合的教学模式。

其次,传统的教学模式是先理论教学,后实践操作,理论与实践严重脱节,理论与技能孰轻孰重因人而异,很少考虑用人单位对人才的需求,从而出现学而不专、一知半解等现象,甚至出现很多学生理论知识完备、操作技能有限导致无法胜任工作岗位的现象。理论与实践的一体化教学模式可以打破学科界限,以技能训练为核心组织教学内容、设置教学环节及进度,制订教学计划,从而使理论教学完全服从于技能训练,突出技能训练的主导地位。根据用人单位的需求确定专业培养目标,选择相应的理论知识组织教学,同时配合相关的技能训练,特别注重培养学生的知识应用能力,让他们能够用理论指导实践,通过实践验证理论。

2. 降低理论难度,进行概括总结

适时调整课程设置和教学内容,不求学的过深,而要强调学会、会用、够用,通过三年的教育使学生能够熟悉或掌握一门实用技术或技能,以适应求职的需求,使学生在激烈的市场竞争中有立足之地。

3. 激发学生兴趣

一节课好的开头关系到整节课的效果,而好的开头又在于能否激发学生的兴趣。既要吸引学生的注意力,又要使他们感到乐趣,更要能促进他们的求知欲。

1) 多用实物教具和多媒体课件进行教学

这种方法能使学生从直观上认识事物,记忆深刻,兴趣浓厚。例如:学习计算机的硬件组成时,教师应把 CPU、主板、内存、硬盘、键盘、鼠标等实物准备出来。学生不但可以观察它的外形,还可以观察它的内部结构。这样学生的学习积极性自然提高。

2) 联系实际生活,创设情景教学

学习和实际生活联系起来,使学生更热爱学习,热爱生活。例如:对单片机技术的教学,单片机在生活中应用非常广泛,如电视机、冰箱、空调、打印机、复印机、广告牌等。学生会迫不及待地想知道单片机是如何实现控制功能的。

可巧妙地利用表演、游戏等创造情景。例如:在讲授英语的时候,让学生分角色表演,学生自然能够轻松背诵英语课文。

结束语:班主任的工作对象是有感情的人,这就决定了我们工作的复杂性和情感性;尤其对职业学校的学生,班主任更要注意方式、方法,投入更多感情,把他们作为"一般的人",而不是"特殊的学生"来对待;这样,工作将会变得有意义,那么所能感觉到的也将是"快乐",而不是"繁杂"。

拓展阅读二 中职学生成长特点调查报告

——佛山市顺德区中等专业学校 郑子芬

摘要: 近几年来,随着教育体制改革的不断深入,中等职业学校教育工作出现了许多新情况、新问题。中职学校教育工作者只有通过对他们的成长特点和成长规律进行深入的了解、研究,并采取有效措施,才能使教育工作有的放矢,取得实效。

关键词: 中专生 调查报告 成长特点

中等职业学校是我国教育大家庭中的一个成员。职校学生肩负着建设祖国的重任,职校学生的培养关系到祖国人才素质的高低，直接影响国家的命运和前途。近几年来，随着教育体制改革的不断深入，中等职业学校教育工作出现了许多新情况、新问题。一方面，由于高校扩招、高中扩招生源严重不足，更突出的是，所招学生的思想、文化等基本素质明显下降。另一方面，由于受社会各种因素的影响，特别是信息社会多元化价值观、家庭教育的缺陷等客观因素的影响，学生在思想、情绪、言行、心理等多方面表现出更多的不可捉摸性，叛逆、好胜、依赖、冲动、我行我素、厌学、嫉妒等，给学校教育工作带来了相当的难度。为此，笔者对中专学校的 1 000 多名在校学生进行了不记名调查，发出问卷 1 300 张，收回 1 185 张，其中男生 730 人，女生 455 人。现将调查情况汇总如下。

一、学生家庭状况

在调查中发现，大多数学生家长都有较稳定的职业，而且从事的职业集中在工人和个体户，经济水平总体较好，文化程度初中或高中的占 81.2%，属于中等知识水平。可能由于大部分学生家庭地处珠江三角洲经济发达地区，81.9%的学生不是独生子女，但不容忽视的是还有 9.5%的单亲家庭和 8.0%家庭经济困难的家庭，这些家庭的学生无论是在经济上还是心理上都很需要学校和社会的关心和帮助，特别是随着人们婚姻观念的转变，单亲家庭日趋增多，由于单亲家庭的教育缺失，单亲家庭的学生问题已成为学校教育中的难点，值得引起多方的高度重视。

表 11-1 家长从事职业

职业 称谓	个体户	工人	知识分子或干部	其他
母亲	23.2%	42.4%	4.6%	25.2%
父亲	29.3%	36.5%	6.4%	23.5%

二、学生与父母的关系

70.5%的学生都认为父母很爱自己，自己也较尊敬父母。但也有 26%的学生认为父母爱子女的方法不对或父母不爱自己，这也正是调查表二中的"很少交流""经常吵嘴""很少见面"所反映出来的结果。在调查中，我们发现大多数中专生对父母仍然很依赖，例如："如果你身体不舒服，你会怎样？"55.8%的学生选择告诉父母让他(她)们带自己去看病。他们很希望得到父母的关心和鼓励，当自己遇到不顺心的事时，最想倾诉的对象除了同龄人外，就是父母，尤其是母亲，有 21.4%的学生将母亲作为自己最想倾诉的对象。他们渴望父母给予理解与帮助，有 60.1%的学生希望父母教育的方式是讲道理，多沟通。可见，加强学生家长与学生之间的心灵沟通是提高家庭教育效果的关键。

家长的教育方法不容忽视，在调查中我们发现普遍家长比较关心子女的交友情况，有 69.1%的父母会过问子女所交的朋友，但却缺乏指导与约束。家长对学生学习上的指导更是缺乏，只有 19.8%的学生家长会有意识培养学生学习兴趣。因此，如何办好家长学校，让学生家长真正参与到家庭、学校一体化教育，形成教育合力，提高教育效果，值得探讨！

表 11-2 学生与父母的关系

关系	很好	很少交流	经常吵嘴	很少见面
结果	64.3%	25.6%	7.5%	1.8%

表 11-3 学生希望父母的教育方式

教育方式	讲道理，多沟通	有对奖励，有错惩罚	放任自由
结果	60.1%	29.6%	7.3%

表 11-4 学生家长在家情况

在家情况	经常和朋友打麻将、闲聊	看书报，一起讨论社会问题	看电视	各干各的事，很少交流
结果	15.5%	24.1%	35.1%	21.4%

三、学生学习情况

大多数学生对中专阶段的学习目的比较明确，77.4%的学生都知道学习是为了自己的前途着想，但学习的效果却比较糟糕，有83.6%的学生对自己学习成绩的评价是不满意或很糟糕，原因如表11-5。从表中不难发现教师的教法与学生的学习效果息息相关，特别是教材的处理和学习方法的引导，是提高学生学习兴趣的关键。当然，我们也在学生身上看到了现在中专生的一些不良学习习惯和学习毅力，如表11-6、11-7、11-8所示。因此加强学风建设迫在眉睫。

表 11-5 学习成绩差的原因

原因	自己对学习不感兴趣	父母给的压力太大无法承受	老师教得不好	学习方法
结果	46.8%	15.4%	15.1%	23.8%

表 11-6 对待作业的态度

态度	独立完成	抄袭	尽量拖，最好不做	不懂时请教他人
结果	34.5%	22.4%	13.2%	27.2%

表 11-7 课堂的注意力

状况	注意力集中，从始至终都能听课	开始注意力尚能集中后来就不行了	始终不能集中注意力
结果	19.1%	66.7%	10.0%

表 11-8 与同学讨论

讨论学习	经常	不经常	从不
结果	29.5%	55.8%	10.2%

四、学生的交友情况

现在中专生的交友能力比较强，80%以上的学生都有自己的好朋友，其中49.1%的学生有较多的好朋友。可见，朋友是中专生生活中不可缺少的一部分。但也不如忽视有8%的同学还找不到心中的好朋友，这部分学生由于缺少感情的安抚和释怀，往往性格比较内向、孤僻、冲动，因此作为教育工作者很有必要多关心他们，让他们早日融入集体生活。

中专生喜欢交友，学生认为对自己成长影响最大的除了父母就是同龄人(见表11-9)，因此如何指导学生交友成了重要的课题。在调查中发现，手机已成了学生现时流行和重要

第 11 章 中职会计专业学生的特点分析

的交友手段(见表 11-10)但这也给学生带来不可忽视的影响,有 38.1%的学生反映会经常或偶尔在课堂上玩手机,显然这对学风的影响不言而喻。在交友过程中,如何解决冲突问题上,多数学生能冷静处理,但也有相当大的一部分学生处理方式过于简单(见表 11-11),特别是班风涣散的男生班和人数集中的女生班,校园暴力事件频频发生,值得重视!

表 11-9 对自己成长影响最大的人

对 象	学 校	家 庭	同学和朋友	电视、网络等各种媒体
结 果	19.7%	46.5%	23.7%	8.3%

表 11-10 学生拥有手机情况

状 况	有,经常玩	没 有	没有,但经常借他人的来玩
结 果	60.1%	28.9%	6.2%

表 11-11 学生处理冲突的态度

态 度	好好协商	对方不服从,我就打或骂	绝 交	忍 让
结 果	45.7%	12.7%	22.6%	19.0%

五、学生的性意识

学生普遍认为异性交往不会影响学习,虽然知道现阶段没有真正的爱情,但 48.9%的学生仍愿意尝试谈恋爱。而从学校的实际情况来看,凡是交了异性朋友的男女生,往往学习上一落千丈,表现为上课思想不集中,常旷课、迟到、爱吃喝、爱打扮,有时还因"争风吃醋"引起打架斗殴违法违纪等不良现象。

在调查两性知识中,学生对性知识相对较薄弱(见表 11-12),有的表现不知所措(见表 11-13)、有的却表现开放(见表 11-14),特别是班风涣散的男生班和人数集中的女生班尤其突出。而在性开放日益的今天,学生对性知识的需求也日益提高,更多的学生希望通过直接的、面对面的交流方式获得两性知识(见表 11-15)。

学校应进一步加大青春期生理、心理卫生的教育,从正反两方面,晓之以理,动之以情。广泛开展健康有益的文体活动和社会实践活动,提倡积极向上的校园文化生活,使学生得到全面发展。

表 11-12 "遗精"和"月经"是怎么回事

状 况	知 道	都不清楚	自身的知道
结 果	46.6%	22.3%	28.1%

表 11-13 若有异性对你提出好感时,你会

处理方式	欣喜若狂,马上回应	不知如何是好	找朋友或老师商量	回 绝 他
结 果	24.8%	41.3%	9.2%	19.9%

表 11-14 是否发生过性行为

状 况	是	否
结 果	17.2%	63.0%

表 11-15　最希望通过什么途径来获得两性知识

途径	学校健康教育	电视杂志等媒体	朋友间的闲谈	家庭或课外读物
结果	44.6%	18.7%	22.0%	8.0%

六、学生的网络情况

网络已是科技进步的一个标志。据调查，60%的中专生会经常或偶尔到网吧上网，上网的内容如表 11-16 所示。60%的中专生希望学校网络能给予必要的指导和定时段上网，并有 60.8%的学生表示若学校(或家庭)已设置上网途径，则不会或尽量不去网吧。因此对网络的管理是疏还是堵值得家长和学校的探讨。

表 11-16　中专生上网的内容

内容	聊天	查资料	看八卦新闻	玩游戏或看电影
结果	38.4%	29.0%	38.6%	6.3%

七、学生的身体与心理健康情况

健康是人之根本，是立业的前提。据调查，每天睡眠时间在 7 小时及以上的中专学生有 75.1%，有 25.6%的同学喜欢在晚上 11 点后才睡觉，只有 21.8%的同学认为自己精神饱满(见表 11-17)。82.8%的中专学生认为白天一节课的时间不得超过 40 分钟，晚修时间不得超过 1 小时。

据调查，大部分中专学生渴望得到别人的表扬，为了树立自信心，他们迫切需求提升自己的综合素质，特别是专业方面、交际方面、文学方面的知识(见表 11-18 至表 11-21)。学校应该紧扣学生的思想动态和精神状态给予学生及时的帮助和指引，以促进良性循环。

表 11-17　中专生的精神状态

状态	精神饱满	感觉有些疲劳	非常疲劳
结果	21.8%	56.2%	17.1%

表 11-18　是否希望得到老师(同学)表扬

状态	很希望	一般	无所谓
结果	41.8%	38.8%	11.8%

表 11-19　是否觉得自己能成为老师(同学)表扬的对象

状态	一定能	没可能	有可能
结果	26.3%	24.5%	44.9%

表 11-20　目前最苦恼的事情

状态	学习	交友	与父母关系	没钱	无目标
结果	33.4%	20.0%	6.8%	35.0%	6.5%

表 11-21　现在最想得到的知识

状态	专业性	交友	文学方面	其他
结果	46.5%	21.2%	16.9%	14.0%

八、学校教育的反馈

学校是学生教育的主要阵地，学校教育的好坏直接影响人才的素质，关注学生的教育反馈是学校继续发展的源泉和动力。

86.4%的中专生认为班级环境对个人成长有影响；56.3%的学生认为严格有序、自治自理的校风有利于自己的成才；70%以上的学生喜欢关心同学、平易近人、有学识的老师；80%的学生满意现任的科任老师。另外，学校的各项教育调查如表 11-22 至表 11-26 所示。

表 11-22 对自己成长最有帮助的校园课余活动

项 目	文体比赛	技能比赛	课外知识竞赛	学习辅导
结 果	31.6%	29.3%	21.9%	13.0%

表 11-23 希望学校给予的指导

项 目	规划职业生涯	与家长的沟通	学习方面	交际知识	其 他
结 果	40.1%	19.7%	14.5%	9.9%	16.8%

表 11-24 最满意现在学校哪一方面的教育

项 目	日常行为规范教育	爱国教育、集体教育	职业道德教育	专业教育	自我管理教育	个人品格教育
结 果	24.4%	27.9%	18.7%	11.9%	9.8%	7.8%

表 11-25 当犯错时，对老师通知家长的态度

项 目	理 解	不 赞 同	愤 怒
结 果	36.5%	48.9%	11.0%

表 11-26 你在就业时，最看重的是企业

项 目	薪 酬	工作环境	企业的发展前景	社会地位
结 果	34.3%	23.5%	31.9%	6.6%

由上可见，中职学校的教育不仅仅要关注学生的在校情况，更要着眼学生的未来，从职业规划、专业建设、学生自我管理、人际交往等多方面，重视对学生的心理动态追踪，引导学生健康向上发展。

思考题：

1. 简述中职学校会计专业学生的学习行为和特点。
2. 如何针对中职学校会计专业学生的特点进行有效教学？

第 12 章 会计专业教学设计

学习任务

1. 明确每门课程的教学目标；
2. 能设计每课时的教学目标；
3. 掌握教学目标设计中的注意事项；
4. 理解教学情境设计的含义、作用、要求、方式；
5. 理解教学策略的含义；
6. 能运用各种教学方法；
7. 能运用各种教学手段；
8. 理解教学过程的含义；
9. 能运用所学的教学方法，采用合理的教学手段对教学内容进行教学过程设计(包括教法、学法、教学手段的合理运用以及教学理念设计)；
10. 理解教学评价的意义；
11. 了解教学评价的内容和评价原则；
12. 能进行教学评价。

第 12 章　会计专业教学设计

12.1　会计专业教学设计概述

12.1.1　教学设计的内涵

设计在建筑业、工业和军事等许多领域得到了广泛应用，设计被引入到教学领域后，就引起了人们的极大兴趣和普遍关注。教学设计思想的萌发深受上述领域设计活动思想的启发和影响。随着近半个世纪以来对教学设计的探索和发展，人们对教学设计的认识得到了进一步深化。

根据教学系统的特性，国外学者布里格斯(Leslie J.Briggs)认为，"教学设计是分析学习需要和目标以形成满足学习需要的传送系统的全过程"。在此基础上，瑞达·瑞奇(Rita Richey)提出了他的观点，认为教学设计是"为了便于学习各种大小不同的学科单元，而对学习情景的发展、评价和保持进行详细规划的科学"。这两个定义，描述了教学设计的根本特性。但教学设计的其他特性也不应忽视，那就是教学设计是设计的一种类型，它是把教与学的原理用于策划教学资源和教学活动的系统过程，是教学理论、学习理论、设计思想和技术应用相结合的综合系统。当代教学设计大师加涅(R.M.Gagne)在其 1985 年出版的《教学设计原理》中认为，教学设计是一个系统规划教学系统的过程。当代著名教学设计理论家迪克(W.Dick)和凯里(L.Carey)在其《教师规划指南》中认为，教学设计是设计、开发、实施和评价教学的系统化过程。这些有关教学设计概念的描述，对于我们从不同角度认识教学设计的本质都有一定的启发和借鉴作用。

国内有的学者认为，"教学设计是以获得优化的教学效果为目的，以学习理论、教学理论和传播理论为理论基础，运用系统方法分析教学问题、确定教学目标，建立解决教学问题的策略方案、试行解决方案、评价试行结果和修改方案的过程。"也有的学者认为，"所谓教学设计，就是为了达到一定的教学目的，对教什么(课程、内容等)和怎么教(组织、方法、传媒的使用等)进行设计。"还有的认为，教学设计就是"研究教学系统、教学过程，制订教学计划的系统方法"，以及"教学设计作为一个系统计划的过程，是应用系统方法研究、探索教学系统中各个要素之间的关系，并通过一套具体的操作程序来协调配置，使各个要素有机结合完成教学系统的功能。"

教学活动具有明确的目的、丰富的内容、复杂的对象、不同的形式、多样的方法、灵活的传媒、固定的时间、繁重的任务以及影响教学活动的各种多变的因素。教学活动要在诸多因素影响下，取得令人满意的绩效，优质高效地达到预定目标和完成预期的任务，更需要对其进行全面细致的安排和精心巧妙的设计。因此，教学设计是指在进行教学活动之前，根据教学目的的要求，运用系统方法，对参与教学活动的诸多要素所进行的一种分析和策划的过程。简言之，教学设计是对教什么和如何教的一种操作方案。

因此，会计专业学科教学设计是指在进行会计教学活动之前，根据会计教学目的的要求，运用系统方法，对参与会计教学活动的诸多要素所进行的一种分析和策划的过程。简言之，会计专业教学设计是对会计教什么和会计如何教的一种操作方案。

12.1.2 教学设计的特点

1. 教学设计强调运用系统方法

教学设计把教学过程视为一个由诸要素构成的系统,因此需要用系统思想和方法对参与教学过程的各个要素及其相互关系做出分析、判断和操作。教学设计的系统方法是指教学设计从"教什么"入手,对学习需要、学习内容、学习者进行分析;然后从"怎么教"入手,确定具体的会计教学目标,制定行之有效的教学策略,选用恰当和经济的媒体,具体直观地表达教学过程各要素之间的关系,对教学绩效做出评价,根据反馈信息调控教学设计的各个环节,以确保教学和学习获得成功。

2. 教学设计以学习者为出发点

教学设计非常重视对学习者不同特征的分析,教学设计要分析学习者的起点能力、一般特点和学习风格等,并以此作为教学设计的出发点和进行教学设计的依据。会计教学设计强调充分挖掘学习者的内部潜能,开发脑资源,调动他们学习的主动性和积极性,突出学习者在学习过程中的主体地位,促使学习者内部学习过程的发生和有效进行。教学设计注重学习者的个别差异,着重考虑的是对个体学习的指导作用。这与传统教学以学习者的平均水平作为教学的起点具有明显的差异性。

3. 教学设计以教学理论和学习理论为其理论基础

教学设计依赖系统方法,可以保证过程设计的完整性、程序性和可操作性,但设计对象的科学性是系统方法无法解决的。保证设计对象的科学性,必须依据现代教学理论和学习理论。在教学理论和学习理论的指导下,才能设计出明确的、具体的、具有可观察的会计教学目标,才能依据学习者的实际,确定科学的教学程序,选定合适的学习内容,采取恰当的教学策略,选择有效、经济的教学传媒体系,从而保证能形成一个优化的教学设计实施方案,保证提高教学效率和教学效果。

4. 教学设计是一个问题解决的过程

教学设计是以促进学习者有效学习为目标的。因此,教学设计不仅是以学习内容为依据,更要以学习者所面临的学习问题为出发点,进而捕捉问题,确定问题的性质,分析研究解决问题的办法,最终达到解决学习者所面临的学习问题的目的。从以上分析可以看出,教学设计不是以现成的方法找问题,而是为学习者所面临的学习问题找方法。这就增强了教学设计的科学性,同时也增强了教学的针对性,提高了教学的有效性,缩短了教学时间,提高了教学效率,使教学活动形成优化运行的机制。

12.1.3 教学设计的功能

1. 教学设计有助于突出学习者的主体地位

现代教学论认为,在教与学的双边活动中,学习者发挥着主体作用。因为,学习者是学习活动的主体,是学习的主人,他们是有意识的人,学习的内在动力源于学习者。所以,教学设计是在对学习者进行全方位的了解和分析,获取大量信息的基础上,才着手进行的。教学设计是以学习者的学为出发点,遵循了学习的内在规律性,充分考虑了他们的学习特

第 12 章 会计专业教学设计

点；教学设计者是站在学习者的立场上，进行教学目标的确定、教学策略的选择、教学媒体的应用、教学过程的描述。总之，教学设计是以学习者为中心，围绕着学习者在学习过程中遇到的学习问题而展开进行的。

2. 教学设计有助于增强学习者的学习兴趣

由于在教学设计中充分考虑了学习者的特点，运用了相应的教学策略，采取了有效的教学办法和教学形式，更好地解决了学习者的学习方法问题，灵活地应用了教学媒体，因此教学设计中的教学活动往往富有吸引力。通过这一系列措施，减轻了学习者过重的学习负担，使学习者乐学、会学、主动地学。在轻松愉快、巧妙安排、精心策划的教学活动中，无疑会增强学习者的学习兴趣，提高学习者学习的积极性；同时，有利于开发学习者的智力，挖掘他们的潜能，培养他们的创造意识和创造精神，并使其形成良好的个性品质。这里，教学设计者设计何种教学活动才能激发并维持学习者的学习兴趣就显得十分重要了。

3. 教学设计有助于增强教学工作的科学性

教学设计，应用了现代教学理论，从教学规律出发，运用系统的观点和分析的方法，客观地分析了教学工作的状态和表现出来的不足和局限性。在设计教师的教学工作方面，突破了传统教学工作环节的局限性，从教师教学工作所面临的问题和需求入手，来确定目标，建立解决问题的步骤，选择相应的策略和方法等，设计了系统的、科学的教学工作程序和环节，使教师提高了教学工作的有效性。因此，建立在系统观点和分析方法基础上的教学工作，其科学性必然会得到进一步的增强，这也无疑会带来良好的教学效果和教学效率。

4. 教学设计有助于提高教学效率和教学效果

教学设计的主要目的就是要运用系统理论、传播理论、教学理论和学习理论，在科学分析的基础上，设计出低耗高效的教学过程。在教学设计中，我们需要对学习需要、学习内容和学习者进行客观的分析，在分析的基础上，减少许多不必要的内容和活动，然后清晰地阐明教学目标，科学地制定教学策略，经济地选用教学媒体，合理地拟定教学进度，正确地确定教学速度，准确地测定和分析教学结果，使教学活动在人员、时间、设备使用等方面取得最佳的效益。

5. 教学设计强调了目标、活动和评价的一致性

教学设计采用的是系统分析方法，它把教学设计本身看成一个系统，而教学目标、教学活动和教学评价是其子系统。各子系统之间和子系统各要素之间相互配合、相互协调、共同发展，才能确保整个教学设计系统的优化运行。因此，教学设计十分重视并强调各子系统及子系统各要素之间的最佳配合和一致性问题，即确定教学目标、展开教学活动、根据教学目标实施教学评价。显而易见，教学目标是教学活动的出发点和归宿，同时，教学目标也是教学评价的依据。这样，才能使教学设计系统形成良性运行的机制，促进教学达到最佳的教学效果。

12.2 教学目标设计

12.2.1 教学目标的含义

教育是人类所从事的一种特殊的培养人的社会实践活动，这种社会实践活动具有其明确的目的性，即教育目的。教学活动是教育活动的重要组成部分，这种活动也有其明确的目的性，即教学目标。教学目标的实现就成为达到教育目的的基本途径。

在教学活动过程中，通过教学活动，要达到一个预期的教学目标。因此，在教学设计时，我们必须明确，通过有目的的教学活动，我们期望达到的教学目标是什么，即期望学习者通过学习活动，在起点能力基础上，获得什么样的终点能力。学习者通过学习活动后，其知识、技能、态度、行为、品德等方面会有哪些变化。确定教学目标要以教学总目标为依据，制定出符合学习内容和学习者实际的具体而确切的执行目标。教学总目标体现在课程标准和教科书中，教学设计者要根据课程标准的要求、学习者的实际情况，科学准确地制定教学目标。

什么是教学目标？克拉克认为，教学目标是"目前达不到的事物，是努力争取的、向之前进的、将要产生的事物"。我国学者认为，教学目标是指"教学活动主体在具体的教学活动中所要达到的预期结果、标准"。教学目标是指教学活动预期所要达到的最终结果。实际上，教学目标是人们对教学活动结果的一种主观上的愿望，是对完成教学活动后，学习者应达到的行为状态的详细且具体的描述，它表达了学习者通过学习后的一种学习结果。

教学目标的表述应是明确的、具体的，是可以观察和测量的。因此，应使用明确的语言表述教学目标。如表述不清，将影响教学策略、教学媒体的安排和采用，将影响教学质量和学习者的学习水平。

12.2.2 教学目标体系

为了能够把教学目标落实到具体的教学活动之中，教学设计要求把教学目标具体化。这样做的目的是，有利于把抽象的规定分解为具体的教学目标，可以防止把传授知识作为教学的唯一目标的倾向，可以避免教学实践活动达到的结果与规定的目标背道而驰的情况，可以对教师的教和学习者的学在达成度上做出质与量的规定，使教师有根据地开展教学活动和使学习者有目标地开展学习活动，也便于对教与学做出可靠的检查和评价。

教学目标一般是以系统的形式存在的，不同层次和水平的教学目标构成了一个完整的教学目标体系。因此，教学目标是由一系列有递进关系的目标所构成的一个目标体系。教学目标的体系如图 12.1 所示。

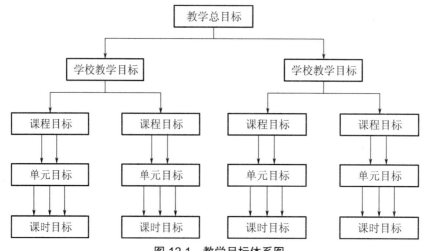

图 12.1　教学目标体系图

第12章 会计专业教学设计

1. 教学总目标

教学总目标是指对各级各类学校具有普遍指导意义的共同性目标,是期望学习者在某一学习阶段结束后应达到的最终结果,教学总目标对各层次的教学目标具有普遍的指导意义。教学总目标是由实质性目标、发展性目标、教育性目标所组成,这三方面的目标分别规定了知识和技能、智力和体力、思想品德和世界观教育等方面的任务。

2. 学校教学目标

学校教学目标是指各级各类学校根据各自的具体任务和特点所制定的目标,学校根据教学总目标确定学校的教学目标,它是教学总目标的具体化,由幼儿、初等、中等、高等、成人、职业学校教学目标所组成。

3. 课程目标

课程目标是指各门学科的教学目标,即各门学科的教学所要达到的最终结果,由各门学科教学目标所组成。它是学校教学目标在具体学科教学中的体现,学校教学目标的最终实现有赖于所有课程目标的连续达成。各门课程的教学目标既相互关联又相互区别,形成一个有机的整体,为实现学校教学目标提供保障。

4. 单元目标

单元是指各门课程中相对完整的划分单位,单元反映了课程编制人员和教师对一门课程体系与结构的总的看法,是依据教育科学的要求所做的分解和安排,不同学科可划分为不同的单元。单元目标是指一门学科中,根据教学内容所划分的若干个单位的教学目标,即对单元教学的具体要求,它是课程目标的具体化。

5. 课时目标

课时目标是指一节课的教学目标,即一节课所达到的教学结果。一节课可划分为若干个教学目标,一个教学目标有时需要几个课时才能完成,它是单元教学目标的具体化。课时教学目标在教学目标体系中是最具体、最具有可操作性的。正是每个课时目标的实现,才为教学目标系统逐层落实奠定了扎实的基础。

这里还有一个问题需要注意,那就是如何处理学习内容的分析与教学目标的设计两项工作的关系。从理论上讲,是先确定教学目标,然后分析学习内容。但在深入编写具体教学目标时,教学设计者和教师则会感到一定的困难,因为他们对具体的学习内容没有确切的把握。因此,实际经验是,先确定课程和单元目标,然后分析学习内容,最后编写具体的教学目标,同时对内容作进一步的调整。

12.2.3 教学目标的编写

1. 教学目标的编写方法

传统的教学目的,教师往往从主观愿望出发,对教学意图作普遍性的陈述,教师在教学中不易把握尺度,也难以测定教学效果。通过长期的教学实践活动,人们逐渐认识到,必须把笼统的教学目的转化为精确、具体的教学目标,必须说明学习者学习后能达到的程度和水平，必须使教学目标具有精确性、可观察性、可测量性，以克服教学目标的模糊性和不确定性。

1) ABCD 法

马杰(Mager)是以研究行为目标而著名的美国心理学家，他在 1962 年出版的《程序教学目标的编写》这本经典著作中，系统地阐述了用行为术语陈述教学目标的理论与技术。他认为，一个规范的教学目标应包括三个要素：行为(behavior)、条件(condition)、程度(degree)。用马杰的教学目标陈述方法来编写教学目标就使教学目标具体而明确，具有可观察性、可测量性。它可以明确地指出学习者通过学习将获得的能力具体是什么，如何观察和测量这种能力。如果用传统的方法来表述的教学目标，如"培养学生分析文章的能力""培养学生逻辑思维的能力"就比较含糊不清，对其中的含义，人们可能会产生不同的理解，这种提法不能为教学和教学评价提供具体的指导。

在教学设计实践中，有学者认为有必要在马杰三个要素基础上，加上对教学对象(audience)的描述。这样，一个规范的教学目标就包括了四个要素。为简洁起见，他们把编写教学目标的要素简称为 ABCD 模式，下面我们具体阐释。

(1) 教学对象的表述。

在教学目标的表述中，应明确写明教学对象。例如，"职高高一学生""参加大合唱的全体学生""每个实验小组"等。也就是说，教学目标中的行为主体是学习者，而不是教师。学习者是教学设计的核心，教学目标多描述的应该是学习者做什么，而不是教师做什么。这样的教学目标，"培养学生的阅读能力"，只是对教师的教提出了要求，似乎说明教师在教学过程中，进行了相关的教学活动，目标就达成了，没有说明学习者在阅读方面要达到的预期结果。其行为主体显然是教师，而不是学习者。还有学者主张在教学目标的表述中说明教学对象的基本特点。

在实际的教学目标设计时，由于教学对象往往是非常明确的。因此，没有必要在每一条教学目标的表述时具体写出教学对象，也就是说，省略了教学对象的表述。

(2) 行为的表述。

在教学目标的表述中，行为的表述是最基本的成分，必须具体写出，不能省略。应说明学习者通过学习活动后，能做什么，即，能获得怎样的能力，且行为的表述应是明确的、具体的，具有可观察性的特点。在传统的教学目标表述中，教师常常用"了解""理解""掌握""欣赏"等动词来描述学习者将学会的能力，甚至用"深刻理解""充分掌握"等，这些词语含义宽泛，且不具体、不明确、不易观察。

应怎样在教学目标中表述行为呢？描述行为的基本方法就是使用一个动宾结构的短语，其中，行为动词说明学习的类型，宾语说明学习的内容。例如，"说出""编制""计算""列举""操作""比较"等都是行为动词，在其后加上动作的对象就构成了教学目标中关于行为的表述了。例如：

(能) 说出会计的基本含义。

(能) 计算制造费用的归集与分配。

(能) 编制借入短期借款的会计分录。

在这样的动宾结构中，宾语部分与学科内容有关，教师都能很好掌握。由于教学目标中的行为应具有可观察的特点，所以在描述行为时较为困难的是行为动词的选用。

(3) 条件的表述。

条件表示学习者完成规定行为时所处的情境，包括在什么样的条件下完成教学目标所规定的行为，以及在什么样的情况下评价学习者的学习结果。如要求学习者"能操作计算机"，那么条件要说明"是在教师指导下，还是独立操作？"条件的表述一般与"能不能查阅参考书？""有没有工具？""有没有时间限制？"等问题有关。条件因素主要包括：①环境因素(空间、光线、气温、室内外、噪声等)；②人的因素(个体独立完成、小组集体进行、全班集体进行、在教师指导下进行、个体在集体的环境中完成等)；③设备因素(工具、设备、图纸、说明书、计算器等)；④信息因素(资料、教科书、笔记、图表、词典等)；⑤时间因素(速度、时间限制等)；⑥问题的确定性(为引起行为的产生提供什么样的刺激和刺激的数量等)。

(4) 标准的表述。

标准是行为完成质量可被接受的最低程度的衡量依据。对行为标准作出具体描述，就使得教学目标具有了可测量的特点。教师可根据标准来衡量学习者完成教学目标所规定的行为质量，学习者也可根据标准来判断自己的行为是否达到了学习的目标。标准一般可从完成行为的速度(时间)、完成行为的准确性和完成行为的质量(成功的特征)三个方面来确定。例如，"在1分钟以内打85个字"(速度)、"回答正确率为85%"(准确性)、"正确的实验操作"等。

如果在教学目标中不提标准的话，一般即认为要求学习者百分之百的正确率。有时条件和标准很难区分，例如，"能在45分钟以内"，既可以理解为时间的条件，也可以看作是行为的时间标准。在这个问题上，马杰认为，这一问题不必争论，因为判断教学目标的主要依据是它的表述是否说明了设计者的意图，如果教学目标能用以指导教学及评价的话，那么对于条件和标准的区分并不重要。

简而言之，一个完整、具体、明确的教学目标应包括以下四个部分：一是教学对象(audience)，在教学中，是针对哪一类学习者；二是学习者的行为(behavior)，说明学习者在学习后，应获得怎样的知识和能力，态度会有什么变化，应用可观测到的术语来说明学生的行为，以减少教学的不确定性；三是确定行为的条件(condition)，条件是指能影响学习者学习结果所规定的限制或范围；四是程度(degree)，程度是学习者达到教学目标的最低衡量依据，是阐述学习成就的最低水准，程度可从行为的速度(时间)、准确性和质量三个方面来确定。从以上四个方面来表述教学目标的方法特称为ABCD法。

这样的教学目标，可向学生转达有关教师期望的大量信息，可为教师保持教学活动的方向提供线索；可使学生的学习活动与教师的期望相一致，并便于评价教学效果。

2) 内外结合表述法

以上是根据行为主义的观点编写教学目标的基本方法。用ABCD法编写行为目标，虽然克服了教学目标表述的模糊性，但此法只强调行为结果，忽视内在的心理过程。因此，可能导致人们只注意学习者的外在行为变化，而忽视其内在的能力和情感的变化。况且目前许多心理过程无法行为化。因此，我们还需要运用内外结合的表述方法。

1978年，格郎伦(N.E.Gronlund)在其《课堂教学目标的表述》中，提出先用描述内部过程的术语来表述教学目标，以反映理解、应用、分析、创造、欣赏、尊重等内在的心理变化，然后列举反映这些变化的例子，从而使内在的心理变化可以观察和测量。如：

(1) 领会会计分录三要素(一般目标)。
(2) 会应用各会计科目。
(3) 能结合会计账户的结构判断会计科目的方向。
(4) 能领会"有借必有贷,借贷必相等"的会计规则。

"领会"是一个内部心理过程,无法观察和测量。但后面有证明"领会"能力的行为实例,目标就具体化了。格郎伦的教学目标设计方法强调列举能力的例证,这既避免了用内部心理特征表述教学目标的抽象性,也防止了行为目标的机械性和局限性。

3) 情感教学目标的编写方法

以上讨论的教学目标的编写方法,比较适用于认知和动作技能领域教学目标的编写。那么培养学习者的情感、态度、道德品质、价值观等也是学校教育的重要任务。但是为情感领域的教学编写具体的、明确的,具有可观察性和可测量性特点的教学目标是十分困难的。这里介绍两种方法。

一种是采用内外结合表述法。例如,教学目标是"培养学生热爱集体的观念",在这个目标中,"热爱集体"是一种很难衡量的态度,但是,我们可列举热爱集体的具体行为,然后通过观察这些行为来判断学生是否热爱集体。例如:

(1) 积极参加班集体组织的各项活动。
(2) 主动关心教室的卫生工作。
(3) 准时参加班级的有关会议。
(4) 主动承担班委会布置的任务。
(5) 积极承担集体的工作。
(6) 支持有利于班集体的建议。

在这些具体的言行上,当学习者表现出积极持久的表现时,则说明他们树立了集体观念;如表现出消极或反对的情绪时,则说明学习者没有培养起热爱集体的观念。

另一种方法是把学习的言行看成思想意识的外在表现,然后通过学习者的可以观察到的言行表现,间接地判断教学目标是否达到。例如,教学目标是"提高学习者的学习兴趣",在这个目标中,学习者是否有学习兴趣是不好直接测量的,但是我们可以从学习者日常对学习的态度和表现中观察到。

(1) 课堂上认真听讲。
(2) 课堂上积极回答老师的提问。
(3) 主动找同学讨论难题。
(4) 按时完成作业。
(5) 认真整理笔记。
(6) 主动向老师请教。

2. 教学目标的表述模型

以上介绍了编制教学目标的一些基本方法,根据设计教学目标原理编制适合于一切学科内容的、简洁化的、可操作的教学目标模型,为广大教师提供一个辅助工具,是教学要达到的理想境界。下面介绍几种常用的教学目标设计模型。如表 12-1 至表 12-3 所示。

表 12-1 是从认知领域的角度设计的,体现了学习内容是由知识和能力两部分组成的;

表12-2是将认知和情感领域结合在一起设计的;表12-3是将认知和动作技能领域结合在一起设计的。我们应根据教学需要,灵活、创造性地应用。表12-4是个实例。

表12-1 教学目标设计一览表

课题	学习内容						学习水平						教学目标
	知识点	构成					识记	理解	应用	分析	综合	评价	
		知识			能力								
		事实	概念	原理	观察	推理							

表12-2 教学目标设计一览表

课题	学习内容(知识点)	学习水平					教学目标
		识记	理解	应用	接受	反应	
	1						
	2						
	3						
	4						
	……						

表12-3 教学目标设计一览表

课题	知识				观察实验操作			教学目标
	知识点	学习水平			项目	学习水平		
		识记	理解	应用		初步学会	学会	

会计专业教学法

表 12-4 教学目标设计实例

课题	知识点	构成 知识			构成 技能		学习水平			教学目标
		事实	概念	原理	观察	推理	识记	理解	应用	
会计平衡公式	会计六要素的相互关系		✓				✓	✓		能理解静态要素和动态要素的相互关系。
	恒等式	✓		✓	✓	✓	✓	✓		能掌握会计恒等式的基本原理,并能理解静态平衡公式和动态平衡公式的相互关系。
	经济业务的发生对恒等式的影响				✓	✓		✓	✓	理解和掌握经济业务发生时对会计恒等式的影响,通过会计恒等式的基本规律归纳会计经济业务的种类。

12.3 教学策略设计

12.3.1 教学策略的含义

一般来说,策略是指为达到某种目标所使用的手段和方法。运用某种策略是为了更迅速、更便利、更好地达到某种目标。策略是依据一定的情境产生的,具有一定的内隐性和可操作性。

教学是一项有明确目标的实践活动,为了更便捷、更好地实现教学目标,也必须采取某种手段和方式方法。因此,教学策略的设计是教学设计的重要环节。教学策略的设计需要从系统的角度出发,综合地考虑教学过程各要素及其相互关系,并巧妙、恰当地对各要素做出合理的安排,尤其需要从教学和学习者实际出发,按照低耗高效的原则,依据一定的教学情境,创造性地开展教学策略的设计。教学策略的设计是有效地解决"如何教""如何学"的问题。只有采取了相应的教学策略,才能达到预期的教学目标,从而提高教学效率,获得良好的教学效果。

教学策略是指"建立在一定理论基础之上,为实现某种教学目标而制订的教学实施总体方案,包括合理选择和组织各种方法、材料,确定师生行为程序等内容"。我们可以从以下几个方面来理解这个概念。

(1) 教学策略是在某种教学理论、教学思想指导下确定的,只有在一定的教学理论指导下,才能提出和确定采取何种教学策略。或者说,教学策略应用和体现了教学理论,是教学理论的具体化,并使之具有一定的可操作性。

(2) 教学策略是为实现教学目标而制订的总体方案,教学策略不是针对某个具体问题而提出的方案,而是依据系统理论,在对教学过程各要素分析后,针对整个教学过程确定的总体安排和策划。

(3) 有各种教学方法、教学材料、教学顺序和教学组织形式等,教学策略不是简单的堆积和罗列这些,而是对其进行合理选择、科学组织、恰当安排的过程。由此来看,教学策略是对达到教学目标各种途径的明智选择。

12.3.2 教学策略的特点

1. 教学策略的指向性

教学策略是为了解决学习者在学习过程中的问题，使其掌握特定的学习内容，完成预期的教学目标而采取的有针对性的措施。教学策略是指向特定的问题情境、特定的学习内容、特定的教学目标，规定着学习者的学习行为和教师的教学行为，也就是说，教学策略不是万能的，不存在适合所有问题和内容的教学策略。只有在具体的教学情境等条件下，教学策略才能发挥作用。当学习者相应的学习问题解决了，完成了特定的学习内容和任务，达到了相应的教学目标，这一教学策略就达到了目的。根据新的问题、新的学习内容和任务，又将采取新的教学策略。

2. 教学策略的灵活性

不同的教学目标应采取不同的教学策略，不存在对所有情况都适用的教学策略。教学策略与要解决的问题之间的关系不是绝对的一一对应关系。同一教学策略可以解决不同的问题，不同的教学策略也可以解决相同的问题。这就说明了教学策略具有灵活性的特点。此外，在教学策略的运用上也要灵活，要根据问题情境、教学目标、学习内容、学习者的变化而相应地做出调整。在教学过程中，不同的教学策略对同一学习群体会产生不同的教学效果，应用相同的教学策略引导学习者学习相同的学习内容，对不同的学习群体也会产生不同的教学效果。因此，我们在具体运用教学策略时，一定要注意教学策略具有灵活性的特点。

3. 教学策略的多样性

为了满足教学上的需要，应提供多样的教学策略，以完成不同教学目标的教学和学习。在教学目标的分类里，我们确定了认知、能力、情感三个领域的教学目标，每一个领域又含有具体的教学目标的分类。因此，我们在制定教学策略时，应提供适应三个领域不同的教学策略。这样才能满足不同教学目标对教学策略的要求。此外，即使解决同样的学习问题，学习相同的内容，面对不同的学习者也要采取不同的教学策略。这样才能做到因材施教。我们常常看到，一名教师教授同一年级，面对同样的学习内容，采用了同样的教学策略，在不同班级里实施教学，但是教学效果却大不一样。因此，教学策略要适应不同学习者的不同特点。

4. 教学策略的操作性

从教学策略的概念中可知，教学策略是在某种教学理论、教学思想基础上制定的，也只有在一定的教学理论指导下，才能科学地提出和确定采取何种教学策略。教学策略应用体现了教学理论，教学策略是教学理论的具体化，对教学实践具有较强的、直接的指导作用。或者说，教学策略在教学理论与教学实践之间起中介作用，教学策略要具体指导教学实践。因此，教学策略必须具有一定的操作性。教学策略一经制定，就能指导教师在教学中加以运用。从这个意义上说，教学设计者所提出的教学策略必须是具体的、可操作的，能够在教学实践中有效实施。

12.3.3 教学策略的功能与制定教学策略的依据

1. 教学策略的功能

1) 教学策略在教学理论与教学实践之间发挥中介的功能

教学策略是连接教学理论与教学实践的桥梁，教学策略总是在教学理论、教学思想的指导下，遵循教学规律和教学原则，针对教学过程中的问题，对参与教学过程各要素及其相互关系做出安排和操作。教学策略把抽象的教学理论做了具体化的解释，这样就接近了教学实际，也易于被教师理解、接受和运用。

2) 教学策略的概括化功能

教学策略除了依据教学理论和教学思想制定以外，也是建立在教学实践基础上的。教学策略把教师在教学实践中积累起来的大量的、丰富的教学实践经验进行归纳整理、提炼概况，使之上升到教学策略的层面，这样就使这些教学经验具有了普遍的指导意义。所以，教学策略不仅依据教学理论，也来源于教学实践经验。

3) 教学策略的调控功能

教学过程不是一成不变的，而是动态发展的过程。即使教师在课前做了充分的准备，各个方面都做了精心的安排，在课堂教学过程中也经常出现意想不到的情况。所以教师要根据变化了的情况，应用教学策略及时监控学习者的认知活动过程，修正解决问题的方法和手段，推进教学活动的展开，不断向教学目标迈进。

4) 教学策略提高教学质量的功能

如果教师能根据教学实际，制定并采取行之有效的教学策略，无疑会使教学活动顺利进行，保证教学目标的实现，愉快地完成教学任务，有效地提高学习者的学业成就和教学质量。国内外的研究表明，教师之所以取得不同的教学效果，其中一个重要原因就是制定和运用教学策略上的差别。

2. 制定教学策略的依据

1) 依据教学理论和学习理论

教学策略是保证教学成功，促进学习者有效学习的方法。作为方法，应遵循教学和学习规律。教学理论揭示了教学的基本规律，学习理论则揭示了学习的基本规律，我们在制定教学策略时，必须遵循和符合教学和学习规律，这样才能使教学策略与教学和学习规律具有一致性，从而使教学活动在遵循教学与学习规律的条件下有效地进行。

2) 依据教学目标

教学策略是完成特定教学目标的方式，是为教学目标服务的。因此，有什么样的教学目标，就应当选择与之相应的能实现教学目标的教学策略。依据不同领域(认知、技能、情感)的教学目标，采取和运用不同的教学策略，才能有效地实现教学目标。所以，在制定教学策略时，要紧紧围绕教学目标来进行。

3) 符合学习内容和学习者特点

内容决定方式，教学策略就是完成学习内容的有效方式。不同的学习内容应采取不同的教学策略，没有一个能够解决所有问题的大而全的教学策略；不同的学习者具有不同的特点和学习风格，我们在制定教学策略时，必须考虑到学习者的实际情况，只有采用符合学习者特点的教学策略,才能使学习者的学习取得实效、获得成功。

4) 考虑教师本身的条件及其他客观条件

采取什么样的教学策略要考虑到教师自身的条件,有的教学策略虽然有效,但教师驾驭不了,无法在教学过程中实施,仍发挥不了作用。因此,教学设计者要采取教师能够驾驭了的教学策略。此外,教学策略的实施也受到条件(如教学设备等)的制约。所以,在制定教学策略时,要充分考虑现已具备的各种客观条件。

12.3.4 教学活动的安排

在我国的教育学著作中,一般都有对"课的结构"安排的论述。课的结构是指每堂课的组成部分及各部分进行的顺序和时间的分配。一般有组织教学、检查复习、讲授新教材、巩固新教材、布置课外作业等。实际上,这就是教学活动的设计,是广大教师在长期教学实践中积累起来的教学经验的总结和概括。如果我们在教学和学习理论的指导下,就可以加深对这些教学实践经验的认识。

加涅关于学习与记忆的信息加工模式揭示了学习的内部过程(内因),同时加涅提出了与各学习内部过程相应的、对内部过程起促进作用的教学事件(instructional events),即教学活动(外因),我们也以图表的形式简要介绍了教学事件与学习的内部心理加工过程之间的对应关系,从而较为完整地表述了产生学习的内因和外因及其相互关系。

加涅指出,由于人类信息加工的方式是相对稳定的,所以教学事件也是相对不变的。加涅特别指出,九个教学事件的展开是可能性最大、最合乎逻辑的顺序,但也并非机械刻板、一成不变的。更重要的是,丝毫不意味着在每一节课中都要提供全部的教学事件。如果学习者自行满足了某些阶段的要求,则相应的教的阶段就可以不出现,这是我们在运用加涅的教学事件时要特别注意的。在这里,我们着重介绍加涅的"九大教学事件",也就是关于教学活动的安排,这些可作为教学活动安排的一般指导。

1. **教学事件**

1) 引起注意

这是用以唤起和控制学习者注意的活动,保证学习者接受刺激和学习的有效发生。常用的方式有:突然改变呈现刺激,例如,电影、电视画面迅速切换和出现闪烁的指示符号、教师突然提高音量、屏幕上突然出现活动的对象、板书字体和颜色的变化等;激活学习兴趣,例如,提出学习者感兴趣的问题,电影、电视画面描述了一个异常现象等;用手势、表情等体态语引起注意,在课堂教学中教师常常采用这种方法;用指令性语言引起注意,如,"同学们,请仔细听……""请认真阅读……"等。

2) 告诉学习者目标

教学开始时,应明确告诉学习者学习目标,并使其了解当学习目标达到后,将学会什么,从而激发学习者对学习的期望,控制自己的学习活动。用学习者熟悉的语言讲解学习目标,这不仅能提高学习动机,而且能起到"先行组织者"的作用,使学习者看到教材的基本结构,有利于学习者对将学习的具体知识进行组织。告诉学习者目标的方法多种多样,例如,可用简洁的语言讲解,可出示小黑板,可使用多媒体展示,可把学习目标写在黑板的一侧,可用图表等。

3) 刺激对先前学习的回忆

在学习新的内容前，指出学习新的技能所需具备的先决知识和技能，以此刺激学习者回忆起学过的有关知识和技能。同时，还应让学习者看到自己已掌握的知识和技能与学习目标的联系。这使学习者有可能充分利用原有的认知结构中合适的观念来同化新知识，有利于避免机械学习。如要学习会计科目时，教师可使学习者先复习会计要素的相关知识。这项活动的主要作用，除了促进"把先前学习提取到工作记忆"的内部过程外，还应使新旧知识产生联系。

4) 呈现刺激材料

当学习者做好准备时，可向学习者呈现刺激材料。呈现刺激材料应具有鲜明的特征，以促进选择性知觉的内部过程。如在学习概念和规则时要使用事例作为刺激材料，要求学习者掌握规则的使用时要安排例题，使其看到这些规则的应用。

教材呈示要注意：一是顺序的安排。二是"组块"(chunk)大小的设计。所谓"组块"是指教学过程中每次呈示教材的分量。组块过小，学习者会感到太容易而浪费时间；组块过大，有些学习者可能不能负担。因此，呈示刺激材料要尽可能适合学习者的特点。决定组块大小要考虑以下三方面：一是学习的类型，显然，不同的学习类型，其组块大小也应不同；二是学习者的知识准备，对基础比较差的学习者，组块不宜过大，对基础比较好的学习者，组块不宜过小；三是学习者的年龄，年龄越小，其组块越小，随着年龄的不断增长，其组块也要不断增大。

教学实践一再证明，在教材呈现过程中，如果能穿插一定的练习活动和及时提供反馈，将会使学习活动丰富多彩，引起学习者的学习兴趣，获得良好的学习效果。即使组块设计得小了一些，学习者也不会感到枯燥乏味。

5) 提供学习指导

提供学习指导的目的是促进语义编码的内部过程，语义编码是为信息的长期储存做准备的加工过程。为了帮助学习者能够用命题、各种概念的层次关系等有意义的形式组织好所接受的信息，应从外部或通过教师、教材为学习者提供指导。例如，为言语信息的学习提供一个有意义的组织结构；给学习者提供一些提示、提问、思路、案例等，启发学习者自行去寻找答案，掌握新的规律，从而促进认知结构的发展与记忆，这时，教师不是把答案直接告诉学习者。

学习指导的程度，也就是提示、提问的数量，直接和间接的程度，要根据学习目标的性质来定。例如，学习事物的名称，就不需要浪费时间去提问、去发现，直接告诉学习者答案就可以了；但是在认知能力的学习过程中，教师应提供必要的直接指导，以易于学习者发现答案而获得认知能力。学习指导的程度还要适合学习者的特点，需要给予学习指导的就给予多一点的指导，例如对理解能力较慢的学习者；而对于理解能力较强的学习者，给予更多的学习指导就会使他们感到不必要和厌烦，因为他们能够自行解决问题。

6) 诱导行为

诱导行为的目的是促使学习者做出反应的活动。也就是说学习者要参与到学习过程中来，积极主动地学习。有学者把学习者"参与"作为一条原则提出来。参与就是指学习者主动地学习，即在教学过程中，使学习者对呈示的信息以各种方式做出积极的反应。通过情感、思维、行为的参与，学习者能更好地理解所呈示的信息。

用不同的器官参与学习活动，其效果是不一样的。通常认为，听到的内容能记住10%，读到的内容能记住20%，看到的内容能记住30%，做过的事能记住70%。还有大量研究表明，在学习材料中或紧接着学习材料后，采取某种方式吸引学习者参与到教学活动中有助于提高学习效果。而且，学习者参与学习活动越积极主动，其学习效果越好。例如，在呈现刺激材料的过程中插入一些相关问题，就可以提高学习者心理上的参与程度。有时，即使不希望学习者作答，也可以产生推动他们思考的效果。再如，在学习技能时，在演示过程中留点空隙时间，让学习者能亲自实践一下，也可以较快地提高学习的效果。无论采用何种方式方法，能使学习者积极主动地参与到学习过程中，就可以提高学习效果。

7) 提供反馈

在学习者做出反应、表现出学习行为之后，应及时让学习者知道学习的结果。通过反馈信息，学习者能肯定自己的理解与行为正确与否，以便及时改正。如果时间、内容允许的话，在每个问题或者每个步骤之后及时予以反馈，效果就更好了。在大多数情况下，反馈是由学习者提供的。由外部提供的反馈有多种，例如，教师观察学习者学习行为时的点头、微笑等。特别要注意的是，反馈越及时，其学习效果越好。例如，教师在课堂上提问问题，学习者回答后应立即予以反馈；学习者在黑板上做的练习题，做完后也必须予以反馈；即使教师布置的家庭作业，也必须及时批改，目的是给学习者及时提供反馈信息。

提供反馈的目的是促进"强化"的心理内部过程。通过反馈，学习者的成功学习行为得到了肯定和赞许，受到了鼓励，学习者就能够建立起自信心。这对于学习较差的学习者是十分有帮助的。这不仅对当前的学习产生促进作用，更重要的是能够促进今后的学习。以后，当相同的或者类似的情境出现时，曾得到肯定的学习反应将重新出现。例如，教师在请同学扮演情境中某一角色时，某同学积极主动举手请求扮演，扮演后，教师给予表扬和鼓励的话，那么这位同学以后就愿意做此类的学习参与活动。

8) 评定行为

评定行为的目的是促进回忆和巩固学习成果，即激活提取和促进强化的内部过程。具体表现为，要求学习者进一步作业，并评定学习成绩。评定行为的重要方式是测试，既能检查学习结果，又能发挥强化功效。与其相关的测试可分为三种。

(1) 插入测试，一般是在教学过程中插入类似练习性质的小测验。目的是准确地了解学习者对当前学习内容的掌握程度，可作为评定学习者在某一点上能否完成预期学习行为的依据。

(2) 自我检查，学习者在教学过程中都会不同程度地参与各种学习活动，例如，他们回答各种问题、进行各种课堂练习等。学习者在进行学习实践的过程中一般都能知道自己对学习内容的掌握情况，还可以通过教师及教材的反馈做出自我评价。这样，学习者参与的学习活动可以视为具有自我检查性质的测验。

(3) 后测，后测一般是指学完一个单元后进行的测试，也称为单元测试。后测的形式可采取常规的练习形式，在要求上高于插入测试。后测的结果可作为下一单元教学的依据。对未能达到预期目标的，教师应及时采取有效的补救措施。

9) 增强记忆与促进迁移

这些活动是促进提供提取的线索和策略内部过程，使学习者牢固地掌握所学内容，培养学习者应用所学知识和技能解决新问题的能力。要达此目标，对于言语信息的学习来说，应提供有意义的结构,使这种结构在提取过程中发挥线索作用,在学习者回忆知识时使用;对于智力技能来说,就要安排各种练习的机会,且每一次练习都要求学习者重新回忆和运用已学过的技能,并进行有间隔的系统复习。如何促进迁移呢?通常的做法是,向学习者布置新的学习任务,使他们在解决新问题过程中形成能力。

2. 基本要求

上述九个教学事件对于我们在设计教学活动时具有普遍的指导意义。我们在实际应用时要注意以下三点基本要求。

1) 根据学习者的特点安排教学活动

学习者独立学习的能力是逐步形成的。因此,教学活动的设计应强调教师的外部推动作用。随着年龄的增长和知识经验的不断累积,学习者的学习能力逐渐增强。例如,对于中学高年级和大学生以及成人学习者来说,他们就可以通过自己的学习完成一定的学习活动,其教学活动的设计就不能和小学生一样了。可以把教学活动的设计结合到教材中,例如可以在课的前面列出具体的学习目标;可以在教材的呈现形式中,通过讯息设计技术设计教学活动(例如,重点内容使用黑体字、突出标题、关键词语下标示重点符号等)。

2) 根据教学目标安排教学活动

加涅关于教学事件的划分反映了构成人类学习的外部条件的共性。但是不同类型的教学目标(认知、技能、情感领域)的学习,应安排不同的教学活动。就加涅的五类学习结果(理智技能、认知策略、言语信息、动作技能、态度)而言,加涅指出,"对五类学习结果的每一类,构成这些活动的具体操作是不同的。"对不同类型的教学目标安排不同的教学活动正是加涅教学论的核心思想。

3) 应灵活地安排教学活动

对于一节课的教学活动的设计要灵活,突出重点,切忌机械照搬。加涅指出,"在开始时,就应认识到,这些教学活动并不是一成不变地、严格地按上述次序出现,尽管这是它们最可能出现的次序。更重要的是,绝不是说为每一课都提供所有这些活动。"也就是说,不必每节课都有九个教学活动,要灵活地根据实际情况做出合理的安排。事实上也是如此,在单一课中,教学任务比较单一,安排的教学活动必然少些;在综合课中,由于要完成几种教学任务,安排的教学活动必然多些。

12.3.5 教学方法的选择

在确定了教学目标、学习内容之后,教学设计者还必须选定适合的教学方法。因此首先应了解教学方法的含义、特点、功能及其教学方法的分类,掌握常用的教学方法,以及如何选择与运用这些教学方法。

1. 教学方法的含义与功能

1) 教学方法的含义

由于对教学方法的认识和理解受到了多种因素的制约和影响,人们对教学方法的概念就有了不同界定,对其含义就有了不同的解释。

国外具有代表性的表述有:南斯拉夫学者弗·鲍良克(Vladimir Poljak)认为,"教学方法是教学的工作方式，教学是师生的共同劳动，因此任何方法都具有两方面的意义，既关系到教师的工作方式，也关系到学生的工作方式。"苏联著名教学论专家巴班斯基认为，"教学方法是教师和学生在教学过程中为解决教养、教育和发展任务而开展有秩序、相互联系的活动的办法"。钟启泉认为，"教学方法是指向于特定课程与教学目标、受特定课程内容所制约、为师生所共同遵循的教与学的操作规范和步骤。"李秉德认为，"教学方法是在教学过程中，教师和学生为实现教学目的、完成教学任务而采取的教与学相互作用的活动方式的总称。"

以上四个关于教学方法概念的表述具有一定的差异性。持有第一种观点的学者总体上认为，教学方法是教师和学习者为完成教学任务、实现教学目的所采用的工作方式或手段(方式说)；持有第二种观点的学者总体上认为，教学方法是教师和学习者为完成教学任务而进行的认识活动的途径(途径说)；持有第三种观点的学者总体上把教学方法视为教师发出和学习者接受刺激的一种程序(程序说)；持有第四种观点的学者总体上认为，教学方法是教师和学习者相互作用的一种活动(相互作用说)。与这四种定义相类似的和相异的表述还有很多，可见，中外学者对教学方法含义的揭示不尽相同。

尽管中外学者对教学方法概念的界定不尽相同，但是也能从中看到或觉察到一些相同之处：一是各种概念基本上都指出了教学方法与教学目标、教学任务之间的关系，都认为教学方法是实现教学目标、完成教学任务的必不可少的工具或手段，强调教学方法是为教学目标和教学任务服务的这一宗旨。二是认为教学活动是教师的教与学习者的学之间的相互作用的过程，教学方法就是师生双方共同完成教与学活动的总和。因此，教学方法既包括教师的教法，也包括学习者的学法。三是强调教学方法是教师与学习者相互作用的双边活动，教学活动本身就是一种教与学的共同活动，在教学过程中，教法和学法相互依存、相互作用、相互影响，从而实现教学目标。

在此基础上，有学者综合了上述关于教学方法的各种表述，认为"教学方法是师生为了完成一定的教学目的和任务，在教学过程中所采用的教与学相互作用的共同活动方式的总称。"并对其概念所体现的内涵做了如下的阐述：首先，教学方法是一种活动方式，是教学过程中教师的教与学生的学相互作用的共同活动方式的总称，这就意味着，它既包括教师教的方法又包括学生学的方法，而且指明了教师的教法与学生的学法是相互渗透、相互作用、相互影响的。此外，教学方法具有一定的目的性，它是教师和学生为了实现一定的教学目的，完成一定的教学任务而进行的共同活动方式，这种活动方式必须为实现教学目的、完成教学任务服务。

2) 教学方法的特点

教学方法主要有以下特点。

(1) 目的性和双边性。

目的性是教学方法的首要的、本质的特征，它规定着教学方法的方向。教学方法与教学目的紧密相连，具有鲜明的目的性和指向性。教学方法是实现教学目标、完成教学任务的不可缺少的工具；教学方法是由相互联系、相互作用的教师的教法与学习者的学法所构成，有效的教学方法所取得的良好的教学效果都是教师的教法与学习者的学法合力作用的结果，而不是教法与学法的简单相加。

(2) 多样性和整体性。

教学方法是多种多样的，每一种教学方法都有其不同的特点和功能，适合于不同的教学情境，不存在适合所有教学情境、所有学科、所有学习者的万能的教学方法。多样化的教学方法才能适应不同学科、学段、教师和学习者的要求；不同的教学方法共同构成了一个完整的、有机的教学方法体系，各种具体的教学方法彼此相互联系、相互配合、相互补充，发挥着整体的效用。

(3) 继承性和发展性。

教学方法具有历史继承性，古今中外的教育家在长期的教育教学实践中积累了大量的、丰富的教学方法，其合理、科学、有效的教学方法得到了继承。任何一种新的教学方法也是在整个教学方法的历史发展过程中产生的，都与以往各个时代的教学方法有着继承关系；同时，教学方法也不是固定不变的，必然随着时代的发展而发展，不断形成具有时代气息的新的教学方法。

2. 常用的教学方法

教学方法的分类就是按照一定的标准，依据某些共同的特征，把不同的教学方法归纳在一起，建立一个教学方法体系。由于分类标准的差异和依据的不同，教学方法的分类有多种多样。比较趋向一致的分类是依据学生获取信息的主要来源和途径把教学方法分为语言的方法、直观的方法、实践的方法、自学的方法、探究的方法和体验的方法六类。这种分类比较符合我国当前教学的实际情况。

1) 语言的方法

(1) 讲授法。

讲授法是指教师运用口头语言，系统地向学习者传授知识、思想观点和发展智能的方法。这种方法是中小学各科教学普遍采用的一种教学方法。它的优点是能够充分发挥教师的主导作用，向学习者传授的知识系统连贯，使学习者在较短的时间内学习较多的知识，同时发展学习者的智力并对学生进行思想品德教育。讲授法可分为讲述法、讲解法、讲读法、讲演法四种具体形式。讲述法是对某事物、事件作系统的叙述或描述的方法；讲解法是对概念、原理、公式进行解释、说明或论证的方法；讲读法是对所学内容边读边讲，讲读并进，有讲有读的方法；讲演法是对某一问题进行深入的分析和讨论，并作出科学的结论的方法。

运用讲授法的基本要求是：讲授内容具有科学性和思想性；讲授时要系统连贯、层次分明、条理清楚、逻辑严密、重点突出、善于引导、促进思考；讲授语言要准确精练、通俗易懂、生动形象、富于情感；要书面语言变成口头语言，注意讲授的语速、音量，善于运用板书。

(2) 谈话法。

谈话法是指教师根据一定的教学目标要求，在学习者已有知识经验的基础上，通过问答对话的方式引导学习者获取知识的一种教学方法。这种方法能充分激发学习者的思维活动，使学习者通过思考获取知识，有利于培养学习者的逻辑思维能力和口头语言表达能力。谈话法的具体形式又可分为启发式谈话、问答式谈话、指导性谈话三种。

运用谈话法的基本要求是：学习者应具备谈话内容所需的知识和经验；谈话前要做好必要的准备工作；要有明确的目的，可行的计划；教师提出的问题要明确具体，难易适度，具有启发性、逻辑性、针对性；要创造利于谈话的民主气氛；教师要善于组织、引导，紧紧围绕谈话中心进行，并做好谈话的总结。

第 12 章 会计专业教学设计

2) 直观的方法

(1) 演示法。

演示法是指教师在教学中向学习者展示实物、教具或通过示范性实验来说明或验证所传授的知识，并获得充分的感性认识的方法。这种方法的特点是直观性强，易于引起学生的学习兴趣，吸引学生的注意力。学生可获得鲜明生动、具体真实的直接经验，有利于学习者理解和掌握知识，发展学习者的观察力。演示法有实物、标本、模型的演示；有图画、图表、地图的演示；有实验、幻灯、电影、录音、录像的演示；有音乐教师的示唱、体育教师的示范动作演示等。

运用演示法的基本要求是：教师要根据教学内容确定演示目的，选用演示教具，做好演示准备；演示时应使学习者都能观察到演示对象，注意摆放的位置和出示的时间；要提出问题，引导学习者观察演示对象的主要特征和重要方面；演示过程中要恰当地配合讲解谈话进行；控制演示对象对学习者的无关刺激。

(2) 参观法。

参观法是指根据教学需要，组织学习者到现场对实际事物进行观察研究，从而获得知识的一种方法。这种方法的特点是，教学和实际生活密切联系，学习者走出课堂，走向了现场。这种方法可以扩大学生的知识视野，提高学习者的学习兴趣，激发学习者的求知欲望，培养学习者的观察能力，使学习者在接触社会中受到有益的教育。参观法的具体形式又可分为准备性参观、并行性参观、总结性参观三种。准备性参观是在学习新知识之前，积累必要的感性经验所进行的参观；并行性参观是在学习新知识的过程中，为使理论联系实际而进行的参观；总结性参观是在学完新知识后，为了验证、理解、巩固所学知识所进行的参观。

运用参观法的基本要求是：做好参观前的准备工作，如确定参观目的、制订参观计划、预定参观时间、规定参观步骤、选择参观对象等；在参观过程中，教师要给予指导和讲解，把学习者的注意力集中在观察对象上，指导学习者搜集有关材料和做好参观记录；参观结束后及时做好参观总结，巩固参观成果。

3) 实践的方法

(1) 练习法。

练习法是教师指导学习者运用所学知识解决同类课题，借以巩固消化知识，并形成技能技巧的一种方法。这种方法对学习者巩固知识，形成技能技巧，发展智力，锻炼意志品质具有重要意义。练习的方式多种多样，一般可分为口头练习、书面练习、操作练习三种。

运用练习法的基本要求是：教师应使学习者明确练习目的，提高练习的积极性、主动性，由外在的要求变为内在的需求；加强基础知识和基本技能的练习，掌握正确的练习方法，形式应多种多样，练习要循序渐进；保证练习的次数和质量，控制数量；对练习题要精心选择；教师对学习者的练习应及时检查总结，肯定成绩，找出不足，指出补救措施，同时要培养学习者自我检查的能力和习惯。

(2) 实验法。

实验法是教师指导学习者运用一定的仪器设备，按照指定的条件进行独立操作，从事实验活动，以获取知识、发展智力、培养能力的一种方法。这种方法有利于丰富学生的直接经验，加深对知识的理解和掌握，特别是对于培养学习者动手独立操作能力、观察能力、思维能力具有重要作用。这种方法也有利于培养学习者严谨的科学态度,实事求是的优良作风,一丝不苟的学习精神。这种方法多用于会计电算化、会计模拟操作等课程。实验法的具体形式又可分为准备性实验、验证性实验、巩固性实验三种。准备性实验是学习理论前进行的实验,其目的是为学习理论准备直接经验;验证性实验是学习理论之后进行的实验,其目的是验证理论并加深对理论的理解;巩固性实验是复习巩固知识的实验,其目的是帮助学习者巩固所学知识。

运用实验法的基本要求是:教师应根据课程标准和教科书的要求在学期前编制好实验计划;每次实验前准备好实验仪器、材料、用具等,并划分实验小组,必要时教师应先行实验一次,以确保正式实验的成功率;做实验前教师要向学习者说明实验的目的要求、方法步骤、注意事项,防止发生意外事故;教师在学习者做实验过程中要做具体指导,使每个学习者都有动手操作的机会;实验结束后及时总结,指导学习者做好实验记录,要求学习者写好实验报告,要求学习者收拾、洗涤、整理、摆放好实验用具;教师要对学习者的实验报告进行评定。

(3) 实习作业法。

实习作业法是教师根据课程标准的要求,组织学习者在校内进行实际操作,把书本知识运用于实践的一种方法。这种方法的突出特点就是培养学习者创造性应用所学知识解决实际问题的能力。这种方法把理论与实践结合起来,可以使学习者更好地掌握理论,培养学习者从事实际工作的兴趣和能力。这种方法在出纳实务、会计操作技能等课程的学习中占有重要地位。

运用实习作业法的基本要求是:教师应按照课程标准的要求,首先组织学习者学好有关理论知识;实习应有目的、有计划、有组织地进行;实习前应说明实习目的、要求、任务、注意事项等;在实习作业中要加强指导,使学习者掌握作业的方法步骤,使学习者能独立作业;实习结束后,教师要及时总结,检查实习作业并做出评定。

4) 自学的方法

(1) 读书指导法。

读书指导法是指教师指导学习者通过阅读教科书、参考书和课外读物以获取知识、培养学习者阅读能力和自学能力的一种方法。这种方法有利于发挥学习者学习的主动性,培养学习者的读书习惯和思考习惯,也有利于开阔学生视野,广泛涉猎知识,对养成学习者会读书、善于读书、读好书的良好品质具有重要作用。读书指导法可分为指导性阅读、半独立性阅读、独立性阅读三种。

运用读书指导法的基本要求是:帮助学习者确定阅读目的、任务、范围、内容;调动学习者阅读方法;注意培养学习者做读书笔记的能力,会在书上做记号和批注,会摘录、会写提纲概要;教会学习者使用工具书,能查目录索引,会看注解;对学习者的课外阅读,教师要帮助学习者选择书籍,结合课内学习,以助于形成学习者合理的知识结构。

(2) 讨论法。

讨论法是在教师指导下,由全班或小组成员围绕某一中心问题发表自己的看法,相互学习,共同提高的一种方法。这种方法通过对学习内容的讨论,可以集思广益、互相启发、加深理解、广开思路、提高认识。这种方法能够激发学习者的学习热情,培养学习者对问题的钻研精神和训练语言表达能力,对培养学习者的发散性思维能力具有重要作用。讨论

第12章 会计专业教学设计

法在中职高年级运用较多，在低年级一般以议论的形式出现。

运用讨论法的基本要求是：讨论前应确定讨论题目、范围、要求；指导学习者搜集有关资料，写出发言提纲；讨论时教师要引导学习者紧紧围绕讨论中心展开热烈的讨论，鼓励学习者大胆发表自己的观点；讨论要紧张而又有秩序，热烈而不喧闹，同时教师掌握好时间；讨论结束时，教师要及时总结。

5) 探究的方法

这类以引导探究活动为主的教学方法是指在教师的启发引导下，让学习者按照自己对事物的观察和思考的方式去认识事物，理解学习材料，或让学习者借助教材及有关材料，亲自探索应得出的结论或规律性认识的方法。美国教育家布鲁纳倡导的"发现法"即是此类方法。发现法旨在培养学习者探究思维的能力，提高学习者的自信心和学习的积极性，提高学习兴趣，培养学习者的发现与创造精神。发现法的环节主要是：引起学习者兴趣，形成探究动机；分析、比较并提出假设；从事操作，验证假设。

运用探究法的基本要求是：教师要进行适当的设计，给学习者提供必需的资料和学习条件，在对学生的不断提问中，注意引导其思路并耐心地等待；在教学过程中，教师要着眼于引导学习者自己发现应得的结论，使学习者体验发现知识的兴奋感和完成任务的胜利感。

6) 体验的方法

(1) 欣赏教学法。

欣赏教学法是指在教学过程中，教师指导学习者体验客观事物的真善美的一种方法。这种教学方法寓教学内容于各种具体的、生动的、形象的、有趣的活动之中，唤起学习者的想象，以加深对事物的认识和情感上的体验。欣赏教学法包括自然的欣赏、人生的欣赏、艺术的欣赏等类型。

(2) 情境教学法。

情境教学法是指在教学过程中，教师有目的地引入或创设具有一定情绪色彩的形象作为主体的生动具体的场景，以引导学习者的态度体验，从而帮助学习者理解教材，并使学习者心理机能得到发展的教学方法。这种方法的核心在于激发学习者的情感。教师创设的情境包括：生活展现的情境、图画再现的情境、实物演示的情境、音乐渲染的情境、表演体会的情境、言语描述的情境等。情境教学法可在各科教学中使用。

此外，还有许多教学方法，诸如发现法、愉快教学法、六步教学法、八字教学法、暗示教学法、合作学习法、强化法等。

3. 教学方法的选择

1) 选择教学方法的基本依据

任何教学方法都不是万能的，且每一种教学方法都有其使用范围和局限性。面对众多的教学方法，如何选择合理有效、实用经济的教学方法呢？我们在进行教学设计选择教学方法时，应依据以下几个方面。

(1) 依据教学目标和任务。

不同的教学目标和教学任务，需要不同的教学方法去实现和完成。每一节课都有具体的教学目标和任务，这就需要教师根据本节课的教学目标和任务，选择与确定相应的教学方法。具体地说，掌握知识方面的，可选择讲授法、阅读法等；形成技能方面的，可选择练习法、实验法、实习作业法等;发展能力方面的,可选实习作业法、发现法、讨论法等;陶冶个性方面的,可选欣赏教学法、情境教学法、参观法等。有时一节课要完成几项教学任务,则应采用几种教学方法,以完成主要的教学目标和任务的教学方法为主,其他教学方法加以配合使用。

(2) 依据学科特点和学习内容。

不同的学科有不同的特点,这就需要采取不同的教学方法。就课程而言,财经法规与职业道德等课程多用讲读法;基础会计等课程多用练习法;出纳实务等多用演示法、实验法;会计操作技巧课程多用示范法、练习法等。就学科具体内容而言,分别用于掌握知识、形成技能、发展能力、陶冶个性等不同目标,就应选择讲授、示范、演示、参观、作业、讨论等不同方法。同一学科的学习内容也具有不同的特点,也要相应选择不同的教学方法。例如,企业财务会计这门学科,阅读和写作显然要选择不同的教学方法,选用哪种教学方法,要紧紧依据学习内容的性质。因此,选择与运用哪种教学方法,必须依据学科的特点和学习内容的性质。

(3) 依据学习者的特征。

不同年龄阶段的学习者,在生理和心理方面各有不同的特点,特别是学习者的学习过程因其年龄不同而表现出很大的差异性。因此,教师在选择教学方法时,必须充分考虑教学对象的年龄特征和心理特点。

① 学习者的身心特征。

不同年龄阶段的学习者,在生理和心理方面各有不同的特点,例如,在感知、记忆、思维、注意力、气质、性格、学习态度、学习兴趣、学习方法、学习能力等方面都显示出不同的特点,特别是学习者的学习过程因其年龄不同而表现出很大的差异性。对高一所采用的教学方法,自然与高三所采用的教学方法有所不同。同样是中职生,对直接就业的学生与对参加高职升学的学生的教学方法也应有所不同。这主要是由于学生个体差异所造成的在心理发展水平上的差异。所以,在选择教学方法时,应充分考虑其年龄特征和心理特点。只有选择了符合学习者年龄特点的教学方法,才能有效地促进学习者的学习,使其取得良好的学习效果。

② 学生的认知结构。

现代认知心理学十分强调学习者已掌握知识的数量、清晰度和组织方式(即认知结构)对新知识的迁移作用,依据学习者的认知结构的特点选择教学方法就显得十分重要了。例如,如果学习者认知结构中包含有与新知识相关联的若干观念和概念,教师就可以选择启发式谈话法,反之,就不能采用这种教学方法。

(4) 依据教师的自身特点。

任何一种教学方法只有符合和适应教师的自身特点,为教师所理解和把握,才能在教学活动中有效地加以运用,充分发挥其功能和作用。所以,教师的自身特点,直接关系到选择的教学方法能否发挥其应有的作用。教师的自身特点主要表现为表达能力、思维品质、教学技能、教学艺术、教学风格、组织能力、调控水平等方面。下面着重谈两个方面。

① 教师的教学法水平。

教师的教学法水平是有差异的,并不是每一个教师都有能力使用任何教学方法,有的教学方法很好,但若教师的教学法水平比较低,驾驭不了,就不能产生良好的教学效果。

第12章 会计专业教学设计

因此,教师要提高自己的教学法水平,应多掌握几种教学方法。一个教师对教学方法掌握得越多,他就越能找出最适合某一情境的教学方法。

② 教师的个性特点。

教师的某些特长、某些不足和运用某种教学方法的实际可能性,都是选择教学方法的重要依据。教师在选择教学方法时,要根据自己的个性特点,要扬长避短。例如,有的教师口头语言能力强,可选用讲授法;有的教师语言表达能力差,可选用演示法、讨论法等。

(5) 依据教学方法本身的特点。

古今中外积累了大量的、丰富的教学方法,广大教师又在教学实践中创造出了许许多多行之有效的教学方法。各种教学方法都是具体的,都有运用教学方法的基本要求。即各种教学方法都有各自不同的特点和功能,以及各自不同的职能、适应范围和应用条件。同时各种教学方法又存在各自的优越性和局限性。如发现法可以启发思维、发展智能、培养独立学习的能力,有效地促进学习者主动学习,但费时较多;讲授法有规模大、效率高、容量大等长处,但在发展学生个性、培养能力、因材施教、教学质量等方面都有较大的局限性。因此,我们在选择教学方法时,要了解各种教学方法的优越性和局限性,做到扬其所长,避其所短,真正发挥教学方法的优势。

(6) 依据教学环境条件。

教学环境条件主要是指教学设备条件,如信息技术条件、仪器设备条件、图书资料条件等;教学空间条件,如教室场地条件、实验室条件等;以及教学时间条件等。教学环境条件的好与差,对于教学方法功能的发挥有一定程度的制约作用。

例如从教学时间上看,所有课程科目给定的教学时间都是限定的,而学习内容则是大量的,就是要求教师低耗高效地完成教学任务,即以最少的时间获得最佳的教学效果。因此,要选择那些能在规定的时间内有效地完成教学任务,顺利地实现教学目标,教师教得轻松,学生学得愉快的教学方法。再如,发现法比其他方法耗时较多,有时不得不放弃,为的是能在规定的时间内如期完成教学任务。

我们在选择教学方法时,在考虑上述因素的同时,要对教学环境条件进行全面、具体、综合的考虑,要在教学环境条件许可的情况下,最大限度地利用和发挥教学环境条件的作用,实事求是地采用可行而又有效的教学方法,使所选教学方法具有科学性和合理性。

"教学有法、教无定法、贵在得法",这句话简洁地说明了选择教学方法的重要性。教学设计者要综合考虑选择教学方法的各种因素,仔细分析各种教学方法的优越性和局限性,根据教学目标和教学任务,选择恰当合理的、科学有效的教学方法,为实现教学目标,全面完成教学任务,促进学习者的有效学习服务。

2) 选择教学方法的程序

苏联著名教育家巴班斯基认为,要实现教学方法的优化,除了要强调选择教学方法的依据外,还有一个选择的程序问题。巴班斯基根据其教学方法的分类体系,在和他的同事访问了许多教师之后,总结归纳出了选择教学方法时的一般程序,对教学方法的选择具有一定的指导意义。巴班斯基选择教学方法的程序由以下七个步骤组成。

第一步:决定是选择由学生独立地学习该课题的方法,还是选择在教师指导下学习教材的方法。

第二步:决定是选择再现法,还是探索法。

第三步：决定是选择归纳的教学法，还是选择演绎的教学法。
第四步：决定关于选择口述法、直观法和实际操作法如何结合的问题。
第五步：决定关于选择激发学习活动的方法问题。
第六步：决定关于选择检查和自我检查的方法问题。
第七步：认真考虑所选择的各种教学方法相结合时的不同方案。

根据巴班斯基教学方法选择程序的基本精神，我们认为，教学方法的选择程序，大概包括以下几大步骤。

首先，要明确选择教学方法的依据。关于教学方法选择的依据，在上文已经作过介绍。需要注意的是，选择教学方法的依据，最重要的是具体化了的教学任务和规定的教学时间，再就是教师使用的实际可能性。其次，尽可能广泛地提供有关的教学方法，便于教师考虑和选择。不仅要包括各种教学方法，而且包括每种教学方法中的方式和细节。再次，对各种供选择的教学方法，要进行各种比较，包括比较各种具体教学方法的可能性、适用范围和条件。最后，在既定的教学任务、教学内容、师生特点、教学条件等条件下，对各种方法进行筛选，做出最后决定。

3) 教学方法的运用

在掌握了常用的教学方法，明确了选择教学方法的依据，了解了选择教学方法的基本程序之后，在教学实践中运用教学方法时应注意以下几点。

(1) 贯彻启发式教学指导思想。

有众多的教学方法可供教师采用，但无论采用哪种教学方法，在实际运用过程中都必须贯彻启发式教学指导思想。启发式教学是我国教学方法的指导思想，各种教学方法都要贯彻启发式。启发式教学思想尊重学习者的主体人格和学习者的主体地位，强调指导学习者的学习方法和激发学习者强烈的学习动机，重视培养学习者的思维能力和创造能力，注重发展学习者的个性，强调发挥学习者学习的主动性、积极性、独立性和能动性。

各种教学方法既有启发性质，又有注入性质，关键在于教师如何应用。各种教学方法中的启发性因素的作用能否得到发挥，取决于运用教学方法的指导思想。教师以启发式教学思想为指导运用讲授法、练习法、谈话法等，就能够激发起学习者的学习兴趣和求知欲，吸引学习者的注意力，启发学习者独立思考，使学习者的学习收到良好的学习效果。因此，应用教学方法，要始终贯彻启发式教学思想。

(2) 发挥教学方法的整体功能。

教学方法在运用过程中，要考虑充分发挥教学系统各要素(教师、学习者、学习内容、教学媒体等)所构成的教学的整体功能，实现整体大于各部分之和的系统功能。还要考虑发挥出不同教学方法构成的教学方法体系的整体功能，注意各种教学方法的有机配合，以期获得良好的教学效果，全面完成教学任务，有效地提高教学质量。

(3) 综合、灵活地运用教学方法。

圆满完成教学任务，顺利实现教学目标，必须坚持综合运用各种教学方法。教学实践证明，在教学过程中，学习者知识的获得，能力的培养，智力的发展，不可能只依赖一种教学方法，必须把多种教学方法合理地结合起来，企图用一种教学方法应付千变万化的教学情境，是不可能取得良好的教学效果的。因此，应坚持综合化，注意各种教学方法的相互渗透和相互补充，形成具有内在联系的教学方法的优化组合。

教学方法的综合化，可以同时运用几种教学方法。例如，教师采用演示法进行教学的同时，常常用语言对演示的内容进行描述，这就把演示法和讲授法同时结合起来运用。也可先后运用几种不同的教学方法，我们在教学实践中也常常看到，教师开始进行新知识的讲授，然后做练习，这就把讲授法与练习法结合起来加以运用。由此看来，教学过程中一般不是仅依赖一种教学方法贯彻教学过程的始终，因为实现教学目标，完成教学任务不可能仅靠一种教学方法。各种教学方法综合运用、优化组合，可以获得事半功倍之效。

教学过程是一个动态过程，而教学方法在教学过程中又是一个变量因素。虽然教师在备课过程中精心选择和设计了教学方法，但在实际的教学活动中，可能出现各种变化。因此，教师必须注意随时调整教学方法，要根据教学过程的动态特点运用教学方法，根据教学过程的实际情况，灵活地运用教学方法，以期获得最好的教学效果。

会计专业常用教学方法的具体运用已在第一篇章详细介绍，这里不再赘述。

12.3.6 教学组织形式的选用

1. 教学组织形式的概念和意义

1) 教学组织形式的概念

教学组织形式所要解决的主要问题是：在教学中，为了达到教学目标，完成教学任务，通过何种组织结构把师生组织起来，建立一定的联系，开展教学活动；怎样科学地利用时空和其他教学条件来安排教学活动，传授和学习教学内容，对其他各种因素加以有效地利用和控制。黄甫全认为，教学组织形式是"围绕既定教学内容，在一定时空环境中，师生相互作用的方式、结构与程序"。这一概念含义如下。

第一，教学组织形式是围绕着教学内容设计的。不同的教学内容必须要求与之相适应的教学组织形式。如陈述性知识的教学可采用集体上课，而表现为各种技能、技巧的程序性知识则应尽可能做到教学的个别化。

第二，教学组织形式直接体现为师生相互作用的方式。这种相互作用方式既可以是直接的，也可以是间接的，既可在班集体中进行，也可在小组内或个体间进行。

第三，师生的活动必须在一定的时间和空间背景中完成，而且要遵循各种互动方式所要求的规范和程序。

第四，以教学组织形式为纽带，把教学内容、教学方法、教学媒体等各种教学要素以一定的教学程序集结起来，以确保教学活动的顺利进行和完成。

2) 教学组织形式的意义

(1) 教学组织形式影响教学活动的成效。

根据系统论思想与观点，系统各要素所构成的结构直接影响着系统的性质与功能，在教学活动中各要素在时间和空间上的组合结构，必然影响着教学活动的成效，直接制约着教学活动能否按照既定的程序进行。

(2) 教学组织形式是实施教学内容的途径。

教学组织形式决定于教学内容，不同的教学内容，必须采取不同的教学组织形式，才能取得良好的教学效果。因此，为有效地实施教学内容，应采取恰当的教学组织形式。

(3) 教学组织形式是完成教学任务的手段。

作为教学活动的纽带，教学组织形式决定着师生相互作用的方式与效果，直接制约着教学方法、教学媒体能否发挥其最佳功效。只有在恰当的教学组织形式中，师生才能各自发挥作用，实现师生互动，使教学方法和教学媒体产生最佳的作用，从而较好地完成教学任务。

(4) 教学组织形式影响着教学质量和教育质量。

教学组织形式直接影响着教学规模和教学速度，影响着教学效率和教学质量，影响着教学目标的实现。不仅如此，教学组织形式还影响着教育质量，乃至教育的发展。例如，美国进步教育运动的"儿童中心主义"思潮以及与之相应的"道尔顿制""设计教学法"和"文纳特卡制"就直接导致了美国基础教育质量的下降。

2. 常用的教学组织形式

1) 教学的基本组织形式——课堂教学

(1) 课堂教学的优越性。

课堂教学是班级授课制的具体形式之一。它是把学生按年龄和程度编成班级，由教师根据课程标准统一规定的课程内容和教学时数，按固定课程表进行分科教学的一种组织形式。它的优越性表现在以下几个方面。

① 有利于大面积培养人才。

课堂教学把个别教学变成了集体教学，这样就扩大了教学规模，加快了教学进度，提高了教学效率，可以经济而有效地、大面积地培养人才。

② 可使教学有计划、有组织地进行。

课堂教学是按照课程计划、课程标准和教科书的规定和要求组织教学活动的，这就使教学具有高度的计划性和组织性，可以保证利用集中的时间向学习者传授文化科学知识，培养和训练技能，发展学习者的智力和体力，使学习者的身心得到全面的发展。

③ 有利于发展教师的主导作用。

课堂教学是教师有目的、有计划、有组织地面向全班进行的，它能保证在课堂教学过程中，全班学习者的学习都能在教师的直接指导下进行。因此，有利于发挥教师的主导作用。

④ 有利于学生的身心健康发展。

课堂教学是按照规定的固定时间，各科轮流交替进行，这样，可以减少疲劳，缩短时间，使脑力活动有张有弛。不同性质的活动相互调节，使教学的安排符合学生身心发展的客观规律，有利于学习者身心健康发展。

⑤ 有利于发挥班集体的作用。

在同一班集体中，学习者之间在思想、学业等方面可以相互影响，相互学习，共同提高。遇到困难和问题时，可以展开讨论，集思广益，取长补短，互相促进，发挥班集体的作用。对培养学习者良好的组织纪律性，进行思想品德教育，开展文体活动也具有积极作用。

课堂教学较之其他教学组织形式有许多优点，显示出巨大的优越性。经过世界各国的长期检验，这种教学组织形式仍然是现代学校主要的教学组织形式。

第 12 章 会计专业教学设计

(2) 课堂教学的局限性。

课堂教学也存在一定的局限性，主要表现在：课堂教学强调全班学习者在同一时间内，使用同一教材，按照同一进度去学习同一内容，难以照顾到不同程度学习者的学习需要，不利于学习者的个性发展；课堂教学在教学要求上的一律化，教学方法上的"一刀切"，不利于更好地发展学习者的个性特长和多方面的兴趣，不利于因材施教；同时课堂教学主要以讲授书本知识和进行课内活动为主，学习者实践机会少，易于产生理论脱离实际的倾向。所以，应该根据教学对象的不同，教学任务和教学内容的差异，在课堂教学这种基本组织形式基础上，灵活多样地采取其他教学组织形式。

(3) 课的类型和结构。

① 课的类型。课的类型是指根据教学的具体任务不同而将课划分为不同的种类。在教学中，由于具体的教学任务不同，因此课的类型也不同。一般把课堂教学划分为单一课和综合课两大类型。

单一课是指在一节课内只完成一种主要教学任务的课。单一课包括：传授新知识课、复习课、练习课、实验课、实习作业课、检查课等。单一课教学任务单一，教学活动方式转换较少，所以，单一课一般适用于高年级教学。

综合课是指在一节课内完成两种以上教学任务的课。由于综合课的教学任务多，完成不同教学任务的教学方式也不同，因此，综合课要在一节课内较多地变换教学方式。综合课比较适宜低年级的教学。

设计课的类型，主要依据教学目标和任务，考虑教学内容以及学生的年龄特征等因素。要注重实际效果，防止教学上的形式主义。

② 课的结构。课的结构是指课的基本组成部分以及各部分进行的顺序和时间分配。每一种类型的课都有一定的结构，课的类型不同，其结构也不同。由于各年级的学习者年龄特点和知识水平不同，各门学科教学法的特点不同，同一类型的课在不同的班级、不同的学科中，其结构也会有所不同。因此，切忌把课的结构公式化、绝对化，否则就容易导致教学上的形式主义。

一般类型的课通常由以下基本部分组成。

- 组织教学。任何一种类型的课都从组织教学开始。组织教学是保证课堂教学正常而有秩序进行的一个基本条件。其目的是使学习者做好上课的物质和心理准备，把学习者的注意力集中到课堂教学活动上来，激发学习者的学习兴趣和求知欲，保证学习者的学习活动有效地进行。组织教学的方式多种多样，如目光巡视，提出要求，检查出勤情况，检查学习用具等。组织教学不仅是上课的起始环节，而且贯穿于课堂教学的始终。因此，教师在课堂教学过程中，要时刻注意通过生动有趣的讲授，灵活多样的教学方法，巧妙安排的教学活动来吸引学习者的注意力，创造出良好的课堂教学环境，提高教学的质量和效果。此外，教师还要运用教育机智，稳妥地处理课堂上的偶发事件等。

- 复习检查。复习检查在组织教学之后进行，是对上一节课或以往学过的知识或技能的复习检查。其目的是复习巩固上一节课所学习的重要内容或复习检查与讲授新教材直接有关的旧知识，以便从已知到未知，加强新旧知识的联系，为学习者学习新知识做好准备，借以导入新课。复习检查的方式多种多样，如提问、检查作业、练习等。

- 讲授新教材。讲授新教材是讲授新知识课的主要构成部分，其目的是使学习者获得新知识和新技能，掌握新思想、新理论和新事实。在综合课中它是在复习检查之后进行。由于讲授新教材是课的中心环节，所以占用时间也较多。教师要按照课程标准的要求，遵循教学原则，采取恰当的教学方法来完成讲授新教材的任务。同时在讲授过程中，要注意新旧知识的联系，努力做到生动有趣，始终引发学习者的求知欲望，吸引学习者的注意力，要充分发挥教师的主导作用和学习者学习的主动性、积极性。为使学习者能够积极配合教师的教，展开主动地学，便于师生紧紧围绕本节课的目的开展教学活动，也便于学习者在学习后进行自检，在讲授前明确地说明本节课的目的、要求是十分必要的。

- 巩固新教材。巩固新教材的目的是使学习者能够理解、消化、吸收和掌握新知识，力争做到当堂消化、理解和巩固。教师可采取提问、复述、重点讲解或练习等方式进行。同时不仅要使学习者掌握知识，而且要形成运用知识的技能。巩固性练习不仅具有模仿性，而且要有一定的创造性，以便学习者能学会在变化的条件下应用知识和技能，培养举一反三和触类旁通的能力。

- 布置课外作业。布置课外作业是对学习者课外学习活动的安排，其目的在于使学习者进一步巩固课堂上所学的知识和技能，有效、合理地利用课外时间，把课外学习和课内学习结合起来，养成独立学习的能力和习惯。课外作业的分量要适当，防止学习者学习负担过重，难易要适中，对难度较大的题要给予提示。习题要有典型性和启发性，形式应灵活多样。布置课外作业常常安排在一节课的最后阶段进行，但要保证有足够的时间向学生提出明确的要求。

以上是课的基本组成部分。综合课和单一课中的讲授新知识课一般采用这种基本结构，单一课中的其他课型的结构有所不同。对课的几个组成部分，教师要根据课的类型、教学目标任务、教材性质和学习者特点等因素加以合理地安排，并能够灵活运用，切忌模式化。教师要发挥创造性，使课的结构符合实际需要，并具有科学性。

(4) 课堂教学的具体教学形式。

下面我们着重介绍在课堂教学这种教学组织形式下的具体教学形式。同样，它们也各有其优点，我们应根据教学的实际需要，合理地加以选用。

① 讲解的形式(图12.2右上)。这是一种以教师说明、解释为主来达到教学目的的形式。它能把教学涉及的大量新信息、新内容较快地向较多的学习者传输。但这是一种单项的教学形式，学习者不能经常、及时地对教学各环节做出反应，教师也不能及时地获得学习者的反馈信息。

② 提问的形式(图12.2左上)。这种形式是以教师提出较多的适当问题为主。它使教师能及时地了解学习者的各方面情况。它要求教师预先充分准备好问题一览表和简明扼要的讲解，还要娴熟地按学习者反应作必要的说明和进一步的提问。不过，这一形式颇受个别差异的影响，由此会降低教学的效果，如群体稍大就更难以兼顾全体，问题太深"差生"无法适应，太浅又会使多数学生趣味索然。

③ 小组的形式(图 12.2 左下)。这是教学时将班级分成若干个小组,让学习者在小群体内通过交谈来学习,故又叫作蜂音学习。这种形式使小组每个成员都加入学习活动,因此会提高每个人的学习积极性,而且还可发展成员之间的人际关系。该教学形式的关键是分组要适当。研究表明,分组应按人际关系,且每组以 5~6 人、每次谈话约 6 分钟为宜。

④ 讨论的形式(图 12.2 右下)。讨论式教学是按有关论题来呈现教材、组织讨论、得出结论,从而使学习者掌握教学内容。在人文和社会科学的教学中,这一教学形式能使学习者彼此启迪、深化认识。不过,它不适宜于低年级的或心理水平尚低以及缺乏有关知识背景的学习者,也不适宜于某些学科的基础内容的教学。

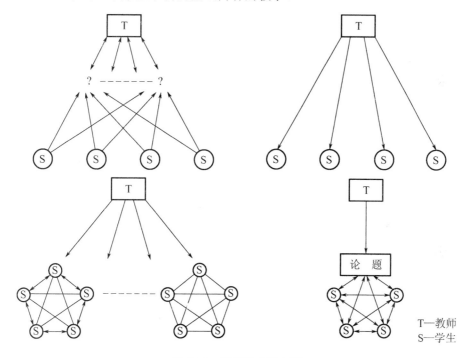

图 12.2 教学形式示意图

2) 教学的辅助组织形式——现场教学和个别教学

(1) 现场教学。

现场教学是教师根据一定教学任务的需要,组织学习者到生产现场和事件发生的现场,利用现场的教学条件进行教学的一种教学组织形式。现场教学突破了课堂教学的限制,使学习者走出课堂,奔向社会,使教学与社会生产和社会生活密切结合起来。它可以给学习者提供直接知识,丰富感性认识,便于加深理解和掌握书本知识,并形成运用知识的能力,做到理论联系实际,也有利于对学习者进行思想教育。组织现场教学要注意以下几点。

① 根据教学任务和内容的要求组织现场教学。组织现场教学必须根据教学任务的要求和教学内容的需要进行。现场教学必须有明确的教学目标,周密的计划,合理的安排,典型的现场。现场教学切忌教学目标不明确,计划和安排不周密。

② 事先做好准备工作。教师对教学内容要认真准备，研究教学重点，设计教学程序，考虑具体的教法，切忌敷衍了事，还要使学习者有一定的知识储备，为接受现场教学中的新知识打下基础，同时也要取得现场工作人员的合作与支持。

③ 教师要给予理论指导。在现场教学进行中，除了让学习者进行必要的观察外，教师要给予理论指导，从理论的高度分析和认识实际问题，使学习者能够透过现象去认识事物的本质，把感性认识上升到理性认识，切忌走马观花。

④ 认真做好总结工作。现场教学结束后，师生要在现场或回校后认真进行总结工作，以巩固现场教学的成果。总结应抓住现场教学中的主要问题，进行重点说明和归纳，切忌面面俱到。总结可采取教师讲解或学习者分组座谈等方式。

(2) 个别教学。

个别教学是在课堂教学基础上，针对学习者的个别差异所进行的学业上的指导。这种教学组织形式有利于因材施教，使每个学习者都能在原有基础上得到提高和进步。个别教学不是已学过教学内容的简单重复，它包括答疑、指导学习者课外阅读、批改课外作业、补课、指导"尖子生"深化学习，还包括对学习者进行学习目的、学习态度和学习方法上的指导等。个别教学适用于各类学习者。

12.4 教学媒体设计

12.4.1 教学媒体的概念与意义

1. 教学媒体的概念

1) 媒体及其在教学中的作用

(1) 媒体的概念。

媒体是传播学中的概念，媒体一词的英文为 medium(单数)，media(复数)，译作"中介""媒介""工具"，在传播学中，媒体是"指携带和传递信息的物质工具"。例如报刊、广播、电影、电视、图片、投影、印刷材料、幻灯、电脑网络等。从媒体的概念可知，媒体的显著特性就是能够携带和传递信息。那就是说，不能携带和传递信息的物体，不能说是媒体。例如，一张白纸、一盒空白磁带、一张空白光盘都不能说是媒体，只能说是书写、印刷或记录用的材料。载有信息的纸张、磁带、光盘，才能称之为媒体。一切物质客观实体，都能承载一定的信息。因此，任何一种物质实体都可以成为媒体。作为媒体必须介于发生联系的双方之间，将它所承载的信息有效地由一方(信息传递者)传递给另一方(信息接受者)。看来媒体必须具备交流和传播信息的功能，媒体是传递信息的中介和工具，在信息的交流和传递过程中，媒体就具有了实质意义。

(2) 媒体在教学中的作用。

① 展示事实。媒体提供有关科学现象、形态、结构，或者是史料、文献等客观真实的事实，使学习者获得真实的事实性材料，便于识记。

② 创设情境。根据学习内容，媒体提供一些有关情节、景色、现象的真实的或模拟、相似的画面(如古诗词的意境画面)，使教师与学习者之间建立起共同经验。学习者通过媒

第12章 会计专业教学设计

体提供的资料观察、感知，形成表象，以便做出归纳、概括知识和形成概念的依据。有时候，也可以作为验证或进行联系的事例。

③ 提供示范。媒体提供一系列标准的行为模式(如语言、动作、书写或操作行为)，学习者将通过模仿和联系来进行技能的学习。

④ 呈现过程，解释原理。媒体提供每一典型事物的运行、成长、发展的完整过程，并借助语言的描述，帮助学习者对典型事物的特性、发生和发展的原因和规律有所了解，并可以此作为演绎或类比学习的前提，使学习者突破学习的难点，掌握科学原理。

⑤ 设疑思辨，解决问题。媒体提供某一事物典型的现象或过程，利用文字或语言设置疑点和问题，供学习者作为分析、思考、探究、发现的对象，以帮助学习者理解原理并掌握分析和解决问题的步骤。

⑥ 提供评价分析。20世纪90年代以来的多元教学评价，强调评价方式的多元化、评价参与者的多元化，质是全面真实地评价学习者的潜能、学业成就，以提供教学改进的信息，促进学习者的发展。媒体为多元评价提供了评价分析的素材、方式、工具和结果。

2) 教学媒体及其在教学中的作用

(1) 教学媒体的概念。

教学过程的实质就是将人类在长期社会生产和社会生活中积累起来的社会生产经验和社会生活经验传递给下一代，把人类的认识转化为个体的认识，把他人的认识转化为自己的认识。在传播学看来，这就是一个教学信息传递的过程。传递教学信息必须依靠能携带和传递信息的工具——教学媒体。人们对教学媒体有不同的理解和认识。

朱作任认为，"教学媒体：以教会别人为目的的传递信息的中介物。如电视、无线电、录音带、录像带、电影片、照片、图片等都是媒体。书与其他的印刷品，如报纸、期刊等也是媒体。一个人(对另一个人说话)、一位教师都可称为媒体。"李秉德认为，"教学媒体是储存和传递教学信息的工具。"国家教委电化教育司认为，"当媒体用于传递以教学为目的的信息时，称为教学媒体。在国外，教学媒体是众多教学材料的总称。"魏奇认为，"教育媒体是指在教育和教学活动中传递教育信息的载体或中介。由于教育的根本任务及其具体活动均需要通过教学活动来履行，教育媒体的意义必须通过其在教学活动中的作用来实现，因此教育媒体亦可称为教学媒体。"张祖忻认为，"教学媒体是指在传播知识或技能过程中呈示信息的手段或工具，它有广义和狭义之分。狭义的教学媒体专指投影、电影、录像、电子计算机等现代化教学工具与黑板、教科书、图片等传统教学工具。广义的教学媒体还包括讲授、参观、实验和讨论在内。"

上述教学媒体概念的表述主要是从教学媒体的功能作用方面概括的，有的强调它是一种中介，有的强调它传递信息的功能，等等。这些对教学媒体概念的表述，有助于我们更加全面地理解和认识教学媒体。我们认为，教学媒体是为了实现教学目标，在教师教与学习者学之间携带并传递教学信息的工具。教学媒体能够储存、表达、传递、传播教学信息，教学过程中为人所选择、控制、操作、使用。教学媒体一般包括硬件和软件两部分，硬件一般是指装备或设备的机件本身，如幻灯机、电视机、投影机、计算机等；软件一般是指储存教学信息的载体，如教学内容、教学程序等。

(2) 教学媒体在教学中的作用。

① 教学媒体影响课程内容及其表现形式。

课程内容是教学媒体承载和传递的教学信息。不同的教学媒体有不同的承载教学信息的特点。例如，书本可用印刷的文字、图片系统地表现课程内容，可复制、可保存；实物本身凝结着生动、直观、形象的教学信息，但信息量有限；计算机则可以综合多种媒体的功能，传递大容量的信息，可使课程内容既有较高的艺术性，还可以直接操作。

② 教学媒体影响着教师的作用及其与学习者的关系。

在古代，教师是知识的已知者和占有者，学习者必须通过教师的教，才能获取知识。因而在教学过程中，教师具有绝对的权威。在现代，教学媒体日趋现代化，学习资源不断拓宽，学习者可通过报刊、电视、因特网等获取知识，不一定非向教师学习，教师的权威地位下降了。学习者的主体地位随着技术的改进进一步确立，师生冲突减少了，这有利于改善师生关系。

③ 教学媒体影响着教学策略的选择与使用。

教学策略离不开教学媒体的应用，一定的教学媒体决定了一定的教学策略。例如，原始状态下的教学，教学媒体是语言、实物等，那么教学方法只能是口耳相传、示范、模仿和训练。现在使用多媒体计算机辅助教学，有些教学内容通过教师编制合适的教学软件，由学习者自学就可以了。可见，教学媒体越丰富，给教师提供的设计教学策略的余地也就越大。

④ 教学媒体影响着教学组织形式。

每种教学媒体都有特定的适用范围和空间条件。只有在适宜的空间条件下，教学媒体才能发挥其应有的功能。例如，展示图片，课堂规模就不宜太大，否则就会影响观察效果；没有扩音设备，在大教室里给 100 多人上课，效果也不会太好。由此看来，一定的教学媒体，决定了一定的使用范围和使用空间，从而影响着教学的组织形式。

2. 选择教学媒体的意义

教学媒体的选择，是指在一定的教学要求和条件下，选出一种或一组适宜可行的教学媒体。不仅可为一节课选择教学媒体，而且可为一个教学单元、一门课程的教学选择教学媒体。各种教学媒体都具有自己的功能和不可克服的局限性，这就决定了一种教学媒体只能适应某些教学情境。教学媒体专家指出，没有一种教学媒体在一切方面都优于另一种教学媒体，也没有一种教学媒体能对任何学习目标和任何学习者产生最佳的相互作用。因为任何一种教学媒体都难以传递所有的教学信息。因此，对某一特定的学习任务和具有某种特征的学习者来说，只有选择适宜有效的教学媒体，才可望取得最佳的学习效果。

教学实践证明，精心选择的教学媒体可以收到这样的教学效果：它有助于学习者集中注意力和激发学习兴趣；适当的教学媒体可以促进学习者对事物的理解和加深记忆；一些媒体(如电脑、学习机等)可为学习者个体操作和行为进行自我分析提供机会。

3. 教学媒体的分类

随着科技的进步，给教学提供了越来越多的教学媒体。由于分类标准不同，教学媒体有多种分类。这里我们主要介绍现代教学媒体，如表 12-5 所示。

表 12-5　现代教学媒体的分类

分类	媒体		组合系统	
	设备	软件		
电声类	扩音、广播	录音带、唱片	教学播音系统	
	录音机 唱机	录音带 唱片	语言实验室	单听室
				听答室
				听答对比室
				遥控听答对比室
光学投影类	幻灯 投射式	幻灯片	普通电教教室	综合电教教室
	幻灯 反射式	不透明图片		
	投影机	投影片		
	电影机	电影片		
电视类	电视接收机	影片	闭路电视系统	
	录像系统	录像片		
	视盘系统	电视唱片		
计算机类	程序学习机	固定程序		
	计算机辅助教学系统	外存磁盘类	计算机网络	

12.4.2　教学媒体的选择

1. 教学媒体选择的基本原则

1) 发展性原则

发展性原则要求在选择教学媒体时，应考虑它在多大程度上能发挥教育作用，促进学习者身心各方面的发展。

2) 综合性原则

综合性原则要求在选择教学媒体时，应综合多样化，避免单一，使之相互补充，取长补短，发挥教学媒体的整体功能。

3) 低耗高效原则

低耗高效原则要求在选择教学媒体时，应考虑教学媒体的投资效益，尽量降低成本，而又能获得良好的教学效果。

4) 最优化原则

最优化原则要求在选择教学媒体时，应把选择教学媒体的过程置于整体的教学设计中，使教学媒体的功效服从于整体教学设计。

2. 教学媒体选择的具体原则

1) 根据教学媒体的特性和功能进行选择

每一种教学媒体各具有不同的特性和功能，各种媒体在色彩、立体感、表现运动、表达声音、可控性、反馈机制等方面都是不相同的。因而，每一种教学媒体呈现教学信息的功能和能力也不尽相同，使得某一种媒体应用在某一特定的教学环境中要比其他媒体更为有效。这就要求教学设计者应根据教学媒体的特性和功能进行选择。

2) 根据教学目标的类型和学习者的特征选用教学媒体

选择与使用的媒体，必须是教学上实用的。要做到实用，需要坚持两个出发：一是从课程标准的要求出发；二是从教学对象即学习者出发。教学媒体要有助于激发学习者的学习兴趣，有效地实现教学目标。这样的教学媒体，在教学上才有实用价值。教师应在突出重点、突破难点上下功夫，选择最佳媒体，使所选媒体能激发学习兴趣，调动学习者学习的积极性、主动性，有助于学习者更好地理解、掌握、记忆新知识。

(1) 对教学媒体的选择要由教学情境来决定。

集体授课时，设计者应选择那些展示教学信息范围较大的媒体，如扩音、幻灯、投影、多媒体投影、电视录像等；小组学习的媒体其传播信息的范围应与小组人数、教学场所的大小相适应；远距离教学，设计者只能选择诸如无线电广播、电视广播、网络之类的教学媒体；而对于自学系统，设计者可选择收录机、复读机、微型幻灯等便于携带、操作简单、经久耐用的媒体；技能训练教学，可选择那些表现力强且有特殊时空特性的媒体。如设计者可以选择电视录像、电影媒体，利用它们的慢放、快放功能来展示一些特殊的技能动作，以利于学习者的观察、理解与模仿。

(2) 教学媒体对学习者的适应。

设计者应考虑到，同样是班级授课，中职低年级学习者与高年级学者是有很大区别的。低年级学习者由于抽象思维的水平远不及高年级学习者，因此在选择媒体时，设计者应首先考虑那些直观性强、表现手法简单明了、图像画面对比度大、易于分辨事物的主要与次要部分之类的媒体，如幻灯、投影、模型、录音、图片等。

而对于高年级学习者，由于其具有一定的逻辑思维能力和自我控制能力，因此，选择媒体时可考虑那些表现手法较复杂、展示教学信息连续性的媒体。如电视录像媒体、电影媒体、语言实验室教学系统等。而对于自学的学习环境来说，设计者选择媒体时，更应特别注意学习者的年龄特征与能力高低。对低年级的学习者来说，由于对媒体应用能力的限制，设计者一般提供一些简单的媒体(操作简单、价格低廉的媒体)供其使用学习。而对高年级的学生则可使用较贵重、操作较复杂、功能较强的媒体，如多媒体计算机、电视录像系统、高档录音机、笔记本电脑、网络教学系统等。

(3) 教学媒体对学习任务的适应。

设计者应该考虑根据任务的类型来选择合适的教学媒体。对认知类的学习任务可选择动画图片模型、幻灯等教学媒体开展教学，即可收到良好的教学效果；而对于情感类的教学内容，设计者应选用表现手法多样、艺术性和感染力强的媒体，这样的教学有可能对学习者产生强大的吸引力和情感上的震撼力，有利于教学目标的实现，如设计者可选择电视录像、电影、多媒体课件、影碟(VCD、DVD、MP3、MP4等)、数字音响等；对于技能训练类的教学，设计者应选用电视录像、电影等表现手法丰富、具有时空突破功能的教学媒体。

3) 不存在"万能媒体"

众所周知，现代教学媒体种类很多，性能各异，在表现方法和使用效果上各自存在这样或那样的缺点，没有一种能绝对满足一切教学内容、教学对象的教学媒体。而教学过程是一个十分复杂的过程，需要对人体的多种感官进行多方位的延伸才能达到最佳效果，因

第 12 章 会计专业教学设计

此应该对性能各异的教学媒体进行优化组合，使其在教学过程中交互应用，扬长避短。以充分调动学习者多种感官参与学习，实现动静结合、视听结合、协调统一的教学目的，切实提高和加强教学的整体效应，取得最佳教学效果。教学媒体的内容在科学性、思想性上不应有错误，这是至关重要的。各种媒体各有所长，也各有所短。一种媒体对于某一教学目标来说，可能会比其他媒体效果好，但对于另一教学目标也许不合适。同时，新媒体的产生也不会完全代替旧媒体。

4) 应考虑易获得性和成本问题

在选择与使用教学媒体时，首先要考虑教学效益，同时也要考虑经济效益，力求节约，避免浪费。在现实的客观条件下，设计者能否获得所需要的教学媒体是值得注意的问题。如果不能获得，所选用的媒体再有效也不切合实际。同时，还要考虑使用媒体的成本问题。要选择既能达到最佳教学效果，又易于获得且成本较低的教学媒体。对教学场所或办学单位是否能有效方便地提供可利用的教学媒体，也是设计者选择利用媒体要考虑的一个重要因素。如在某多媒体阶梯教室上课，该教室已经配备了多媒体投影机、银幕、视频展示台、多媒体计算机等设施，设计者就无须考虑再从别处搬来幻灯机或投影仪，利用幻灯机播放教学幻灯片或利用投影仪演示教学投影片，因此教者在进行教学准备时，就应考虑到所利用的媒体是否随手可得，或通过简单的准备过程即可利用，而不应考虑那些在教学环境中无法准备与实现的媒体。但也要注意，不要因为某种媒体易得到而经常使用。

5) 必须熟悉教学媒体的操作技术

选择教学媒体最终要在课堂教学中应用，如不能很好地操作，仍发挥不了作用。应选择教师和学习者都易于操作的媒体。在选择媒体时，设计者首先应考虑教师对该媒体的利用能力，如教师的操作控制能力较强，媒体的应用水平较高，则可以选择一些功能较全、价格较贵、操作较复杂的媒体，反之则不可以。如果不是这样，对媒体应用能力较差的教师，选择了操作较复杂的媒体，则教师上课应用媒体时，可能出现操作失控，直接影响正常教学进度，反而影响教学质量。媒体结构合理，方便教师在教学过程中合理进行辅助教学；媒体操作简便，并配有简要操作说明，方便师生使用。避免出现教师讲课时忙于操作媒体或学习者进行人机会话时无所适从的情况，易于操作的软件才易于广泛应用。

根据学习者对媒体的利用能力，合理选择媒体也是相当重要的一个教学环节。如在班级授课或小组学习的情况下，设计者就要考虑在利用媒体时学习者的参与程度。这就要注意到该媒体是否适宜于学习者的操作，是否适宜于学习者之间的相互交流。而对于自学系统我们应注意该媒体对学习者自行操作利用的难易程度，如学习者暂不会使用该媒体，就应考虑学习者学会该媒体的使用所需花费的时间与精力。

总之，数字化、交互化、网络化的信息资源环境是学生利用信息技术工具进行自主学习和主动探究的前提条件；教师对课程内容的课题化或项目化处理，及其对学习环境(包括丰富的知识基础、学习资源、学习情境、学习活动、接近生活的真实的问题等)的设计，是学习者以研究、探索的方式学习并取得成功的基本保证；学习者的信息能力(指对信息工具的操作与使用的能力和信息的获取、筛选、加工、表达、发布的能力)是学生有效利用网络资源环境进行学习、研究和创新的必备条件。

6) 注意多种媒体的综合使用

计算机辅助教学的发展经过了从实现程序教学方法的指导型、操练与练习型、咨询型课件(20世纪70年代)到智能CAI与问题求解、模拟游戏型课件(20世纪80年代)的发展。多媒体与网络的应用将会开辟一种新的教学局面。让多种媒体相互联系，集多种为一体，能大大提高和加强教学过程中的整体效应，有助于取得最佳教学效果。多种教学媒体互为补充，容易给人以生动、形象、直观、新颖的感觉，产生极强的感染力。其优势主要表现为：用多种教学媒体传播有关的教学内容，各种媒体间相互补充，使知识的表达、传授更加充分，更容易理解；刺激不同的感官，更有利于学习者的记忆；调动学习者多种感官参与教学活动，学习效果要优于单一感官感知的学习效果。在多种教学媒体优化组合创造的特殊情境中，学习者多种感官同时并用，这样，促使他们在学习中积极参与、主动探究，发现问题、解决问题，延长了注意力，培养了敏锐的观察力、深刻的思维能力，也促进了智力因素和非智力因素的协调发展。

选择与使用的教学媒体，在表现手法上，不能单纯模仿，要有所创新。一般来说，多种媒体优化组合使用比只用一种媒体的教学效果要好。这样可以发挥各种教学媒体的优势，让学习者通过多种感官参与学习活动，能有效地提高学习效率和效果。研究表明：通过听觉学习材料，3小时后保持率为60%，3天后保持率为15%；通过视觉学习材料，3小时后保持率为70%，3天后保持率为40%；通过视听并用学习材料，3小时后保持率上升至90%，3天后保持率上升至75%。但要注意不要拼凑，不要把媒体当成装饰物，要注意实效。教学评价也不能以是否使用现代化教学媒体，在课堂教学中使用教学媒体的次数、时间来评价一节课。是否使用教学媒体，使用何种教学媒体，要视学习内容的具体情况而定，应以建构主义学习理论为指导，以学习者为中心，充分利用各种信息资源，支持学习者的自主学习和协作式探索，完成对新知识的意义建构。在教学中，由传统的知识呈现、知识表征向高层次知识建构发展。

另外，现代媒体的介入应该体现一种新的教学思想、新的教学观念，而不只是教学内容数量上的增多、手段上的新颖。课堂教学活动的主体是人，课堂里应当充满了"情"。课堂中的动态交流，不仅仅是知识的流动，还有教师与学习者、学习者与学习者之间感情的交流。不要让越来越多的"人机对话"淡化甚至替代了人与人之间的感情交流。否则，现代媒体成了教学机器，教师成了只会按键盘的"机械手"，这样的课堂教学看起来生动活泼，实质上冰冷死板，极不利于学习者完善人格、发展个性等人文素养的培养。课堂里师生面对面的感情交流、教师人格力量的感染熏陶等，是任何现代媒体所难以替代的，因而只能加强不能削弱。

计算机辅助教学手段作为一种现代教育技术，它的作用只能是"辅助"，它的价值也只能是作为一种为人所用的教学媒体而存在，教师始终是教育的主导，对它过度地依赖，人为物役，导致教师所必备的基本功逐渐消萎和退化，这一种倾向也需引起我们足够的重视。

现代教学媒体有着传统教学媒体不可比拟的优点，同时它也必然存在不足之处，我们要辩证地处理好现代教学媒体和传统教学媒体的关系，两者应协同融合，相得益彰。这应当成为我们进行教改探索的一个新课题。

12.4.3 教学媒体的应用

1. 找准最佳作用点

教学媒体的最佳作用点是指在实现教学目标的过程中，最适合发挥教学媒体优势的地方。最佳作用点找准了，教学媒体的功效就会事半功倍，否则可能事倍功半，难以完成教学目标规定的学习任务。课堂教学的最佳作用点主要有以下几方面。

1) 突出、强化教学重点

教学重点无疑是构成知识体系中最重要的学习内容，在教学媒体应用时，必须考虑如何突出和强化教学重点。突出和强化教学重点的方法主要有二：一是利用色彩反差强烈的媒体，如投影、电视等，将重点教学内容以文字形式呈示给学习者，以使学习者加深对重点教学内容的印象；二是利用具有能提供画面的媒体，如投影、电视、电子计算机等，将反映重点教学内容的画面形象地展示给学习者，以使学习者加深对重点教学内容的理解。总之，对于教学重点，我们应更多地利用教学媒体予以充分地突出和强化。

2) 突破、解决教学难点

教学难点是指在学习过程中难以理解的知识点，是由于知识的深度、学习者的经验、认识的模糊性以及认知结构的缺陷造成的。教学难点不一定难，但是如果不能突破教学难点，也会影响教学目标的实现。例如，基础会计中的"未达账项"这一概念，既是教学重点，又是教学难点。如果用电子计算机展示"未达账项"，就可以使学习者理解"未达账项"这一概念。无论是教学设计者还是教师，都应该在教学难点上利用现代教学媒体予以表现，以有效地解决和突破教学难点。

3) 创设情境、引发动机

应用教学媒体，创设乐学情境，激发学习兴趣。孔子认为"知之者不如好之者，好之者不如乐之者"。教学活动是在知识、情感两条主线相互作用下完成的，教师在教学过程中，如果注意课堂的情绪气氛，创设愉快的情境，消除学习者学习的焦虑和紧张情绪，使他们在心情愉快的状态中接受知识，就会提高学习的兴趣，不断主动地学习、探索。教师丰富多彩的语言、生动形象的表达能吸引学习者的注意力，能对不同层面的学习者予以针对性的指导，能给每个学习者带来成功的喜悦。例如，"点钞"一课，播放电视录像或投影录音，声画并茂，触景生情，能促使学习者处于积极的思维状态之中，有利于引发学习者的学习动机，激发学习者的学习兴趣。

4) 提供事实、建立经验

在学习过程中，学习某些内容需要以一定的事实和经验为基础，但是学习者往往缺乏相关的事实和经验储备。也有时，由于条件的限制，学习者无法观察到某些现象或事物。这时运用教学媒体，可在短时间内提供可感知的大量的事实材料，帮助学习者建立与学习内容相关的经验，更好地理解所学内容。例如，学习者需要认识一些原始凭证，那么就可以利用现代教学媒体展示这些原始凭证，以使学习者建立起与教材中的知识共同的经验，促进知识的理解和掌握。

5) 显示过程、形成表象

运用教学媒体，将学习者无法直接感知的事实和现象，形象地展现在学习者而前，以帮助他们形成表象。特别是多媒体计算机辅助教学，它是指利用多媒体计算机，综合处理和控制符号、语言、文字、声音、图形、图像、影像等多种媒体信息,把多媒体的各个要素按教学要求,进行有机组合并通过屏幕或投影机投影显示出来,同时按需要加上声音的配合,以及通过使用者与计算机之间的人机交互操作完成教学或训练过程。

6) 举例验证、建立概念

在帮助学习者建立概念时,教师应该尽可能地使用直观材料。借助教学媒体,给学习者提供鲜明、具体的感知材料,有助于学习者在感知的基础上,进行抽象概括,形成概念。通过教学媒体的举例验证,有助于学习者建立概念。

7) 提供示范、正确操作

利用教学媒体,解决由于不易观察或示范不够规范或操作中容易出现的错误,使学习者掌握规范的操作步骤、方法和注意事项,然后再动手操作。例如,在实验教学中,对简单的实验,教师通过投影或多媒体向学习者介绍一次实验的操作规程和注意事项就可以了。但是对于比较复杂的、步骤较多的实验,教师就要通过教学媒体把复杂的实验分解成若干部分,化繁为简,分步提供示范。学习者掌握了要领后,再动手操作。

作为多媒体教学软件,必须能正确表达学科的知识内容,反映教学过程和教学策略,具有友好的人机交互界面,具有诊断评价、反馈强化的功能。因此,多媒体教学软件的开发和制作,需要在教学理论的指导下,做好教学设计、系统结构模型设计、导航策略设计和交互界面设计等工作,并在教学实践中反复使用,不断修改,才能使制作的多媒体教学软件符合教学规律,取得良好的教学效果。

8) 解释原理、启发思维

利用教学媒体形象、直观、生动的特点,启发学习者积极思维。如在学习"会计平衡公式"中,利用天平演示会计恒等式的原理,让学生在观察中受到启发,展开积极的思维活动。

9) 设置疑问、引起思辨

心理学认为,思维能力是智力因素的核心,在学习过程中,学习者通过积极的思维活动,才能真正获取知识。因此,在学习过程中,能否引起学习者积极的思维活动,关键在于问题的设置。在教学过程中,运用教学媒体,设置疑问,引导学习者通过观察、思考,发现和提出问题,进而引起思辨。让学习者带着疑问进入新课程的学习,会引起学习者的极大兴趣和高度的注意力,无疑也会收到良好的教学效果和学习成效。

10) 诱引行为、主动参与

在教学媒体的应用中,我们可以把学习内容的呈示与诱引学习者主动学习的方法有机地结合起来,使诱引方法成为媒体内容的基本组成部分。这样,学习者在使用教学媒体进行学习时,教学媒体本身就能发挥引导学习者做出选择、回答问题或参加某项活动的作用。这是计算机辅助教学的一条原则,称之为"交互学习"(interactive learning)。一般来说,教学媒体可采用以下方法诱引学习者的学习行为:在学习内容呈示过程中要求学习者立即对问题做出书面或口头回答;要求学习者从所看到的或听到的事物中进行选择、判断或决策;要求学习者就所看到的或听到的有关技能进行操作;要求学习者完成举例、解释、总结等书面作业;指导学习者完成其他与课业相关的短小练习等。

另外,在教学过程中,教学媒体还有展示事例、开阔视野、欣赏审美、陶冶情操等最佳作用点。在教学设计时,教学设计者和教师要依据学习内容、教学目标、教学对象来确定。务必找准最佳作用点，才能收到应用教学媒体的最佳效果。

2. 找准最佳作用时机

1) 有意注意与无意注意的转换

心理学研究表明，在学习过程中，主要是有意注意在起作用，但是中职会计专业学生注意力的集中时间是有限的。如果长时间要求学习者集中注意力，会引起大脑疲劳和厌烦心理。无法获得良好的学习效果。无意注意在一定条件下，可在轻松愉快的气氛中，在不增加大脑负担的情况下，起到有意注意所不能达到的调动积极性、加强学习效果的功效。所以我们应找准应用教学媒体的最佳作用时机，加强有意注意与无意注意转换，促进学习者的有效学习。

2) 抑制状态向兴奋状态的转化

心理学研究表明，学习者的心理如果处于一种抑制状态，就不可能很好地从事学习活动。我们平时的学习也证实了这一点，当我们心情舒畅时，看书的速度快、效果好；当我们郁闷时，看书的速度慢、效果差。即使是看小说，也记不住多少。这就告诉我们，当学习者的心理处于抑制状态时，教师就要考虑运用教学媒体，将这种抑制状态转化为兴奋状态，为学习者进行学习活动创造必要的条件。

3) 平静状态向活跃状态的转化

教师在长期的教学过程中，形成了一套比较固定的教学程序，包括教学方法的采用、教学媒体的运用等。因此，学习者对于教师的教学程序十分熟悉和了解。所以当学习者知道某一教师要讲课时，心里就会想："还是那一套。"于是就产生平静地坐在教室里等待这样一种不良的心理状态。教师只有采取学习者意想不到的方法，才能打破这种平静状态，使学习者活跃起来。教师务必使平静状态迅速向活跃状态转化，以促进学习过程的展开，使学习者获得良好的学习成效。

4) 兴奋状态向理性的升华

教学的目的并不是使学习者处于兴奋状态，使学习者处于兴奋状态仅仅是为学习者有效的学习创造良好的心理条件；在学习者处于兴奋状态中，教师还要因势利导，采用有效的教学媒体和相应的教学方法，将兴奋状态升华到理性状态，引导学习者展开学习过程，把注意力集中在学习内容上，进行深入理性的思考，突出教学的重点，突破教学的难点，解决教学的关键点，使学习者顺利完成学习任务。

5) 克服畏难心理，增强自信心

在教学过程中，教师应从心理方面给学习者一种具有新意的刺激，在对新鲜刺激的感知与尝试中，可以增强学习者的学习自信心，集中注意力，避免分心，使其克服畏难心理，调动他们的学习积极性和主动性。学习者对于新鲜的刺激会感觉到好奇，能够引发学习兴趣，使大脑处于兴奋状态，产生强烈的学习动机，愿意去尝试、去体会。这时，运用有效的教学媒体，找准最佳作用时机是关键。

例如，很多学习者对英语的学习都有畏难情绪和恐惧心理，特别是对于英语的听说更是如此。他们在教室里，不敢说，怕其他同学听见自己不够标准的读音会遭到耻笑。如果我们在语音实验室里训练英语的听说，这种情况就避免了。自己的朗读其他同学听不见，他们就可以比较放松、毫无负担地朗读课文，回答教师的提问了。再如，把自己的朗读录下来，听一听，会感觉自己的朗读并不比别的同学差，由此增强了学习英语的自信心。

6) 满足合理的表现欲望

任何人都希望自己能够胜任某项工作而得到别人的赏识和赞许，从而增强把工作做得更好的愿望，同时也愿意展示自己的工作成绩。学习者对于自己的学习也是如此，他们通过努力学习而取得的成绩也希望得到同学的赞许和教师的表扬，从而加倍努力学习，取得更好的学习成绩，同时学习者也渴望展示自己的学习效果。教师只有满足学习者的合理愿望和要求，才会极大地提高学习者学习的积极性和主动性，增强学习兴趣，提高学习效果。

教学媒体的最佳作用点是从教学目标的角度，研究如何发挥现代教学媒体的优势；而教学媒体的最佳作用时机，则是从学习者心理的角度，探讨如何发挥现代教学媒体的作用。在课堂教学中，教学媒体的最佳作用点和作用时机是密不可分的，两个方面都要考虑到。如果解决了两者的配合问题，就能在教学中有效地利用教学媒体。

12.5 教学过程设计

12.5.1 教学过程的要素

我们认为，把参与教学过程的基本要素相对区分为结构要素和过程要素更为合理和科学。

结构要素是指参与教学过程的实体性较强的要素，主要包括教师、学习者、课程和教学媒体，其中教师是结构要素中的主导要素，学习者是结构要素中的主体要素，课程和教学媒体是结构要素中的客体要素。这些要素分别构成了认识活动中的三对矛盾：教师与学习者之间的矛盾；教师与课程和教学媒体之间的矛盾；学习者与课程之间的矛盾。这些矛盾构成了教学过程的基本矛盾运动。

过程要素是指参与教学过程的实体性较弱的要素，主要包括教学目的、教学方法、教学模式、教学内容、教学形式、课程计划、学科课程标准、教学环境、教学时间、教学空间、预期结果等。教学过程的结构要素与过程要素构成了十分复杂的教学系统，每一个要素在教学系统中都发挥一定的作用。这些要素相互联系、相互制约、相互影响，贯穿于教学过程的始终，形成了一定的整体功能，有效地促进教学任务的完成，促进学习者身心健康的发展。

12.5.2 教学过程的层次结构

从时间和空间上看，教学过程是一个具有多层次的过程。我国有学者从整体和发展的角度出发，把教学过程分为四个层次：第一个层次是学习者从小学到大学毕业或受完一定阶段的教育为止，这是一个总的教学过程，可称作第一教学过程；第二个层次是一门课程从开始到结束，这是一个教学过程，可称作第二教学过程；第三个层次是一门课程的一章或一个单元的教学，这又是一个教学过程，可称作第三教学过程；第四个层次是一部分知识或一节课的教学，这也是一个教学过程，可称作第四教学过程。这种划分具有一定的积极意义。

12.5.3 教学过程的特点与功能

1. 教学过程的特点

1) 历史性

教学活动是人类社会产生以来就具有的一种社会实践活动。新生一代通过学习和接受、继承和发展人类在长期的社会生产和社会生活中积累起来的大量的、丰富的社会生产经验和社会生活经验，才得以生存和发展。随着人类社会的演进，社会需要及教育目的在不断发生变化，导致了教学过程中各种要素的变化，使教学过程打下深深的社会烙印。如古代社会的教育，教师的权威是绝对的，教材内容是钦定的，学习者是被动的，没有自己的思想和见解，只需呆读死记。在近现代，随着机器生产和商品经济发展，科技在生产中的广泛运用，旧的教育传统受到冲击，在教学过程中，就不仅要求学习者掌握基础知识和基本技能，还要求学习者有实际的动手操作能力和应用的能力，教学活动也加强了同生活和实际的联系。但这时的教学过程基本仍是一个单向的过程，教学活动是教师单向地向学习者传授知识和经验。

随着新的科学技术革命浪潮的到来，带来了社会生产力的飞跃发展，引起了物质生产乃至生活方式、思维方式、价值观念的巨大变化。面对新的科学技术革命的高潮，各国都在寻找经济对策和社会对策，纷纷把教育提高到前所未有的重要位置。教育改革、智力开发和人的个性的发展，已成为人们普遍关注的重要问题。这时的教学过程就变得丰富起来，强调学习者不仅能运用知识，而且能创造知识；不仅是教学过程的接受者，而且是主动的、积极的参与者；不仅仅接受知识，而且要积极主动建构自己的认知结构。教学不再仅仅是教师教的活动，而且是教师教、学习者学的双边共同活动。

2) 周期性

教学活动是师生的双边活动。在这个双边活动过程中，师生之间相互作用。在教学过程中，新知与旧知、未知与已知始终是一对矛盾。解决这个矛盾后，又出现新的新知与旧知、未知与已知的矛盾，然后再解决之，教学过程呈现出一种波浪式的前进。每一个波浪就是一个教学周期，教学周期的运转导致了教学过程的实现。教学过程在时间上就可以描述为它的各个教学周期的前进运动。

3) 整体性

教学过程的最终结果是使学习者的身心获得全面发展，它是一个培养人的过程，和其他社会活动过程不同，任何一门学科都应该竭力把客体当作整体来认识。教学过程的整体性主要体现在以下几方面：第一，教学过程是一个整体，是一个统一体；第二，教学过程内部存在构成统一体的各个组成部分，包括教学目标、教学内容、教学方法、教学媒体、教学形式、教学评价等；第三，教学过程中的活动种类、被形成的个性品质等都具有整体性。

4) 个性

要培养人、塑造人，就需要由具体的、个别的教学过程构成一个立体的、交叉的教学过程系统，这一个个具体的、个别的教学过程赋予了教学过程系统以丰富的个性。首先，从学习者的年龄阶段和教育系统内部来看，都存在自己独特的、不同于其他级别学校的教学过程，如职教的教学过程与普教的教学过程不尽相同；其次，教学过程要达到学习者全面发展的目的,就需要进行智力的、体力的、品德的等各方面的教学。因此,形成了一些相对独立的、富有个性的教学过程,如语言教学过程、数学教学过程、德育过程、美育过程等。教学过程的个性,要求我们不仅要从系统的、方法论的层次上去认识和研究教学过程,还要从具体的、个别化的层次上去认识和研究教学过程。

2. 教学过程的功能

1) 实现目标的功能

教学过程具有组织性、调控性和同的性。学习者一旦进入教学过程中就成为教学的对象,他的发展就不再是各种因素随机作用的结果,而是有目的的人为因素引导,促使他不断前进和发展。因此,教师必须根据社会的需要和教育教学目标及学习者的身心发展规律来组织教学活动。在教学过程展开之前,教师就必须对教学过程具有明确的意识,要知道从哪里开始,怎样开始,最终达到什么目标,采取哪些步骤或手段实现预期目标。而且教师在教学过程中还要根据是否能够达到预期的教育教学目的和目标以及各种条件、设备的情况来调控教学过程,使教学过程为直达目标而组织起来、维持和发展下去,提高教学活动的效率。

2) 统合团体的功能

教学过程是教师与学习者之间、学习者与学习者之间的团体活动,有着共同的、明确的目的的教学过程促使团体作为一个整体而保持统合状态,使团体形成强烈的内聚力。在教学过程中,教师起着主导作用,学习者作为学习的主体,通过教师的教,实现自己的学,两者相互作用才维持了教学过程的顺利进行。教学过程的正常有效运行也紧紧维系着教师与学习者、学习者与学习者的密切关系。

3) 促进发展的功能

教学过程促进个体发展的功能主要表现为以下几个方面。

(1) 掌握知识。

把人类社会长期积累起来的知识迅速有效地传授给新生一代,并把它内化为个体的经验和智慧,是教学过程的基本功能之一。离开了知识的掌握,教学过程就无法发生和展开,一切教学活动都成了无源之水、无本之木。

(2) 形成技能。

教学过程不仅使学习者掌握系统的文化科学基础知识,而且还使学习者形成运用知识的基本技能。技能是指运用所掌握的知识去完成某种实际活动的行动方式。基本技能是指各门学科中最主要、最常用的技能,如语文和外语的阅读、写作技能,数学的运算技能等。技能又分为动作技能和智力技能。前者是指一系列实际动作以合理、完善的程序构成的操作活动方式,如写字、游泳、踢球等;后者是指借助内部言语在头脑中进行的认知活动的方式,如默读、心算、作文等。知识与技能是相辅相成、互相促进的。

(3) 发展智能。

在教学过程中,学习者会在智慧和能力方面得到发展。智慧是人们认识、适应和改变外界环境的心理能力,它主要包括观察力、注意力、记忆力、思维力和想象力,其中思维力是智力的核心。能力是直接影响活动效率、顺利有效地完成某种任务的心理特征。

(4) 发展个性。

在教学过程中，学习者在教师的指导下进行学习，与教师、教材相互作用、相互影响，并借助这种相互影响，获得新的知识、技能及人生观，发展个性，成为有个性的人，形成创造能力及优良的道德品质。

12.5.4 教学过程的优化

1. 教学过程最优化的概念与特点

1) 教学过程最优化的概念

从语源上看，"最优化"术语来自拉丁文 optimus，即"最佳的"，"最适宜于一定条件的任务"之意。现代科学上使用"最优化"术语源于数学，今天在系统工程中，在控制论、系统论和管理科学中，都已作为基本范畴运用。这个概念反映了人类社会实践活动中的一种普遍现象，即在一定的社会经济条件和人力、设备、材料、资金和时间等因素的约束下，人们总是希望自己的工作成效最大，如性能最佳、能耗最低、成本最少、风险最小，等等。这种寻求最优效果的愿望和可能性，几乎渗透在一切社会实践中，以致有人把"最优化"看成是劳动的普遍规律。

综上所述，最优化就是从具体条件实际出发，确定效果和时耗的双重质量指标，选定最佳方案，按实施中的反馈信息及时调整活动进程，以期达到最大效益的工作方法系统。我们也可以把最优化概括成"低耗高效"。

把最优化这个概念的基本含义，尤其是最优化的实质意义(低耗高效)推广到教学工作中来，我们可以对教学过程最优化概念的基本含义描述为，教学过程最优化是指导教师有效地组织教学活动的理论体系和工作体系。教师通过对教学系统的分析和综合，通过对最优教学方案的选择和设计，在现有条件下，用最少的时间和精力去获得最大可能的教学效果。

"最优的"术语，按巴班斯基所说，不等于"理想的"术语，它是指"从一定标准看对该条件来说是最佳的"之意。巴班斯基认为，"教学过程最优化"并不是某种特异的教学形式或方法，并不向学校提出特别的任务，而只是一套行之有效的教育教学工作任务。"最优性"是一个开放的、动态的概念。其标准随着历史的发展，条件的改善而不断提高。实施教学过程最优化，关键是选择最优的教学方案。从这个意义上说，教学设计的过程实质上就是获取最优教学方案的过程。因此，巴班斯基的教学过程最优化理论对教学设计也有着重要的指导意义。

2) 教学过程最优化的特点

(1) 最优化不是某种特殊或具体的教学方法手段，而是指导教师合理安排整个教学过程的重要的方法论原则。

最优化的根基是组织和管理的学问。它要求教师合理地组织自身的活动，强调把科学的管理方法落实到具体的班级教学中去。从实际出发，将原有的教学形式、教学方法、教学媒体等加以组合系列化，从而通过合理利用教学系统中各要素之间的相互作用来提高教学质量。

(2) 最优化的理论依据是马克思主义哲学中关于真理的具体性的原理。它要解决条件、方法和结果之间的关系问题。

所谓最优化总是相对于一定的标准和条件而言的，不存在普遍的、固定的、万能的教学方式和方法。具体问题要作具体分析。"在教学过程中要求分析具体的教学任务、内容的特点，学生和教师的可能性，并且依据教学原则，选择每一种情况下从一定标准看来是最好的方案。"

(3) 最优化理论的实质是用经济的、科学管理的眼光来安排教学过程，它是以对教学过程系统考察为基础，在联系和结构中提高教学质量的方法。

最优化的核心问题是如何以最少的时间和精力的耗费来求取最佳的效果，为了解决这个问题，首先必须对教学管理系统有个明确的认识，然后再采取相应的组织管理的方法，对教学过程周密和细致的设计和安排，最终都要落实到最优化的轨道上来，而最优化本身也是一个如何向组织和结构要质量的管理学问题。

(4) 教学过程最优化不同于理想化教学和个别化教学。

第一，最优化指的是一定学校、一定班级在具体条件的制约下所能达到的最大成果，也就是指学生和教师在一定场所进行相互作用所具有的全部可能性。理想仅是为了理论探讨的方便而设想的一般模式，其结果有较大的主观意愿的成分，在具体条件的制约下很少有实现的可能。

第二，最优化与个别化也不同，苏联有些人把"最优化"和西方的程序教学相比，他们认为程序教学以最好的形式考虑了每一个学生认识活动的特点，使教学进度个别化。正是这种严格的程序教学有时可能成为阻碍学生独立性发展的原因。最优化主张因材施教，争取全班学生(包括差生在内)都能得到对他们来说最大可能的发展，这与程序教学的单一逻辑的个别化是截然不同的。

2. 教学过程最优化的基本标准

在现代学校的条件下，教学过程最优化最重要的标准首先必须是解决教学和教育任务的效率和质量，从提高活动效率和节约劳动时间的规律出发，根据普通学校教学过程的目标和任务，教学过程最优化有以下两条标准。

1) 效果标准

即"每个学生按照所提出的任务，该时期内在教养、教育和发展三个方面，获得最高可能的水平"。在这条标准中要注意以下两点。

(1) 全面评价教学效果。

即不能局限于学生的学习成绩，而应该全面考虑学生的教养、教育和发展水平，我们常说的德智体全面衡量，也是这个意思。

(2) 提出不同评价标准。

必须从每所学校、每个班级、每个教师、每个学生的具体条件和实际可能性出发，提出不同的评价标准，防止"一刀切"。但是必须注意，无论是教养，还是教育和发展，水平都不得低于国家大纲统一规定的及格标准，以保证完成普及义务教育的任务。

总之，效果标准化就是根据学生的不同起点提出不同的要求。这些要求务必落在学生的"最近发展区"之内。

2) 时间标准

即学生和教师都必须遵守的学校有关文件规定的课堂教学和家庭作业的时间定额。在我国具体的课程计划中对课堂教学的时间(即课时)有较为详细的规定。而对课外学习特别是家庭作业的时间则很少说明。

效果标准和时间标准，一个监督质量，一个监督时间，两者的有机结合，为衡量教学效果的优劣提供了可靠的依据。这两个标准本身也具有内在的联系。对教学效果的评价，不仅应反映教学质量，而且应具有速度和时间的意义，也就是说要表明学生在规定的时间内，根据现行教学大纲的要求，在教养、教育和发展几方面所达到的水平。可见效果和时间是相联系和统一的。那种片面追求效果而任意增加时间的做法，根本不符合巴班斯基提出的最优化的要求，所得到的效果也是不经济的。

3. 教学过程最优化的方法体系

1) 选择教学方案的要求

教师在挑选教学方案时，往往凭经验和直觉，或通过尝试错误的途径做出没有把握的选择，而根据最优化的要求，教师必须以最充分的科学依据来选择最成功的教学方案。为此，必须注意以下几个基本的方法论要求。

(1) 要完整地掌握教学过程全部基本成分(要素)的选择程序，同时还应选择具体条件下最优的教学速度。

(2) 必须领会教学的辩证性质，了解各种教学形式和方法的辩证矛盾性，阐明它们的适宜范围。

(3) 尽力保证教学形式和方法在可能范围内的多样化，以便充分利用各种感知觉形式，促进学生认识活动的积极化。

(4) 以动态观点对待教学过程结构的选择，注意教学系统本身的发展与变化，防止教学结构选择中的教条主义和刻板公式。

根据这样一些方法论原则，教学过程最优化的基本方法体系指的是"相互联系着的，可以导致教学最优化的所有方法的总和"。这套办法涉及教学过程的所有基本成分：任务、内容、方法、媒体、组织形式和对教学效果的分析，只有实现了所有这些成分的"局部的最优化"，才有可能实现"整体的最优化"。从横向来看，这个方法体系也有两部分，"教授最优化"和"学习最优化"，只有这两部分最优地结合起来，做到教与学双方的有机统一，才能在不加重师生负担的前提下提高教学质量。

2) 实现教学最优化的要求

(1) 对每一次的教学目标应细加剖析，"教"要按照"学"的阶梯结构(包括信息学习、智力技能、动作技能、态度、认识策略等)进行。

(2) 每次教学活动要考虑与前、后学习的相互关系、影响，即必须把握迁移的方向。

(3) 教和学都应尽可能同操作活动相结合。

(4) 必须创设最佳的学习条件，如把学习目的向学生明确，有目的地吸引学生的注意力，努力激发学生的反应，及时评定并提供反馈信息，及时修正教学程序和进度等。

12.5.5 教学过程设计的方法

1. 体现教师的主导作用

教师的主导作用应体现引导学习者积极建构自己的认知结构，从而能够自行获取知识和技能，培养学习能力，而不是通过教师的传授向学习者灌输知识。教师在教学过程中主要是向学习者明确学习目标，维持学习动机，激发学习兴趣，设置教学情境，提供学习材料，引导问题讨论，组织动手活动，指导细致观察，引发深度思考，总结归纳概括，评价分析点评，解答难点疑惑，促进学习迁移，等等。

2. 发挥学习者的主体作用

学习者的主体应体现在能充分发挥学习行的学习积极性和主动性上，让他们有更多的参与机会，在教学过程中真正做到动脑、动口、动手。使他们不仅在教师的指导下学会学习，更重要的是使学习者脱离教师的指导也能够学会学习。而且还要会学，不仅能够在教师的指导下会学，脱离教师的指导也能够会学。从而，从被动接受知识和技能转变为主动获取知识和技能，从被动学习转变为主动学习。

3. 体现媒体优化作用

教学设计特别重视教学媒体的设计。因此，在教学设计过样中，应根据教学目标的要求，学习内容的需要，以及各种客观条件，选用最佳的教学媒体。各种教学媒体应各施所长，互为补充，相辅相成，形成优化的媒体组合系统。现在，我们许多学校的教室都改造成了多媒体教室。教师经常使用多媒体，这就更要求我们合理科学地运用多媒体。同时注意使用的时机，即最佳作用点和最佳作用时机。这样，才能发挥教学媒体的功效。

4. 遵循学习者认知规律和学习心理

学习者的认知规律和特点，取决于他们的年龄和心理特征。年龄越小，不仅知识经验少，而且感知能力和观察事物目的性差，缺乏完整性，依赖性比较强，无意注意占主导地位，以具体形象思维为主。随着年龄不断增大，知识经验的增加，认知水平、感知能力和观察能力的提高，能通过一定的意志努力，集中注意力参与学习活动，其思维也由具体形象思维逐步过渡到抽象思维。在设计教学过程中，必须遵循学习者的认知规律和学习心理，符合学习者特有的认知要求，所设计的教学过程才能获得满意的教学效果。

5. 遵循教学和学习规律

教学过程的设计应考虑学习者的学习过程，遵循学习过程的心理规律。从教育心理学的角度看，学习过程中智力因素与非智力因素相互制约、学习迁移的规律，就可以看成是学习心理的两条规律。在知识学习、技能学习、解决问题学习中，各自存在一些特殊规律。教学过程的设计，不仅要遵循教学规律，还必须遵循学习过程的心理规律，才能使教学过程的设计达到最优化，获得事半功倍之效。

第12章 会计专业教学设计

6. 体现一定的教学方法

教学方法是教师和学习者为共同实现教学目标而采取的方式。它包括教师教的行为和学习者学的行为,两者相辅相成。具体来说,应依据学科特点和学习内容选择教学方法;依据教学目标选择教学方法;依据学习者的特点选择教学方法;依据选用媒体的特点选择教学方法。

12.5.6 教学设计实施方案的编制

明确了学习需要、学习内容和学习者分析的主要内容,掌握了教学目标、教学策略、教学媒体和教学过程设计的技术手段,我们就可以着手进行教学设计实施方案的编制了。下面我们运用教学设计的基本原理与技术,提出一个教学设计实施方案的范例,如表12-6所示。供教学设计者和教师在编制教学设计实施方案时参考。在实际的教学设计实施方案编制过程中,我们应灵活、创造性地加以运用。

表 12-6 教学设计实施方案

科　　目		年　　级		班　　级		时　　间	
教　　师		课　　题		课　　时		教　　材	

一、学习需要分析

现　　状	目　　标	差　　距	原　　因	对　　策

二、学习内容分析

知　识　点	重　　点	难　　点	关　键　点
1.			
2.			
3.			
4.			

三、学习者分析

知 识 起 点	技 能 起 点	态 度 起 点

四、教学目标设计

知　识　点	教　学　目　标	学　习　水　平				
		识记	理解	应用	分析	综合
1.						
2.						
3.						
4.						

续表

五、教学策略设计			
教 学 顺 序	教 学 活 动	教 学 形 式	教 学 方 法

六、教学媒体设计				
知识点	学习水平	媒体类型	媒体内容要点	作　　用
1.				
2.				
3.				
4.				

七、教学过程设计	
1. 画出流程图	2. 简要说明

八、形成性练习题		
知 识 点	学 习 水 平	题 目 内 容
1.		
2.		
3.		
4.		

九、教学设计实施方案的评价
评价人＿＿＿＿＿＿＿＿
十、教学反思

12.6　教学设计评价

12.6.1　教学评价的概念与功能

1. 教学评价的概念

评价是价值学的基本范畴，袁贵仁认为，"评价就是主体对客体于人的意义的一种观念性把握，是主体关于客体有无价值以及价值大小所做的判断。"评价实际上就是一种价值判断过程，价值是指"客体对主体的意义，也就是客体对主体的作用、效用"。评价是以事实为基础、从目标和需要出发，对客体做出价值判断的过程。李秉德认为，教学评价 (instructional evaluation) 是指"通过各种测量，系统地收集证据，从而对学生通过教学发生的行为变化予以确定"。简而言之，教学评价是对教学的价值判断过程。

第12章 会计专业教学设计

这一概念强调了三点：一是为了对学习者通过教学产生的行为变化进行确定，必须对学习者的学习进行测量，以系统收集有关学习者学习的大量相关信息，并据此按照某种标准对学习者行为变化做出评价；二是强调了教学，必须通过教学活动确定学习者的行为所发生的变化，而不是通过其他渠道来观察学习者的变化；三是内含了目标或标准，实施测量就要依据一定的目标或标准，没有目标或标准就无法实施测量。

2. 教学评价的功能

1) 诊断功能

对教学效果进行教学评价，可以了解到教师的备课准备状况是否充分，如对学习需要的分析、学习内容的分析和学习者的分析是否科学和透彻，教师所制定的教学目标是否具体、明确、可操作，教师所采取的教学策略是否有效，所选取的教学媒体是否低耗高效，所设计的教学过程是否最优化。还可以确定学习者在多大程度上达到了教学目标的要求，未能达到教学目标要求的原因是什么，诊断学习者在学习过程遇到的困难问题。通过教学评价还可以反映出教学设计中的问题和缺陷，如导入的设计类型，教学情境的设计效果，呈现教学材料的分量，运用教学媒体的时机，教学活动的组织情况等。诊断功能是教学评价的基本功能，其他功能由此而生。

2) 强化功能

教学评价对教师的教和学习者的学具有强化功能。通过教学评价，可确认教师取得教学效果的成功经验，如教学目标的确定是具体明确的，教学方法、教学媒体的选用是有效的，教学过程的安排是合理的，教学过程中充分调动了学习者学习的主动性和积极性等。同时也可查找和诊断教师教学中的问题和不足，如教学目标的表述不够具体和明确，教学方法、教学媒体的选用不是很有效，教学过程的安排欠妥，教学过程中未能充分调动学习者学习的主动性和积极性等问题。由此可使教师明确教学工作中需要努力的方向，从而促进教师教学技能水平的不断提升。对学习者的评价也可起到激发学习动机，明确学习目标，增强学习兴趣，查找学习困难，促进学习，提高学习成效的作用。

3) 调节功能

教学评价对教师的教和学习者的学发挥调节功能。通过教学评价，无疑会发现教师教学过程中和学习者学习过程中的一些教学和学习问题。教师可根据教学评价获取的反馈信息，进一步修改和完善教学实施方案，调整教学活动的安排，增减教学内容的分量，调换练习内容，更换教学方法和教学媒体等。学习者可根据教学评价获得的反馈信息，进一步修改和完善学习计划，调整学习活动的安排，增减学习内容的分量，改变学习方法等。从而使教师富有成效地实施教学活动，达到教学目标的要求，顺利地完成教学任务；使学习者有效地开展学习活动，达到学习目标的要求，圆满完成学习任务。无论是教师的教学，还是学习者的学习，都需要通过教学评价来诊断目前教学和学习中的问题，以不断改进，提高教学质量和学习效果。

4) 反馈功能

无论是教师的教学，还是学习者的学习，如果不能从外部获取有关教学和学习效果的反馈信息，那么就会使教和学处于一个相对封闭的状态，不利于及时发现教学和学习过程中问题，不利于改进教师的教和学习者的学，不利于提高教师的教学质量和学习者的学习

会计专业教学法

效果。虽然教师可对自己的教学进行自我评价,教师可对学习者的学习效果进行评价,但为了改进教师的教学和学习者的学习,还需要从外部实施教学评价。通过教学评价,使教师和学习者及时获取反馈信息,发现教学和学习过程中的薄弱环节,明确影响教学和学习成效的症结所在,并根据反馈信息,及时修正、改进、调整教学工作,避免给教学工作带来损失;使教师及时查缺补漏,有效地提高教学质量教学水平。

12.6.2 教学评价的原则与类型

1. 教学评价的原则

教学评价原则是对教学评价提出的具有指导作用的基本要求,在教学评价过程中,为了科学和准确地实施教学评价,应遵循下列基本原则。

1) 科学性原则

科学性原则是指在教学评价时,依据教学目标体系的要求,制订科学的评价方案和评价指标体系,确定科学合理的评价标准,选用优秀的评价人员,采用科学的评价方法,科学地实施教学评价过程。采用先进的测量手段和统计方法,对所获取的数据和资料进行严谨的分析和处理,得出科学正确的评价结论,提高教学评价的科学化水平。要避免教学评价过程中的随意性和盲目性,克服主观主义和经验主义。

2) 客观性原则

客观性原则是指在教学评价时,全面和准确地收集评价对象的信息,客观地统计与分析各种数据和材料,按照客观事实进行公正的价值判断,避免评价过程中的主观臆断和情感因素,消除主观因素的影响,得出真实客观的评价结论。教学评价的目的是给教师提供反馈信息,以改进教学,提高教学质量和教学效果。如果缺乏客观性,不仅会使教学评价失去本来的意义,而且还会提供失实和失真的信息,从而导致错误的教学决策,给教学工作带来损失。

3) 全面性原则

全面性原则是指在教学评价时,要根据教学评价实施方案和评价指标体系,对教学工作的各个方面和教学过程的各个环节进行多角度、全方位的评价。教学工作和教学过程是由多种因素构成的一个复杂的系统,教学质量往往从不同侧面反映出来。因此,需要对教学工作的各个方面,教学过程的各个要素实施整体和全面的评价,避免以点带面,以偏概全,以求全面准确地做出价值判断,得出客观公正的评价结论。同时也要注意把握主次,区分轻重,突出重点。

4) 指导性原则

指导性原则是指在教学评价时,要把评价和指导有机地结合起来。教学评价的目的除了要对教学进行价值判断外,还要给教师的教学提供反馈信息,以使教师不断改进教学,提高教学质量。因此,教学评价者要对教学评价结果进行科学准确的分析,从不同角度、不同侧面查找因果关系,确认产生问题和不足的成因,并提出相应的对策建议,及时地把教学中存在的问题和启发性的对策建议反馈给教师,使教师认识到问题所在,明确努力方向,改善教学工作。

2. 教学评价的类型

人们依据各自不同的分类标准,对教学评价的方式进行了分类。常见的分类主要有:

第12章 会计专业教学设计

根据评价的功能,可分为诊断性评价、形成性评价和总结性评价;根据评价的标准,可分为绝对评价、相对评价和自我评价;根据评价的分析方法,可分为定性评价和定量评价。

1) 诊断性评价、形成性评价、总结性评价

(1) 诊断性评价。

诊断性评价是指为使教学适合于学习者的实际情况,满足其学习需要,使教学活动的设计具有较强的针对性,在进行教学活动之前,对学习者的知识基础、技能、能力水平和态度等学习准备状态以及影响学习的因素所实施的评价。在教学过程中,教师为了不断提高教学质量,必须设计出一套符合学习者实际的教学实施方案。为此,教师就要深入了解学习者所掌握的知识和技能,了解他们的学习态度,发现学习中存在的问题及原因。而诊断性评价是这些信息的有效方法。布卢姆认为,诊断性评价旨在促进学习,为缺少先决条件的学习者设计一种可以排除学习障碍的教学方案,为那些已经掌握了一部分或全部教材内容的学习者设计一些发挥其长处并防止厌烦和自满情绪的学习方案。

诊断性评价的主要作用有:一是用于检查学习者的学习准备状态。教师经常在教学之前,例如在某门课程或某个单元教学开始前施测,通过测试结果,教师可了解学习者在教学开始时已具备的知识基础、技能水平和学习态度。二是用于确定对学习者的安排。通过诊断性测验,教师能够深入了解学习者在学习上的个别差异,在此基础上,经过合理调整和安排,使教学更加符合学习者的实际情况,更好地满足学习者多样化的学习需要。三是用于辨别造成学习者学习困难的原因。在教学过程中实施诊断性评价,可以诊断学习者在学习过程中所遇到的困难及其原因,并采取针对性的教学措施,对症下药,以取得良好的学习效果。

(2) 形成性评价。

形成性评价,谢利民认为,是指"在教学进行过程中为改进和完善教学活动而进行的对教学和学习过程及结果的测定"。布卢姆认为,"形成性评价,就是在课程编制、教学和学习过程中使用的系统性评价,以便对这个过程中的任何一个过程加以改进。既然形成性评价是在形成阶段中进行的,那就要尽一切努力用它来改进这一过程。"形成性评价注重对平时学习过程的经常性检查,关注对学习过程的测试,强调利用测试的结果来改进教学,使教学过程不断得到经常性的测评和反馈、修正和改进,逐步获得最优化的教学效果。

形成性评价的主要目的是及时获取反馈信息,形成适合于学习者学习的教学。所以形成性评价测试的次数一般比较多,内容分量少,通常在一个章节、一个单元、一个课题或新知识、新技能等的学习后进行,以及时检查学习者的学习状况,使教师和学习者明确下一步应如何教和如何学,从而指导师生完成既定的教学和学习目标。

教学设计的成果是要形成一个教学设计实施方案,为检验该方案的科学性、可行性、实用性和有效性,就需要对教学设计实施方案进行形成性评价。也就是在教学设计实施方案的试用过程中进行形成性评价,目的是发现所制订的方案中的问题和缺陷,以便及时修正和完善,使之更适合于学习者的学习,获得良好的教学效果。

形成性评价的主要作用有:一是改善学习者的学习。通过形成性评价,揭示学习者在学习过程中所遇到的问题和困难,查找学习者在知识、技能、能力、态度等方面的欠缺。同时向学习者提供有针对性的学习指导和改善学习的计划,提出解决学习问题、克服学习困难和弥补学习者在知识、技能、能力等方面欠缺的措施。二是为学习者的下一步学习制

定步调。运用形成性评价的结果为学习者的下一步学习制定步调是形成性评价的重要功能。通过对每一学习阶段(例如每一单元)的形成性评价,可以确定学习者对前一阶段学习的掌握程度,并据此确定下一阶段学习的目标和任务。三是强化学习者的学习。对于已经较好地掌握了前一阶段学习任务的学习者来说,形成性评价可以使他们及时获取成功的体验,从而强化学习结果和增强学习动力。对于那些未能较好地掌握前一阶段学习任务的学习者来说,形成性评价可以使他们及时发现问题,找到差距和不足,及时加以改进。四是为教师提供反馈信息。教师通过形成性评价,可以及时发现和找出在教学目标的制定、教学内容的分析、教学方法的选择、教学媒体的选用、教学活动的组织、教学情境的设置、教学过程的安排上的一些问题,从而有针对性地改进教学工作,提升执教能力,增强教学效果,提高教学质量。

(3) 总结性评价。

总结性评价是指在一个教学阶段结束后,对教学和学习结果的评定。布卢姆认为,"总结性评价的首要目标是给学生评定成绩,或为学生作证明,或者是评定教学方法的有效性。"他指出,总结性评价有三个基本特点:总结性评价的目标是对学生整个教程或某个重要部分上所取得的较大成果进行全面的评定,并给学生评定成绩;在内容分量上,总结性评价着眼于学生对某门课程整个内容的掌握,常常分量大、频率低,期中、期末考试、会考等均属此类;在测试内容的概括性上,总结性评价概括性水平一般较高,题目多为知识、技能、能力等多种因素的综合体。概括地说,总结性评价是在学完某门课程或某个重要部分之后进行的,是评价学习者是否达到教学目标要求而进行的概括性水平较高的测试和成绩评定。

总结性评价的主要作用有:一是评定学习者的学习成绩。通过总结性评价,确认学习者在某门课程上达到教学目标的程度,对学习者的学业成就做出整体的和全面的价值判断。二是确定新的学习起点。在这一点上,总结性评价和形成性评价的作用基本相同,通过总结性评价,确定学习者在知识、技能、能力、态度等方面的程度和水平,这种程度和水平成为确定下一步学习起点的依据。三是为学习者提供反馈。总结性评价使学习者认识到了目前学习的现状,明确了目前学习的效果,了解了自己的学习程度和学习水平,清楚了对某门课程的掌握程度、问题和难点,这些都将成为学习者制定下一阶段学习目标的依据。

2) 绝对评价、相对评价、自我评价

(1) 绝对评价。

绝对评价,黄甫全认为,是指"在评价对象群体之外,预定一个客观的或理想的标准,并运用这个固定的标准去评价每个对象的教学评价类型"。绝对评价的特点是:评价标准参照教学目标,来自于被测总体之外,不受评价对象群体状况的影响。评价结果的好与差,只与评价对象自身的水平相关,而与其所处的群体无关。为绝对评价而进行的测验,一般称之为标准参照测验。

绝对评价是在教学实践中得到了广泛应用的一种教学评价方法。它"产生的测量结果可以按照具体的行为标准直接加以解释"(加涅)。即学习者学业成就的标准参照测验,评价的是学习者对预定学习目标的掌握程度。学习目标是评价的标准,这个目标是固定的,个体的学习越深入,掌握程度就越高,评价结果也越好,这一结果也不受其他学习者学习状况的影响。我国实行的高考是典型的绝对评价,它以国家颁布的课程标准为评价标准,这一标准不因学校教学水平的高低而变化。高考成绩反映了学习者掌握课程标准的要求的程度，即对学习的学科所实际达到的程度。绝对评价具有标准比较客观的特点，特别适用于以鉴定资格和水平为目的的教学评价活动。

(2) 相对评价。

相对评价是指以评价对象群体的平均水平为基点确定评价标准，以此标准来评价群体中的个体在群体中的相对位置的一种教学评价类型。相对评价的特点主要是：由评价对象组成的群体的整体水平决定着群体中每个个体的水平；相对评价的价值标准来自于某群体，也只适合于某群体；标准依群体的变化而变化。为相对评价而进行的测验一般称之为常模参照测验，即在一个学习群体中，这种测验的成绩根据正态分布规律进行排列。

相对评价的标准设在群体之内，要求把个人成绩同其他成员的成绩相比较，从而确定个人的相对位置，达到在全体成员中评价学习结果的目的。不管这个群体的状况如何，都可以在群体内部进行比较，因而相对评价适应性强，应用范围广，尤其适合于以选拔为目的的教学评价活动。这种评价也存在局限性，一是评价的结果并不能真正反映评价对象的实际水平，只是说明了他在群体中的相对位置；二是可能降低客观标准，因为整个群体差，只能差中选好，也可能提供标准，因为整个群体好，只能好中选好；相对评价可能导致激烈的竞争，对教学产生负面影响。

(3) 自我评价。

自我评价是指把每个评价对象个体的过去与现在或个体的不同方面进行比较，从而得出评价结论的一种评价类型，即以评价对象自身状况作为参照系对个体进行纵横比较所做的判断。纵向比较是指把评价对象的过去与现在进行比较。例如，某生期中基础会计成绩为 70 分，期末为 85 分(假定这两次考试的难度相当)，通过比较，可以判断该生基础会计的学习有进步。横向比较是指把评价对象的某几个方面进行比较，判断其强弱、长处与不足。例如，可对学习者的写作能力、阅读能力、口头表达能力作横向比较，以评价某生的语文水平，找出其强弱之处。

自我评价可以综合、动态地考察学习者的发展变化过程，可以照顾到学习者的个体差异，不会给学习者造成更多的竞争压力。在教学实践中，自我评价常用作改变"学困生"的有效措施，并能收到较好的效果。自我评价也存在明显的局限性，主要是没有客观标准，又无同类相比较，难以确定评价对象的真实水平，提供给学习者的反馈信息也很有限。因此，我们常常把几种评价结合起来应用，从多角度对学习者进行评价，才能得出客观的结论。

3) 定性评价、定量评价

(1) 定性评价。

定性评价是运用分析和综合、比较和分类、归纳和演绎等逻辑分析的方法，对所获取的数据资料进行思维加工，以描述性的语言而非数量化或数量化水平较低地对评价对象做出价值判断的一种教学评价方法。定性评价是用非量化手段收集教学过程中的各种信息和资料，舍弃了非本质的现象，对事物本质进行决策性判断，对评价对象作"质"的分析。

(2) 定量评价。

定量评价是运用统计分析、多元分析等多种数学方法和手段，对所收集到的各种数据进行量化处理和分析，找到集中趋势的量化指标，做出综合性的定量描述和价值判断的一种教学评价方法。即定量评价是综合各种信息进行量化统计的评价方法。

定性评价和定量评价这两种教学评价方法各有所长，两者互为基础、优势互补。在实际应用过程中，定性评价和定量评价并不是截然分开而单独进行的。其一，定量分析所显示出的量差异性在某种程度上反映出了质的不同，也由于量的分析比较简洁和抽象，所以一般情况下还要借助于定性的描述说明各种数据的含义；其二，定性评价是定量评价的基础，定量评价中的量应是同质的，在进行定量评价之前首先要判断各种数据的同质性。因此，定性评价和定量评价经常结合在一起运用。

12.6.3 教学设计评价的过程与技术

教学设计的评价主要是指对教学设计的成果进行评价，一般包括形成性评价和总结性评价两种评价形式，但是对教学设计的成果进行评价主要以形成性评价为主，也就是在教学设计成果的形成过程中进行评价。具体地说，教学设计成果的形成性评价，是指在教学设计成果推广应用之前，先在一个小范围内进行试用，以了解该成果的可行性、实用性、有效性等教学设计方案的使用情况。如有缺陷，则予以修正。然后再试用，再修正，直至满意为止，以提高教学设计的质量，保证获得最优的教学效果。

1. 制定评价方案

1) 制定评价目标、评价指标体系和评价标准

进行教学评价先要确定评价目标、评价指标体系和评价标准，这是进行教学评价的前提条件和基础，对教学设计的成果进行形成性评价也要遵循教学评价的逻辑程序。

(1) 制定评价目标。

教学设计成果形成性评价的目标是，在教学设计实施方案推广应用之前，对教学设计实施方案在一个小范围内试用，正确判断教学设计实施方案的科学性、可行性、实用性、有效性等教学设计实施方案的使用情况；在教学设计实施方案实施后，对教学设计实施方案做出评价，提出修改意见，完成评价报告。

(2) 制定评价指标体系。

确定评价目标之后，接下来就要确定评价指标体系。虽然我们给出了教学设计实施方案的模板，但是由于教学设计实施方案需要教学设计者、教师灵活、创造性地加以运用，最后所形成的是个性化的教学设计实施方案。因此，教学设计实施方案会有所不同，评价指标体系也要根据具体情况加以确定。

从形式上看，教学设计成果评价的对象是教学设计实施方案；从内容上看，教学设计实施方案实质上是设计了达到教学目标的一系列的教学活动。因此，教学设计成果评价是对教学活动进行形成性评价。这说明教学评价是以教学活动为其评价对象，教学设计成果评价的主要内容也是教学活动。教学评价与教学设计成果评价的关系十分密切，难以清晰地加以划分，我们在制定教学设计成果评价体系时，也必然涉及教学评价所涉及的内容。

教学设计成果的形成性评价覆盖了教学设计的方方面面，渗透在教学设计的各个阶段之中，体现在教学设计的各个环节上，为了保证教学设计实施方案的科学性、有效性、合理性、全面性，应该对教学设计实施方案所设计的内容一一予以评价。总之，凡是所设计的内容，都应该给予评价。但是我们可以从不同角度设计教学设计成果形成性评价的指标体系，例如，我们可以从教与学的角度，从教学设计的主要环节等方面进行设计，也可以

第12章 会计专业教学设计

采用已有的评价模式，指标的层级可根据实际需要确定。下面就依据我们所制定的教学设计实施方案的主要内容，确定教学设计成果形成性评价的指标体系。

① 学习需要分析的评价。

学习需要分析评价的二级指标设计可从以下几个方面考虑：教师是否分析了学习者学习的目前现状；教师通过分析是否找到了差距；教师是否分析了产生差距的原因；教师针对差距是否提出了有效的对策等。

② 学习内容分析的评价。

学习内容分析评价的二级指标设计可从以下几个方面考虑：教师对教学材料掌握的熟练程度；教师分析学习内容的方法；教师对知识点、重点、难点、关键点的把握程度；教师对突出重点、突破难点、解决关键点的措施等。

③ 学习者分析的评价。

学习者分析评价的二级指标设计可从以下几个方面考虑：教师对学习者一般特点的分析；教师对学习者知识起点的分析；教师对学习者技能起点的分析；教师对学习者态度起点的分析；教师对学习者学习风格的分析等。

④ 教学目标设计的评价。

教学目标设计评价的二级指标设计可从以下几个方面考虑：教学目标的设计是否符合课程标准和学习者的实际；教师能否准确地确定知识教学点、能力培养点、德育渗透点；能否准确地确定重点、难点和关键点；对教学目标学习水平的设计；教学目标设计是否具有可操作性、可测量性等。

⑤ 教学策略设计的评价。

教学策略设计评价的二级指标设计可从以下几个方面考虑：教学顺序的确定(理智技能的教学顺序、言语信息的教学顺序、运动技能的教学顺序、态度的教学顺序)；教学活动的安排(教的活动、学的活动)；教学形式的选用；教学方法的选择等。

⑥ 教学媒体设计的评价。

教学媒体设计评价的二级指标设计可从以下几个方面考虑：教师对教学媒体的熟悉程度；教学媒体的操作技术水平、所选择的教学媒体的适应性(对学习任务的适应程度、对学习者的适应性)；是否找准了最佳作用点；是否找准了最佳作用时机等。

⑦ 教学过程设计的评价。

学习需要、学习内容和学习者的分析效果要在教学过程中体现出来，教学目标、教学策略、教学媒体的设计效果更需要在教学过程中显现。因此，教学过程设计评价的内容必然包括很多方面，教学过程设计评价的二级指标设计可从以下几个方面考虑。

教学过程流程图设计的科学性、合理性、简洁性；教师在教学过程中是否体现了在学习需要分析中所提出的策略，这些策略的效果如何；教师的教学是否突出了教学重点、突破了学习难点、解决了关键点；教师对学习者知识、技能、态度起点能力分析的准确程度；学习者是否了解教学目标；教学目标(知识教学点、能力培养点、德育渗透点)的达成度；教学顺序安排的合理性；师生活动的效果；教学形式选用的合理性；教学方法、学习方法运用与配合；教学媒体运用的效果；教师讲授内容的科学性、思想性；是否做到了因材施教；教师的基本功(教学语言、教态、板书、字幕、图画图表等)；教学过程的组织水平；教学时间的掌握与利用；课外作业的布置等。

⑧ 形成性练习题设计的评价。

形成性练习题设计评价的二级指标设计可从以下几个方面考虑：形成性练习题设计与教学目标的吻合度；形成性练习题设计的数量；形成性练习题设计的水平；学习者完成形成性练习题的时间与质量等。

(3) 制定评价标准。

评价指标体系的制定只是把评价的内容进行了详细的分解，接下来就要对评价指标体系中的各项指标的达成度做出价值判断。因此，还要在评价指标体系的基础上，制定评价标准。王升认为，教学评价标准"是对评价对象的各项指标达到要求的程度在数量和质量方面进行价值判断的准则和尺度"。没有一个准则和尺度，就无法对各项评价指标做出价值判断。

① 确定权重。

就是要对评价指标体系中的各项指标依据其主次关系确定权重。例如，我们把教学设计成果的形成性评价的一级指标分为八个方面，根据主次关系和重要程度，就可以为一级指标确定权重，再根据每一项一级指标所得到的权重确定二级指标的权重，乃至三级指标的权重。

② 确定标准。

在我们确定收集哪一类信息后，应建立解释这些信息的标准，即为所评价的各个指标进行定性描述和定量赋值。这时候所建立的标准都是尝试性的，具有一定的随意性。因此，这些标准应在实施中加以修改。一般常使用百分比(定量标准)、等级制(定性标准)等。

a. 定性标准。

定性标准是指用语言或字符作为标度(衡量被评价对象的单位标准)的标准。例如，评价的指标是教学顺序、教学活动、教学形式、教学方法、教学媒体等，所有指标标准均用"优""良""中""差"或"非常好""比较好""不太好""不好"四个等级，评价时按照实际情况选择其中一个标度即可。

b. 定量标准。

定量标准是教学评价标准中最基本的标准，定量标准是指用数字(或分数)作为标度的标准。有些评价指标的达成度可以直接用数字来表示。例如，我们对学习者学习成绩的评价，就可以规定：90~100分为优；80~89分为良；70~79分为中；60~69分为及格；59分以下为不及格。

2) 确定收集资料的类型和选用评价工具

(1) 确定收集资料的类型。

教学设计成果在试用阶段应收集两类反馈信息：一是学习者学习成就信息。以了解学习者达到教学目标的程度，应用数据来表示，数据来源于对学习者的一系列测试、操作、作业等。二是教学过程信息。以了解教师在使用教学设计方案中的问题，也应用数据来表示，数据来源于对教学活动展开的观察和学习者对一系列征答问题的反应。在收集反馈信息时，至少应使用两种评价工具，以保证收集到可靠的信息和足够的信息量。

(2) 选用评价工具。

收集任何资料，都要借助某种工具。在教学设计方案形成性评价中，经常使用的工具有测验、征答表、观察表三种。其中，测验适合于收集认知目标的成就信息；征答表(设计者为获得某些信息以评价或修正设计成果而设计出的有关问题的表格)适合于收集情感目标的成就信息;观察表适合于收集动作技能目标的成就信息;征答表和观察表通常适合于收集教学过程的不同信息,以及收集关于样品使用的条件和限制方面的信息。如表 12-7 所示。

表 12-7 评价工具选用表

	测 验	征 答 表	观 察 表
学习成就信息	适用于大多数的认知目标	用于情感目标	用于外显行为的目标(如心理运动技能)
教学过程信息		用于获得学习者、教师和管理人员对教学的反应信息	用于决定成果样品的使用是否按预先计划进行
关于样品使用条件和限制		从试用该样品的学习者、教师和管理人员那儿获得的有关信息	当可行时,用于获得样品使用背景的第一手资料

3) 选择被试和说明背景

试用者取样的原则是,一组受试者的认知水平和能力应属常态分布。即同龄人中各种水平的学习者都应挑选,一般可随机挑选,然后再做调整。试用对象人数应适当,8~12 名为宜。

设计者应说明在什么样的条件下进行,怎样展开过程,应具备什么条件,将受到什么限制等问题。

2. 试用设计成果和收集评价资料

1) 试用设计成果前的准备工作

(1) 确定试用对象。

我们应在同龄人中进行随机挑选,然后再做微调,以保证试用者是具有代表性的学习群体。确定试用对象后,设计者应以教师的身份与其中的几名学习者接触,先作个别试用,以发现问题或偏差,为顺利开展试用工作扫清障碍。

(2) 对试用者提出有关要求。

① 教学设计方案试用的目的。

② 教学设计方案试用的时间。

③ 教学活动的先后顺序。

④ 试用者参加的活动类型。

⑤ 要收集哪些材料用以分析。

2) 实施教学和观察教学

(1) 实施教学。

教学设计实施方案的教学应具有可复制的特点,即对第一组被试进行教学后,受试者水平属于常态分布。对第二组被试进行教学后,也得到了与第一组被试大致相同的教学效果。为此,教学设计实施方案必须是完整的;必须保证教学按照教学设计实施方案进行;实施教学的背景应尽量避免人为因素;教师应清楚如何处理学习者的问题和应该教到什么程度。

(2) 观察教学。

在教学设计实施方案试用时,应该安排一定的观察者观察整个教学过程,并做好记录,并尽可能多地记录所观察到的情况,观察者主要应观察和记录以下内容。
① 各项教学活动所花费的时间。
② 教师是如何指导各项学习内容学习的,重点、难点、关键点是如何处理的。
③ 学习者提出了哪些问题,问题的性质和类型,教师是如何处理这些问题的。
④ 学习者在课内完成的练习、作业、提问等学习活动。
⑤ 在整个教学过程中,学习者的注意力、学习的主动性、思维活跃程度、情绪反应等。

3) 收集评价资料

(1) 收集学习者的练习样本。

学习者在教学过程中所完成的练习是一种重要的评价资料,分析这些资料,可以确定学习者对所学内容的掌握程度。

(2) 后测和征答表。

后置测验主要用于收集学习者学习成绩的信息;征答表主要收集有关人员对教学过程的信息。测验和问卷可分开印发,对于学习者也可印于一卷。一般情况下,在教学后就进行测试和分发问卷征答。但也可延后几天进行,以了解教学设计实施方案对学习保持的意义。

上述几种活动可表示为如图 12.3 所示。

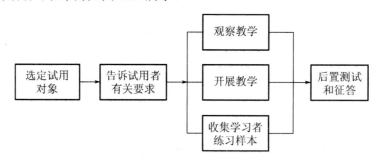

图 12.3 方案试用和资料收集的六种活动

3. 整理和分析评价资料

教学设计实施方案试用后,通过采用观察、测试和问卷等方法,评价者收集了大量所需要的资料,得到了一系列数据,为便于分析,一般应将各种数据制成图表,如表 12-8 所示。

制成图表后,评价者对各种资料和数据与评价标准作一次初步的分析和比较,分析各种现象之间的关系。经过认真的分析,评价者可能会发现一些重要问题,这时,评价者应对此加以解释,并通过恰当的途径证实自己的解释。例如,几种评价工具提供的数据对设计成果的某些方面显示出共同的趋势,而这种趋势与预期相反时,应予以高度关注。这时,设计者应就这些问题咨询、访问教育学家、心理学家、学科课程专家和有经验的教师,或与有关教师、观察者和学习者进行个别面谈或集体座谈。访谈的目的是请被采访者对初步分析的结果和改进意见加以证实,指出教学设计成果中存在的问题,对教学设计实施方案提出改进建议。

4. 报告评价结果

经过制订评价方案、试用设计成果和收集评价资料、整理和分析评价资料三个阶段的工作,我们就可以着手完成教学设计实施方案的形成性评价报告了,报告试用结果应提供一份书面形式的形成性评价报告。

表 12-8 数据概述图表

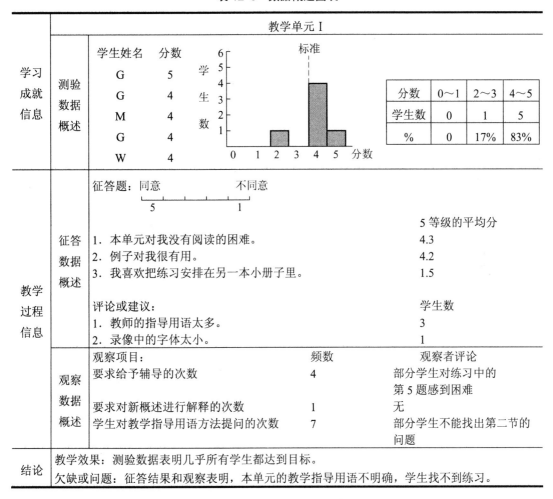

完成形成性评价报告需要注意的是：一是要根据形成性评价报告的性质和提交报告的部门确定报告的形式和内容；二是根据要求，可以提交正式的评价报告，也可以提交非正式的评价报告；三是根据内容，可以提交描述性或数据分析性的评价报告，也可以提交以描述性或数据分析性为主的评价报告，皆因内容而定；四是不仅要从中发现问题、得出结论，还要分析问题产生的原因，结论得出的过程；五是不仅要分析现象，还要透过现象，深入分析问题的本质；六是应根据问题所在，相应地提出解决这些问题的有效的对策建议，以便据此进一步修改和完善教学设计实施方案。教学设计实施方案的形成性评价报告的主要内容包括以下十个方面。

(1) 教学设计实施方案的名称。
(2) 教学设计实施方案的试用宗旨。
(3) 教学设计实施方案的试用范围和试用对象。
(4) 教学设计实施方案的试用要求。
(5) 教学设计实施方案的试用过程。
(6) 教学设计实施方案的评价项目。

(7) 教学设计实施方案的评价结果与分析。
(8) 教学设计实施方案的改进建议和措施。
(9) 教学设计实施方案评价者的姓名、技术职称。
(10) 教学设计实施方案的评价时间。

评价报告应简明扼要、突出重点，文字说明准确，避免含糊不清，数据翔实可靠，避免失误失真，分析清晰透彻，措施得力有效。我们也可依据教学设计实施方案形成性评价报告的主要内容设计成一个表格的形式。除评价报告外，还应在后面附上评价数据概述表、采访记录、有关分析说明等其他书面材料。

以上我们着重阐述了教学设计实施方案形成性评价的整个过程。事实上，专家对于教学设计成果的评价是多种多样的。这主要取决于评价的目标、评价的对象、评价的工具和评价专家的评价风格。因此，评价专家所采取的评价方法和评价过程也不一定是完全相同的，但是有其基本的工作程序，下面我们介绍美国印第安纳大学的莫伦达(M. Molenda)教授为教学评价专家设计的成果样品的形成性评价工作程序，如图12.4所示。

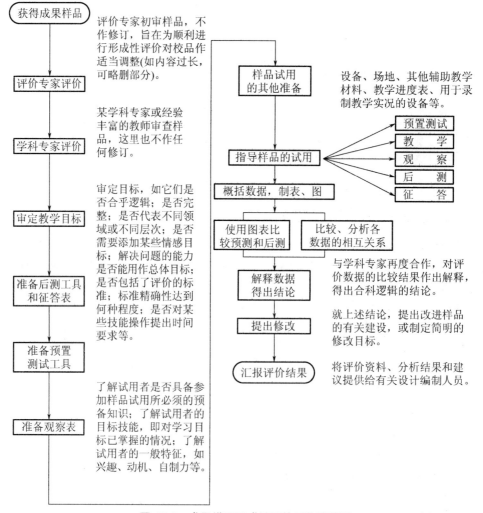

图 12.4　成果样品形成性评价工作流程图

第 12 章 会计专业教学设计

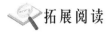
拓展阅读

拓展阅读一 基础会计——会计分录的编制

教学设计：田敏（荆门职教集团）

本次课利用多媒体教学，分析经济业务内容中编制会计分录三要素并把它展示出来，形象直观，便于学生看着屏幕展开分析讨论。通过"问题驱动、启发教学、赏识教学、实例演示、讲练结合"等方法层层深入，让学生握教材知识，培养其表达能力，分析归纳能力及科学严谨的职业品质。

一、教材及教学内容分析

1. 使用教材

高等教育出版社的中等职业教育国家规划教材《基础会计》。

2. 教学内容及其在教材中的地位

"会计分录的编制"是教材第三章第二节的主要内容，它阐述了如何运用复式记账法原理在借贷记账法下进行会计分录的编制。在此之前，学生已经学习了会计平衡公式、复式记账原理及借贷记账法的特点，在此基础上再进一步学习借贷记账法的运用。而确定会计分录又是借贷记账法运用的基础和中心环节，它为后面的正确编制记账凭证打下基础。如果说编制记账凭证是会计实务部分，那么会计分录则是记账凭证的理论体现。如果不会确定会计分录，就谈不上登账更谈不上编制会计报表了。因此，本节的教学内容在整个教材中的地位可想而知是多么的重要了。

3. 学习目标分析

由于日常业务活动中每笔业务提供的信息繁杂，全部内容记到账上去不可能，所以有必要从经济业务中找出主要会计信息——会计分录的三要素，即本次课的主要内容编制会计分录。本次课所要达到的目标如下。

① 知识目标：会计分录的确定方法及种类，熟练运用借贷记账法进行一般业务处理。

② 能力目标：培养学生的表达能力，观察分析能力及归纳总结能力。

③ 德育目标：培养学生科学严谨，大胆探索等良好的个性心理品质。

④ 情感目标：体验会计学习的乐趣，激发学生的学习兴趣；体验探索学习的过程，体会发现的乐趣，从而感受学习的成功和喜悦。

4. 重难点及确立依据

根据教学大纲，教材及学生特点，确立本节课的重点是依据经济业务编制会计分录，难点是依据经济业务确定会计科目和借贷方向。

二、教学方法分析

1. 学生情况分析

① 教学对象是一年级新生，对会计有了初步的认识，已了解了会计平衡公式及借贷记账法下的账户结构，但尚未完全形成会计专业的思维模式和能力。

② 学生对会计学习有一定的热情，能在教师的引导下展开学习活动，但对学习缺乏主动性，自我调节、自我监控能力较弱。

③ 该班学生已初步形成，有利于老师在课堂上展开形式多样的教学活动。

2．教学方法分析

问题驱动、启发教学、赏识教学、实例演示、讲练结合等方法，从常见业务中挑选出四笔有代表性的业务，从涉及的会计科目，借贷方向，金额三要素逐一展开分析。对于经济业务涉及的会计科目的确定，引导学生从分析会计要素内容着手；对于借贷方向确定的分析，引导学生从业务内容引起会计要素增减，并要求学生回忆借贷表示含义着手。

① 问题驱动法、启发教学既能发挥教师的主导作用，又能发挥学生的主体作用，达到对新知识的深刻理解和融会贯通。

② 讲练结合让学生自己动手编制会计分录和记账凭证，以巩固所学知识，提高动手能力和实践操作水平。

三、学法指导分析

主要采用归纳整理法和合作探究法。

归纳整理法：通过归纳整理，形成层次分明、步骤清楚的知识结构体系，使学生能很快掌握确定会计分录的步骤方法，提高学生解决综合问题的能力。

合作探究法：立足于教学生"会学"的基本思路，我在课堂上组织学生对问题进行讨论，交流他们各自的发现，通过共同探究来培养和发展学生的主体意识和团结合作精神，最终达到学习科学文化知识和综合实践能力的目的。

四、教学程序

阶段	内容	教师活动	学生活动	教学意图
一、复习导入(5分钟)	1．复习	以提问的方式回顾借贷记账法的内容。	学生回忆，抢答。	考察学生的学习情况，为本节课的开始打下基础。
	2．引入新课	利用课件展示一张记账凭证，请同学观察思考记账凭证的内容，由此引入今天的新课"编制会计分录"。	同学认真观察思考记账凭证的内容；α 思考后归纳会计分录编制的三要素。	改变了传统的教学方式，提前引入凭证概念，以记账凭证这个实际核算方法工具来引入分录要素，这种理论联系实际的方式，生动直观，易于理解。
二、新课呈现35分钟	（一）新课展开	1．典型例题分析	运用启发式教学，帮助学生正确运用会计科目及恰当的分析方法，穿插了抢答会计科目、账户方向等。(教材十道例题合并四道分析)	认真思考，抢答。	目的就是要学生掌握会计科目的名称，掌握记账口诀。相信同学们在这种学习气氛中会充分感受到学习的快乐。
		2．归纳总结出确定分录的三个步骤	用多媒体展示刚才四道例题的分析过程，使用发现教学法，让同学们共同探究，指导学生进行归纳整理，寻找编制会计分录的步骤及关键。	学生思考，讨论，由一名学生总结归纳：应记科目、借贷方向及金额。	"教起于思，思起于疑"，以问题的形式激发学生思考，思起疑，疑促思；同时以榜样的力量激励学生，调动学习积极性并产生竞争意识。
		3．在黑板上写出规范的分录格式	在黑板上写出每一道题的会计分录的时候，会反复强调分录的规范格式，那就是上借下贷，左借右贷，以及文字和数字的美观清晰。	同学们经过观察思考，得出结论，养成良好的书写习惯。	强调会计的职业特点和作为一名会计人员所应具备的素质。也让同学们明白了规律产生效率。

续表

阶　段	内　容	教师活动	学生活动	教学意图
二、新课呈现 35分钟	(二)练习操作讨论	以课件展示五个有代表性的练习题	教师巡回指导，10分钟后利用实物投影仪分别请各组派代表拿着自己做的结果给大家演示讲解。然后由其他同学进行评价并指出其问题所在。	① 思考并自主做练习。② 请各组派代表拿着自己做的结果给大家演示讲解。③ 其他同学进行评价补充。	① 同步练习，检测学生的掌握情况，及时调控。② 知识的延伸，利于学生思维能力的培养。③ 师生互动，增强教学效果。
三、效果评价(3分钟)	对练习操作和讨论进行评价	首先对学生们勇敢的自评和互评行为充分给予表扬，然后向学生提供一张自我评价表格，由学生填写，最后结合刚才的课堂演练就本课内容进行总结。	① 认真填写评价表格，对自己学习情况进行评价。② 认真听老师总结，记忆本节课重要知识点。	① 对同学们的优点进行表扬，充分发挥赏识教育的激励作用。② 自我评价可以调整学生学习策略，增强学生学习能力，使学生能及时进行自我反思。
四、布置分层作业(2分钟)	布置分层作业，提出要求	① 书面作业，知识巩固：《习题集》P24 实训七。② 课后思考，知识延伸：讨论分析说明会计分录的种类。③ 社会实践，拓展视野：到企业财会部门看看实际会计工作中的核算流程。	学生按自己能力选择完成作业，尽可能地提高一个层次。	作业的布置分为三个层次，以适应不同层次同学的需要，不仅考虑到书本知识的掌握，同时也更加注重专业课的实践锻炼。

五、教学反思

整个教学过程突出学生的主体地位，通过列举大量实例，结合学生心理特征，以问设疑，从学生现有的知识出发，由此及彼，对枯燥教材进行深化，改造，帮助学生对教学内容的理解从感性认识上升到理性认识。

附：学生自我评价表

评价内容	评价等级		
1. 能正确编写简单会计分录吗？	会	不太熟练	不会
2. 我举手回答问题的次数。	4次以上	1～3次	无
3. 这节课我有学习疑问并主动解决了吗？	有且已解决	有但尚未解决	没有
4. 与同学合作学习情况。	主动	被动	无
综合评价等级。	优	良	差

【评点】 本教学设计以大量的实例反映教学内容，明晰知识点，教学中运用"问题驱动、启发教学、赏识教学、实例演示"等方法，师生互动，讲练结合，学生合作探究，课堂气氛民主、平等、互动，学生积极参与自我评价，及时自我反思，调整学习策略。对练习操作和讨论评价时间安排少了点，效果评价如何反映，分层作业(特别是社会实践作业)如何保证落实。

拓展阅读二 企业财务会计——应收账款的核算

一、课程说明

基础会计和企业财务会计是会计专业学习会计知识的最重要的两门重点课程。该课程安排在第三、四学期进行，起到承前启后的作用，学生在学习完基础会计课程后，对会计知识有了基础的了解后进行学习。学生通过学习本课程后，具备中初级会计人才所必需的企业财务会计的基本理论、基本知识和基本技能；理解现行的企业财务制度和法规；系统掌握企业财务会计的核算方法，培养学生从事会计核算和会计事务管理工作的综合职业能力；帮助学生树立法制观念和会计职业道德观念。

二、教材说明

本课程选用高等教育出版社，中等职业教育国家规划重点教材，《企业财务会计》(第三版)。该书在第二版基础上，按照教育部颁布的《中等职业学校会计专业教学指导方案》、财政部颁布的《企业会计准则》(2006 年)和《小企业会计制度》(2004 年)修订。该教材配套有《习题集》，内容与教材相符，对于课堂教学和学生练习有非常大的帮助。

三、教学对象分析

1．教学对象是中专二年级的学生，学生已经掌握会计基本知识。

2．大多数中专学生素质偏低，学生主动学习能力差，厌学，因此，通过多种形式的课堂活动，激发学生的学习兴趣。

3．在制定教学目标及采用教学方法时，必须根据学生实际情况而定，应符合中专生认知水平，突出动手能力培养。

四、教学目标及要求

本节课是该教材的第三章第一节。该节包括以下内容。

(1) 应收账款的确认计价及账务处理。

(2) 坏账损失核算。

本次课主要讲授应收账款的确认计价及账务处理。

1．知识目标

(1) 了解应收账款内容及核算要求。

(2) 明确应收账款产生原因。

(3) 掌握应收账款的确认、计价及账务处理方法。

2．能力目标

教会学生正确的账务处理，提高会计实务处理的专业技能。

3．德育目标

通过本节课进一步渗透会计处理的严谨性与规范性教育，树立爱岗敬业精神。

五、教学重点和难点

(1) 重点：企业在销售过程中发生赊销业务的账务处理。

解决途径：采用课堂讨论案例和课堂实训相结合，启发学生。

(2) 难点：应收账款的确认。

解决途径：通过课堂实训和课外练习，提高操作技能。

六、教学准备

教师用：多媒体电教设备、授课课件、记账凭证、销售过程中相关的发票账单。

学生用：记账凭证。

七、教学方法

1．"创设问题"教学法

特点：让学生带着问题学习，做到有的放矢。

目的：激发学生的学习兴趣。

2．案例教学法

特点：学生自由讨论，教师点拨、归纳、总结。

目的：巩固所学知识，提高实际操作能力。

3．实训教学法

特点：学生以企业会计人员身份进行正确的账务处理。

目的：实现由书本知识的掌握转向实际操作技能的提高。

八、教学程序

过程	教师活动	学生活动	设计意图
复习旧课(5分钟)	什么是资产？ 资产是如何分类的？ 流动资产包括哪些项目？	1. 学生全班回答。 2. 要求学生举手回答。	1. 复习相关内容，温故而知新。 2. 激发学生思考。
引入讨论(10分钟)	[小型案例] 利民公司财务处理 (一)基本案情 宏达公司于2004年5月20日到利民公司购买一批材料100吨，双方商定按每吨2 000元结算，双方企业均为一般纳税企业，增值税税率为17%，但宏达企业提出，因企业目前资金周转困难，希望利民公司允许宏达企业20天后付款，利民公司考虑到与宏达企业是老关系户，经领导批准后，并签好合约，同意宏达企业20天后付款，利民公司开出销售发票，宏达公司已把所购的材料运走。 (二)分析重点及要求 若你是销方财务人员，对赊销所发生的应收未收的款项，你应设置什么账户核算？ 所发生的应收账款如何计价？ 赊销业务过程中，涉及哪些原始凭证？ 企业5月20日的账务处理怎样处理？ 若企业在20天后，如期收回应收账款你将如何处理？ (三)问题探讨 实际工作中的应收账款业务是怎样的？ 企业实际工作中，根据什么原始凭证记应收账款账户？ 如果企业代垫运杂费，应通过哪个账户核算？	学生根据案例，对于提出的问题进行小组讨论，由小组代表发言，回答老师提出问题。	让学生带着问题学习，激发学生的学习兴趣。

续表

过程	教 师 活 动	学 生 活 动	设 计 意 图
新课讲授(15分钟)	一、应收账款的概述 (一)应收账款的概念 　　应收账款是指企业对外销售商品、材料以及提供劳务而应向购货方或接受劳务方收取的款项。包括企业在销售过程中代购货方垫付的包装费用、运杂费用以及应向购货方收取的增值税款。 (二)应收账款入账价值的确定 　　应收账款的入账价值就是应记入"应收账款"账户的金额，包括销售商品或提供劳务的价款，应收的增值税款及代购货单位垫付的包装费、运杂费等。 应收账款入账价值 ｛ 销售商品或提供劳务的价款／应收的增值税款／代购货单位垫付的包装费／代购货单位垫付的运导费用 二、应收账款的核算 　　为了反映企业应收账款增减变动及结存情况，企业应设置"应收账款"账户。该账户按购货单位设置三栏式明细账，以反映各购货单位货款的支付情况。 应收账款 | 因销售而应因向购货方收取的款项 | 企业收到购货方支付的款项 | | 尚未收回的款项 | | 教师利用课件演示业务，引导同学们一起进行业务处理。 【例1】① 2017年3月5日，甲企业销售给乙企业A产品一批，开具的增值税专用发票注明价款10 000元，税款1 700元。产品已发出，款项尚未收到。 　　借：应收账款——乙企业　　　　　11 700 　　　　贷：主营业务收入　　　　　　　　10 000 　　　　　　应交税费——应交增值税(销项税额)　1 700 ② 假如4月6日，乙企业支付上述货款11 700元，甲企业已收妥。 　　借：银行存款　　　　　　　　　　11 700 　　　　贷：应收账款——乙企业　　　　　11 700	根据老师引导，学生在书上找出概念，并做好笔记。 在老师引导下推出分录。	学生带着问题，有的放矢地学习、思考，把难以理解的概念联系到实际案例中，更容易掌握。 启发性教育，让学生更容易理解分录。

续表

过程	教师活动	学生活动	设计意图
课堂练习(5分钟)	完成案例中的账务处理。 5月20日 借：应收账款——宏达公司　　　　　234 000 　　贷：主营业务收入　　　　　　　　200 000 　　　　应交税费——应交增值税(销项税额)　34 000 20日后 借：银行存款　　　　　　　　　　　234 000 　　贷：应收账款——宏达公司　　　　234 000	学生根据刚学习完的分录完成。	即学即用，加强理解。
实训与提高(5分钟)	实际工作中的应收账款是怎样处理的？ 程序：① 从企业中收集的销售发票(展示销售发票)。 　　　② 业务分析。 　　　③ 账务处理。	学会识别销售发票。 找到业务归属的账户。 做出正确的账务处理。	让学生在全仿真条件下，进行强化训练，提高操作技能，巩固教学重点，有效突破教学难点。
归纳与巩固(5分钟)	一、教师归纳 二、留给学生思考 (1) 比较教材应收账款账务处理以实际工作中应收账款账务处理。 (2) 如果我们是站在购方企业，购方企业的账如何处理？ (3) 当企业的应收账款不能收回，那么，用于抵冲不能收回的应收账款的坏账准备如何计提？计提方法有几种？如果已确认的坏账又能收回又将如何核算？ 三、布置作业 《企业财务会计习题集》理论知识练习：P12填空题1。 账务处理操作练习：P15实训。	学生跟随老师思路，共同回答，共同复习。	总结本课所学知识，扩展学习问题，为下节课埋下伏笔。

拓展阅读三　师范专业技能考核评价标准

多媒体课件制作(单项25分)

(一) 课件内容

根据教学设计内容现场制作课件一例，制作平台不限，制作时间不得超过50分钟。

(二) 评价标准

项目	内容	评价标准	等级				得分
			A	B	C	D	
多媒体课件(25分)	科学性(6分)	1. 课件的取材适宜，内容科学、正确、规范。	3.0	2.5	2.0	1.5	
		2. 课件演示符合现代教育理念。	3.0	2.5	2.0	1.5	
	教育性(8分)	课件的设计新颖，在课堂教学中具有较大的启发性。能调动学生的学习热情。	8.0	6.0	4.0	2.0	
	技术性(6分)	1. 课件的制作和使用上是否恰当运用了多媒体效果。	3.0	2.5	2.0	1.5	
		2. 操作简便、快捷。交流方便。适用于教学。	3.0	2.5	2.0	1.5	
	艺术性(5分)	画面设计具有较高艺术性，整体风格相对统一。	5.0	4.0	3.0	2.0	

教学设计(单项 25 分)

教学设计是指运用系统方法，将学习理论与教学理论的原理转换成对教学资料和教学活动的具体计划的系统化过程。教学设计是一个开放动态的过程，是能够充分体现教师创造性教学的"文本"。随着新一轮课程改革的全面推行，我国基础教育的教育理念、教学要求、课程目标等都发生了深刻的变化，教学设计必须要顺应这些变化，解决教什么、怎样教的问题，使教学效果最优化。

(一) 教学设计内容

根据指定一课时(45 分钟)的教学内容设计教案一例，时间不得超 100 分钟。

(二) 教学设计要求及评价标准

模拟上课·板书(单项 50 分)

项 目	内 容	评 分 标 准	等级(分)				得分(分)
			A	B	C	D	
前期分析 (5 分)	教学内容与任务分析	明确教学内容的地位、作用，知识结构分析清晰、正确。教学任务分析正确。	3.0	2.5	2.0	1.5	
	学习者分析	学习者的起点水平、动机、认知特点和学习风格等分析正确。	1.0	1.5	1.0	0.5	
	教学重点、难点	教学重点、难点分析正确。	1.0	1.5	1.0	0.5	
教学目标阐明 (3 分)	目标确定	三维目标全面、均衡，领域区分正确。	2.0	1.0	1.0	0.5	
	目标阐明	目标阐述正确，具有可操作性、可评价性，符合学科特点和学生认知规律。	1.0	1.0	0.5	0.5	
教学过程设计 (15 分)	教学环节	教学情境创设有新意，正确体现目标，内容充实、适当，环节清晰，过渡自然，有效引导学生参与，启发学生思考，呈现方式合理。	5.0	4.5	3.0	2.0	
	学习方式	体现新课程理念，运用探究、自主、合作等学习方式适当、正确。	2.0	2.0	1.5	1.0	
	教学方法	能突出重点，突破难点，突出学科教学特点，符合学习者特征。	3.0	2.0	1.5	1.0	
	教学媒体运用和教学资源开发	媒体运用恰当，有利于教学的实施、目标的实现，能开发教学资源。	3.0	2.0	1.5	1.0	
	小结与练习	课堂小结完整、精练。作业量适当。课堂时间分配合理。	2.0	1.5	1.0	0.5	
文档规范 (2 分)	内容	内容完整、语言清晰、简洁，图表运用得当。	1.0	0.8	0.5	0.3	
	排版	格式整齐、美观，布局合理。	1.0	0.8	0.5	0.3	

模拟上课是教学活动的一个重要环节，也是教师培养中最重要、最有效的一种技能训

练。师范学生模拟上课技能考核要求应考者在备课的基础上,面对评委教师或其他听众,系统地阐述自己的教学内容。本次教学技能考核不另设板书,故在模拟上课过程中,要求学生根据教学的需要进行板书。评委根据师范生的上课表现与板书情况,判断师范生的教学技能水平是否达到能够承担教学实习任务的标准,并给出相应的分数;在时间允许的情况下,评委还将作精要的评点分析,以帮助师范生扬长补短,尽快熟悉并适应学科教学工作。

(一) 模拟上课·板书内容

根据抽签所定篇目,就某一课时的教学内容进行上课与板书,总时间限定在10分钟内。

(二) 模拟上课·板书要求及评价标准

项目	内容	评价标准	等级				得分
			A	B	C	D	
模拟上课 40分	教学目标	目标设置明确,要求具体,符合大纲要求和学生实际。	4.0	3.0	2.0	1.5	
	教学内容	重点内容讲解明白,教学难点处理恰当,关注学生已有知识和经验,注重学生能力培养,强调讲练结合,知识传授正确。	6.0	4.0	3.0	2.0	
	教学方法	按新课标的教学理念处理教学内容以及教与学、知识与能力的关系,较好落实三维目标;突出自主、探究、合作学习,体现多元化学习方法;实现有效师生互动。	8.0	5.0	3.0	2.0	
	教学过程	教学整体安排合理,环节紧凑,层次清晰;创造性使用教材;教学特色突出;恰当使用多媒体课件辅助教学,教学演示规范。	8.0	6.0	4.0	2.0	
	教学素质	教态自然亲切、仪表举止得体,注重目光交流,教学语言规范准确、生动简洁。	4.0	3.0	2.0	1.5	
	教学效果	按时完成教学任务,教学目标达成度高。	5.0	3.0	2.0	1.5	
	教学创新	教学过程富有创意;能创造性地使用教材;教学方法灵活多样,有突出的特色。	5.0	4.0	3.0	2.0	
板书设计 10分	内容匹配	反映教学设计意图,突显重点、难点,能调动学生主动性和积极性。	4.0	3.0	2.0	1.5	
	构图	构思巧妙,富有创意,构图自然,形象直观,教学辅助作用显著。	4.0	3.0	2.0	1.5	
	书写	书写快速流畅,字形大小适度,清楚整洁,美观大方,不写错别字。	2.0	1.5	1.0	0.5	

拓展阅读四 教师教学质量评价方案——沅江市职业中等专业学校

一、教学常规

(一) 学期计划

开学初教师根据学校教务工作计划、教研组工作计划、专业教学计划和教学大纲的要求，密切联系教材和学生的实际制订工作计划，一式二份，一份自存，一份交教务处。其内容包括：(1)本期教学目的和任务；(2)学生情况分析；(3)教材内容分析；(4)教学进程与实验实习安排；(5)教学措施。

(二) 备课

教师必须在深入钻研教材，了解学生情况的基础上，认真研究文化课与专业课知识的相互交叉和渗透，研究理论与实际的结合，研究教法，恰当地运用教学参考资料，精心写好教案。教案要求有总课时数、课题、教学目的、重点、难点、教学准备、教学过程(新教师要求写详案)、知识小结、布置作业和预习要求等基本环节。教师无教案不得进入课堂讲课，提倡教师任教的每一门课程有一周的超前教案。做到一堂一案，严禁备统课和无指导作用的简案。有条件的专业和学科强调集体备课。

(三) 上课

教师要认真实施教案，最大限度地调动学生学习的积极性和主动性，使教与学同步，获得教学最佳效果，做好课前准备，按时上下课，不迟到，不早退，不拖堂，不无故离开教室，未经教导处同意，不擅自调课、停课、代课，遵循教学规则，教学重点突出，教学方法得当，教学语言清晰，讲究教学效果。

(四) 作业布置与批阅

文化课作业份量要适当，要求要严格，语文要有课文练习，每课批阅一次，作文全期大作不少于6篇，要求详批详改。5篇小作，5篇只查不改。数学每天批阅一次。英语一、二年级每周批两次，三年级每周批四次。专业课作业除完成书本上的练习题外，任课教师还应根据需要布置一些室外作业，让学生进行实地操作练习。书面作业和室外作业教师都要及时批阅和检查，周课时在3节以内(含3节)的每周批阅一次，周课时4节每周批阅2次，周课时5节每周批阅3次，周课时6节及以上的每周批阅4次。作业批改要及时准确，字迹工整，符号统一，要有批阅累计次数，具有指导性启发性，批改作业应做好记录，优秀作业要表扬，不好的要重做，缺漏的要补做，错的要更正，要把作业记入平时成绩。

(五) 听课

1. 学校领导要深入教学第一线，经常听课。听课每周1～3节，全期不少于15节。

2. 各教研组每期要举行3～5次公开课，进行教学专题研究。公开课要集体备好课，印发教案，交教导处备案。教研组长每周听课1～3节，全期不少于15节。

3. 教师要相互听课，包括文化课与专业课之间，文化课与文化课之间，提倡新老教师和文化课与专业课之间的相互学习，高级教师全期听课10节，一级教师15节。三年教龄以内的教师听20节，新教师听课不少于30节(以上听课如有作假，每发现一节扣20元)。

(六) 教学辅导

教学辅导是课堂教学的必要补充，教学辅导的主要任务是：(1)负责好辅导时间内的纪律；(2)释疑、解难、指导方法。要求不迟到、不早退，兼顾所负责的班级。

(七) 教学检查

教务处每学期进行三次教学检查。

第一次，开学初进行，检查教师的学期教学计划。

第二次，期中进行，检查教师的备课、听课、作业批阅及教学计划的执行情况，并召

第 12 章 会计专业教学设计

开学生座谈会,听取学生的意见,及时反馈给教师,帮助改进教学。

第三次,期终进行,检查教师教学计划的完成情况及领导与教师的备课、作业批阅、听课情况等。期终教学检查应对教师的教学做出基本的估价,并将其情况填表存入教学档案。根据学校实际情况,也可能采取随机抽查和定期检查相结合的原则进行。

(八) 学业成绩考核

学校每期组织期中、期末两次目标考试,命题、制卷、评分、统分均由教务处统一组织。专业课的考试要有一定分量的实践题,考核学生的动手能力,学期成绩总评包括平时成绩和作业(占 30%),期中考试(占 30%),期末考试(占 40%)。

二、教研教改

教师参与教学研究,是增强教学能力,全面提高教学质量的一项重要措施,所有任课教师都应积极参加教研教改活动,每一位教师要参与一个课题研究,全期必须写一篇教学论文或教学心得,参加教研教改活动不少于 6 次。

三、教学质量评估量化计分办法

一级指标	二级指标	考核要点及评分
(一) 计划总结材料 10 分	1. 教学计划 2 分	有学生情况分析,教学目标、教材分析、教学安排措施。每缺一项扣 0.5 分。安排措施。每缺一项扣 0.5 分。
	2. 教学总结 2 分	有基本情况、及格率、优秀率、成功与不足。每缺一项扣 0.5 分。每缺一项扣 0.5 分。
	3. 各项材料上交 6 分	教学计划、教学总结、实习计划、实习总结、考试试卷、学生成绩、学生档案、实验实习报告、实验室总结、实验通知单、"第二课堂活动"计划、总结、成绩等完整上交及时。每缺一项扣 0.5 分、实验实习报告、实验室总结、实验通知单、"第二课堂活动"计划、总结、成绩等完整上交及时。每缺一项扣 0.5 分。
(二) 备课阅卷 23 分	4. 备课 14 分	期初检查,有记 2 分,无记 0 分;期中、期末检查优等 6 分/次、良 5 分/次、中 4 分/次、差 2 分/次。
	5. 阅卷 9 分	期初检查,有记 1 分,无记 0 分。期中、期末检查优等 4 分/次、良 3 分/次、中 2 分/次、差 1 分/次。
(三) 上课辅导 15 分	6. 上课 10 分	无迟到、早退、缺课。迟到 1 次扣 0.5 分、早退 1 次扣 0.5 分、旷课一节扣 2 分。先备课后上课、校长室、教导处、教研组长检查性听课,不备课进课堂扣 0.5 分/次。
	7. 监考 2 分	无迟到、早退、看书报等现象,有上述现象扣 0.2 分/次。
	8. 早晚辅导 3 分	无迟到、早退、缺课。迟到、早退扣 0.1 分/次,缺课扣 0.5 分/次,纪律差扣 0.1 分/班次。
(四) 学生成绩 20 分	9. 期末考试抽考、统考、等级考试、期末专业技能检测	期末考试及格率达 90%,优秀率达 20%。每下降 3%减 0.5 分/项。抽考、统考等级考试及格率达 95%,优秀率达 30%。每下降 3%减 0.5 分/项。(此项不与期末考试重复)

续表

一级指标	二级指标	考核要点及评分
(五)教研12分	10. 教研活动3分	缺席扣0.5分/次。(因公除外)
	11. 教研任务4分	完成4分,每少1次扣1分。
	12. 听课4分	完成听课任务,有评价记载。缺扣0.3分/节。
	13. 论文1分	完成教学论文。缺扣1分。
	14. 师徒合同	三年以下教龄教师认师、签合同。无合同扣2分
(六)教学任务10分	15. 教学任务10分	完成教导处下达的教学任务。未完成视情况扣2~8分;专业教师没有培养特长学生扣2分。
(七)学生反映10分	16. 学生评价10分	测评达90分记10分,85~89.9分记9分,80~84.9分记8分,80分以下记7分。

训练题:

1. 任意选取中职核心课程教材中的相关内容,编写一课时的教学设计。
2. 任意选取中职核心课程教材中的相关内容,编写一课时的教案。
3. 任意选取中职核心课程教材中的相关内容,制作教学课件。
4. 根据教学设计和教学课件进行15分钟的课堂教学。
5. 对模拟上课视频进行评价与自我评价。

参 考 文 献

[1] 徐英俊，曲艺. 教学设计：原理与技术[M]. 北京：教育科学出版社，2011.
[2] 顾明远. 教育大辞典(简装本)[Z]. 上海：上海教育出版社，1999.
[3] 李秉德. 教学论[M]. 北京：人民教育出版社，1985.
[4] 王嘉毅. 课程与教学设计[M]. 北京：高等教育出版社，2007.
[5] 陈元芳. 现代会计教育：职业技能教学研究[M]. 上海：立信会计出版社，2009.
[6] 曾良骥. 高职课程"六位一体"教学设计范例[M]. 天津：天津大学出版社，2009.
[7] 上海市教育委员会. 职业教育国际水平专业教学标准开发的研究与实践(中)[M]. 上海：华东师范大学出版社，2012.
[8] 上海市中等职业教育课程教材改革办公室. 上海市会计专业教学标准[M]. 上海：华东师范大学出版社，2008.
[9] 楼建儿. 职业学校尝试教学设计[M]. 北京：教育科学出版社，2008.
[10] 广东省教育厅，广东省教育研究院. 广东中高职衔接专业教学标准研制：职业能力分析[M]. 广州：广东高等教育出版社，2014.
[11] 刘继伟. 会计专业教学法[M]. 北京：中国财政经济出版社，2011.
[12] 那薇，曹国林. 基于职业能力视角的应用型本科会计实践教学体系研究[M]. 成都：西南财经大学出版社，2014.
[13] 段琳. 会计教学论[M]. 北京：中国财政出版社，2001
[14] 黄东升. 项目教学法在中职会计教学中的应用[J]. 广东教育：职教，2011(12).
[15] 郑静嫦. 项目教学法在中职会计教学中的应用与思考[J]. 课程教育研究，2012(19).
[16] 刘春萍. 项目教学法在高职"基础会计"课程中的应用[J]. 教育与职业，2011(9).
[17] 谭鹏飞. 中职财务会计教学方法改革初探[J]. 成才之路，2010(11).
[18] 张海通. 实施项目教学的几点思考[J]. 职业与成人教育，2005(9).
[19] 程运木. 企业财务会计[M]. 6版. 北京：中国财政经济出版社，2010.
[20] 隋英杰，夏鑫. 会计高等教育实验教学体系架构研究财会通讯(综合·下)，2007.
[21] 李江萍. 会计本科实验教学研究[J]. 财会通讯(综合·下)，2009.
[22] 杨定泉. 会计实验教学范式及其创新研究[J]. 财会通讯(综合·下)，2010.
[23] 张晓岚，邬展霞，沈路. 高校会计学课程实验教学体系思考[J]. 财会通讯(综合·下)，2010.
[24] 占慧莲，张国伟，孙静. 基于ERP系统的会计实验教学研究[J]. 财会通讯(综合·下)，2009.
[25] 李志钢. 开放式会计实验教学模式的改进和完善[J]. 当代教育理论与实践，2011.
[26] 陶燕. ERP环境下高校会计实验教学的思考[J]. 中国管理信息化，2011.
[27] 李震，彭洋. 财经类高校财务实验教学效果评价体系的构建初探[J]. 中国乡镇企业会计，2011.
[28] 王光远. 中国会计教育的回顾与展望[J]. 高教出版信息，2001.
[29] 王飞兵. "任务驱动"教学法的特点、应用及思考[J]. 中国数学教育，2010(21).

[30] 冯志平. 任务驱动法在会计模拟实习教学中的应用探析[J]. 科技经济市场，2008(9).

[31] 郭绍青. 任务驱动教学法的内涵[J]. 中国电化教育，2006(7).

[32] 李敏. 强化中职会计专业学生会计基本技能教育之我见[J]. 中外教育研究，2012(1).

[33] 刘健. 角色扮演法在会计教学中的应用[J]. 教学园地，2012.

[34] 朱建方，孔凡航，曹刚. 角色扮演法在实践教学中的应用探析[J]. 实验技术与管理，2009(10)：21-24.

[35] 邓冬青，吴松瑶. 浅议角色扮演实践教学法在财会专业教学中的应用［J］. 科教文汇，2008(11)：82-83.

[36] 蔡敏. 角色扮演式教学的原理与评价[J]. 教育科学，2004，209(6)：28-29.

[37] 张传明. 角色扮演教学法探析[J]. 中国成人教育，2002(2)：47-48.